Report on the Lottery Sales Index in China

中国彩票销售指数报告

2000－2015

合意性评价与提升着力点

李　刚　茆训诚　著

上海三联书店

CONTENTS 目录

第二篇 展　　示

第三篇　评　　价

序

进入 21 世纪以来，通过建立和完善发行和经营制度、引进并扩展新彩种、依靠各种媒体宣传以及采用高新技术销售手段等，无论是相对于自身经济水平，还是相对于全球其他国家或地区彩票业状况，中国大陆彩票销售增长极为迅速，并业已达到相当大的规模。中国彩票业在国民经济当中已具有一定地位，在弥补社会保障基金缺口以及兴办各种体育和福利等公益事业等方面，发挥了不可或缺的重要作用，并且对于维持全球彩票销售与经济增速同步以及全球彩票深度长年保持稳定起到了中流砥柱的作用！

本报告作为中国首部彩票销售综合指数的研究成果，专注于彩票业最为核心的销售指标，根据国内外综合评价指数构建方法，遵照彩票产业相关理论和规律，综合中国 2000—2015 年间全国各省份彩票销售的规模、年增幅、人均销量、公益金、规模/生产总值和市场份额等 6 个分项维度的彩票销售指标，构建出各维度分项指数。通过设置恰当的当量标准和权重，构建出中国彩票业销售综合指数，并通过了较为严格的稳健性检验。

在此基础上，本报告利用地位指数、开发指数和脱钩指数等三项表征数以及"适量指数"、"公平指数"和"效率指数"等三项合意指数，以社会福利最大化为基础，从销售适量性、销售公平性和筹资效率性等三方面准确衡量了中国彩票业销售的合意性，并与中国台湾和美国等地区进行了比较。

本报告选择的指标精炼，构思巧妙而又严谨，方法简捷而又有理论性，设计出的各项指数取值统一，具有定比性，相关结果在空间上可以衡量不同省份的截面差异，在时间上可以衡量同一省份的动态变化。本报告所构建出的各项系统完整，准确地衡量彩票销售的合意性并反映其变化趋势，从而能够科学准确地评估历年来全国彩票业销售的社会福利效果，为彩票监管和发行部门恰当制定彩票政策提供着力点，并可以为相关主体理性投资中国彩票行业提供思路。

我们发现，随着中国彩票业的发展，销售从欠缺转到适量甚至过量的同时，其累退式的不公平不断加剧，公益金筹集效率逐年下降。未来中国彩票销售规模不能够也不应当持续高速增长，而是应当维持在与国民经济增长同步的水平上。我们建议，在维持体育彩票销售稳定、适当降低福利彩票销售的前提下，以本报告所构建的“开发指数”为标尺，调整各省份间的彩票销售，使之与当地经济水平挂钩，加强弱势群体健康投注的教育，创新乐透型彩票品种和玩法等。

第一篇

构　建

本篇是本报告的构建基础，具体分为第 1 至 5 共 5 章内容。

第 1 章作为序言部分，介绍了本报告的背景、目的和意义、内容结构、相关概念内涵的界定、适用范围和基金资助情况等问题。

第 2 章介绍了中国彩票业的发展概况，包括三项内容：(1) 中国彩票业的发展历程；(2)2000 至 2014 年全国范围彩票各维度销售情况；(3) 同期世界范围彩票销售各维度情况。

第 3 章是文献回顾与评论，包括三项内容：(1) 彩票业尤其是销量影响因素相关文献的回顾并结合中国实际情况进行了评价；(2) 综合评价指数的构建与相关代表性文献的回顾与评价；(3) 三项已有彩票指数的内容及它们与本报告所构建的指数的关系。

第 4 章为本报告的基础，包括五项内容：(1) 本报告的构建思路与原则；(2) 相关数据的来源与处理；(3) 各项基础指数的构建方法；(4) 各项表征指数的构建方法及意义；(5) 各项福利指数构建方法的简要说明。

第 5 章是对第 4 章各项指数构建方法的稳健性检验，包括六项内容：(1) 人口统计学指标的处理；(2) 综合指数的权重设置；(3) 脱钩指数的构建方法；(4) 开发指数的构建方法；(5) 阈值的设定；(6) 通货膨胀影响以及各指标属性等其他问题。

第1章 引 言

本章作为序言部分，介绍了本报告的背景、目的和意义、内容结构、相关概念内涵的界定、适用范围和基金资助情况等问题。

1.1 构建背景

1.1.1 中国彩票业已达到相当规模

自1984年被解禁以后，特别是进入21世纪以来，中国彩票业发展极为迅速，已达到了相当大的规模。本报告第2章会详细介绍中国彩票业的发展历程、现状以及中国在世界彩票市场当中的地位。作为引言部分，我们仅列出如下几组有"震撼性"的数据：(1)2011年初，体彩和福彩两家发行中心制定的"十二五"期间五年销售总目标为1万亿元，其中2015年达到3000亿元。现实是，2011至2014年的四年全国彩票销售规模就达到11748.08亿元，其中2013年总销售规模为3093.20亿元，人均销售规模为228.25元；2014年总销售规模为3823.78亿元，人均销售规模为279.55元。相对应的是，2013年全国电影票房总收入为217.69亿元，2014年为296.39亿元；2013年全国游戏产业销售收入为831.7亿元，2014年为1144.8亿。(2)2013年彩票产业为政府带来862亿元公益金的财政收入，2014年进一步增至1024亿元；相对应的是，证券交易印花税2013年为304亿元，2014年为490亿元。(3)世界范围，2013年中国彩票销售规模合507.34亿美元，占全球比重为18.05%；2014年合624.90亿美元，比重为21.98%[①]。而同期中国GDP占全球比重分别为

① 根据每年12月31日中国人民银行公布的人民币兑美元汇率中间价计算。

12.61%和13.43%。(4)彩票业提供了70万个就业岗位，也带动了相关产业发展。当前，在A股和H股有20余只涉及内地彩票行业的股票企业，已形成彩票板块，特别是2013年底，网络彩票网站“500万”成功在美国上市。(5)2001年起，彩票公益金的增量部分更多用于补充社保基金，2011年3月《十二五规划纲要》提出“继续通过划拨国有资产、扩大彩票发行等渠道充实全国社会保障基金”。2000年至2014年筹集彩票公益金4974亿元，其中1690.51亿元(28.30%)用于补充社保基金；①自成立之日起至2014年底，中央财政性资金向全国社保基金累计拨入6572.98亿元，②其中25.72%来自彩票公益金。

与此同时，中国彩票业存在的问题不可忽视，例如，部分彩民尤其是低收入者购买量过高，彩民购买心态不健康，彩票公益金使用低效不公，各种非法博彩蔓延泛滥等。这些问题制约了中国彩票业健康稳定发展，并且已经引发了不少严重的负面事件。

我们特别要强调的是，虽然已经过三十余年的发展，中国彩票业地仍然处于“摸着石头过河”的野蛮生长状态，三个显明体现就是(1)监管部门政策的“粗暴”，(2)发行机构经营的“任性”和(3)市场主体反应的“盲目”。

1.1.2 彩票监管部门政策的粗暴

彩票监管之部门往往是先对彩票业某项新生事物任其发展，待其负面问题爆发后又急停。(1)2004年上半年陕西体彩宝马案和贵州福彩爆炸案发生后，大奖组销售模式即开型彩票全国范围停售近3年，2005年和2006年此类型彩票占全部彩票的市场份额仅分别为1.32%和1.64%，而2003年为9.97%。(2)视频型彩票“中福在线”引发了很多极为恶劣的社会问题③，在2008年初被全面整改。当年此种彩票销售规模仅为20.64亿元，其中1至2月即整改前为20.04亿元，其余10个月仅为0.59亿元，而2007年为132亿元。(3)“互联网售彩”在2014年达到850亿元，销售份额为22.22%，但因各省份恶性竞争和销售网站“吃票”等问题，2015年3月被全面叫停，致使当月

① 其中用于补充社保基金的彩票公益金，2002—2011年为903亿元，2012年为241亿元，2013年为277亿元，2014年为269.81亿元。

② 参见《2014年全国社会保障基金理事会基金年度报告》，全国社会保障基金理事会2015年5月29日发布.

③ 详见2007年底《南方周末》等相关报道。

全国彩票销售规模同比下降 6.27%，其中江西和上海降幅最大，分别为 −57.77%和−42.18%。整顿网络售彩是“正确”的事，但具体方法未必“正确”。

1.1.3 彩票发行机构经营的任性

彩票销售是市场行为，彩票也仅是当前中国各种合法、灰色或非法博彩品中的一种，但彩票发行部门自以为是政府的权力部门。(1)2004 年初，体育彩票中心推出足球彩票“进球彩”品种，起初设置 5 个奖级。但因前 2 期中奖人数过多导致彩票中心亏损，就立即在第 3 期取消两个奖级。在接受采访时，时任国家体彩中心副主任认为，“彩民就算近期不能理解，过一段时间也会理解。”①(2)2009 年 10 月 8 日，河南安阳某彩民中得福利彩票双色球 3.6 亿元大奖，但福彩发行机构仅开了 30 分钟新闻发布会，宣称开奖真实有效，没有安排记者提问②。开出巨奖，本是提升彩票品牌优势和知名度的极好契机，结果却导致了媒体和公众的质疑。(3)根据审计署 2015 年 6 月 25 日公布的 2015 年第 4 号公告，国家审计署在对 2012 年 1 月至 2014 年 10 月底彩票发行费和彩票公益金的审计过程中，审计查出虚报套取、挤占挪用、违规采购、违规购建楼堂馆所和发放津贴补贴等违法违规问题金额 169.32 亿元，占抽查资金总额的 25.73%。

1.1.4 彩票市场主体反应的盲目

彩票市场主体对于彩票市场相关事件反应盲目。(1)2013 年 8 月 7 日，安妮股份宣布入驻腾讯开发平台销售彩票，股票翌日涨停。但根据其 2014 年报，该公司彩票相关收入为 2088.24 万元，仅占其总收入的 4.64%。(2)2014 年 10 月，“中国赛马会”成立，16 日起三支“相关”股票九龙山、珠江实业和武汉控股连续两天几近涨停。但 20 日这一组织被曝光不过是一个“没有合法注册、没有彩票相关部门支持、没有合法官网”的三无组织，相应股票又大幅下跌，当日“板块”早盘主力大单净流出金额超过 7 亿元。(3)2015 年 6 月 10 日，财政部驻新疆财政监察专员办事处页面发布了一则随后就迅速消失的文章

---

① “体彩中心调整进球彩规则下期开始将取消固定奖”，http://sports.sina.com.cn/o/2004-02-27/1322790385.shtml。

② 参见，隆竞媛：“官方否认 3.6 亿彩票大奖作假，系机选号码”，《武汉晚报》，2009 年 10 月 10 日。

《严格管理、有效监督、促使互联网销售彩票健康的发展》，被业界误读为网络销彩即将解禁，A 股鸿博股份、粤传媒等彩票概念股迅速涨停，但第二天被辟谣后，又大幅下跌。(4)目前国内有三个流行谣传被业界广泛采信，甚至成为中国彩票市场潜力巨大的依据：一是根据国际标准，彩票销售规模占到 GDP 的 1%；二是进入 21 世纪，全球彩票产业进入高速增长期，远高于经济增速；三是中国人好赌。本报告将用具体数据说明，它们不过是“伪常识”。

1.2 目的与意义

要实现中国彩票业健康、理性和稳定的发展，除业界努力外，还需要学术界的理论支撑和引导，在国外，仅经济学领域，在微观、中观、宏观和福利层面均有大量高水准学术论文。然而，当前中国内地对于彩票以及博彩业的学术研究尚处于起步阶段，这与中国彩票业的庞大市场规模以及国外相关研究相比都极不相称。我们认为，一个重要问题是，国内缺乏一个能够准确反映中国彩票业发展状态的“晴雨表”，构建中国彩票销售指数势在必行！

目前彩票和博彩领域相对流行的各类指数基本是为博彩参与者提供投注依据的指标，如凯利指数和必发指数等，这些指数与本项目所探讨的“**销售**”关系不大。有三项与本报告主旨相关的指数：(1)“彩票销售季度指数(Quarterly Lottery Sales Index，QLSI)”，发布者为世界彩票协会(World Lottery Association)，构建基础是 4 大洲 20 家彩票发行机构季度销售规模，相当于本报告中的规模维度；(2)彩票发展指数(Lottery Development Index，LDI)，由河南财经政法大学冯百鸣副教授提出，构建基础是一个地区彩票销售规模与当地生产总值的比例，相当于本报告中的深度维度；(3)彩票 Suits 指数，由经济学家 Suits 于 1977 年提出，将彩票视为一种税收，衡量彩票销售的“垂直”公平性，根据各阶层彩票购买量与其收入水平的一致程度，来判断彩票销售是累进、等比例还是累退。上述相关指数我们在本报告 3.3 小节中将详细介绍，同时也将展示本报告所构建出的各项指数相对于上述三项指数的优势。

对某一地区彩票销售情况的整体评价，需要综合考察多项维度，这样构建出的指标才是系统完整的，结果才是准确可靠的。因此，本报告借鉴国内外相关综合评价指数构建方法，综合中国历年各省份①规模(总销量)、②年增幅

(规模同比增幅)、③密度(人均销量)、④公益金(人均公益金)、⑤深度(规模/GDP)和⑥份额(体彩或福彩规模/全部彩票规模)等6项维度的彩票销售指标,构建出各维度指数,并以此构建出中国彩票业销售综合指数。在此基础上,我们遵照彩票产业运行和发展的理论和规律,利用"地位指数"、"脱钩指数"和"开发指数"等三项表征指数以及"公平指数"和"适量指数"等两项福利指数,从合意性视角对相应结果进行了解读,并探讨提升中国彩票业销售合意性的着力点。

本报告构建的中国彩票业销售指数具有如下功能:

(1) 表征功能:科学系统衡量历年来各省份彩票各维度的销售状况;

(2) 评估功能:准确评估历年来全国彩票业销售的合意性;

(3) 标尺功能:作为评价彩票行业其他报告质量的参考标尺;

(4) 决策功能:为彩票监管和销售部门恰当制订彩票政策提供着力点;

(5) 投资功能:为相关主体理性投资中国彩票行业提供思路。

1.3 内容结构

本报告共分三篇11章内容。

1.3.1 构建篇

第一篇"构建"篇为本报告的构建基础,具体分为第1至5共5章内容。

第1章作为序言部分,介绍了本报告的背景、目的和意义、内容结构、相关概念内涵的界定、适用范围和基金资助情况等问题。

第2章介绍了中国彩票业的发展概况,包括三项内容:(1)中国彩票业的发展历程;(2)2000至2014年全国范围彩票的各维度销售情况;(3)同期世界范围彩票销售各维度的情况。

第3章是文献回顾与评论,包括三项内容:(1)彩票业尤其是销量影响因素相关文献的回顾并结合中国实际情况进行了评价;(2)综合评价指数的构建与相关代表性文献的回顾与评价;(3)三项已有彩票指数的内容及它们与本报告所构建的指数的关系。

第4章为本报告的基础,包括五项内容:(1)本报告的构建思路与原则;(2)相关数据的来源与处理;(3)各项基础指数的构建方法;(4)各项表征指数的构建方法及意义;(5)各项福利指数构建方法的简要说明。

第 5 章是对第 4 章各项指数构建方法的稳健性检验，具体包括六项内容：(1)人口统计学指数的处理；(2)综合指数的权重设置；(3)脱钩指数的构建方法；(4)开发指数的构建方法；(5)阈值的设定；(6)通货膨胀影响。以及各指标属性等其他问题。

1.3.2 展示篇

第二篇"展示"篇在第一篇的基础上，对构建结果进行基本展示，具体分为第 6 至 8 共三章内容。

第 6 章展示了各项指数间的相互关系，具体包括三项内容：(1)2000 至 2014 年各种类彩票各销售维度地位指数与对应经济维度地位指数的关系，(2)相同销售维度地位指数以及脱钩指数的体育彩票与福利彩票之间的关系，(3)各种类彩票各维度地位指数以及脱钩指数的长期和短期惯性。

第 7 章展示了 2000、2005、2010、2013 和 2014 等 5 个代表性年份的各省份各种类彩票的销售情况。每一年份包括三项内容：(1)各省份各种类彩票综合维度的地位、脱钩和开发等三项表征指数情况；(2)各项表征指数结合经济水平综合指数，按高中低 3×3 矩阵，构成"九宫格"，对各省份进行板块划分；(3)根据行政区划、地理位置和经济水平等三项标准，将全国 31 个省份分成若干区域，比较各区域间三项表征指数的情况。

第 8 章展示了北京、黑龙江、上海、河南、广西、云南和宁夏等 7 个代表性省份的各年份各种类彩票的销售情况。每一省份包括三项内容：(1)各年份各种类彩票综合维度的地位、脱钩和开发等三项表征指数情况；(2)各项表征指标结合经济水平综合指数，按高中低 3×3 矩阵，构成"九宫格"，对各年份进行板块划分；(3)将 2000 至 2014 年共 15 年划分了三个"五年"时间阶段(其中 2000 至 2004 年为第一阶段，2005 至 2009 年为第二阶段，2010 至 2014 年为第三阶段)，比较各阶段间三项表征指数的变化情况。

1.3.3 评价篇

第三篇"评价"篇利用前文各类指数构建的结果，并结合其他相关因素，对中国彩票销售的合意性进行评价，具体分为第 9 至 11 章共三章内容。

第 9 章是对中国彩票销售合意性的初步评价，具有包括四项内容：(1)彩票销售的公平性；(2)彩票销售的适量性；(3)彩票公益金筹集的效率性；(4)结合上述三项内容对中国彩票销售合意性的初步总体评价。

第10章在第9章基础上，结合其他因素，对中国彩票销售合意性进行进一步的评价，具体包括两项内容：(1)城乡、年龄、教育和民族等各项人口因素的影响；(2)彩票市场开发过度与不足省份的确定。

第11章作为本报告的最后一章，首先总结了中国彩票业销售合意性状况，在此基础上提出一些提升中国彩票销售合意性的着力点，并对未来本报告的进一步完善、深化和拓展提出一些设想。

1.4 相关界定说明

1.4.1 几组含义区别严格的相似名词

1 种类、类型和品种

为叙述方便，本报告中的“种类”、“类型”和“品种”三个概念的含义区别严格：同一“**种类**”彩票，是指同一个主体所发行的彩票，如“足球彩票”与“七星彩”，尽管两者玩法上差别很大，但发行主体均为国家体育总局体育彩票管理中心，都属于体育彩票这一“种类”的彩票；同一“**类型**”彩票，是指玩法上相近的彩票，如“排列三”和“3D”，尽管两者发行主体不同，但玩法上却几乎完全相同，都属于数字型彩票这一“类型”的彩票；某一“**品种**”彩票指单一一支彩票，如“双色球”或者是“超级大乐透”。

2 份额和比重

“**份额**”是变量(即本报告中的维度)间角度，某一省份某一年份体育彩票销售规模与该省份此一年份全部彩票销售规模之比，即为该省此一年份体育彩票的“份额”；“**比重**”是个体(即本报告中的省份)间角度，某一省份某一年份体育彩票销售规模与全国此一年份全部体育彩票销售规模之比，即为该省此一年份体育彩票的“比重”。

3 综合与整体

本报告中“综合”是针对同一省份(个体)所有维度(变量)而言，如各类综合指数，衡量的是单个省份所有维度经济水平或彩票销售的综合情况，每个省份一项综合指数；“整体”是针对同一维度(变量)所有省份(个体)而言，如公平指数和适量指数，衡量的是全国所有省份某项维度彩票销售的整体情况，每项维度在全国只有一项整体指数，单个省份并没有整体指数。

4 省份和区域

“省份”指中国内地各省级单位，包括直辖市、自治区或省；**“区域”**范围大于省份，是指如表 1.4.1 中某个标准划分所有符合条件的省份集合。

表 1.4.1 各区域省份情况

标准	区域	数量	省份
行政区划	华北	5	***北京***、天津、河北、山西、内蒙古
	东北	3	辽宁、吉林、***黑龙江***
	华东	7	***上海***、江苏、浙江、安徽、福建、江西、山东
	华中	3	***河南***、湖北、湖南
	华南	3	广东、***广西***、海南
	西南	5	四川、重庆、贵州、***云南***、西藏
	西北	5	陕西、甘肃、青海、***宁夏***、新疆
地理位置	东部	11	***北京***、福建、广东、海南、河北、江苏、辽宁、山东、***上海***、天津、浙江
	中部	8	安徽、***河南***、***黑龙江***、湖北、湖南、吉林、江西、山西
	西部	12	甘肃、***广西***、贵州、内蒙古、***宁夏***、青海、陕西、四川、西藏、新疆、***云南***、重庆
经济水平	前 10 省	10	各经济水平维度排名第 1 至 10 位的 10 个省份
	中 11 省	11	各经济水平维度排名第 11 至 21 位的 11 个省份
	后 10 省	10	各经济水平维度排名第 22 至 31 位的 10 个省份

注：(1)地理位置划分根据《中共中央、国务院关于促进中部地区崛起的若干意见》和《国务院关于西部大开发若干政策措施的实施意见》所涉及省份。吉林和黑龙江未包括在上述两项政策，但考虑到两省地理位置和经济水平，以及各区域省份数量均衡性，我们将两省份归为中部。(2)表中斜体加粗省份为本报告第 8 章中所重点考察省份。(3)不同经济水平区域中各省份按照对应维度排名，如规模维度，根据各省份生产总值规模排名；年增幅维度，根据各省份生产总值年增幅排名；其它维度，根据各省份人均生产总值排名。

1.4.2 彩票业相关概念

1 彩票的概念

根据维基百科定义，博彩是指“以赢取额外钱财和(或)物质产品为主要目的，对一个不确定结果的事件下注(钱或其他有价值的东西)，具有三个要件：(1)投注标的、(2)概率和(3)奖金。[①] 彩票是博彩家族系列产品中的一类。目前，国内关于彩票最新的定义是 2009 年 7 月 1 日由国务院颁布实施的《彩票

① Gambling is the wagering of money or something of material value (referred to as “the stakes”) on an event with an uncertain outcome with the primary intent of winning additional money and/or material goods, Gambling thus requires three elements be present: consideration, chance and prize.

管理条例》第二条，将彩票定义为“国家为筹集社会公益资金，促进社会公益事业发展而特许发行、依法销售，自然人自愿购买，并按照特定规则获得中奖机会的凭证”。

彩票除了与其他博彩品共同满足上述三个要件以外，还具有如下三个特点：(1)广泛性，绝大部分国家或地区都发行彩票，并且是由政府垄断经营，尽管这其中有很多国家或地区如当前中国对于其他形式的博彩(赌场、赛马和足球博彩等)严格控制甚至在法律上禁止。(2)赔率高，即一旦中奖，则会取得高出投注本金几十倍甚至上亿倍的收益率，尽管取得这一收益率的概率极低。(3)随机性，开奖结果随机不可预测，没有智力因素，尽管许多人不相信这一点。

2　彩票的分类

根据玩法类型，按照国际标准，本报告将彩票分为乐透型、数字型、即开型、基诺型、竞猜型、视频型和传统型等七大类型。[①] 要强调的是，财政部综合司官网公布数据的统计口径与国际标准有所区别，并且不时变化。目前，乐透型和数字型等两个类型彩票统称“乐透数字型”；2008 年及以前，视频型彩票归为即开型，之后作为独立类型列出；体育彩票高频各品种和福利彩票快开各品种被归为“乐透数字型”，但按国际标准应当归为“基诺型”。

本报告依据国际标准，与当前财政部的标准有所差别。总结起来，本报告中的即开型、竞猜型和视频型与财政部标准完全一致；本报告中的乐透型只包括财政部乐透型标准中的多日或每日“开奖一次”的各低频品种；本报告中的数字型只包括体育彩票排列三和排列五，以及福利彩票的 3D；本报告中的基诺型除包括财政部标准的基诺型外，还包括财政部乐透数字型标准中的每日“开奖多次”的各实时品种。

根据发行主体，当前中国大陆有国家体育总局“体育彩票管理中心”发行的“**体育彩票**”和民政部“中国福利彩票发行管理中心”发行的“**福利彩票**”两大品种。其中体育彩票和福利彩票都有(1)乐透型、(2)数字型、(3)即开型和(4)基诺型等四个类型，竞猜型为体育彩票独有类型，视频型为福利彩票独有类型。

从推出时间来看，传统型、即开型、乐透型和数字型等彩票推出的时期相对较早，在 2005 年之前本报告称之为“**经典型**”，竞猜型、基诺型和视频型虽然

---

① 参见于 2012 年 1 月 30 日公布，并由当年 3 月 1 日施行的《彩票管理条例实施细则》第十一条。

也有部分省份在 2005 年前就推出，但它们却均是在 2010 年以后才开始迅猛发展的，本报告称之为“**新兴型**”。

按开奖频率，乐透型、数字型以及竞猜型的传统品种如胜负彩等，多日或每日“开奖一次”，彩民投注后，要等待一段时间才知道中奖结果，我们称之为“低频型”。基诺型、视频型以及竞猜型中的单场和竞彩等品种，每日开奖多次，彩民投注后，很快甚至立即就能知道中奖结果，我们称之为“实时型”。

图 1.4.2 显示了本报告各种彩票概念的关系。

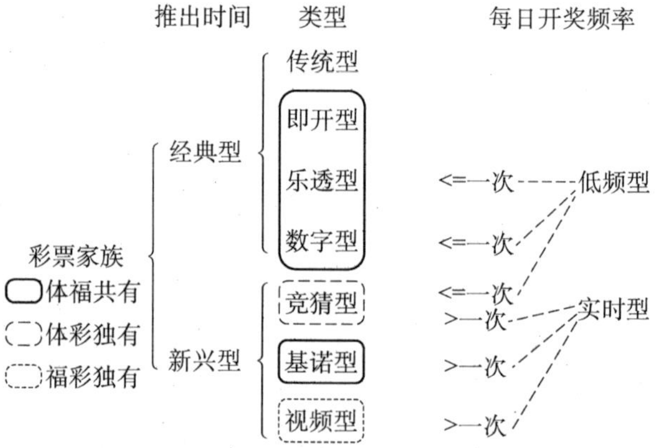

图 1.4.2　本报告中各种彩票概念关系的示意图

1.4.3　展示方式

市场规模、市场密度和公益金的原值统一保留小数点后 2 位；GDP 或人均 GDP 的原值统一保留小数点后 0 位，市场份额或年增幅统一采用百分比形式，且保留小数点后 2 位；深度统一采用万分比形式，且保留小数点后 2 位。

各项基础、表征或福利指数统一保留小数点后 4 位。

计量回归和统计分析结果的各表中，t 值或 F 值统一保留小数点后 2 位，其他计量指量统一保留小数点位后 4 位；后缀 a 表示 5%至 10%水平显著，b 表示 1%至 5%水平显著，c 表示 1%以下水平显著。

1.5　指数列表

本报告中指数分为三类：基础指数、表征指数和福利指数。

1.5.1 基础指数

“基础指数(Basic Index,简称BI)”是指根据本报告4.3中方法所构建出的从如下若干项维度表现彩票销售或经济水平基本情况的指数,取值范围为[0, 1],具体各项维度如下:

1 综合(Composite)

由以下各分项维度加权计算出的彩票销售或经济水平指数。

2 规模(Scale)

对于彩票来说,其构建原值为历年各省份的某种类彩票的总销量,对于经济水平来说,为历年各省份的生产总值。

3 年增幅(Annual Increase)

构建原值为规模原值相对于上一年的变化幅度。

4 密度或人均(Density or Per Capita)

密度对应彩票销售,其构建原值为历年各省份某种类彩票总销量除以当地总口数,即人均销量;人均对应经济水平,构建原值为历年各省份人均生产总值。

5 公益金(Public Fund)

构建原值为历年各省份从某种类彩票当中所筹集的公益资金的人均值,也即公益金密度。

6 深度(Penetration)

构建原值为历年各省份某种类彩票总体销量除以当地生产总值,也等于人均销量除以人均生产总值,即相对销量。鉴于数值较小,本报告以万分比形式展示其原数。

7 份额(Shares)

构建原值为历年各省份体育彩票(或福利彩票)销量与全部彩票销量之比。

1.5.2 表征指数

“表征指数(Representation Index,简称RI)”由基础指数经过不同方法计算而得,旨在表征各省份某一方面彩票销售情况,包括:(1)地位指数、(2)脱钩指数和(3)开发指数，取值范围都在[−1，1]。以±0.1作为阈值，分为三个区间，具体构建方法详见本报告4.4。

1　地位指数

“地位指数(Position Index，简称PI)”是个体(即省份)间的角度，为“历年各省份各种类彩票或经济水平某一维度指数”与“同期全国各种类彩票或经济水平同一维度指数31个省份均值”之差，也即“基础指数的离差”。

此一指数用于衡量当年该省份各种类彩票或经济水平对应维度在全国的地位，其值较大，说明地位重要，接近0为居中，较小为次要。

2　脱钩指数

“脱钩指数(Decoupling Index，简称DI)”是变量(即维度)间的角度，为“历年各省份各种类彩票某一维度指数”与“同期经济水平对应维度指数”之差。

此一指数衡量的是当年该省份各种类彩票各销售维度与对应经济水平维度的脱钩方向，其值较大，说明彩票销售超出经济水平，接近0为挂钩、较小为落后。

3　开发指数

“开发指数(Exploitation Index，简称EI)”是变量(即维度)内的角度，为“历年各省份各种类彩票某一维度基础指数”与“根据某一标准推算出同一维度潜力指数”之差。

此一指数衡量的是当年该省份各种类彩票各维度的市场开发程度，其值较大，说明开发过度，接近0为适度，较小为不足。

1.5.3　福利指数

“福利指数(Welfare Index，简称WI)”由各省份表征指数经过不同方法计算所得，用于反映全国彩票市场社会效果某一方面的整体情况，包括(1)“公平指数”和(2)“适量指数”，取值范围也都在[−1,1]。

1　公平指数

“公平指数(Fairness Index，简称FI)”为“历年所有省份某维度脱钩指数与经济水平对应维度指数的相关系数”。此一指数用于衡量历年各维度彩票销售的全国整体公平状态，其值较大，说明彩票销售当年在此一维度呈累进性，接近0呈公平性，较小呈累退性。具体构建方法详见本报告9.1部分。

2　适量指数

“适量指数(Appropriate Index，简称AI)”为“历年所有省份某维度开发指数的均值”。此一指数用于衡量历年各维度彩票销售的全国整体适量水平，其值较大，说明彩票销售当年在此一维度为过量，接近0为适量，较小为欠缺。

1.5.4 各类指数的关系

图1.5.4和表1.5.4简要说明了本报告各类指数的关系与含义。

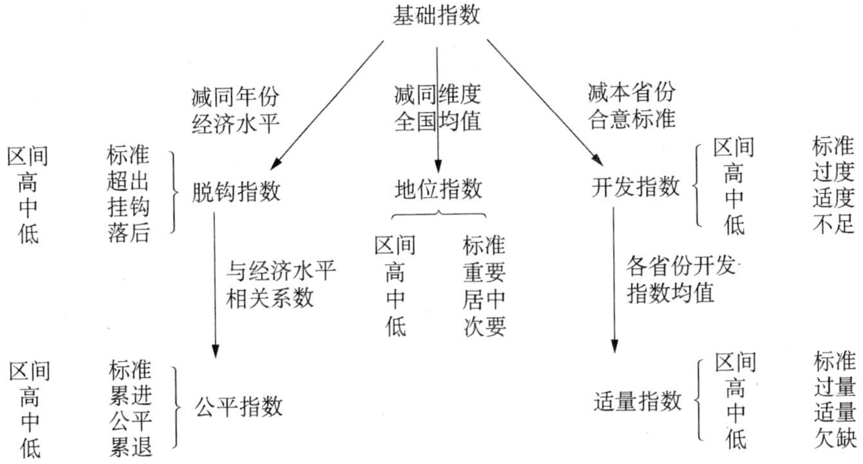

图1.5.4 本报告各类指数关系与含义的简图

表1.5.4 本报告各类指数关系及其含义的简图

类别	指数	简称	意义	高	中	低
表征指数 RI	地位指数 脱钩指数 开发指数	PI DI EI	省份地位等级 脱钩经济方向 市场开发程度	重要 超出 过度	居中 挂钩 适度	次要 落后 不足
福利指数 WI	公平指数 适量指数	FI AI	销售公平状态 销售适量水平	累进 过量	公平 适量	累退 欠缺

1.6 适用范围

目前国内有不少咨询公司或者投资机构所发布的彩票行业分析报告，这为本报告的编写提供了一些参考，但它们基本是相关销售指标的展示，理论分析有待加深。我们从学者立场出发，在一定理论高度基础上对中国彩票业发展情状进行综合评价，并对结果进行解读，进而提出一些有助于提升中国彩票业的合意性的思路。

因此，本报告适用范围有如下限制：

(1) 本报告的数据主要来自于财政部综合司、国家统计局、中国国家体育总局体育彩票管理中心和中国福利彩票发行管理中心等官方网站或出版物，我们力求报告数据的准确、客观和公正。由于统计口径和计算方法存在差异等原因，本报告中的部分数据与其他机构发布的数据可能稍微不同。

(2) 本报告仅是对 2000 至 2014 年中国各省份以及全国的彩票**"销售领域"**各维度进行一个综合评价，尚未涉及其他方面问题，如彩票购买者心理健康程度以及彩票公益金使用公平和效率等，但这并不意味着上述问题不重要。

(3) 即使对于同样的结果，不同视角和立场，得出的观点也各不相同。本报告是我们对中国彩票业销售状况所提出的一种"第三方"观点，在结果的解读过程中，不可避免会带有主观性。

(4) 本报告所载的观点、结论和建议仅供参考，对彩票发行监管、发行以及投资机构的决策只具有助推功能。对依据或者使用本报告所造成的一切后果，我们不承担任何责任。

1.7 致谢

上海师范大学商学院崔百胜、崔光灿、傅毅、郭照蕊、胡春燕、黄虹、黄静、刘春济、刘江会、马亚华、王晓华、王诤诤、王周伟、岳荣先、张毅、张元庆、赵金实和卓德保等同事，北京师范大学李实教授、范立双处长、李坤主任和陈海平博士，《国家彩票》邢晓巍编辑，中国财政经济出版社刘五书编审，国家体育总局体育科学研究所杨越研究员，国家体育彩票管理中心刘岳冶先生，中国福利彩票发行管理中心高志琦先生，人民网李宁编辑，复旦大学李维森教授、田素华教授和严立新副教授，华东师范大学王树明教授，上海大学陆晓聪教授，上海体育学院李海教授，上海体育彩票中心朱南俊先生、陈恭伟主任和刘文董博士，上海福利彩票中心朱明生先生，《上海经济评论》李旭编辑，南京大学皮建才教授，河南财经政法大学冯百鸣副教授，盐城师范学院张兵副教授，彩票界知名人士程阳先生、苏国京先生和博智先生等，为本报告的构建和完成提供了不少有价值的建议。本报告部分内容以《中国体育彩票销售综合指数的构建与初步应用》论文形式，发表于《体育科学》2015 年第 11 期，《体育科学》编辑部李晓宪主任、邱剑荣编辑、李晴慧编辑、詹东编辑、张雷编辑和丁合编辑对我们十多年来进行的彩票相关研究给予了诸多鼓励和支持。上海师范大学商学院郝国喜教授和张震副教授见证了我们 15 年来在彩票领域探索的整个过程，并不断给予无私的帮助和启发。本报告第一作者所指导的历届硕士研究生邓志超、冯新新、郭婷婷、李珂、路漫漫、齐资晟、孙晓东、万敏、汪茂正、闫成芳、杨洋、张为敏、郑素芬和朱北岑等同学为本报告进行了大量前期数据收集和整理工作。在此向包括但不限于以上的人士表示衷心感谢！

本报告得到了(1)2011 年度教育部人文社会科学研究规划基金项目"社会福利最大化约束下我国彩票销量的合意规模测度及其实现的研究"(项目编号:11YJAZH044)，(2)2013 年度上海市教委科研创新项目"责任彩票战略实施机制的研究"(项目编号:13YS030)，(3)2014 年度上海师范大学应用文科振兴计划"发展报告"建设项目"中国彩票业发展指数报告"，(4)上海市人民政府发展研究中心研究基地茆训诚工作室，(5)上海师范大学第七期重点学科"城市经济学"，(6)上海师范大学住房与城市发展研究工作坊等基金项目的资助。在此向上述相关机构表示感谢！

1.8 版权声明

第 2 章 中国彩票业的发展概况

本章介绍了中国彩票业的发展概况，包括三项内容：(1)中国彩票业的发展历程；(2)2000 至 2014 年全国范围彩票各维度销售情况；(3)同期世界范围彩票销售各维度的情况。

2.1 中国彩票业的发展历程

2.1.1 清末民国

在我国，现代意义上的彩票于 19 世纪中叶从西班牙传入，清代光绪年间已为广大民众接受。据记载，西班牙彩票约在 19 世纪 60 年代初在我国上海发行，最初每年得利 48 万两，到 19 世纪 90 年代每年得利近 100 万两。据估计，此种彩票在我国共敛财白银 3000 万两，超过《中英南京条约》的赔款数目。我国自己发行的彩票至 19 世纪末在民间出现，典型的代表有“闱姓”、“万字票”和“花会”等。

这一期间，各级政府也曾发行过彩票。如清末湖广总督张之洞为赈济江南地区灾民，批准发行了“湖北签捐彩票”，这是我国历史上最早的公立彩票。民国初年，当时在《中华民国临时约法》中明令禁止发行彩票，使彩票业暂时沉寂。1918 年以后，彩票又很快发展起来。1933 年 5 月，国民政府发行了全国性的彩票《国民政府航空公路建设奖券》以筹集发展航空和修筑公路所用资金。同时还公布了《航空公路建设奖券条例》，这是中国历史上第一个关于彩票的明文规定。

2.1.2 禁止时期

1949 年以后，彩票与盗、匪、赌和嫖一起，作为丑恶现象，被政府一度长期禁止。但现实是，一方面，在此期间，仍然存在类似彩票性质的活动。如为吸引居民储蓄，银行设有“有奖储蓄”业务，即有彩票属性，1959年，辽宁有奖储蓄存款份额高达47.4%。[①] 另一方面，只要人们有意愿，就能够公开或隐蔽地顺利进行博彩活动，甚至在“文革”时期戒备森严的监狱里。

2.1.3　恢复时期

恢复时期为1984至1994年。1984年11月福建省发行体育设施建设彩票，这是1949年以后我国发行的第一张彩票。随后江苏、广东、河北、天津、贵州、四川、浙江等省市也相继发行了地方性体育彩票，用于体育事业。为了将我国体育彩票事业纳入全国统一化管理轨道，原国家体委于1992年7月正式成立了“国家体委体育彩票筹备组”，1994年4月成立了“中国体育彩票管理中心”。

1984年，某位海外华人向当时财政部部长崔乃夫提出了解决中国福利事业资金不足问题的三条途径，其中一条也是唯一被接受的一条就是发行彩票。1986年，民政部向国务院提出了建议，发行社会福利彩票，面向全社会集资，以弥补国家对社会福利事业投入的不足，最终获得了通过。1987年7月河北正式发行福利彩票，为避免引起争议，当时命名为“中国社会福利彩票有奖募捐券”，同时成立了“中国社会福利彩票有奖募捐券发行中心”；1993年更名为“中国社会福利奖券发行中心”，1994年正式定名为“中国福利彩票发行中心”。

2.1.4　整顿时期

整顿时期为1995至1999年。国务院于1994年5月31日先后下发了《关于严格彩票市场管理禁止擅自批准发行彩票的通知》，开始对全国彩票市场进行清理整顿，在此基础上形成了民政部和体育总局两大部门发行的管理体制。经过国务院和中国人民银行的大力规范和整顿，这一时期彩票发展呈现如下特点：(1)明确了中国人民银行是彩票主管机关，统一了政府的彩票行政管理权，福利和体育彩票机构所采用的游戏规则及发行销售方式，都必须报经中国人民银行批准。(2)发行彩票所筹集的公益金，分别归两个彩票发行部门所有，福利彩票和体育彩票实际上成为民政和体育部门筹集资金的工具。(3)彩

---

① 参见，廖储声：“有奖储蓄可以恢复”，《中国金融》，1980年5月。

票市场分为福利和体育两大销售寡头，但全国统一的彩票市场仍未形成。

2.1.5 发展时期

发展时期为 2000 至 2014 年。1999 年 12 月财政部与中国人民银行完成了彩票主管职能的移交工作。财政部接手彩票主管职能后，采取如下工作：(1)确定了现行彩票管理体制，将福利和体育两个彩票机构从其所属的行政部门分离出来，改制成企业性质的彩票发行机构。(2)建立和完善了彩票管理制度，加强了彩票机构和彩票市场的管理。(3)改进发行销售方式，丰富彩票品种，在 2001 年在全国所有地方都建立起了专用电脑网络销售系统。(4)改变公益金的分配政策，在保证民政和体育部门既得利益的基础上，由国家财政在更广泛的社会公益领域中分配彩票公益金。从此，我国彩票业进入了一个高速的增长期。①

进一步，2000 年至 2014 年这 15 年间，中国彩票业又可分为三个阶段。

1　第一阶段 2000 至 2004 年

这一阶段，以即开型和乐透型尤其是后者为主，5 年中全部彩票中的乐透型彩票份额均值高达 75.13%。虽然这一阶段部分省市也发行其他类型彩票，如北京和上海地区发行三位数字型彩票，2001 年底全国推出足球彩票，但这些彩票在这一阶段尚未得到发展，份额比较低。此一阶段彩票公益金率一直为 35%。本报告称这一阶段为**“乐透型阶段”**。

2　第二阶段 2005 至 2009 年

这一阶段的显著特点是，数字型彩票迅速发展但又很快回落，2005 至 2006 年全部彩票数字型份额超过 40%，但 2008 年 5 月“体彩排列三限号限赔事件”后，彩票发行机构自食其言的做法使此类型彩票销售受到巨大负面影响，2009 年降至 23.90%。因 2004 年陕西体育宝马案和贵州福彩爆炸案影响，大奖组式即开型彩票在 2005 至 2007 年全国范围禁售 3 年，2008 年后才恢复。福彩视频型彩票在此一阶段波动巨大，原因是 2008 年初的全国范围整顿。体彩足球彩票份额大幅下降。另外，这一阶段一些类型彩票的返奖率和公益金率开始调整，如 2005 年 9 月起，足球彩票返奖率提高至 65%，公益金率下降至 22%。本报告称这一阶段为**“数字型阶段”**。

---

① 2.1.3—2.1.5 部分内容参见李海：《新编体育博彩概论》，复旦大学出版社，2013 年。

3 第三阶段2010至2014年

这一阶段各新兴型彩票推出并在全国范围迅速推广，如体彩快开和福彩高频。福彩中福在线借赈灾之名得到恢复，体彩足球彩票推出竞彩等新玩法，销售份额迅速增加，2011年起，已超过乐透型份额。数字型彩票出现了绝对销售规模下降的情况。另外，这一阶段各类型彩票尤其是新兴型彩票的返奖率进一步上升，公益金率进一步下降。本报告称这一阶段为**“新兴型阶段”**。

各类型彩票销售和份额情况见表2.1.5A、表2.1.5B和图2.1.5A、图2.1.5B。

表2.1.5A 2000至2014年各类型彩票销售规模(单位:亿元)

品种	体育彩票				福利彩票				全部彩票			
类型	即开型	乐透型	数字型	新兴型	即开型	乐透型	数字型	新兴型	即开型	乐透型	数字型	新兴型
00至04年均值	11.93	114.25	0.28	36.94	29.69	131.67	3.41	0.00	41.08	246.54	3.74	36.75
05至09年均值	40.43	131.10	166.60	69.01	41.28	289.93	194.68	53.86	82.90	420.31	359.62	124.05
10至14年均值	192.83	229.32	115.54	628.16	192.72	573.60	211.82	538.12	384.08	806.24	328.02	1163.77
00至14年均值	78.18	153.79	85.20	261.62	84.48	325.95	128.81	214.32	162.66	479.76	214.01	475.97
00至14年标准差	82.04	60.88	67.91	361.66	77.21	187.58	92.02	336.68	157.43	242.94	156.11	697.11
00至14年极差	199.57	233.49	181.52	1210.4	194.16	558.87	215.21	1093.7	390.54	792.34	370.04	2304.2
2000	17.50	73.64	0.00	0.00	39.30	50.59	0.00	0.00	56.81	124.22	0.00	0.00
2001	9.35	126.60	0.00	13.35	19.65	117.93	2.00	0.00	29.00	244.53	1.99	13.35
2002	10.67	136.41	0.00	70.64	20.14	144.31	3.54	0.00	30.78	280.71	3.55	70.62
2003	6.73	115.36	0.00	82.45	33.59	160.67	5.78	0.00	40.34	276.05	5.79	82.45
2004	4.38	100.22	1.30	48.33	7.92	209.56	8.90	0.00	12.29	309.77	10.16	48.34
2005	0.39	92.79	170.26	38.57	9.01	216.43	185.79	0.00	9.42	309.28	356.07	38.59
2006	0.00	96.41	171.14	56.08	13.48	249.31	187.29	45.66	13.44	345.69	358.47	101.77
2007	1.54	144.16	181.52	57.92	35.82	275.43	188.51	131.97	37.32	419.56	370.04	189.95
2008	102.18	155.50	124.35	74.12	77.01	307.91	175.15	43.91	179.16	463.49	299.49	118.10
2009	151.96	164.59	119.26	132.97	92.77	397.46	197.41	68.42	244.69	561.98	316.62	201.37

续 表

品种	体育彩票				福利彩票				全部彩票			
类型	即开型	乐透型	数字型	新兴型	即开型	乐透型	数字型	新兴型	即开型	乐透型	数字型	新兴型
2010	164.38	169.17	111.32	249.59	144.53	441.81	196.70	184.89	308.89	610.96	308.06	434.41
2011	199.57	208.39	114.51	415.37	200.39	532.28	215.21	329.97	399.96	740.75	329.71	745.40
2012	180.22	198.45	101.43	624.85	202.08	589.18	209.63	509.43	382.35	787.72	310.96	1134.25
2013	166.26	218.04	93.88	849.73	185.53	586.96	185.71	806.91	352.01	805.16	279.63	1656.7
2014	157.53	307.13	89.09	1210.4	185.99	609.46	170.54	1093.7	343.38	916.56	259.63	2304.2

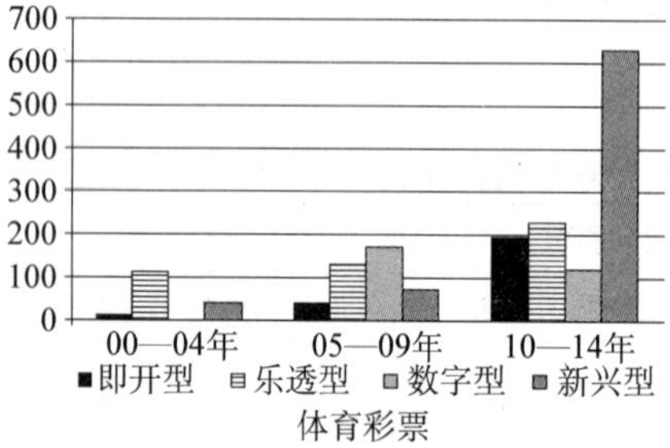

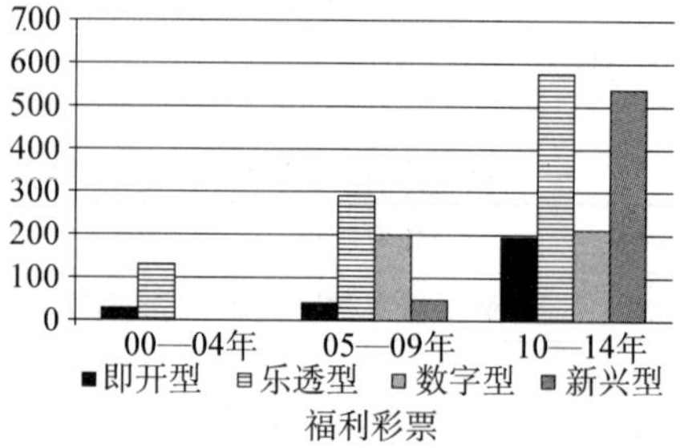

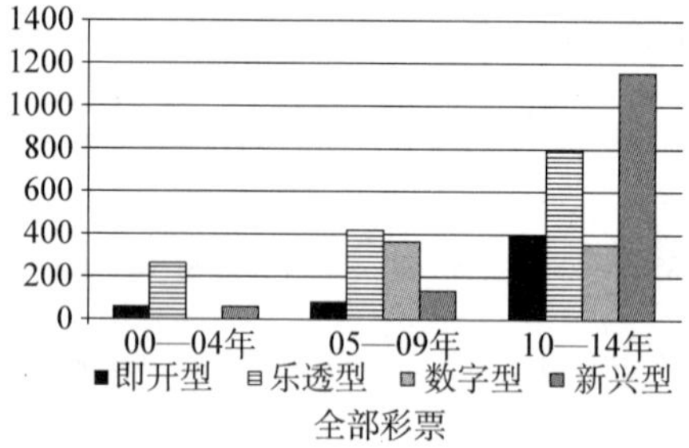

图 2.1.5A　2000 至 2014 年各类型彩票销售规模(亿元)

表 2.1.5B　2000 至 2014 年各类型彩票份额(单位:%)

品种	体育彩票				福利彩票				全部彩票			
类型	即开型	乐透型	数字型	新兴型	即开型	乐透型	数字型	新兴型	即开型	乐透型	数字型	新兴型
00 至 04 年均值	7.30	69.93	0.17	22.61	18.02	79.91	2.07	0.00	12.52	75.13	1.14	11.20
05 至 09 年均值	9.93	32.20	40.92	16.95	7.12	50.01	33.58	9.29	8.40	42.59	36.44	12.57
10 至 14 年均值	16.54	19.67	9.91	53.88	12.71	37.83	13.97	35.49	14.32	30.06	12.23	43.39
00 至 14 年均值	11.26	40.60	17.00	31.15	12.61	55.92	16.54	14.93	11.75	49.26	16.60	22.39
00 至 14 年标准差	9.57	23.21	20.02	20.60	9.85	20.15	14.33	17.71	8.14	20.27	16.49	17.92

续　表

品种	体育彩票				福利彩票				全部彩票			
类型	即开型	乐透型	数字型	新兴型	即开型	乐透型	数字型	新兴型	即开型	乐透型	数字型	新兴型
00至14年极差	26.72	68.38	56.37	68.61	41.53	62.98	45.18	53.1	30.06	60.68	49.92	60.26
2000	19.20	80.80	0.00	0.00	43.72	56.28	0.00	0.00	31.38	68.62	0.00	0.00
2001	6.26	84.80	0.00	8.94	14.08	84.49	1.43	0.00	10.04	84.65	0.69	4.62
2002	4.90	62.66	0.00	32.45	11.99	85.90	2.11	0.00	7.98	72.78	0.92	18.31
2003	3.29	56.40	0.00	40.31	16.79	80.32	2.89	0.00	9.97	68.23	1.43	20.38
2004	2.84	64.98	0.84	31.34	3.50	92.57	3.93	0.00	3.23	81.39	2.67	12.70
2005	0.13	30.72	56.37	12.77	2.19	52.63	45.18	0.00	1.32	43.36	49.92	5.41
2006	0.00	29.79	52.88	17.33	2.72	50.29	37.78	9.21	1.64	42.19	43.75	12.42
2007	0.40	37.43	47.13	15.04	5.67	43.60	29.84	20.89	3.67	41.26	36.39	18.68
2008	22.40	34.09	27.26	16.25	12.75	50.98	29.00	7.27	16.90	43.72	28.25	11.14
2009	26.72	28.94	20.97	23.38	12.27	52.57	26.11	9.05	18.47	42.42	23.90	15.20
2010	23.67	24.36	16.03	35.94	14.93	45.64	20.32	19.10	18.58	36.75	18.53	26.13
2011	21.28	22.22	12.21	44.29	15.68	41.65	16.84	25.82	18.05	33.43	14.88	33.64
2012	16.31	17.96	9.18	56.55	13.38	39.01	13.88	33.73	14.62	30.12	11.89	43.37
2013	12.52	16.42	7.07	63.99	10.51	33.25	10.52	45.71	11.38	26.03	9.04	53.56
2014	8.93	17.41	5.05	68.61	9.03	29.59	8.28	53.10	8.98	23.97	6.79	60.26

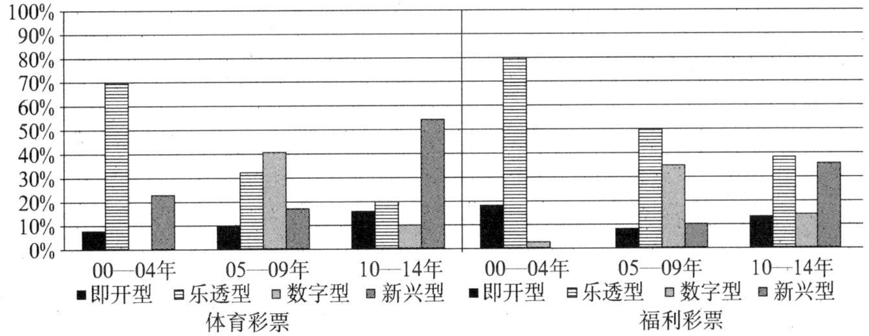

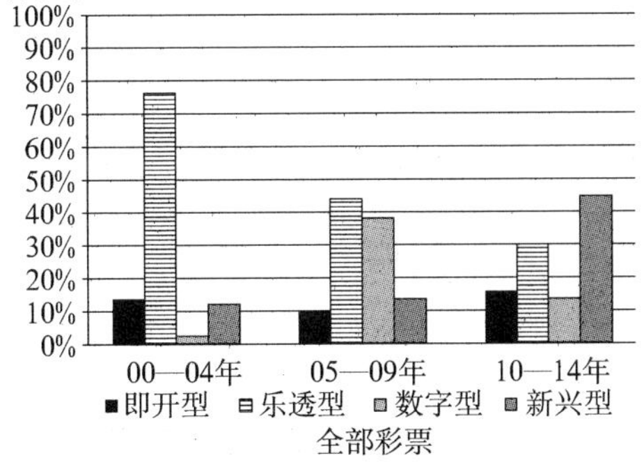

图 2.1.5B　2000 至 2014 年各类型彩票份额

2.2 中国彩票业的各维度销售整体状况

表 2.2.1 至表 2.2.7 和图 2.2.1 至图 2.2.7 分别列出了 2000 至 2014 年各项情况，包括根据 2000 年为基期全国彩票产业市场规模和市场密度的定基比率，以及本报告中的规模、年增幅、密度、公益金、深度和份额等 6 项维度。

2.2.1 定基比率

表 2.2.1A 2000 至 2014 年全国彩票市场规模定基比率(2000 年为基期)

年份	体育彩票	福利彩票	全部彩票	GDP
2000	1.00	1.00	1.00	1.00
2001	1.64	1.55	1.60	1.10
2002	2.39	1.87	2.13	1.21
2003	2.24	2.23	2.23	1.39
2004	1.69	2.52	2.10	1.68
2005	3.31	4.58	3.94	2.03
2006	3.55	5.52	4.53	2.38
2007	4.23	7.03	5.62	2.84
2008	5.00	6.72	5.86	3.37
2009	6.24	8.41	7.32	3.76
2010	7.62	10.77	9.18	4.50
2011	10.29	14.22	12.24	5.36
2012	12.12	16.80	14.45	5.93
2013	14.57	19.64	17.09	6.48
2014	19.36	22.91	21.12	7.04

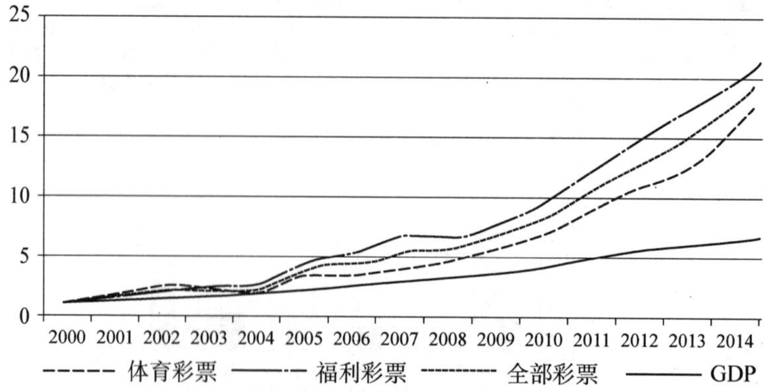

图 2.2.1A 2000 至 2014 年全国彩票市场规模定基比率(2000 年为基期)

表 2.2.1B　2000 至 2014 年全国彩票市场密度定基比率(2000 年为基期)

年份	体育彩票	福利彩票	全部彩票	GDP
2000	1.00	1.00	1.00	1.00
2001	1.62	1.54	1.58	1.09
2002	2.35	1.84	2.10	1.20
2003	2.20	2.18	2.19	1.37
2004	1.65	2.45	2.05	1.64
2005	3.21	4.43	3.81	1.97
2006	3.42	5.31	4.36	2.29
2007	4.05	6.73	5.38	2.72
2008	4.77	6.40	5.58	3.21
2009	5.92	7.98	6.94	3.56
2010	7.19	10.17	8.67	4.24
2011	9.67	13.36	11.50	5.04
2012	11.33	15.71	13.51	5.54
2013	13.55	18.27	15.90	6.03
2014	17.92	21.21	19.55	6.52

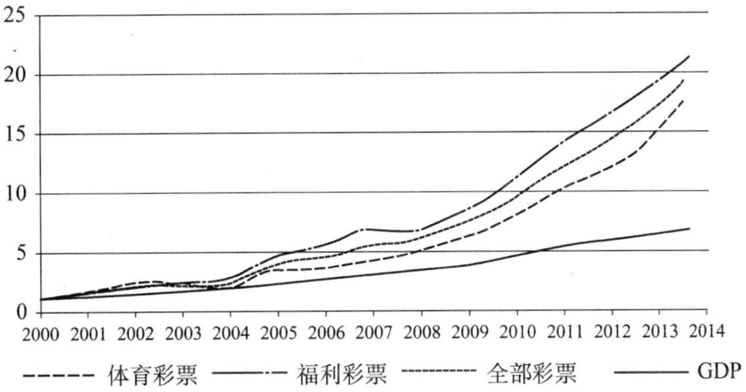

图 2.2.1B　2000 至 2014 年全国彩票市场密度定基比率(2000 年为基期)

2.2.2 规模

表 2.2.2　2000 至 2014 年全国彩票市场规模与 GDP(单位:亿元)

年份	体育彩票	福利彩票	全部彩票	GDP
2000	91.14	89.88	181.02	97209
2001	149.29	139.57	288.87	106766
2002	217.70	167.99	385.69	118021
2003	204.54	200.04	404.58	135539
2004	154.23	226.38	380.60	163240
2005	302.04	411.23	713.27	197789
2006	323.63	495.73	819.36	231053
2007	385.14	631.73	1016.87	275625
2008	456.15	603.98	1060.13	327220
2009	568.73	756.06	1324.79	365304
2010	694.46	968.02	1662.48	437042
2011	937.85	1277.97	2215.82	521441
2012	1104.95	1510.32	2615.28	576552
2013	1327.92	1765.28	3093.20	630009
2014	1764.10	2059.68	3823.78	684268

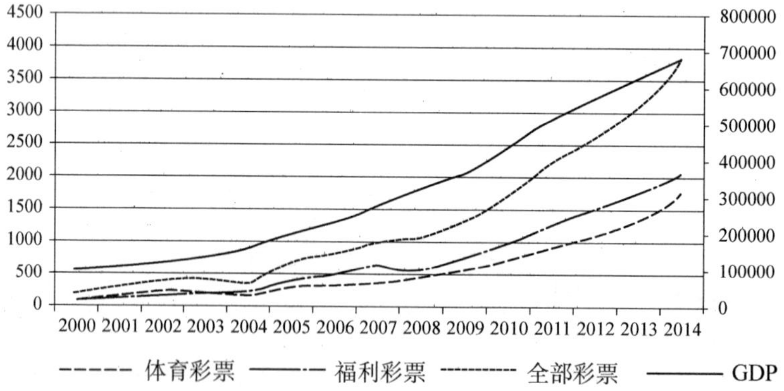

图 2.2.2　2000 至 2014 年全国彩票市场规模与 GDP(单位:亿元)

注:左轴为彩票情况,右轴为经济情况。

2.2.3 年增幅

表 2.2.3A　2000 至 2014 年全国彩票市场规模与 GDP 的年增幅(单位:%)

年份	体育彩票	福利彩票	全部彩票	GDP
2000	125.85	206.49	159.79	10.88
2001	63.81	55.28	59.57	9.83
2002	45.82	20.36	33.52	10.54
2003	−6.04	19.07	4.90	14.84
2004	−24.60	13.17	−5.93	20.44
2005	95.85	81.66	87.41	21.16
2006	7.15	20.55	14.87	16.82
2007	19.01	27.43	24.10	19.29
2008	18.44	−4.39	4.25	18.72
2009	24.68	25.18	24.96	11.64
2010	22.11	28.04	25.49	19.64
2011	35.05	32.02	33.28	19.31
2012	17.82	18.18	18.03	10.57
2013	20.18	16.88	18.27	9.27
2014	32.85	16.68	23.62	8.61

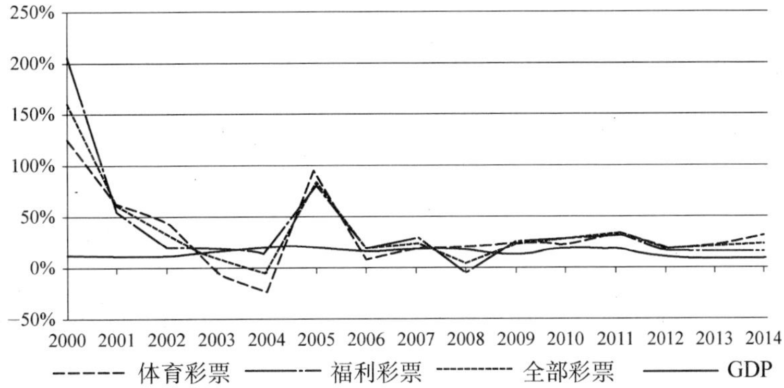

图 2.2.3A　2000 至 2014 年全国彩票市场规模与 GDP 的年增幅(单位:%)

表 2.2.3B　2000 至 2014 年全国彩票市场密度与人均 GDP 的年增幅(单位:%)

年份	体育彩票	福利彩票	全部彩票	GDP
2000	123.61	203.46	157.22	9.78
2001	62.47	54.01	58.27	8.93
2002	44.88	19.59	32.66	9.83
2003	−6.61	18.36	4.27	14.16
2004	−25.04	12.50	−6.48	19.73
2005	94.70	80.59	86.31	20.45
2006	6.58	19.91	14.27	16.20
2007	18.39	26.78	23.46	18.68
2008	17.84	−4.88	3.73	18.12
2009	24.07	24.57	24.36	11.10
2010	21.52	27.42	24.89	19.07
2011	34.40	31.39	32.65	18.74
2012	17.24	17.60	17.44	10.02
2013	19.59	16.31	17.69	8.74
2014	32.20	16.11	23.01	8.08

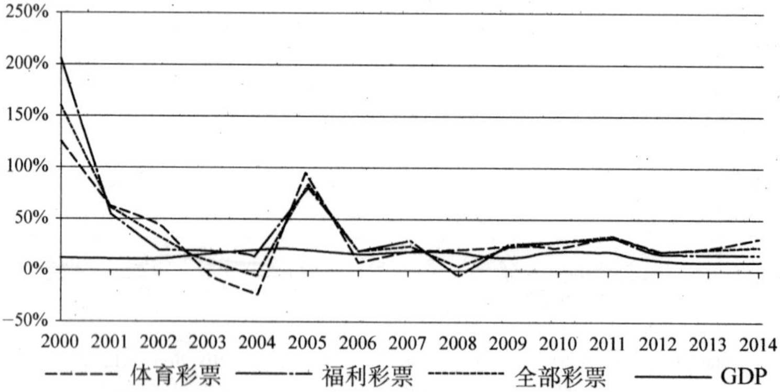

图 2.2.3B　2000 至 2014 年全国彩票市场密度与人均的年增幅(单位:%)

2.2.4 密度

表 2.2.4　2000 至 2014 年全国彩票市场密度与人均 GDP(单位:元)

年份	体育彩票	福利彩票	全部彩票	GDP
2000	7.20	7.10	14.30	7679
2001	11.70	10.94	22.63	8365
2002	16.95	13.08	30.03	9188
2003	15.83	15.48	31.31	10488
2004	11.86	17.42	29.28	12558
2005	23.10	31.45	54.55	15127
2006	24.62	37.71	62.33	17578
2007	29.15	47.81	76.96	20860
2008	34.35	45.48	79.83	24640
2009	42.62	56.65	99.27	27374
2010	51.79	72.19	123.98	32593
2011	69.61	94.85	164.46	38701
2012	81.60	111.54	193.15	42580
2013	97.59	129.73	227.32	46300
2014	129.01	150.63	279.64	50042

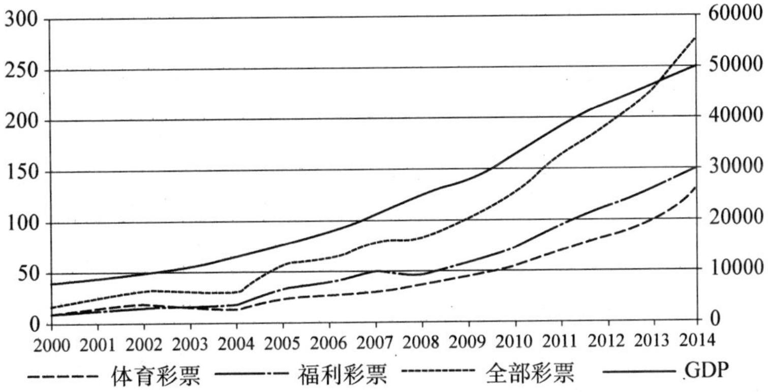

图 2.2.4　2000 至 2014 年全国彩票市场密度与人均 GDP(单位:元)

注:左轴为彩票情况,右轴为经济情况。

2.2.5 公益金

表 2.2.5A 2000 至 2014 年全国彩票公益金规模(单位:亿元)

年份	体育彩票	福利彩票	全部彩票	GDP
2000	31.90	31.46	63.36	97209
2001	52.25	48.85	101.10	106766
2002	76.20	58.80	134.99	118021
2003	71.59	70.01	141.60	135539
2004	53.98	79.23	133.21	163240
2005	103.62	143.68	247.30	197789
2006	106.06	171.55	277.61	231053
2007	127.06	215.71	342.77	275625
2008	137.02	199.02	336.03	327220
2009	165.21	246.29	411.50	365304
2010	191.94	297.64	489.58	437042
2011	252.83	382.04	634.87	521441
2012	297.67	455.85	753.52	576552
2013	357.69	519.85	877.54	630009
2014	435.89	579.08	1014.97	684268

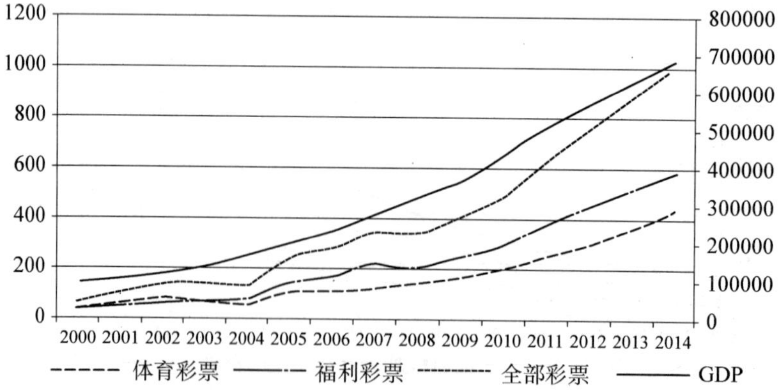

图 2.2.5A 2000 至 2014 年全国彩票公益金规模(单位:亿元)

注:左轴为彩票情况,右轴为经济情况。

表 2.2.5B　2000 至 2014 年全国彩票公益金人均值(单位:元)

年份	体育彩票	福利彩票	全部彩票	人均 GDP
2000	2.52	2.49	5.01	7679
2001	4.09	3.83	7.92	8365
2002	5.93	4.58	10.51	9188
2003	5.45	5.42	10.87	10488
2004	4.15	6.10	10.25	12558
2005	7.92	10.99	18.91	15127
2006	8.07	13.05	21.12	17578
2007	9.62	16.33	25.94	20860
2008	10.32	14.99	25.30	24640
2009	12.38	18.46	30.84	27374
2010	14.31	22.20	36.51	32593
2011	18.76	28.35	47.12	38701
2012	21.98	33.67	55.65	42580
2013	26.29	38.20	64.49	46300
2014	33.19	41.67	74.86	50042

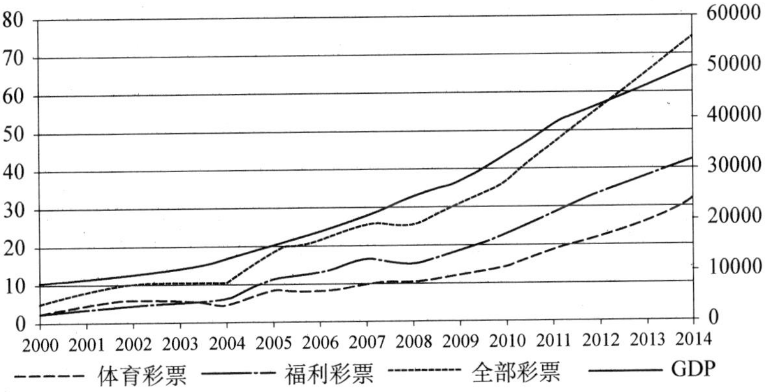

图 2.2.5B　2000 至 2014 年全国彩票公益金人均值(单位:元)

注:左轴为彩票情况,右轴为经济情况。

2.2.6 深度

表 2.2.6 2000 至 2014 年全国彩票市场深度
(深度单位:万分之一,人均 GDP 单位:元)

年份	体育彩票	福利彩票	全部彩票	人均 GDP
2000	9.38	9.25	18.62	7679
2001	13.98	13.07	27.06	8365
2002	18.45	14.23	32.68	9188
2003	15.09	14.76	29.85	10488
2004	9.45	13.87	23.32	12558
2005	15.27	20.79	36.06	15127
2006	14.01	21.46	35.46	17578
2007	13.97	22.92	36.89	20860
2008	13.94	18.46	32.40	24640
2009	15.57	20.70	36.27	27374
2010	15.89	22.15	38.04	32593
2011	17.99	24.51	42.49	38701
2012	19.16	26.20	45.36	42580
2013	21.08	28.02	49.10	46300
2014	25.78	30.10	55.88	50042

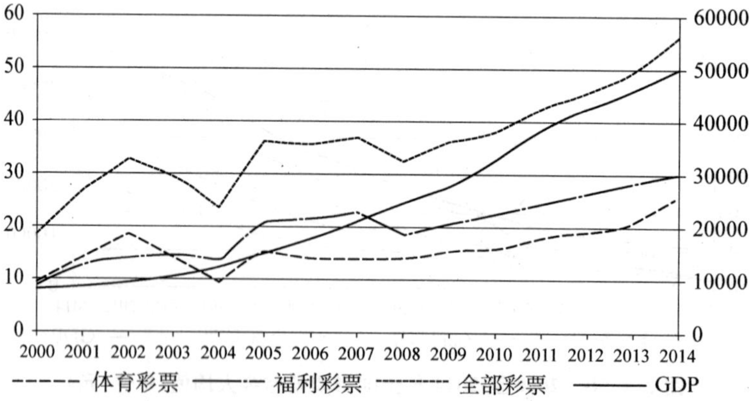

图 2.2.6 2000 至 2014 年全国彩票市场深度

注:左轴为彩票情况(深度单位:万分之一),右轴为经济情况(人均 GDP 单位:元)。

2.2.7　份额

表 2.2.7　2000 至 2014 年全国体育彩票与福利彩票市场份额(单位:%)

年份	体育彩票	福利彩票
2000	50.35	49.65
2001	51.68	48.32
2002	56.44	43.56
2003	50.56	49.44
2004	40.52	59.48
2005	42.35	57.65
2006	39.50	60.50
2007	37.88	62.12
2008	43.03	56.97
2009	42.93	57.07
2010	41.77	58.23
2011	42.33	57.67
2012	42.25	57.75
2013	42.93	57.07
2014	46.13	53.87

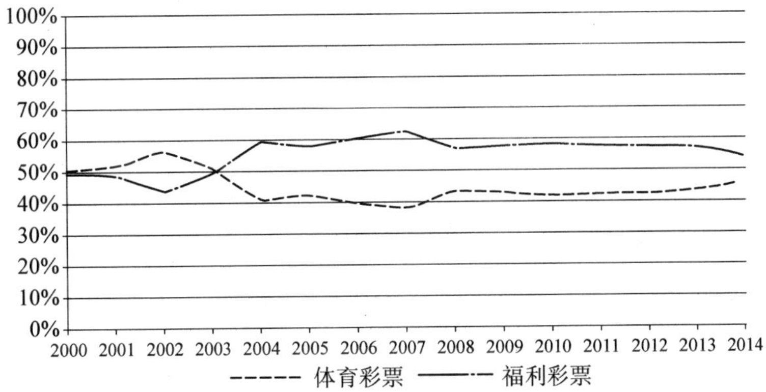

图 2.2.7　2000 至 2014 年全国体育彩票与福利彩票市场份额

2.2.8 本节小结

若将基期 2000 年的相关指标标准化为 1，表 2.2.1A 显示，2013 年体育彩票和福利彩票的总销售规模分别达到 14.57 和 19.64，表 2.2.1B 显示，人均销售规模即市场密度分别达到 13.65 和 18.41，而同期 GDP 和人均 GDP 仅分别为 6.40 和 5.99。进一步，表 2.2.1A 显示，2014 年体育彩票和福利彩票的总销售规模即市场规模分别达到 19.36 和 22.92，表 2.2.1B 显示，人均销售规模即市场密度分别达到 17.96 和 21.27，而同期 GDP 和人均 GDP 仅分别为7.04 和 6.45。

表 2.2.3A 和表 2.2.3B 显示，除个别年份以外，无论是整体规模还是人均情况，体育彩票和福利彩票的年销量增幅均超过同期全国 GDP 增幅。表 2.2.4 和表 2.2.6 显示，2000 年，中国彩票人均销售规模即市场密度仅为 14.25 元，占到人均 GDP 的比重为万分之 18.38，到了 2013 年，两项指标分别达到了 228.25 元和万分之 49.10，2014 年进一步分别达到了 279.64 元和万分之 55.88。

表 2.2.7 显示，中国彩票呈现体育彩票和福利彩票双寡头格局，而体育彩票相对稍处于劣势。

上述情况说明了中国彩票业发展迅速，下面我们从国际范围进一步说明这一现象。

2.3 中国彩票业在世界的地位

利用各种资源，我们搜索到了 2000 年至 2014 年全球、美国和日本等国家的 GDP、人口规模、彩票销售规模和年底汇率等数据，结合中国大陆相关数据，并将各货币统一换算成美元，列出各国彩票市场销售各维度的数据，结果见表 2.3.1 至 2.3.6 和图 2.3.1 至 2.3.6。

2.3.1 定基比例

1 GDP 规模定基比例

表 2.3.1A　2000 至 2014 年世界部分国家 GDP 定基比例(2000 年为 1)

年份	全球	美国	中国大陆	日本	其它	全球扣除中国
2000	1.00	1.00	1.00	1.00	1.00	1.00
2001	0.99	1.03	1.11	0.88	0.99	0.99
2002	1.03	1.07	1.21	0.84	1.05	1.03
2003	1.16	1.12	1.37	0.91	1.24	1.15
2004	1.31	1.19	1.61	0.98	1.45	1.29
2005	1.41	1.27	1.88	0.97	1.60	1.39
2006	1.53	1.34	2.26	0.92	1.77	1.50
2007	1.73	1.41	2.92	0.92	2.07	1.68
2008	1.90	1.44	3.77	1.02	2.30	1.83
2009	1.79	1.40	4.16	1.06	2.07	1.70
2010	1.95	1.46	4.95	1.16	2.26	1.84
2011	2.17	1.51	6.11	1.25	2.55	2.02
2012	2.23	1.58	6.87	1.26	2.56	2.05
2013	2.30	1.69	7.66	1.04	2.64	2.09
2014	2.40	1.75	8.66	0.98	2.75	2.16

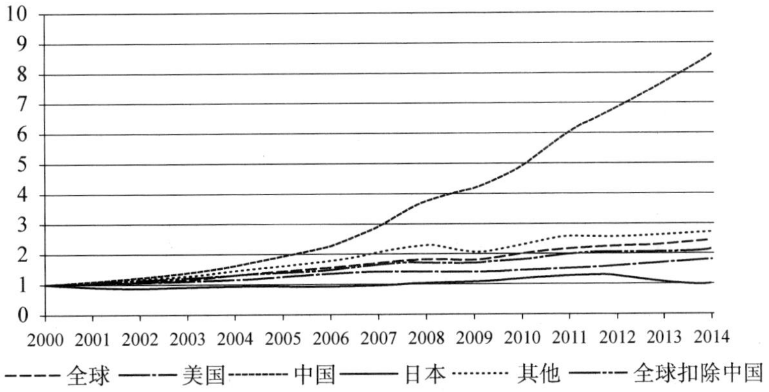

图 2.3.1A　2000 至 2014 年世界部分国家 GDP 定基比例(2000 年为 1)

2 彩票销售规模定基比例

表 2.3.1B 2000 至 2014 年世界部分国家彩票销售定基比例(2000 年为 1)

年份	全球	美国	中国	日本	其他	全球扣除中国
2000	1.00	1.00	1.00	1.00	1.00	1.00
2001	1.01	1.02	1.60	1.02	0.99	1.00
2002	1.11	1.11	2.13	0.99	1.10	1.09
2003	1.31	1.20	2.22	1.07	1.38	1.30
2004	1.54	1.29	2.15	1.15	1.70	1.53
2005	1.50	1.39	3.98	1.14	1.53	1.46
2006	1.67	1.52	4.70	1.07	1.73	1.61
2007	1.85	1.55	6.11	1.00	1.97	1.77
2008	1.86	1.58	6.98	1.13	1.94	1.76
2009	1.98	1.54	8.87	1.19	2.09	1.85
2010	2.02	1.56	11.23	1.20	2.09	1.85
2011	2.15	1.67	15.69	1.44	2.09	1.91
2012	2.27	1.82	18.95	1.30	2.11	1.96
2013	2.34	1.82	22.84	1.10	2.14	1.96
2014	2.34	1.85	28.58	0.85	1.98	1.86

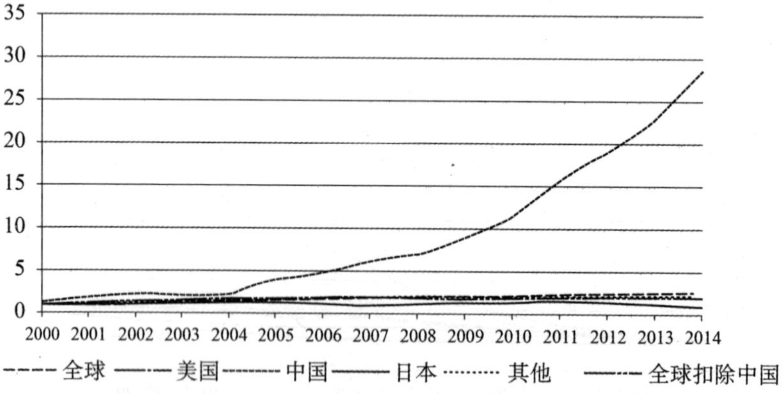

图 2.3.1B 2000 至 2014 年世界部分国家彩票销售定基比例(2000 年为 1)

2.3.2 规模

1 GDP 规模

表 2.3.2A　2000 至 2014 年世界部分国家生产总值(单位:万亿美元)

年份	全球	美国	中国大陆	日本	其他	全球扣除中国
2000	32.22	9.95	1.20	4.73	16.34	31.02
2001	32.01	10.29	1.32	4.16	16.24	30.68
2002	33.28	10.64	1.45	3.98	17.20	31.82
2003	37.39	11.14	1.64	4.30	20.31	35.75
2004	42.08	11.85	1.93	4.66	23.64	40.15
2005	45.53	12.62	2.26	4.57	26.07	43.27
2006	49.31	13.38	2.71	4.36	28.86	46.59
2007	55.68	14.03	3.50	4.36	33.80	52.18
2008	61.19	14.29	4.52	4.85	37.53	56.67
2009	57.72	13.94	4.99	5.04	33.76	52.73
2010	62.91	14.53	5.93	5.49	36.96	56.98
2011	70.01	15.07	7.32	5.90	41.73	62.69
2012	71.71	15.68	8.23	5.96	41.83	63.48
2013	73.98	16.80	9.18	4.90	43.09	64.80
2014	77.29	17.42	10.38	4.62	44.87	66.91

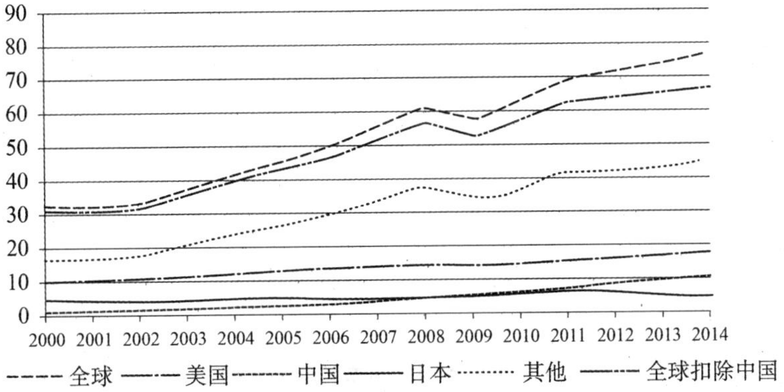

图 2.3.2A　2000 至 2014 年世界部分国家生产总值(单位:万亿美元)

2 彩票销售规模

表 2.3.2B 2000 至 2014 年世界部分国家彩票销售规模(单位:亿美元)

年份	全球	美国	中国	日本	其他	全球扣除中国
2000	1215	378.18	21.87	87.92	727.04	1193.13
2001	1231	386.37	34.90	89.28	720.45	1196.10
2002	1353	420.66	46.60	86.87	798.86	1306.40
2003	1596	452.72	48.50	93.81	1000.97	1547.50
2004	1871	487.96	46.98	100.82	1235.24	1824.02
2005	1824	525.89	87.08	100.42	1110.60	1736.92
2006	2026	574.13	102.77	93.92	1255.17	1923.23
2007	2243	585.57	133.71	88.19	1435.53	2109.29
2008	2258	597.00	152.64	99.54	1408.82	2105.36
2009	2401	582.50	193.94	104.85	1519.71	2207.06
2010	2456	588.20	245.58	105.26	1516.95	2210.42
2011	2618	630.80	343.07	126.44	1517.69	2274.93
2012	2752	687.80	414.29	114.52	1535.38	2337.71
2013	2840	688.80	499.45	96.77	1554.98	2340.55
2014	2843	701.50	624.90	74.34	1442.26	2218.10

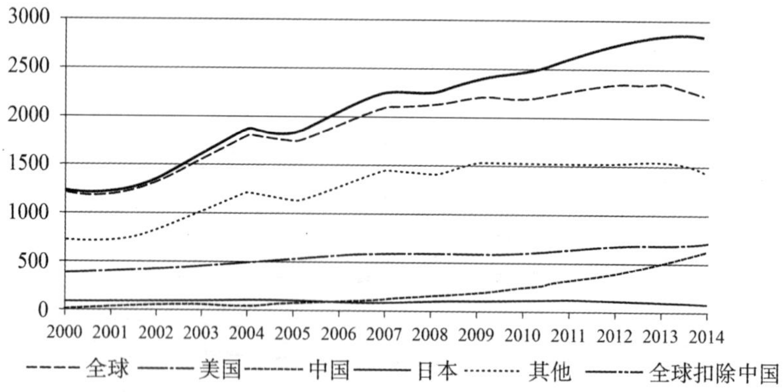

图 2.3.2B 2000 至 2014 年世界部分国家彩票销售规模(单位:亿美元)

2.3.3　年增幅

表 2.3.3　2000 至 2014 年世界部分国家彩票销售规模年增幅(%)

年份	全球	美国	中国	日本	其他	全球扣除中国
2000	−5.23	4.42	139.73	5.76	−12.15	−6.26
2001	1.32	2.17	59.61	1.55	−0.91	0.25
2002	9.91	8.88	33.53	−2.70	10.88	9.22
2003	17.96	7.62	4.07	7.99	25.30	18.46
2004	17.23	7.78	−3.14	7.47	23.40	17.87
2005	−2.51	7.77	85.38	−0.39	−10.09	−4.78
2006	11.07	9.17	18.02	−6.47	13.02	10.73
2007	10.71	1.99	30.10	−6.11	14.37	9.67
2008	0.67	1.95	14.16	12.87	−1.86	−0.19
2009	6.33	−2.43	27.05	5.33	7.87	4.83
2010	2.29	0.98	26.63	0.39	−0.18	0.15
2011	6.60	7.24	39.70	20.12	0.05	2.92
2012	5.12	9.04	20.76	−9.43	1.17	2.76
2013	3.20	0.15	20.55	−15.50	1.28	0.12
2014	0.11	1.84	25.12	−23.18	−7.25	−5.23

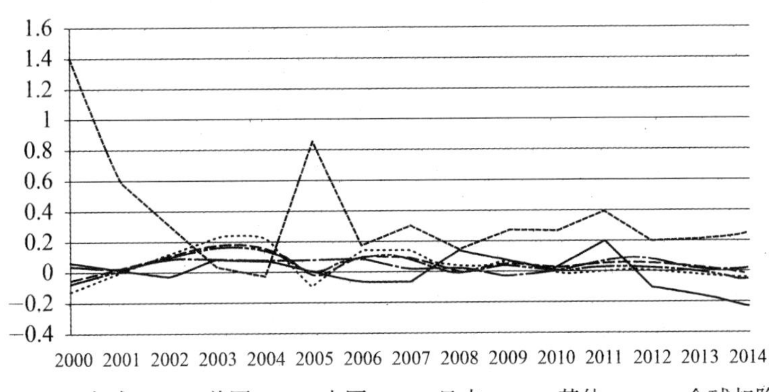

图 2.3.3　2000 至 2014 年世界部分国家彩票销售规模年增幅(%)

2.3.4 密度

表 2.3.4 2000 至 2014 年世界部分国家彩票销售密度(单位:美元)

年份	全球	美国	中国	日本	其他	全球扣除中国
2000	20.07	135.84	1.73	69.30	16.59	24.92
2001	20.07	135.14	2.73	70.39	16.21	24.62
2002	21.81	145.96	3.63	68.19	17.74	26.57
2003	25.70	153.99	3.75	73.54	22.26	31.46
2004	29.34	164.30	3.61	78.91	26.55	35.92
2005	28.21	176.36	6.66	78.60	23.47	33.68
2006	30.98	190.74	7.82	73.63	26.16	36.80
2007	33.90	192.68	10.12	69.02	29.52	39.84
2008	33.45	193.33	11.49	77.95	28.26	38.83
2009	35.16	185.10	14.53	82.40	30.08	40.17
2010	35.55	185.20	18.31	82.64	29.61	39.70
2011	37.54	201.47	25.46	99.34	29.26	40.43
2012	39.02	217.80	30.60	90.42	29.21	41.03
2013	39.83	216.90	36.70	76.29	29.20	40.57
2014	39.44	219.68	45.70	58.53	26.74	37.98

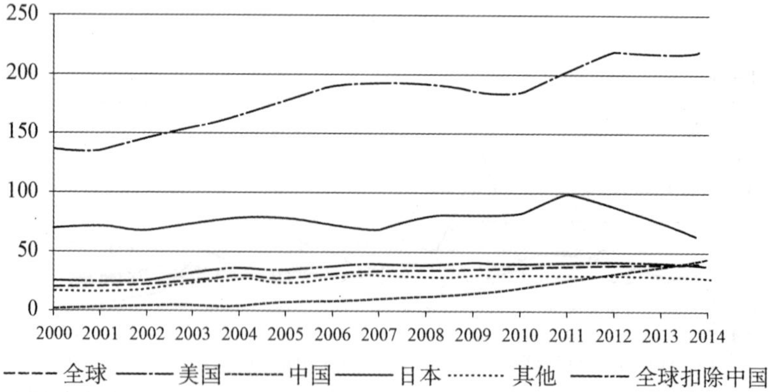

图 2.3.4 2000 至 2014 年世界部分国家彩票销售密度(单位:美元)

2.3.5　比重

1　GDP规模全球比重

表2.3.5A　2000至2014年世界部分国家GDP规模的全球比重(单位:%)

年份	美国	中国	日本	其他	全球扣除中国
2000	30.89	3.72	14.69	50.71	96.28
2001	32.14	4.14	13.00	50.73	95.86
2002	31.98	4.37	11.96	51.69	95.63
2003	29.80	4.39	11.51	54.31	95.61
2004	28.17	4.59	11.06	56.18	95.41
2005	27.73	4.96	10.04	57.27	95.04
2006	27.13	5.50	8.84	58.53	94.50
2007	25.20	6.28	7.82	60.70	93.72
2008	23.36	7.39	7.92	61.33	92.61
2009	24.15	8.65	8.72	58.48	91.35
2010	23.09	9.43	8.72	58.76	90.57
2011	21.52	10.46	8.42	59.60	89.54
2012	21.87	11.48	8.32	58.33	88.52
2013	22.71	12.42	6.63	58.25	87.58
2014	22.54	13.43	5.97	58.06	86.57

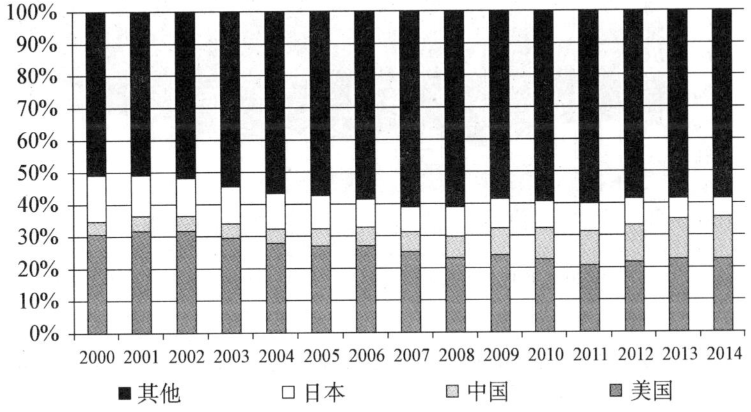

图2.3.5A　2000至2014年世界部分国家GDP规模的全球比重(单位:%)

2 彩票规模全球比重

表 2.3.5B 2000 至 2014 年世界部分国家彩票市场规模的全球比重(单位:%)

年份	美国	中国	日本	其他	全球扣除中国
2000	31.13	1.80	7.24	59.84	98.20
2001	31.39	2.84	7.25	58.53	97.16
2002	31.09	3.44	6.42	59.04	96.56
2003	28.37	3.04	5.88	62.72	96.96
2004	26.08	2.51	5.39	66.02	97.49
2005	28.83	4.77	5.51	60.89	95.23
2006	28.34	5.07	4.64	61.95	94.93
2007	26.11	5.96	3.93	64.00	94.04
2008	26.44	6.76	4.41	62.39	93.24
2009	24.26	8.08	4.37	63.29	91.92
2010	23.95	10.00	4.29	61.77	90.00
2011	24.09	13.10	4.83	57.97	86.90
2012	24.99	15.05	4.16	55.79	84.95
2013	24.25	17.59	3.41	54.75	82.41
2014	24.67	21.98	2.61	50.73	78.02

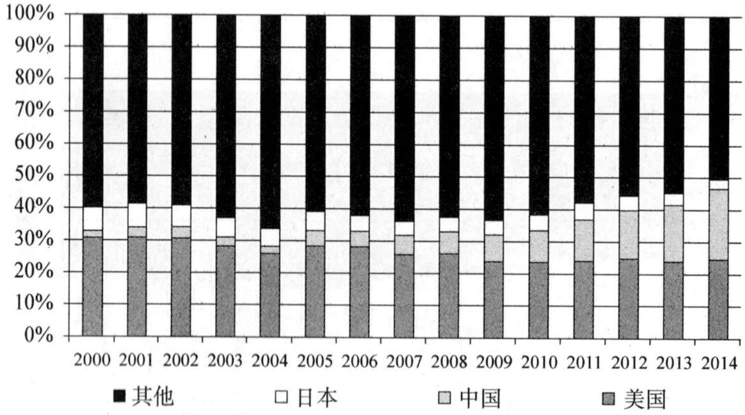

图 2.3.5B 2000 至 2014 年世界部分国家彩票市场规模的全球比重(单位:%)

2.3.6　市场深度

1　深度

表 2.3.6A　2000 至 2014 年世界部分国家彩票市场深度(单位:万分之一)

年份	全球	美国	中国	日本	其他	全球扣除中国
2000	37.71	38.00	18.25	18.58	44.51	38.47
2001	38.46	37.56	26.34	21.46	44.37	38.98
2002	40.66	39.53	32.05	21.82	46.45	41.05
2003	42.68	40.63	29.55	21.80	49.29	43.28
2004	44.46	41.17	24.32	21.65	52.24	45.43
2005	40.07	41.66	38.57	21.97	42.60	40.14
2006	41.09	42.92	37.88	21.56	43.49	41.28
2007	40.28	41.74	38.25	20.24	42.47	40.42
2008	36.90	41.77	33.76	20.53	37.54	37.15
2009	41.60	41.79	38.86	20.82	45.02	41.85
2010	39.04	40.49	41.41	19.18	41.04	38.79
2011	37.39	41.87	46.84	21.44	36.37	36.29
2012	38.38	43.85	50.34	19.20	36.71	36.83
2013	38.39	41.00	54.38	19.74	36.08	36.12
2014	36.78	40.27	60.20	16.10	32.14	33.15

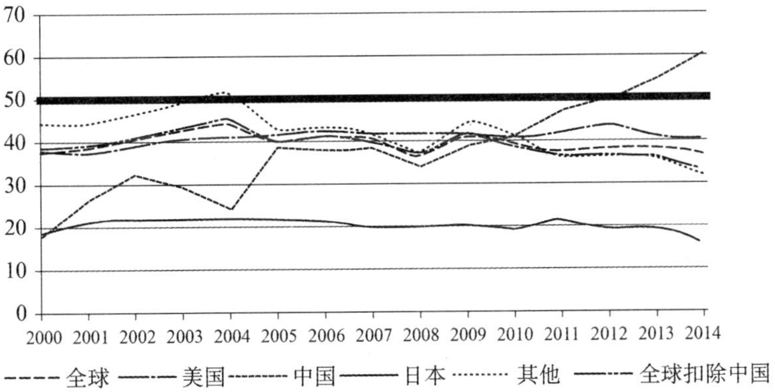

图 2.3.6A　2000 至 2014 年世界部分国家彩票市场深度(单位:万分之一)

2 区位熵

表 2.3.6B 2000 至 2014 年世界部分国家彩票区位熵

年份	美国	中国	日本	其他	全球扣除中国
2000	1.0077	0.4838	0.4927	1.1801	1.0199
2001	0.9767	0.6850	0.5580	1.1537	1.0136
2002	0.9721	0.7883	0.5367	1.1424	1.0097
2003	0.9520	0.6924	0.5108	1.1549	1.0141
2004	0.9260	0.5470	0.4871	1.1751	1.0218
2005	1.0398	0.9628	0.5482	1.0632	1.0019
2006	1.0446	0.9218	0.5247	1.0585	1.0046
2007	1.0361	0.9495	0.5025	1.0543	1.0034
2008	1.1320	0.9148	0.5563	1.0173	1.0068
2009	1.0046	0.9343	0.5006	1.0823	1.0062
2010	1.0372	1.0606	0.4913	1.0512	0.9937
2011	1.1198	1.2525	0.5734	0.9727	0.9705
2012	1.1426	1.3118	0.5003	0.9564	0.9596
2013	1.0680	1.4165	0.5142	0.9400	0.9410
2014	1.0948	1.6367	0.4378	0.8737	0.9012

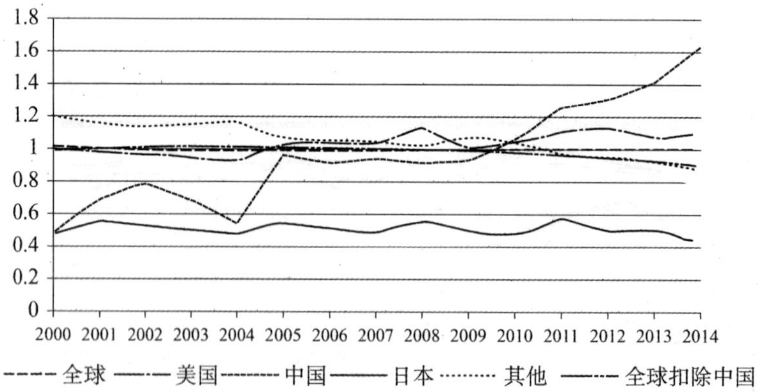

图 2.3.6B 2000 至 2014 年世界部分国家彩票区位熵

2.3.7　中国台湾和美国各二级行政单位详细情况

1　台湾2014年各市县彩票销售与经济水平情况

我们从台湾地区彩票(当地称为"彩券")官网 www.taiwanlottery.com.tw 获得2013和2014年的全台湾22个市县彩票销售各维度情况。从台湾当局统计机构官网 www.stat.gov.tw 获得对应年份各市县人均收入。台湾当局统计机构"主计总处"并未编制各市县级别的生产总值①,但公布了台湾整个地区人均生产总值和人均收入数据,后者比前者在2013年和2014年分别为45.02%和43.82%。我们以这两项比例为标准,以各市县人均收入和人口规模推算了各市县生产总值规模和人均值。结果见表2.3.7A。

表2.3.7A　台湾地区2014年22个市县彩票销售与经济水平情况

项目	经济水平			彩票销售				
维度	规模	年增幅	人均	规模	年增幅	密度	公益金	深度
单位	亿新台币	%	万新台币	亿新台币	%	台币	台币	万分之
高雄市	19447	6.67	69.98	188.16	4.21	6771	1774	96.75
花莲县	2026	0.56	60.76	24.48	3.70	7342	1924	120.82
基隆市	2650	9.61	71.03	27.53	2.04	7380	1934	103.90
嘉义市	2005	6.82	74.02	20.62	7.58	7612	1994	102.83
嘉义县	2499	−10.29	47.62	14.41	−1.97	2746	720	57.67
金门县	**1001**	**20.54**	**78.40**	**4.70**	**20.52**	**3676**	**963**	**46.89**
连江县	**106**	**14.02**	**84.85**	**0.37**	**27.16**	**2988**	**783**	**35.22**
苗栗县	3532	8.51	62.27	32.83	2.56	5789	1517	92.97
南投县	2786	−0.60	54.17	28.75	−3.40	5591	1465	103.21
澎湖县	**665**	**9.22**	**65.36**	**3.37**	**3.25**	**3308**	**867**	**50.61**
屏东县	4420	0.55	52.13	44.19	22.79	5211	1365	99.97
台北市	25849	5.99	95.66	225.05	−4.26	8328	2182	87.06
台东县	1462	9.91	65.12	14.33	6.17	6383	1672	98.02
台南市	12046	10.27	63.93	93.54	1.16	4964	1301	77.65
台中市	18220	7.53	66.99	187.11	1.79	6879	1802	102.69
桃园市	13604	3.79	66.09	180.12	3.93	8751	2293	132.40
新北市	26392	5.49	66.53	285.83	2.71	7206	1888	108.30

① 台湾当局给出的解释是:国内生产毛额(GDP)之编算所需资料甚为庞杂,包括生产、销售、消费、投资、对外贸易等多方面;由于"国内"幅员不大,跨县市生产或消费的情形颇为普遍,相关县市别基础资料的搜集极为不易,在目前有限资源及人力下,衡量"国家"整体施政优先级及实际需求程度,未编制县市别GDP。

续 表

项目	经济水平			彩票销售				
维度	规模	年增幅	人均	规模	年增幅	密度	公益金	深度
单位	亿新台币	%	万新台币	亿新台币	%	台币	台币	万分之
新竹市	3727	8.42	86.27	33.41	−4.44	7734	2026	89.64
新竹县	3956	6.92	73.59	32.69	−6.29	6080	1593	82.62
宜兰县	2747	1.07	59.87	30.96	15.97	6748	1768	112.71
云林县	4150	7.56	58.84	31.39	9.04	4450	1166	75.63
彰化县	6883	1.42	53.30	58.18	−0.39	4505	1180	84.52
总体	160173	5.71	68.35	1562	2.06	6666	1746	97.52

表 2.3.7A 显示，台湾地区离岛金门、连江和澎湖等三市县的彩票销售各指标明显偏低，应当为三地彩票销售条件相对本岛较差所致，因此我们在计算台湾地区彩票销售指数时，去掉了以上三个市县，而只包括台湾本岛的 19 个市县。

2　美国 2010 财年各州彩票销售与经济水平情况

我们从美国全国州议会会议（National Conference of State Legislatures）官网获得了 2010 财年美国所有销售彩票的 44 个州彩票销售各维度数据，从美国商务部经济分析局（Bureau of Economic Analysis，简称 BEA）官网 www.bea.gov 获得同期各州经济水平和人口情况，经整理，结果见表 2.3.7B。

表 2.3.7B 显示，阿肯色州彩票销售规模年增幅高达 246.36%，原因是此州 2008 年 11 月才批准发行彩票，2009 年 9 月才正式销售彩票。而华盛顿特区作为美国首都，人均生产总值为 17.23 万美元，远高于其他各州。两地都存在异常情况，因此，我们在计算美国彩票销售指数时，去掉了以上两地，而只包括其余 42 个州。

表 2.3.7B　美国 2010 财年 44 个州彩票销售与经济水平情况

项目	经济水平			彩票销售				
维度	规模	年增幅	人均	规模	年增幅	密度	公益金	深度
单位	亿美元	%	万美元	亿新台币	%	台币	台币	万分之
亚利桑那州	2473	0.86	3.87	5.52	7.11	86.28	22.20	22.30
阿肯色州	**1032**	**3.72**	**3.54**	**3.84**	**246.36**	**131.59**	**28.36**	**37.18**
加利福利亚州	18453	1.47	4.95	30.86	4.65	82.84	28.32	16.72
科罗拉多州	2546	3.75	5.06	5.01	2.49	99.66	22.45	19.69
康涅狄格州	2218	2.16	6.21	9.97	0.47	278.91	79.88	44.94
特拉华州	628	4.32	6.99	6.85	−2.03	762.31	306.82	109.00
华盛顿特区	**1037**	**5.39**	**17.23**	**2.32**	**−5.49**	**385.56**	**109.69**	**22.37**

续　表

项目	经济水平			彩票销售				
维度	规模	年增幅	人均	规模	年增幅	密度	公益金	深度
单位	亿美元	%	万美元	亿新台币	%	台币	台币	万分之
佛罗里达州	7280	0.94	3.87	39.01	0.56	207.46	66.33	53.58
乔治亚州	4020	2.03	4.15	36.45	−0.87	376.25	91.24	90.67
爱达荷州	556	2.39	3.55	1.47	0.68	93.77	23.28	26.44
伊利诺伊州	6428	2.78	5.01	22.09	2.72	172.19	51.27	34.37
印第安那州	2707	7.21	4.18	7.39	5.08	113.99	29.12	27.30
爱荷华州	1384	2.75	4.54	2.56	5.23	84.12	19.01	18.52
堪萨斯州	1266	3.77	4.44	2.44	−1.71	85.40	24.19	19.25
肯塔基州	1611	5.99	3.71	7.73	−5.81	178.02	49.39	47.95
路易斯安那州	2274	11.25	5.02	3.72	−4.52	82.14	29.58	16.38
缅因州	513	2.60	3.86	2.17	3.52	163.16	39.30	42.25
马里兰州	2960	3.97	5.13	17.12	0.16	296.53	88.44	57.84
马萨诸塞州	3769	4.49	5.76	44.23	−0.15	675.51	137.99	117.35
密歇根州	3671	5.13	3.71	23.48	−0.47	237.55	71.25	63.96
明尼苏达州	2686	4.27	5.06	4.99	4.01	94.08	23.05	18.58
密苏里州	2439	2.57	4.07	9.71	1.91	162.14	42.75	39.81
蒙大拿州	365	4.29	3.69	0.47	5.37	47.53	10.72	12.88
内布拉斯加州	909	5.33	4.98	1.31	3.51	71.50	17.71	14.37
新罕布什尔州	611	3.56	4.64	2.34	−5.46	177.66	50.19	38.28
新泽西州	4830	2.33	5.49	26.05	0.77	296.31	105.12	53.94
新墨西哥州	777	3.19	3.77	1.44	−3.04	69.74	21.17	18.48
纽约州	11364	5.18	5.86	78.18	−1.24	403.46	137.60	68.80
北卡罗来纳州	4269	3.39	4.48	14.21	0.22	149.06	45.18	33.29
北达科他州	354	9.94	5.26	0.24	0.45	36.31	9.41	6.90
俄亥俄州	4657	3.12	4.04	24.86	3.94	215.49	63.16	53.38
俄克拉荷马州	1476	3.87	3.93	2.00	2.71	53.30	18.65	13.55
俄勒冈州	1815	5.83	4.74	10.28	−9.09	268.25	134.87	56.62
宾夕法尼亚州	5588	3.44	4.40	30.66	2.82	241.35	72.09	54.86
罗得岛	486	2.53	4.62	7.02	8.43	667.32	327.44	144.53
南卡罗来纳州	1623	2.85	3.51	10.07	−0.93	217.75	58.90	62.06
南达科他州	383	3.51	4.70	2.61	0.73	320.56	143.59	68.14
田纳西州	2536	2.84	4.00	11.38	3.30	179.32	45.52	44.87
得克萨斯州	12267	7.59	4.88	37.50	−0.94	149.13	43.75	30.57
佛蒙特州	258	5.74	4.12	0.97	0.92	155.78	34.58	37.78
弗吉尼亚州	4228	4.65	5.28	14.35	4.02	179.35	53.74	33.94
华盛顿州	3427	3.04	5.10	4.91	1.25	73.02	18.05	14.33
西佛吉尼亚州	627	5.20	3.38	13.58	−9.04	732.87	307.02	216.59
威斯康星州	2454	3.46	4.32	4.82	0.57	84.68	25.16	19.62
总体	160173	5.71	4.69	1562	2.06	6666	1746	97.52

2.3.8 本节小结

总结 2.3 各小节情况,我们不难看出:

(1) 从销售规模来看,全球彩票销售基本与经济总量增速保持一致,如若以 2000 年作为定基年份,各国 GDP 和彩票销售规模标准化为 1,2014 年全球 GDP 和彩票销售规模分别为 2.40 和 2.30;美国为 1.75 和 1.85,日本为 0.98 和 0.85,其他国家或地区为 2.75 和 1.98;中国为 8.66 和 28.58。由此中国在全球彩票市场的销售比重也从 2000 年的 1.80%增至 2014 年的 21.98%,区位熵从 0.4838 增至 1.6367。

(2) 尽管相对于美国或日本这些发达国家而言,中国彩票人均销售仍然落后,但在 2014 年起,已超过全球平均水平,但人均 GDP 小于全球平均水平。

(3) 全球范围彩票市场深度长年保持在万分之 40 左右,美国以及其他国家与之相近,日本为其一半。但中国大陆地区从 2000 年的 18.25 增至 2014 年的 54.38。从 2010 年起,已高于世界平均水平。

(4) 如果扣除中国对应数据,2000 至 2014 年,15 年间全球彩票销售规模增幅为 85.91%,而同期生产总值增幅为 115.72%;同样,扣除中国对应数据,全球彩票深度从 2000 年的万分之 38.47 下降至 2014 年的 33.15。

2.4 本章总结

随着中国政府意识到彩票巨大而快速的筹资功能,通过建立和完善发行和经营制度、引进并扩展新彩种、依靠各种媒体宣传以及采用各种高新技术销售手段等,30 年来,特别是进入 21 世纪以来,我国彩票业发展极为迅速。

从全球范围来看,21 世纪的前 15 年,彩票销售规模历年稳定地占到 GDP 的 0.4%,远小于“传说”中的 1%;彩票销售增幅基本与 GDP 增幅同速,如果剔除同期中国彩票业的高速增长,前者更是落后于后者。

中国大陆彩票销售相对同期全球以及其他国家或地区,增长迅速,地位也越来越重要。可以说,中国彩票销售迅速增加,对于维持全球彩票销售与经济增速同步以及全球彩票深度长年保持稳定起到了“货真价实”的中流砥柱作用!

第 3 章　文献回顾与评论

本章是文献回顾与评论，包括三项内容：(1)彩票业尤其是销量影响因素相关文献的回顾并结合中国实际情况进行了评价；(2)综合评价指数的构建与相关代表性文献的回顾与评价；(3)三项已有彩票指数的内容及它们与本报告所构建的指数的关系。

3.1　彩票业相关文献

博彩业(Gambling)分为赌场(Casino)、体育博彩(Pari-mutuel，如赛马和赛狗)和彩票(Lottery)三大类，其中彩票因相对于其他博彩品(1)购买门槛极低、(2)头等奖金巨大、(3)法律限制很少、(4)规则简单易懂和(5)迅速筹资功能等原因最为流行，具体表现为(1)参与人群最多、(2)发行范围最广以及(3)销售规模最大，因此它也是学术研究最为关注的博彩品。

3.1.1　彩票作为研究对象的优势

早在 18 世纪，亚当·斯密在其作为经济学奠基性著作《国富论》中就论及彩票，并认为“获得某种大奖的徒然希望是产生这种需求(购买彩票)的唯一原因”。[①] Friedman& Savage(1948)进一步从 S 型效用函数曲线解释“人们同时购买彩票和保险这一悖论”的原因。20 世纪 70 年代兴起的行为经济学一系列文献如 Langer(1975)和 Kahneman &Tversky(1979)等，均将彩票作为一个“理想”的研究对象和工具，探讨人们在不确定条件下的选择。

---

① 见[英]亚当·斯密著(杨敬年译)，《国富论》第 138 页，陕西人民出版社，2001 年第 1 版。

正如 Friedman& Savage(1948)所指出的,彩票作为研究对象具有其他商品所不具有的优势:(1)**纯粹性**。彩票以相当纯粹的形式表现风险,很少与其他因素混杂在一起。(2)**广泛性**。几个世纪以来,许多国家一直在经营彩票,因此可以得到大量的有关证据。(3)**可推广性**。人们对使彩票更加具有吸引力的条件进行了广泛的实验,而且彩票的经营存在着激烈的竞争,所以将把彩票可能表现出来的任何规律都看作是人类行为的相应规律的反映。(4)**稳定性**。彩票是几个世纪以来一直保持不变的一种"商品",是世界各地的人们都认为相同的一种"商品",……很难想象任何其他商品也具有这种性质。①

目前,学界尤其是经济学界对于彩票各方面问题的研究已相当广泛和深入,以"lottery"作为词条,谷歌学术可找到 27 万条文献,其中 2000 年以来 9.03万条,2010 年以来 3.03 万条;以"彩票"作为主题词,中国知网可找到 13,125条文献,其中 2000 年以来 10373 条,2010 年以来 4350 条。② 可见相关文献的汗牛充栋。

本报告研究的是中国彩票销售指数的构建,以及从社会福利视角对其解读,因此我们仅总结"彩票销量的影响因素"和"彩票发行的福利后果"这两方面的相关代表性文献。特别要强调的是,即使仅限于这两方面,也难免出现遗漏的问题。

3.1.2 彩票销售影响因素的文献回顾

1 彩票销售影响因素的研究方法

(1) 根据研究视角,相关文献可分为三类:一是从横向的截面角度,比较同一时期不同地区彩票销售的影响因素;二是从纵向的序列角度,比较同一地区不同时期彩票销售的影响因素;三是综合前两个视角,从面板数据综合探讨不同地区和不同时期彩票销售的影响因素。(2)根据彩种范围,相关文献可分为三类:一是考察某个彩票品种销售的影响因素;二是考察由若干品种构成的同一类型或种类彩票销售的影响因素;三是考察整体彩票业销售的影响因素。因此,总结起来,如表 3.1.1 所示,在理论上,彩票销售影响因素研究的可分为

① 见[美]米尔顿·弗里德曼著(胡雪峰等译),《弗里德曼文粹》(下)第 639 页,首都经济贸易大学出版社 2001 年第 1 版。

② 搜索时间均为 2015 年 5 月 24 日。

3×3共9块板块。

表3.1.1 理论上彩票销售影响因素研究的分类

彩种范围＼研究视角	横向截面	纵向序列	综合面板
单个品种彩票	板块1	板块4	板块7
	独立研究	综合板块5	综合板块8
同一类型或种类彩票	板块2	板块5	板块8
	独立研究	综合板块4	综合板块7
整体彩票业	板块3	板块6	板块9
	独立研究	独立研究	独立研究

但要强调的是，纵向角度相关文献往往是综合各种彩票之间、彩票总体与其他博彩品的关系，以及其他非彩票业因素对彩票销售的影响，因此板块4和板块5往往是综合在一起研究的。同样原因，面板数据，板块7和板块8也是综合在一起研究。

2 代表性文献回顾

板块1，Oster (2002)发现，美国各州强力球人均销量与该州收入水平正相关。李刚(2009)发现，中国大陆各省份的体彩排列三和福彩3的“人均销量与人均总消费支出之比”同当地生活水平显著负相关。

板块2，Price & Novak (1999)发现，美国得克萨斯州各邮政区数字型或乐透型彩票人均销量与当地收入水平正相关。贾晨与谢衷洁(2009)考察了中国各省份福利彩票销量的影响因素，发现国内生产总值和城镇人口百分比的作用为正，基本建设费与科学事业费、农村纯收入以及社会保险补助费用作用为负。

板块3，Mikesell(1994)和Garrett (2001)发现彩票销量与当地收入正相关，Garrett & Sobel(1999)、Oster (2002)、Kaiseler & Faustino(2008)发现彩票总销量与整体收入水平呈倒U型关系。张亚维与郑美琴(2006)发现性别、婚姻、教育程度、对产品的信任度、收入、对博彩业发展的态度和个人所处社会环境，对个体是否参与博彩与支出决策具有明显的影响，收入变量中只有低收入变量与博彩参与有明显的关联。张亚维(2007)比较了海南和扬州民众的博彩参与意愿，发现环境、性别、观念、学历等因素对主体是否参与博彩有明显的影响。冯百鸣(2010)考察了中国以及其他发达国家相关经济指标与彩票总销量的关系，认为未来 5 年中国彩票销量仍将处在一个较高的水平。Cheng Zhiming 等(2013)发现 20 至 39 岁男性，有较高收入和宗教信仰，购买合法彩票或喜欢打麻将玩牌的人群更可能购买地下私彩。

板块 4＋板块 5， Gulley & Scott (1993)、Cook & Clotfelter (1993)、Forrest et al (2000)、Walker & Young(2001)、Matheson & Grote (2004)考察了某一只彩票销量的影响，发现奖池越大，当期销量越高，彩票需求弹性(即返奖率提高 1%销量相应增加的幅度)在 1 左右，彩票生命周期的成熟期在 3 至 5 年。Forrest et al (2000)发现，1997 年 9 月，黛安娜王妃的葬礼使得同一周期英国国家彩票销量下降了 21.65%。李刚(2006A)和李刚(2007)分别考察了中国竞猜型彩票和乐透型彩票销量的影响因素，都发现当期奖池规模与前期销量对当期销量的作用为正，彩票需求弹性亦在 1 左右。中国彩票生命周期的成熟期为发行后 2 至 3 年。靳英华与郭瑞华(2010)考察中国竞猜型彩票销量的影响因素，也得出相近的结果。

Creigh-Tyte(1996)、Garrett & Sobel(1999)、Siegel & Anders (2001)、Kearney(2002)考察了"各种彩票之间"和"彩票与其他博彩品之间"的销量关系，这些研究有的显示互补，有的显示替代。如 Creigh-Tyte(1996)发现，1994 年英国发行国家彩票后，对该国原有赌博业并未带来显著正或负的影响。Siegel & Anders (2001)研究了美国亚利桑那州乐透型、数字型和即开型三种彩票与当地老虎机、赛马、赛狗的关系，发现只有乐透型彩票销量与老虎机营业额有显著的负向关系。Griffiths (1999)、Monaghan et al. (2008)、Valentine(2008)、Binde(2009)、McMullan & Miller(2009)和 Derevensky et al(2010)研究均证实，彩票广告对于销量有正的影响。

板块 6， 李刚(2006B)发现在中国彩票销量与收入水平负相关。张建明等(2010)发现在中国彩票销量与农村居民收入水平无关，与城镇收入水平正相关，随着收入水平提高，其贡献度下降，未来几年我国彩票销量仍将增长，但增速将放缓。

板块 8， Walker & Jackson (2008) 利用 SUR (Seemingly Unrelated Regression)方法分析了美国各种博彩业之间的关系，发现一些博彩品之间是竞争关系，如赌场与彩票、赛马与赛狗；另一些博彩品之间是互补关系，如赌场与赛马、赛狗与彩票、赛马与彩票。Forrest et al(2010)利用 SUR 模型，发现足球彩票和赛马赌博之间有很强的替代性，但赛狗赌博的销量却与彩票没有显著关系。博彩参与者其他博彩品和国家彩票之间进行替代性参与，且这种替代性会随时间变化，表明玩家会理性地进行赌博组合。Horvath & Rapp (2012)利用美国1959至2010年月度相关面板数据分析了各博彩品消费与总体消费水平的关系。发现收入振动(Income Shock)对赌场消费没有直接影响，而赛马或赛狗消费与收入水平负相关，但弹性绝对值小于1，并且尤其体现在经济衰退期。Perez& Humphreys(2012)采用Tobit模型和Double Hurdle模型，发现西班牙两只彩票有正的消费外部性，民众在一种彩票的参与并不会提高或降低在其他彩票的参与概率，但是却增加在其他彩票上的花费。李文娟、袁永生(2009)发现人口总数、城镇人口百分比、地区生产总值、农村居民纯收入及城镇居民可支配收入等五种因素都不同程度地影响福利彩票的销售额。贾晨、谢衷洁(2009)发现地区生产总值、农村居民纯收入、城镇人口百分比、基本建设费、科学事业费、社会保障补助等因素会影响福利彩票的销售额。

板块9，Blalock et al(2007)利用美国39个州1990至2002年的年度相关面板数据，发现贫困率增加，彩票销量增加，但就业率与平均收入增加，彩票销量也增加。作者认为，是收入刚好跌到贫困线下一点点的人购买大量彩票。作为对比，另一种娱乐产品，电影票房销量与贫困率无关。张增帆(2013)利用2002—2010年我国31个省区市的面板数据运用混合最小二乘法和固定效应模型，发现省经济发展水平仍旧是彩票市场的重要影响因素，且彩票业的营销水平对销售收入起着重要作用，但人均收入越低，彩票的销售收入越高，这违背了彩票发行的初衷。

3.1.3　彩票发行福利后果的文献回顾

关于彩票发行福利后果的评价，涉及价值判断，属于规范性研究，分为两个层面，即(1)效率和(2)公平，下面我们对一些代表性文献分类总结。

1　效率

效率问题可细分为三个方面：(1)彩票作为一项财政收入工具的筹资效率；(2)彩票公益金的使用是否存在挤出效应或浪费现象等效率损失；(3)彩票发行对于当地经济是否有拉动作用。

(1) 筹资效率

Kearney(2005)发现，邻近州彩票返奖率提高10%，为保持原销量，本州彩票返奖率要提高 5%，因此各州或各国发行彩票进而放开整个博彩业是一项竞次(Race to Bottom)行为。Walker & Jackson(2008)发现，彩票税率高，赌场税率低，而两者是竞争关系，若已有彩票再开放赌场，则政府收益将减少。Walker & Jackson(2011)考察美国各个州的不同博彩品对于各州政府收益影响的文献，作者运用美国各州 1985 至 2000 年的年度相关面板数据，因变量为每个州的每个博彩品的税收，自变量为州内其他博彩品、邻州所有博彩业收入以及其他人口因素。结果发现彩票和赛马会增加州政府收益，而赌场和赛狗会减少州政府收益。范琦(2008)认为，福利彩票收入是一项好的地方财政收入，提出应当增加彩票销量，放大其收入的正效用。

(2) 效率损失

Borg(1988)发现，伊利诺伊州政府将彩票用于教育经费时，其他用于教育的基金就相应地减少，产生了完全的“挤出效应”，即该州教育经费的总支出并未增加。Kearney(2005)发现，彩票公益金指定用途后，会产生“苍蝇纸效应(flypaper effect)”，即当彩票公益金指定某种用途如教育后，原来用于此项用途的财政支出会减少，这样此项用途资金总量增幅有限，甚至会因彩票公益金减少而减少。

Whitaker (2007)发现，一些人不买彩票，但支持发行彩票，原因是认为自己会从彩票公益金那得到好处。作者以委托代理模型分析，发现政府认为彩票公益金是白来的钱(free money)，会乱花钱，结果 77%的彩票公益金被用于不必要的开支。

(3) 拉动作用

Henriksson & Lipsey(1999)发现加拿大各省开设赌场后，就算就业增加，但雇佣人员大部分只是兼职，并且工资很低；赌场消费原本用于酒吧宾馆等劳动密集型行业消费，赌场主要收益是老虎机，是资本密集型行业，因此开设赌场反而会减少就业。Grinols(2004)认为博彩业对就业方面的作用在短期内并不清楚，而长期则为 0。李刚(2001)、董玉飞与孙健(2003)、匡小平与龙军(2004)和李刚(2008)发现，彩票业是劳动密集型产业，因其点多面广能创造可观的就业机会。

Walker and Jackson (2007)利用 1991 至 2005 年度美国各州的相关面板数据，结果发现短期内赌场对于经济有正作用，但长期消失了。作者解释是“博彩各产品的竞争或者是博彩业与其他产业的竞争”所致。

2　公平

公平层面可细分为两个方面:(1)从彩票资金筹集方面来看,各地区或阶层的彩票购买量是否与其收入水平相适应;(2)从彩票资金使用方面来看,各地区或阶层获取的彩票公益金是否与其彩票购买量相适应。

(1) 资金筹集方面

Ghen & Gran(2010)采用SUR模型,发现不同彩票累退性没有此前研究那么大,不同彩票以及在不同阶层彩票的累退性也不尽相同。李刚(2008)、章新蓉与刘小芳(2011)发现,穷人购买彩票,公益金用于富人,这不公平。王默(2010)发现,我国各省份间彩票公益金转化率同当地的经济发展水平呈现出反向的关系,是对我国彩票的社会福利性的一种损失。章新蓉与刘小芳(2011)提出,吸引富裕阶层购买彩票,公益金项目要贴近社会底层需要。

(2) 资金使用方面

Borg(1988)发现,美国伊利诺伊州彩票公益金主要用于公立学校的教育经费。作者证明,购买彩票越多的家庭,其孩子在公立学校就读的机会就越小。这意味着彩票作为一个桥梁,将贫人的钱用来供富人的孩子上学。Rubenstein & Scafifi(2000)发现,佐治亚州彩票收益59%用于教育,其中一半用于大学的奖学金,另一半用于幼儿园的启蒙教育。作者考察了当地彩票公益金用于教育项目的后果,发现随着收入增加,人们购买彩票数量减少,但从彩票公益金中得到的资助却增加。作者的解释是,大学奖学金计划是为接受高等教育的学生提供资助,因此,高教育和高收入水平家庭由此取得的收益份额要更多。Strananhan & Borg(2004)用类似方法考察了佛罗里达州的情况,同样发现类似情况,作者称此项计划为"反罗宾汉效应"(a Reverse Robin Hood Effect)。

3.1.4　文献评论

首先,中国彩票领域研究应以国际相关研究为基础。现代彩票在许多国家发行时间并不长,甚至短于中国。以经济学最为发达的英国和美国为例,从1826年开始,英国政府禁止在全国发行彩票,直到1994年,才将其解禁。美国于19世纪末至20世纪中期,禁止发行彩票达70年,直至1964年新罕布什尔州最先解禁,到80年代各州逐渐对彩票业开禁,目前仍有个别州没有销售彩票。彩票博彩领域研究在英美两国也属于新领域，但凭借发达研究环境和基础，尤其进入 21 世纪以后，如前文所示，此一领域研究取得长足进展。

另一方面，中国彩票领域研究又要针对中国某些特殊情况，对国外研究方法和思路进行必要调整。例如，除彩票的博彩品在许多国家合法，但在中国非法，尽管存在规模较大的非法博彩，却难以估算其规模。再如，一些国外研究利用调查问卷法，甚至对大奖获得者直接访谈。但中国彩票购买者尤其是大奖得主相对不愿意向调查者展示其真实情况。某些国内研究利用此一方法得出的结果与现实并不符合，如李智和李勇(2002)、王爱丰等(2004)、曾忠禄(2009)、陈海平(2012)和王斌(2013)的调查样本，拥有大学及以上学历的彩民比重超过 30%。因此，采用“通则式的统计数据”而非“个案式的问卷调查”，即比较各地宏观经济和人口数据同彩票销量的关系，效果可能更好。

我们还发现，国内彩票领域研究更多集中于彩票销售的影响因素方面，而对于彩票销售合意性的研究则有待加强，因此我们在本报告中专门用一篇三章的内容对这一重要问题进行较全面和深入的分析。

3.2 综合评价指数相关文献

3.2.1 综合评价指数的含义

1 指数与综合评价指数

指数是研究社会经济现象中不能直接相加的数量和质量等方面在时间变动状况和空间对比关系的分析方法，分为广义指数与狭义指数：狭义指数是指综合反映多种不同事物在不同时间上的总变动的特殊的相对数，如 CPI 指数和上证综合指数等。广义指数泛指反映社会经济现象变动程度的相对数，包括动态变化相对数(不同时间)、比较相对数(不同空间)和计划完成程度相对数(计划与实际)，本报告所构建的中国彩票业销售指数属于广义指数中的“综合评价指数”。

综合评价指数分析法是在确定评价指标体系基础上，将各维度的评价指标原始数值与相对应的某种基准数值进行比较，得到各维度指标的指数数值，然后利用某种方法确定各维度指数的权重并进行总加，进而计算出综合指数。通过构建统一标准作为评判尺度，综合评判指数在不同区域和不同时间之间具有可比性,从而对某项事物发展的状况做出综合的评判。

2　综合评价指数的构建

邱东(2013)指出,综合评价指数的构建可以分为三大阶段:预处理阶段、核心阶段和后期处理阶段,具体又细分若干步骤。邱东(1991)、苏为华((2001)和OECD(2008)归纳了规范的构建综合评价方法的步骤,框架基本一致,本报告采取OECD(2008)的方法,具体包括如下10个步骤:1. 理论框架(Theoretical Framework)、2. 数据选取(Data selection)、3. 缺失数据的处理(Imputation of Missing Data)、4. 多变量分析(Multivariate Analysis)、5. 标准化(Normalisation)、6. 加权汇总(Weighting and Aggregation)、7. 稳健与敏感性检验(Uncertainty and Sensitivity Analysis)、8. 数据再检验(Back to the Data)、9. 与其他指数的关联(Links to Other Indicators)以及10. 结果展示(Visualisation of the Results)。其中步骤1至4属于预处理阶段,步骤5至6属于核心阶段,步骤6至10属于后期处理阶段。

3.2.2　相关综合指数文献的回顾

多指标综合评价在国内外都有广泛的研究和应用,仅在中国,各学科涉及到相关研究的学位论文在2005年就达到了1200篇以上,2011年则达到了4700多篇。① 本报告仅回顾自2005至2015年间社会学、经济学、金融学和体育学等四个学科30份代表性相关论文和年度报告。

首先,我们梳理了这些文献的综合指数构建方法,总结如下。要强调的是,不同文献对于同一指标所采用的符号不同,为便于比较,本书进行了统一。

1　层级与个体

从层级结构来看,30份文献有17份在二级之内,即仅包括各项维度,或者各维度下设二级指标,超过二层只有13份。从个体单位来看,15份以省级为个体,全国为总体;3份以城市或县为个体,省级或全国为总体;4篇金融领域相关文献均具体到单个企业,而体育领域相关文献更为微观,如朱洪军(2010)个体为各家俱乐部、刘文娟等(2013)个体为各家体育研究机构,而陈旸与马葛生(2009)和王智慧(2012)个体则具体到个人。

① 参见邱东(2013)。

2　无量纲化处理

(1) 阈值法以及变型

阈值法也叫归一化法、极值标准化、熵值法和极差法。基本公式是[①]：$I_i=\frac{V_i-V_{min}}{V_{max}-V_{min}}$，其中 I_i 表示某一个体某一维度指数，V_i 为此一个体对应维度的原值，V_{max} 为此一维度总体中最大个体的原值，V_{min} 为此一维度总体中最小个体的原值。如周四军与庄成杰(2009)、刘伟(2009)、黄海燕与杨丽丽(2011)、李勇刚(2013)、许涤龙(2013)和张凤彪(2015)以及 6 部报告中的五部：中国慈善发展指数、中国民生发展指数、中国分省企业经营环境指数、中国市场化指数和中国中小企业景气指数。

阈值法又有一些变型：如 a 极值法，基本公式是：$I_i=\frac{V_i}{V_{max}}$，如张立超与翟印礼(2010)；b 均值化法，基本公式是：$I_i=\frac{V_i}{\overline{V}}$，其中 $\overline{V}$ 表示一维度总体所有个体原值的均值，如边雅静等(2012)；c 离散度法，基本公式是：$I_i=\frac{V_{max}-V_i}{V_{max}}$，如朱洪军(2010)；d 定基法，基本公式是：$I_{it}=\frac{V_{it}}{V_{i0}}$，其中 I_{it} 在 t 年某一个体某一维度指数，V_{it} 为当年此一个体对应维度的原值，V_{i0} 为定基年份此一个体对应维度的原值。如赵乙萤等(2011)。

(2) Z 分数法

Z 分数法也叫中心化法，基本公式是：$I_i=\frac{V_i-\overline{V}}{\delta}$，其中 δ 为此一维度总体所有个体原值的标准差。如蒋远胜等(2005)、张赞(2006)、陈旸与马葛生(2009)、杨万平(2010)陈林华等(2014)和胡谍等(2015)以及 6 部报告中的中国企业创新发展指数。

(3) 其他方法

① 原始数值

当原始数值为一个 0 至 1 的比例指标，如张军涛与刘建国(2009)；或 0 至 1 定序指标，如林钟高等(2007)、孙光国和莫冬燕(2012)以及张兆国等

① 要强调的是，对于同一方法，正向、适度或负向指数计算的细节虽有所不同，但基本一致，故我们仅介绍正向指数处理方法。

(2013)；或者鉴于后续权重设置没有必要标准化处理时，如刘文娟等(2013)等，上述相关文献未对原始数值进行标准化处理。

② 功效函数法

功效函数法又分线性功效函数法(或称传统功效函数法)、指数型功效函数法、对数型功效函数法和幂函数型功效函数法等四个方法。

线性功效函数法基本公式是：$I_i = \frac{V_i - V_s}{V_h - V_s}$，其中 V_s 为不允许值，V_h 为满意值；对数型功效函数法基本公式是：$I_i = \frac{\log V_i - \log V_s}{\log V_h - \log V_s}$；幂函数型功效函数法基本公式是：$I_i = \left(\frac{V_i - V_s}{V_h - V_s}\right)^k$，其中 k 为待定参数；指数型功效函数基本公式是 $I_i = Ae^{(V-\bar{V})/(V_{\max}-\bar{V})B}$，其中，$A$ 和 B 是待定参数。

采用较多的是指数型功效函数法，如袁卫与彭非(2007)和封婷与郑真真(2015)。

(3) 正弦法

正弦法的基本公式是：$I_i = \sin(10V_i/\pi)$，如王智慧(2012)问卷是 5 级评价量表形式，利用此一公式，标准化处理后相应指标取值恰好在 0 至 1 之间。

3　权重设置

权重设置可分为主观赋权法和客观赋权法两类：主观赋权法又分为简单平均法、加权平均法和德尔菲法(专家打分法)。客观赋权法是根据各种相应的统计和计量方法来确定权重。

(1) 主观赋权法

① 简单平均法

简单平均法即对各项指标赋予相同权重进而汇总成综合评价指数，如李勇刚(2013)、张兆国等(2013)以及封婷与郑真真(2015)。

② 加权平均法

加权平均法即对各项指标赋予不同的权重进而汇总成综合评价指数，如林钟高等(2007)、张立超与翟印礼(2010)和黄海燕与杨丽丽(2011)等，以及所有 6 部报告。

③ 德尔菲法

德尔菲法根据综合若干专家意见对各项指标赋予权重进而汇总成综合评

价指数，如袁卫与彭非(2007)、朱洪军(2010)、赵乙萤等(2011)、王智慧(2012)以及边雅静等(2012)等。

(2) 客观赋权法

① 主成份法和因子分析法

客观赋予权法主要有主成份法和因子分析法，前者如蒋远胜等(2005)、张赞(2006)以及胡谍等(2015)；后者如陈旸与马葛生(2009)、杨万平(2010)、陈林华等(2014)以及张凤彪(2015)。如苏为华(2001)指出，主成份法可看成是因子分析法的一种特例，两种方法的输出结果并没有本质区别。

② 其他

周四军与庄成杰(2009)采用了变异系数法；刘伟(2009)和许涤龙(2013)采用了熵权系数法；张军涛与刘建(2009)采用了多层次模糊评价法；孙光国和莫冬燕(2012)采用了计量回归法；刘文娟等(2013)采用了秩和排序法。

3.2.3 文献评论

表 3.2.3A 至表 3.2.3D 总结了相关文献的构建方法。构建综合评价指数最为关键的两个环节是指标无量纲化处理和权重设置。

对于无量纲化处理环节，采用阈值法及其变型和 Z 分数法最为普遍，在本报告所参考的相关 30 份文献中分别为 15 份和 7 份。阈值法有如下三个优势：(1)是对指标数据的个数、分布状况和取值范围没有特别要求；(2)标准化后的数据取值范围都在 0 至 1 之间，便于进一步处理；(3)标准化后的数据为相对数，且保留了原始数值的定距或定比性。因此被采用十分普遍。Z 分数法的优势是标准化后各项指标的均值均为 0，方差均为 1，消除了量纲和数量级的影响。

对于权重设置环节，主观赋值法相对较多，有 17 份，其中加权平均法最多，有 9 份；但客观赋值法也不少，有 13 份，而主成份法或因子分析法又有 8 份。值得一提的是，如果采用 Z 分数法进行无量纲化处理，同权重设置基本采用主成份或因子分析法。主观赋值法的好处是简单明确，而客观赋值法的好处是排除了主观干扰进而结果相对准确，便计算过程又相对复杂。

表 3.2.3A 社会学相关综合评价指数文献的构建方法

序号	作者	指数	无量纲化方法	权重设置方法	个体单位	个体数量	总体单位	维度数量	层级数量	指标数量	研究时段
1	蒋远胜等(2005)	农村全面小康指数	Z分数法	主成份法	省份	31	全国	6	2	21	1990至2003年
2	袁卫与彭非(2007)	发展指数	功效函数法	德尔菲法	省份	31	全国	4	2	15	2004至2005年
3	周四军与庄成杰(2009)	国民幸福指数	阈值法	变异系数法	全国	1	全国	4	2	24	1988至2009年
4	赵乙萤等(2011)	文化软实力评价指标	定基法	德尔菲法	全国	1	全国	4	2	12	1979至2008年
5	边雅静等(2012)	人力资源发展指数	均值化法	德尔菲法	省份	31	全国	3	2	10	2000年;2008年
6	许涤龙(2013)	和谐社会指数	阈值法	熵权系数法	省份	31	全国	5	2	31	2011年

表 3.2.3B 经济和金融学相关综合评价指数文献的构建方法

序号	作者	指数	无量纲化方法	权重设置方法	个体单位	个体数量	总体单位	维度数量	层级数量	指标数量	研究时段
7	张赞(2006)	工业化发展水平	Z分数法	主成份法	全国	1	全国	6	2	8	1981至2003年
8	张军涛与刘建国(2009)	综合评价指数	原始数值	模糊评价法	县	58	辽宁	3	3	41	2000至2006年
9	张立超与翟印礼(2010)	循环农业	极值法	加权平均法	省份	31	全国	3	2	15	1995至2006年
10	杨万平(2010)	污染排放指数	Z分数法	因子分析法	省份	28	全国	3	1	3	2007年
11	李勇刚(2013)	公共品供给综合评价指数	阈值法	简单平均法	城市	35	全国	7	1	7	1999至2011年
12	封婷与郑真真(2015)	老年人养老负担和家庭承载力指数	功效函数法	简单平均法	省份	22	全国	3	2	9	2011至2012年
13	林钟高等(2007)	内部控制综合评价指数	原始数值	加权平均法	企业	300	A股	5	2	17	2005年

续 表

序号	作者	指数	无量纲化方法	权重设置方法	个体单位	个体数量	总体单位	维度数量	层级数量	指标数量	研究时段
14	孙光国和莫冬燕(2012)	内部控制综合评价指数	原始数值	计量回归法	企业	98	A 股	5	2	56	2009 年
15	张兆国等(2013)	企业社会责任综合评价指数	原始数值	简单平均法	企业	4081	A 股	3	2	36	2007 至 2011 年
16	胡谍等(2015)	企业专利质量综合指数	Z 分数法	主成份法	企业	355	创业板	4	1	4	2013 年

表 3.2.3C　体育学相关综合评价指数文献的构建方法

序号	作者	指数	无量纲化方法	权重设置方法	个体单位	个体数量	总体单位	维度数量	层级数量	指标数量	研究时段
17	陈旸与马葛生(2009)	社区体育服务居民满意度指数	Z 分数法	因子分析法	个人	185	湘潭居民	10	2	26	2008 年
18	刘伟(2009)	体育可持续发展综合指数	阈值法	熵权系数法	全国	1	全国	4	2	35	1991 至 2005 年
19	朱洪军(2010)	职业体育俱乐部主场观众服务质量指数	离散度法	德尔菲法	个人	34	专家	3	3	16	不详
20	黄海燕与杨丽丽(2011)	体育产业结构多样化指数	阈值法	加权平均法	省份	15	全国	8	1	8	2006 至 2007 年
21	王智慧(2012)	幸福指数	正弦法	德尔菲法	个人	8634	北京居民	9	3	50	2008 至 2010 年
22	刘文娟等(2013)	学术影响力	原始数值	秩和排序法	体育机构	20	全国	5	2	9	截至 2011 年
23	陈林华等(2014)	国际体育城市发展指数	Z 分数法	因子分析法	城市	35	全国	6	2	23	不详
24	张凤彪(2015)	竞技体育公共支出绩效	阈值法	因子分析法	省份	25	全国	11	1	11	2002 至 2011 年

表 3.2.3D　相关综合评价指数年度报告的构建方法

序号	作者	指数	无量纲化方法	权重设置方法	个体单位	个体数量	总体单位	维度数量	层级数量	指标数量	研究时段
25	中国慈善事业研究中心	中国慈善发展指数	阈值法	加权平均法	省份	31	全国	5			2011 至 2013 年
26	唐任伍等	中国民生发展指数	阈值法	加权平均法	省份	30	全国	3	4	62	十一五期间
27	王小鲁等	中国分省企业经营环境指数	阈值法	加权平均法	省份	29	全国	8	3	29	2006 年；2008 年；2010 年；2012 年
28	樊纲等	中国市场化指数	阈值法	加权平均法	省份	30	全国	5	3	21	2007 至 2009 年
29	中国科学技术信息研究所	中国企业创新发展指数	Z 分数法	加权平均法	省份	30	全国	4	3	58	2010 年；2014 年
30	池仁勇等	中国中小企业景气指数	阈值法	加权平均法	省份	31	全国	3	2	9	2010 年；2012 年；2013 年

3.3　已有三项彩票指数简介

目前彩票领域相对流行的各类指数基本是为博彩参与者提供投注依据的指标，如凯利指数和必发指数等，这些指数与本项目所探讨的“**销售**”关系不大，下面我们介绍可能目前仅有的三项与本报告相关的彩票指数。

3.3.1　全球彩票销售季度指数

“全球彩票销售季度指数(Quarterly Lottery Sales Index，简称 QLSI)”，发布者为世界彩票协会(World Lottery Association，简称 WLA)，构建指标季度销量，相当于本报告中的规模维度。这一指数的出台背景是，2008 年全球金融危机爆发后，当时尚不清楚彩票行业是否因由世界金融巨变引起的经济不稳定而受到影响。WLA 希望通过这项指数的构建，为各成员提供全球彩票销量趋势的“晴雨表”以及调整单个彩票表现的标准。

基本方法是以 2009 年第一季度样本销售机构的销售数据作为定基值，即

100 指数点，每季度发布的上一季度的数据，首次发布于 2010 年 7 月，包括当年第一和第二季度的相关数据。此一指数的样本包括了 4 大洲 20 家彩票机构，它们占到了全球彩票销量的 45%以上，因此对于全球彩票销量情况有很强的指示所用。

QLSI 已经被彩票行业各类利益相关者所接收，被认为是“提供了全球彩票销量的及时信息。……，可以帮助彩票机构正确把握其销量绩效，除此之外，还会帮助政府和舆论界更好地理解销量趋势的驱动力”①。

3.3.2 彩票发展指数

彩票发展指数（Lottery Development Index，简称 LDI），由河南财经政法大学冯百鸣副教授于 2010 年提出，含义是一个地区彩票销售规模与当地生产总值的比例。

作者计算了(1)美国、德国、法国、日本、英国、加拿大和意大利等七个发达国家 2002 至 2005 年和 2008 年的全国彩票发展指数，(2)2000 至 2008 年中国和美国两国的全国彩票发展指数和(3)2008 年全国 31 个省份的彩票发展指数。作者认为 0.4%为彩票发展指数的重要阈值，以此为标准，2005 年起，中国步入世界彩票销售大国的行列。

作者以 2008 年全国 31 个省份相关数据，以人均生产总值高低为标准，将全国划分四个组，各组彩票发展指数均值分别为 0.550%、0.439%、0.370% 和 0.324%，这意味着中国国内区域彩票发展指数与经济发展水平成反比，贫穷地区彩票发展指数偏高。

3.3.3 彩票 Suits 指数

1 Suits 指数的含义

Suits(1977a)最早提出衡量税收公平性的指标 Suits 指数。如图 3.3.3A 和图 3.3.3B 所示，将 n 个所有个体单位 i 按收入升序排序，横轴为收入积累百分比 Y_i，纵轴为对应 Y_i 的缴税（本报告中的彩票销售规模）积累百分比 T_i，得出洛伦兹曲线，洛伦兹线积分（即其与 X 轴所夹面积）$S=\int_0^n T_i dY_i$。

① 相关内容翻译于世界彩票协会官网 world-lotteries. org。

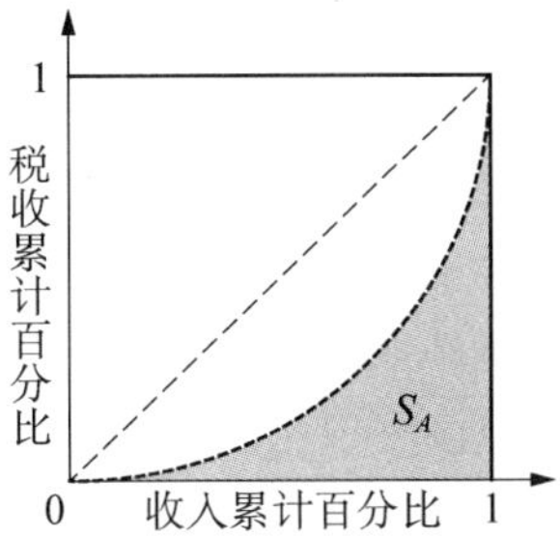

图 3.3.3A Suits 指数大于 0

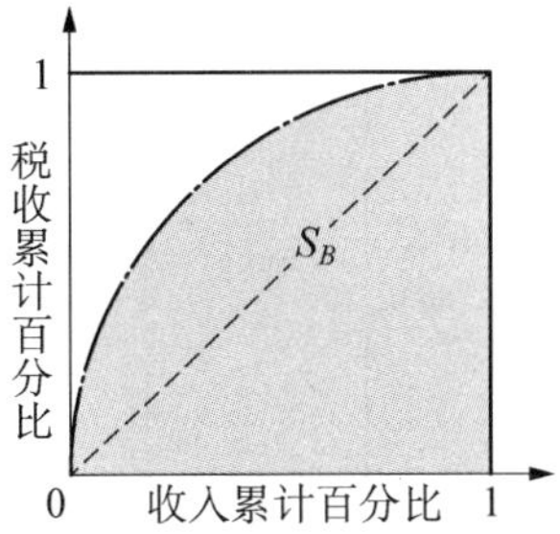

图 3.3.3B Suits 指数小于 0

Suits 指数 $=(0.5-S)/0.5$，取值范围为－1 至 1。大于 0 表示呈累进性(Progressivity)，越大累进性越强；等于 0 表示呈公平性；小于 0 表示为累退性(Regressivity)，越小累退性越强。Suits 指数一经提出，就被迅速应用到衡量彩票销售公平性问题当中。

2 Suits 指数的优点

Suits 指数除可进行跨地区比较和计算方法简便以外，还具有另外三个优点：(1)准确性，即不同收入阶层的购彩数量变化会导致其值相应变化，若高收入阶层购彩数量增加，其值变大，反之变小。(2)可加性，即彩票业总体 Suits 指数为各种彩票 Suits 指数加权均值。若两种彩票 x 和 y 销量分别为 X 和 Y，则两者之和的 $Suits_{x+y}$ 为 $(X\cdot Suits_x+Y\cdot Suits_y)/(X+Y)$。(3)稳定性，即若各收入阶层购彩量变化相同比例，其值不变。

3 Suits 指数在博彩领域的应用

Suits(1977b)根据 1975 年全美对于上一年度 1974 年个人调查数据，计算了赛马、公立彩票、赌场游戏、非法彩票以及体育博彩等博彩产品的 Suits 指数。随后至今，一系列论文采用这一方法研究了世界各国各时期各种彩票的 Suits 指数。我们总结了 1977 至 2014 年代表文献所计算出的各个国家或地区彩票业的 Suits 指数和收入弹性，见表 3.3.3A。

我们曾经计算了中国各类型彩票的 2000 至 2013 年 Suits 指数，详见李刚(2014)，并根据同样方法，将数据更新到 2014 年，见表 3.3.3B。

表 3.3.3A　各国家或地区彩票业的 Suits 指数

序	文献	数据年份	层级	单位数	地区	指数	收入弹性
1	Vaillancourt & Grignon(1988)	1982	家庭	不详	[加]大西洋省	−0.13	
					[加]魁北克省	−0.14	
					[加]安大略省	−0.17	
					[加]西部四省	−0.17	
					[加]全国	−0.18	0.69
2	Livernois(1987)	1983	个人	不详	[加]埃德蒙顿市	−0.10	0.72
3	Kitchen & Powells(1991)	1986	家庭	2062	[加]大西洋省	−0.21	0.80
				2012	[加]魁北克省	−0.13	0.70
				2409	[加]安大略省	−0.19	0.78
				1456	[加]曼尼托巴省	−0.19	0.73
				1136	[加]艾伯塔省	−0.06	0.92
				1249	[加]卑诗省	−0.18	0.71
				10350	[加]全国	−0.18	0.77
4	Beconã et al(1993)	1993	个人	不详	[西]加利西亚省	−0.26	
5	Price & Novak (1999)	1994	邮政区	1351	[美]得克萨斯州	−0.099	−0.450 至 0.498
6	Miyazaki et al (1998)	1995	郡	58	[美]加利福尼亚州	−0.081	
				67	[美]佛罗里达州	−0.131	
6	Miyazaki et al (1998)	1995	郡	92	[美]印第安纳州	−0.025	
				87	[美]明尼苏达州	−0.135	
				93	[美]内布拉斯加州	−0.093	
				36	[美]俄勒冈州	0.007	
7	Borge(2003)	1996	市镇	435	[挪威]全国	−0.077	−0.376 至 0.642
			地区	104	[挪威]全国	−0.089	−0.636 至 0.563
8	Spry(2003)	2000	邮政区	3313	[美]印第安纳州	−0.187	0.573
9	罗诗婷(2004)	2002	个人	5665	中国台湾	−0.159	
10	Ghent & Grant (2010)	2003	郡	46	[美]加利福尼亚州	−0.186	
11	Combsa et al (2008)	2004	邮政区	830	[美]明尼苏达州	−0.23	

续 表

序	文献	数据年份	层级	单位数	地区	指数	收入弹性
12	Beckert&Lutter (2009)	2006	个人	705	[德]全国	−0.23	0.28
13	Kramer(2010)	2008	邮政区	150	[美]纽约市	−0.286	
14	Daberkow& Wei (2012)	2008	邮政区	2962	[美]伊利诺伊州	−0.281	−0.549 至 0.930
15	范琦(2009)	1998 至 2005	省	31	中国福利彩票	−0.137 至 0.278	
16	詹志斌(2011)	2002 至 2007	省	31	中国全部彩票	−0.135 至 0.082	
17	刘嫚(2011)	1990;2007	省	31	中国全部彩票	0.201;0.031	
18	孟伟丽(2013)	1990;2005;2010	省	31	中国全部彩票	0.194;0.0110;0.054	
19	李刚(2014)	2000 至 2013	省	31	中国各类型与各玩法彩票	−0.1931 至 0.2926	−1.292 至 2.338
		2009 至 2013	州	41	[美]州	0.0043 至 0.0134	0.877 至 1.001

注:(1) 1 至 4 来自 Garvia(2005),其余为本报告作者根据相关文献整理而成。

(2) Daberkow& Wei(2012)未列出单位数,相应数据根据网络搜索该州情况而得。

表 3.3.3B 2000 至 2014 年中国各类型彩票的 Suits 指数

彩票品种	年份	总体	即开型	乐透型	数字型	基诺型	竞猜型	视频型
体育彩票	2000	0.1723	0.1025	0.1889				
	2001	0.1214	0.1081	0.0900			0.4296	
	2002	0.1763	0.1915	0.1424			0.2395	
	2003	0.1129	0.1279	0.0741			0.1658	
	2004	0.0824	0.1857	0.0541	−0.0477		0.1352	
	2005	−0.0823	0.1331	0.0351	−0.1929		0.1212	
	2006	−0.0183		0.0780	−0.1060		0.0840	
	2007	−0.0191	−0.2080	0.0344	−0.0915		0.0795	
	2008	−0.0305	−0.1290	0.0279	−0.0968	0.1033	0.0910	
	2009	−0.0218	−0.0448	0.0278	−0.0651	−0.0912	0.0558	
	2010	0.0270	0.0380	0.0375	−0.0148	−0.1108	0.1299	
	2011	0.0610	0.0279	0.0468	−0.0180	0.0601	0.1471	
	2012	0.0542	0.0122	0.0310	−0.0487	0.0657	0.1230	
	2013	0.0301	0.0033	0.0309	−0.0562	−0.0203	0.1428	
	2014	0.0219	−0.0216	−0.0297	−0.0532	−0.0668	0.1557	

续 表

彩票品种	年份	总体	即开型	乐透型	数字型	基诺型	竞猜型	视频型
福利彩票	2000	0.1014	0.1136	0.0919				
	2001	−0.0071	0.2174	−0.0608				
	2002	−0.0065	0.2145	−0.0598				
	2003	−0.0045	0.1380	−0.0665				
	2004	−0.0175	0.1031	−0.0430	0.4768			
	2005	−0.0820	−0.1737	−0.0078	−0.1640			
	2006	−0.0864	−0.0227	−0.0100	−0.1864			−0.1124
	2007	−0.0700	−0.0472	−0.0038	−0.1931			−0.0385
	2008	−0.0578	−0.0367	0.0090	−0.1796	−0.1289		−0.0184
	2009	−0.0513	−0.0787	0.0055	−0.1782	0.0025		0.1205
	2010	−0.0234	0.0479	−0.0038	−0.1463	−0.0255		0.0350
	2011	−0.0083	0.0243	−0.0044	−0.1238	0.1036		−0.0184
	2012	−0.0231	−0.0008	−0.0356	−0.1573	0.1072		−0.0508
	2013	−0.0444	−0.0029	−0.0460	−0.1622	−0.0097		−0.0541
	2014	−0.0634	−0.0043	−0.0201	−0.1514	−0.0942		−0.0643
全部彩票	2000	0.1371	0.1102	0.1494				
	2001	0.0593	0.1821	0.0173			0.4296	
	2002	0.0967	0.2066	0.0385			0.2395	
	2003	0.0548	0.1363	−0.0077			0.1658	
	2004	0.0230	0.1325	−0.0116	0.4104		0.1352	
	2005	−0.0821	−0.1611	0.0051	−0.1778		0.1212	
	2006	−0.0595	−0.0227	0.0145	−0.1480		0.0840	−0.1124
	2007	−0.0507	−0.0538	0.0093	−0.1433		0.0795	−0.0385
	2008	−0.0460	−0.0894	0.0153	−0.1452	−0.0209	0.0910	−0.0184
全部彩票	2009	−0.0386	−0.0577	0.0120	−0.1356	−0.0482	0.0558	0.1205
	2010	−0.0023	0.0426	0.0076	−0.0988	−0.0705	0.1299	0.0350
	2011	0.0210	0.0261	0.0100	−0.0870	0.0796	0.1471	−0.0184
	2012	0.0095	0.0053	−0.0188	−0.1219	0.0841	0.1230	−0.0508
	2013	−0.0124	0.0000	−0.0251	−0.1266	−0.0149	0.1428	−0.0541
	2014	−0.0240	−0.0123	−0.0233	−0.1177	−0.0818	0.1557	−0.0643

3.3.4 已有三项指数的评论

从构建方法来看，“全球彩票销售季度指数”与股票市场的大盘指数相同，都属于狭义统计指数，其数值与本报告中的定基比例类似。“彩票发展指数”只是一个比例数值，等于本报告深度维度的原值。彩票 Suits 指数是对于所有个体汇总计算出来的，对于每个单位个体，并没有 Suits 指数，它类似于本报告福利指数中的公平指数。

上述三项指数从各自角度对于某一时期某一区域的彩票业发展情况做出了一个评价标准，但正如本报告第1章序言所指出的，对某一地区彩票销售情况的整体评价，需要综合考察多项维度，这样构建出的体系更更加系统完整，得出的结论也更加准确可靠。例如，本报告所构建的脱钩和开发指数，对于衡量各省份彩票业发展状态，要比“彩票发展指数”出色得多。再如，我们将在9.5.2中显示，相对于Suits指数，本报告所构建的“公平指数”能够更准确地衡量彩票销售不公平性的程度和趋势。

第 4 章 中国彩票销售指数的构建

本章为本报告的基石，包括五项内容：(1)本报告的构建思路与原则；(2)相关数据的来源与处理；(3)各项基础指数的构建方法；(4)各项表征指数的构建方法及意义；(5)各项福利指数构建方法的简要说明。

4.1 构建的思路与原则

4.1.1 构建的思路

1 专注性

经过 30 年的发展，彩票产业在中国已达到相当大规模，在整体国民经济体系当中也已具有一定地位。销量数据最易于取得，是决定彩票业在国民经济地位的最主要因素，是彩票相关利益主体最为关心的问题，也是决定彩票业社会福利效果的最主要指标。因此，本报告采用省际年度相关数据，“专注”构建中国彩票“**销售**”指数。

2 理论性

目前国内关于彩票领域研究尚处于起步阶段，已有相关彩票行业报告运用理论深入分析并不多见，国外彩票和博彩领域研究程度已相当深入，研究方法相当先进。因此，本报告将利用国外已有研究的理论和方法，以使本报告具有坚实的理论基础，而非单纯简单地数据罗列和展示。

3 本土性

中国彩票业本身同国外同行业相比，在游戏玩法和运行体制上，还存在一些特殊之处，并且中国国情与国外尤其是发达国家也有很大的区别。因此，对于中国彩票业的研究，对于国外理论和方法，还要针对中国本土具体现实和特色进行适当的必要调整。但我们要强调的是，在整体上中国彩票业与国外同行业遵从相同运行规律，“国际惯例”是主导，“中国特色”只是辅助。

4 应用性

本报告并非书斋式的自娱自乐，或者是单纯学术晋升的阶梯，而是希望对于现实有所裨益。彩票相关主体是“经济人”，其合理利益也应当得到尊重和保护。因此，在构建指数的过程中，我们将充分考虑彩票相关主体利益，所选择的各项指标，是这些主体最为注重的，构建方法简单易懂，得出的结果也有助于这些主体采取必要政策或措施，在自身获得较高正当利益的同时，客观上也促进彩票业的社会福利水平提升。

5 中立性

本报告构建和发布者为高校教师，专注于彩票领域研究15余年。我们构建中国彩票销售指数的本身，并非为了营利，或依附听命于某一机构，而是致力于超出利益羁绊，利用已有数据，构建中国彩票销售指数的实然情况，为社会提供衡量中国彩票业发展状况可靠和准确的结果，并且从学者立场上，从**合意性**的视角，对这些结果给予独立、客观和中立的“第三方”解读。

6 铺垫性

目前国内甚至国际上尚没有彩票综合评价指数，本报告处于初创阶段，更多是为后续研究进行探路和铺垫。因此，我们详细说明了本报告相关指数的构建方法。特别是，我们从较广范围考察各类指数的关系，不少结果在构建过程中耗时巨大，最终却只是证伪而非证实，但这也避免了后续研究再走弯路。

4.1.2 构建的原则

1 系统性

彩票销售指数是一套体系，要综合纳入不同指标，并满足不同彩票主体的需要。因此，本报告选择了销售规模、规模年增幅、销售密度，销售深度、公益金人均值、不同种类彩票市场份额等6个分项维度指标，并利用加权平均方法，计算出历年各省份各类彩票的销售综合指数。

2 精练性

根据“奥姆剃刀”原则，在保持整体信息基础上，选择变量或指标数量越少，构建指数的效果越好。“彩票销售的人均年增幅与规模年增幅”以及“公益金整体规模与彩票销售规模”，高度相关，因此我们未纳入前一项指标。“公益金人均值与彩票人均销售规模"也高度相关，但为考察政府以彩票为工具进行筹资的效率，我们保留此项维度。

3　可比性

关于初始数据的标准化处理，还可以选择因子分析法或者是 Z 分数法。但这两种方法得出的结果取值范围较宽，理论上是负无穷至正无穷，并且在结果含义并不直观。选择阈值法，构建出的指数无量纲、统一尺度，具有"定比性"，这样，相关结果在空间上可以衡量不同省份的截面差异，在时间上可以衡量同一省份的动态变化。

4　简捷性

我们主要采用 excel 辅以 SPSS 而非其他相对专业的计量统计软件工具。在数据处理方面，在保证结果的准确可靠性基础上，尽量避免相对复杂的统计和计量方法。例如，我们并未使用计量回归中的残差指数，而是用相对简单易懂的脱钩指数。方法一旦确立，计算起来简单和快捷，得出的结果直观形象，也易于对其进行分析和解读。

5　开放性

彩票业内容广范复杂，彩票销售指数只是整体彩票业指数大系统中的一个子系统。构建彩票指数也可以从多个视角进行。在构建层面上，可以从销售情况、彩票购买者心态与行为和彩票公益金使用的效果等；在数据收集上，可以选择通则式、普查式或抽样调查式；在样本确定上，可以分为省际、市级、直至到每一位彩票购买者个体；在时频上，可以分为年度、月度甚至每日。因此，我们在研究过程中预设了其他方面的接口，以便在未来构建更广范围和更深层次的"中国彩票产业指数"。

4.1.3　指标的特点

1　取值统一性

本报告采用阈值法，而不是 Z 分数法，这样不同维度指标单位都消除，构建出的指数就具有了无纲量性。加上采用阈值法，基础指数各维度结果均统一取值为 0 至 1 之间，表征指数和福利指数各维度结果均统一取值 −1 至 1 之间。

2　指标定比性

本报告对于各指标原值，取实际值而非对数值，这样构建的指数是"定比"

指标，而不仅仅是“定序”或“定距”。结合单位无量纲性和取值统一性，我们就可以进行对各维度的指标在省份（样本）间或维度（变量）间进行四则运算。

3　结果准确性

虽然本报告没有应用复杂的统计或计量方法，但整体构建过程是建立在“运用国外研究成果和方法，结合中国实际情况进行适当调整”基础之上进行的，在第5章通过了多方面严格的稳健性检验。因此，本报告构建的结果准确可靠，对于中国彩票业销售层面的解释力和概括力都较强，也就具有了一定的应用价值。

4　方法易调性

本报告属于初创阶段，指数构建和解读方法的不足之处在所难免，为便于未来对本指数体系更新与完善，我们设置的指标都具有“参数”性质。例如，我们编制 Excel 程序，所设置的各维度指数权重可以调整，输入新的参数后，程序即可自动更新结果。

4.2　数据原值的来源

4.2.1　彩票数据来源

1　数据渠道

权威的彩票数据来源有如下几个渠道。

第一，从财政部综合司官方网站 http://zhs.mof.gov.cn/可以获得自2008年1月起，体育彩票和福利彩票这两个种类彩票的各省份月度总销售规模数据，但这一网站并未公布每个种类彩票下的各类型彩票销售规模数据。同时，从2008年起，每年7或8月间，财政部会发布公告，内容包括上一年度全国各省份体育彩票或福利彩票各省份的销售规模，中央彩票公益金规模及其使用情况等数据。

第二，中国彩票年鉴编辑委员会主编由中国财政经济出版社出版的《中国彩票年鉴》各年度分册比较详实地公布了1987年到2011年的历年体育彩票和福利彩票各自所属各个类型彩票年度（部分彩票类型各月度）销售规模和地方公益金数据，但涉及到2012年及以后年份相关数据的分册尚未出版。

第三，国家体育总局体育彩票管理中心唯一指定官方网站“中国体彩网 www.lottery.gov.cn”和民政部中国福利彩票发行管理中心唯一指定网络信息发布媒体“中彩网 www. zhcw. com”以及各省份体育彩票或福利彩票官网会不定期地分别公布各省份体育彩票和福利彩票以及各自所属各个类型或者各个品种的年度、月度甚至是每一期的销售数据。

2 几个值得注意的问题

第一，数据来源。在收集和整理数据过程中，我们发现，不同渠道来源的同一项数据会有些差异，但程度并不大。经过与各发布渠道负责人员沟通交流，我们得知《中国彩票年鉴》和财政部综合司数据来源均为财政部综合司彩票处，只是前者更加详实。财政部综合司彩票处数据的来源是由国家体育总局体育彩票管理中心和民政部中国福利彩票发行管理中心每月上报数据，而两家彩票发行机构对于彩票销售数据发布非常“谨慎”。

第二，异常和缺失数据的处理。在整理数据过程中，我们发现，2000 年至 2002 年间，《中国彩票年鉴》公布的宁夏和青海两省份体育彩票和福利彩票销售情况存在异常情况，我们又从网络搜索到此一期间相对较为可靠出处的两省份销售情况①，发现《中国彩票年鉴》将两省份数据颠倒。另外，各省份彩票公益金分为地方公益金和中央公益金，前者由各省份自行支配，后者由中央从地方收取后在全国统一支配。《中国彩票年鉴》仅公布各省份彩票地方公益金的数据，中央公益金的数据缺失。不过 2000 年至 2004 年，中国所有彩票的公益金提取率均为彩票销量的 35%，而 2005 年至今，根据财政部规定，彩票公益金的地方和中央的比重各占一半。因此，我们可以根据已有相应数据计算出历年各省份体育彩票、福利彩票进而全部彩票的公益金规模和人均值。

第三，年份区间。(1)首先，进入 21 世纪以后，中国彩票业销售规模才取得较高的增幅。相对以后年份情况，1984 至 1999 年的 15 年间，彩票销售规模很小，根据财政部数据，总共仅为 426. 10 亿元，其中 1999 年为 75. 51 亿元，而 2000 年就达到了 181. 02 亿元，当年增幅高达 139. 71%。(2)其次，此一阶段彩票销售计划经济色彩浓厚，具体模式是每年初体育总局和民政部根据各省

---

① 青海福利彩票数据，青海省福利彩票发行中心：“为完成 2002 年 2000 万元福利彩票销售任务而奋斗”，http://www. qhmz. gov. cn/html/show-2243. html；青海体育彩票数据，李强：“青海省体育彩票市场现状及发展对策”，《辽宁体育科学》，2006 年第 3 期。宁夏福利彩票数据，中彩网：“与西部开发齐头并进的宁夏福彩事业”，http://www. zhcw. com/xinwen/caishiguancha/2658758. shtml；宁夏体彩数据，自治区体育局局长乔毅智：“关于我区体育彩票公益金管理使用情况的报告”，http://2010. nxnews. net/1214/2006-9-4/29@178287. htm。

需求，综合上一年销售规模，结合当地收入水平，框定一个额度，通过监管部门上报到国务院批准。国务院再根据社会保障资金的缺口以及上一年度的发行情况制定一个总额度，再由监管部门具体分配到民政部和体育总局。(3)再次，外部事件导致的行政举措对彩票销售影响极大。例如，1997年，上海因举办第八届全国运动会，为了给体育彩票筹集资金让路，上海福利彩票仅销售半年，当年销售规模仅为0.69亿元，上一年为1.18亿元，降幅达41.33%，相对应上海体育彩票当年销售规模为1.90亿元，上一年为1.10亿元，增幅达72.73%。1998年因全国遭遇特大洪水，发行50亿元"抗洪赈灾"福利彩票，当年福利彩票总销售规模为109.80亿元，上一年为56.74亿元，增幅达93.53%，但后一年又降至35.15亿元，降幅达67.99%。(4)彩票销售规模数据在2000年之前并不完整，如财政部综合司网站和历年中国彩票年鉴在1995年及以前只有福利彩票销售规模，体育彩票销售规模缺失。(5)彩票监管部门此前为中国人民银行，到2000年才正式移交至财政部。(6)我们所能获得的境外相关数据，也基本起始于2000年。因此，本报告选择的起始年份为2000年。

3　本报告选取的数据

综上，本报告选择2000年至2015年6月共15个半年份的数据。对于销售规模，2000年至2007年采用《中国彩票年鉴》发布的数据，2008年至2015年选择财政部官网发布的数据，将对个别数据进行更正。对于公益金，2000至2004年由对应年份和省份销售规模乘上0.35推算，2005至2014年来自对应年份财政部《彩票公益金筹集分配情况》公告，2015年上半年从各省份体育或福利彩票发行机构官网或其他政府机构网站获得。

4.2.2　人口统计学数据来源

本报告如各省份经济和人口状况等其他数据均来自国家统计局，特别是其出版的《中国统计年鉴》。不过如下几个问题值得注意。

1　统计口径变化

因统计口径不时发生变化，不同年份出版的对同一年份某省份或全国的数据并不相同，个别数据甚至差别巨大。例如，《中国统计年鉴2005》发布的北京2004年生产总值为4283.3亿元，而《中国统计年鉴2011》中的同一数据则为6033.2亿元，比前者高出40.85%。2013年全国国内生产总值有三个

“权威”数据，(1)2014 年 2 月 24 日国家统计局发布的《2013 年国民经济和社会发展统计公报》中，当年全国国内生产总值为 56.8845 万亿元；(2)2014 年 12 月 19 日，国家统计总局发布的公告将 2013 年国内生产总值修订为 58.8019 万亿元，比前者增加 1.9174 亿元，增幅为 3.4%；(3)国家统计局出版的《中国统计年鉴 2014》，2013 年全国各省份生产总值的加总为 63.0009 万亿元。

2　缺失数据的处理

各省份城镇率 2001 至 2005 相关数据缺失，我们以 2000 和 2005 的数据利用均匀平滑法弥补。各省份城镇收入水平取历年《中国统计年鉴》公布的“人均城镇居民可支配收入”、城镇消费水平取“支出性消费”、农村收入水平取“人均农村居民纯收入”、农村消费水平取“生活消费支出”、城乡居民收入水平根据各省份城镇收入和农村收入按城镇率加权计算、城乡居民消费水平根据各省份城镇消费和农村消费按城镇率加权计算。

3　本报告选择的数据

综上，对于 2000 至 2013 年数据，本报告选择下一年出版的《中国统计年鉴》当年数据，如 2011 年相关数据来源于《中国统计年鉴 2012》；2014 年和 2015 年上半年数据来自各省份发布的相关公报。各数据选择未经过通货膨胀率调整的当年值。

4.3　基础指数的构建

4.3.1　符号与概念定义

本报告旨在从销售方面构建中国彩票业的指数体系，并考察相关指数与经济水平的关系，因此对于某一年份的某一省份，构建“四类”和“七项维度”共 24 项基础指数，取值范围在[0,1]。

1　符号说明

为便于行文，我们用 $V_{t,x,y,z}$ 和 $BI_{t,x,y,z}$ 来分别表示 t 年 x 省各品种彩票(或经济水平)各维度数据的原值和基础指数。

其中脚标 t 为年份，表示 2000 至 2015 中的某一年；x 为省份，表示北京到新疆的全国 31 个省份的某一省份；y 为指数类别，e 表示“经济水平(Economics Level)”、s 表示“体育彩票(Sports Lottery)”、w 表示“福利彩票(Welfare Lottery)”和 t 表示“全部彩票(Total Lottery)”；z 为维度，对于“经济水平”,1 表示“综合”、2 表示“规模”、3 表示“年增幅”和 4 表示“人均”、;对于各种类彩票,1 表示“综合”、2 表示“规模”、3 表示“年增幅”、4 表示“密度”、5 表示“公益金”、6 表示“深度”和 7 表示“份额”。

2　各维度含义

综合指数根据“各省份在各年份的经济水平 2 至 4 项指数,以及体育、福利或全部彩票的 2 至 7 项指数设置合理权重进行加权平均”为基础进行构建。

规模指数,对于经济水平,对应的原值为当年该省生产总值;对于各种类彩票,对应的原值为当年该省对应彩票总销量。

年增幅指数对应的原值是各省份相应各类别规模相对于上一年的增幅。

人均或密度指数对应的原值是“各省份在各年份的人均生产总值或体育、福利或全部彩票人均销量”,即各种类彩票规模与人口总量之比。

公益金指数对应的原值是“各省份在各年份体育、福利或全部彩票公益金的人均值”。

深度指数对应的原值是“各省份在各年份的体育、福利或全部彩票总体销量与当地生产总值之比”,也等于“人均彩票销量与人均生产总值之比”。

份额指数对应的原值是“各省份在各年份的体育(或福利)彩票销量与当年全部彩票销量之比”。

4.3.2　构建公式

本报告各项基础指数的其他分项维度以原值为基础,采用阈值法构建,综合指数由其他分项维度指数加权平均计算。

1　综合指数

各彩票品种或经济水平的综合指数为其他各分项维度指数加权均值。通过不断调整试错,我们发现以下权重较为恰当:对于经济水平的综合指数,规模维度权重为 0.4,人均维度为 0.5,年增幅维度为 0.1;对于体育彩票和福利彩票的综合指数,规模维度权重为 0.2,年增幅维度为 0.1、密度维度为 0.3、公益金维度为 0.1、深度维度为 0.2 和份额维度为 0.1;对于全部彩票的综合指数,规模维度权重为 0.225,年增幅维度为 0.1、密度维度为 0.35、公益金维度为 0.1、深度维度为 0.225。

2　其他维度指数

$$\text{基本公式 } BI_{t,x,y,z} = \frac{V_{t,x,y,z} - V_{t,\min,y,z}}{V_{t,\max,y,z} - V_{t,\min,y,z}}$$

其中，$V_{t,\min,y,z}$为 t 年相同 y 和 z 项全国所有 31 个省份原值的最小值，$V_{t,\max,y,z}$为最大值。

4.3.3 各类基础指数列表

1 经济水平各项指数

经济水平指数共有 4 项：(1)经济水平综合指数 $BI_{t,x,e,1}$、(2)经济水平规模指数 $BI_{t,x,e,2}$、(3)经济水平年增幅指数 $BI_{t,x,e,3}$ 和(4)经济水平人均指数 $BI_{t,x,e,4}$。

2 体育彩票各项指数

体育彩票指数共有 7 项：(1)体育彩票综合指数 $BI_{t,x,s,1}$、(2)体育彩票规模指数 $BI_{t,x,s,2}$、(3)体育彩票年增幅指数 $BI_{t,x,s,3}$、(4)体育彩票密度指数 $BI_{t,x,s,4}$、(5)体育彩票公益金指数 $BI_{t,x,s,5}$、(6)体育彩票深度指数 $BI_{t,x,s,6}$ 和(7)体育彩票份额指数 $BI_{t,x,s,7}$。

3 福利彩票各项指数

福利彩票指数也共有 7 项：(1)福利彩票综合指数 $BI_{t,x,w,1}$、(2)福利彩票规模指数 $BI_{t,x,w,2}$、(3)福利彩票年增幅指数 $BI_{t,x,w,3}$、(4)福利彩票密度指数 $BI_{t,x,w,4}$、(5)福利彩票公益金指数 $BI_{t,x,w,5}$、(6)福利彩票深度指数 $BI_{t,x,w,6}$ 和(7)福利彩票份额指数 $BI_{t,x,w,7}$。

4 全部彩票各项指数

因不存在市场份额维度，全部彩票指数共有 6 项：(1)全部彩票综合指数 $BI_{t,x,t,1}$、(2)全部彩票规模指数 $BI_{t,x,t,2}$、(3)全部彩票年增幅指数 $BI_{t,x,t,3}$、(4)全部彩票密度指数 $BI_{t,x,t,4}$、(5)全部彩票公益金指数 $BI_{t,x,t,5}$ 和(6)全部彩票深度指数 $BI_{t,x,t,6}$。

4.4 表征指数的构建

表征指数由基础指数经过不同方法计算而得，目的是为了从某些方面表征各省份彩票销售情况，本报告构建了地位指数、脱钩指数和开发指数等三项表征指数，取值范围在[−1, 1]。

首先明确，各表征指数的综合维度计算方法是，先根据以下方法计算各分项维度，然后再按照基础指数同样的权重进行加权平均而成。另外，我们以

±0.1作为阈值,分为高中低三个区间。

4.4.1 地位指数

“地位指数(Position Index,简称PI)”是个体(即省份)间的角度,为”历年各省份各种类彩票或经济水平某一维度指数”与”同期全国各种类彩票或经济水平同一维度指数31个省份均值”之差,也即“基础指数的离差”。

具体公式 $DI_{t,x,y,z} = BI_{t,x,y,z} - \overline{BI_{t,x,y,z}}$

其中$\overline{BI_{t,x,y,z}}$表示同期全国各种类彩票或经济水平同一维度指数31个省份的均值。

此一指数用于衡量当年该省份各种类彩票或经济水平对应维度在全国范围的地位等级。以±0.1为阈值,各维度地位指数大于0.1,说明该省份对应种类彩票或经济水平此一维度在全国地位重要,±0.1之间为居中,小于−0.1为次要。

图4.4.1较详细地说明了地位指数各维度的构建方法及含义。

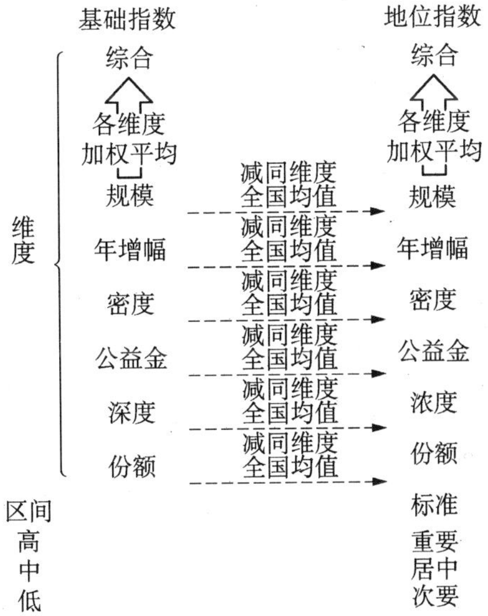

图4.4.1 各维度地位指数的构建方法及表征意义

4.4.2 脱钩指数

“脱钩指数(Decoupling Index,简称 DI”是变量(即维度)间的角度,为“历年各省份各种类彩票某一维度指数”与“同期经济水平对应维度指数”之差。计算脱钩指数时,对于彩票规模维度,对应的是本省经济水平规模维度;对于年增幅维度,对应的是本省经济水平年增幅维度;对于密度和公益金维度,对应的是本省经济水平人均维度;对于深度和份额维度,对应的是各省份经济水平人均维度均值。用公式显示,

深度和份额维度的脱钩指数 $DI_{t,x,y,z}=BI_{t,x,y,z}-\overline{BI_{t,x,e,4}}$

其他维度的脱钩指数 $DI_{t,x,y,z}=BI_{t,x,y,z}-BI_{t,x,e,z}$

此一指数衡量的是当年该省份各种类彩票各销售维度与对应经济水平维度的脱钩方向。以±0.1 为阈值,各维度脱钩指数若大于 0.1,说明该省份对应种类彩票此一维度销售超出经济水平,±0.1 之间为挂钩,小于−0.1 为落后。

图 4.4.2 较详细地说明了脱钩指数各维度的构建方法及含义。

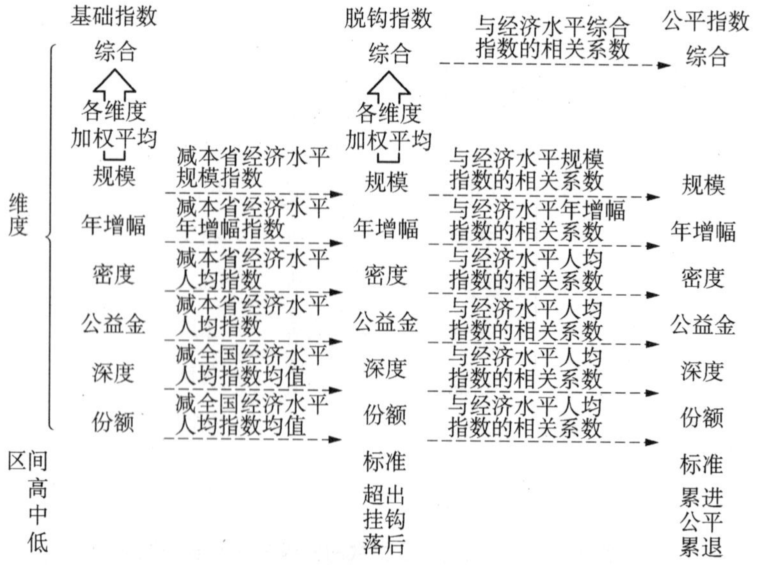

图 4.4.2 各维度脱钩指数和公平指数的构建方法及表征意义

4.4.3 开发指数

“开发指数(Exploitation Index，简称 EI)”是变量(即维度)内的角度，为“历年各省份各种类彩票某一维度基础指数”与“根据当量标准计算出的当量指数(Equivalent Index，简称 QI)”之差。

我们规定：(1)历年各省份全部彩票规模应当是同期当地经济规模的一个固定比例，本报告选择万分之 50；(2)各种类彩票规模年增幅等于同期当地生产总值年增幅；(3)全部彩票密度为同期当地人均生产总值的一个固定比例，本报告选择万分之 50；(4)人均全部彩票公益金亦为人均生产总值的一个固定比例，本报告选择万分之 15(万分之 50 乘 30%)；(5)全部彩票深度在各省份和各年份均固定为一常数，本报告选择万分之 50。(6)体育彩票和福利彩票市场份额在各省份和各年份也固定为一常数，本报告选择 50%。原因我们在 5.4.1 中详细说明。

根据上述当量标准，我们计算出历年各省份各种类彩票除综合维度外其他各分项维度的当量数值 $V^*_{t,x,y,z}$，进一步计算出当量指数 $QI=\frac{V^*_{t,x,y,z}-V_{t,\min,y,z}}{V_{t,\max,y,z}-V_{t,\min,y,z}}$。

对比基础指数和当量指数公式，两者分母相同，分子的右项相同，因此开发指数

$$\begin{aligned}EI_{t,x,y,z}&=BI_{t,x,y,z}-LI_{t,x,y,z}\\&=\frac{V_{t,x,y,z}-V_{t,\min,y,z}}{V_{t,\max,y,z}-V_{t,\min,y,z}}-\frac{V^*_{t,x,y,z}-V_{t,\min,y,z}}{V_{t,\max,y,z}-V_{t,\min,y,z}}\\&=\frac{V_{t,x,y,z}-V^*_{t,x,y,z}}{V_{t,\max,y,z}-V_{t,\min,y,z}}\end{aligned}$$

此一指数衡量的是当年该省份各种类彩票各维度的市场开发程度。以 ±0.1为阈值，各维度开发指数大于 0.1，说明该省份对应种类彩票此一维度开发过度，±0.1 之间为适度，小于−0.1 为不足。

图 4.4.3 较详细地说明了开发指数各维度的构建方法及含义。

4.5 福利指数构建的简要说明

福利指数用于反应全国彩票市场社会福利效果某一方面的整体情况，包

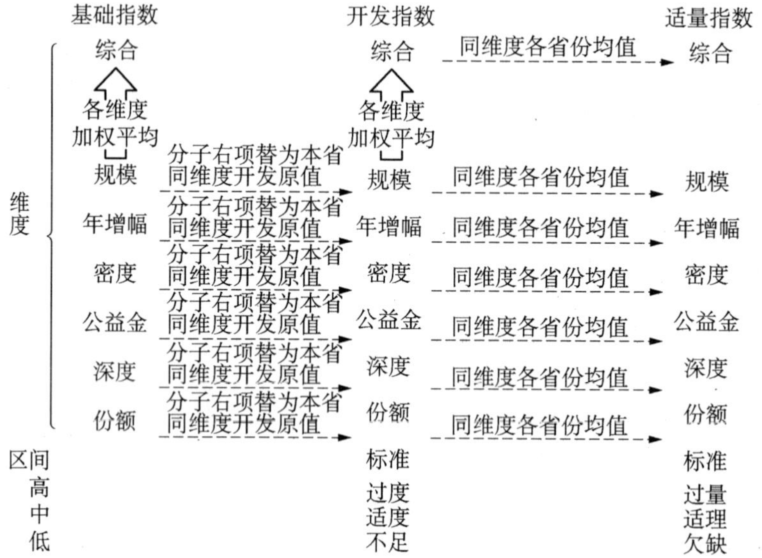

图 4.4.3 各维度开发指数和适量指数的构建方法及表征意义

括(1)“公平指数”和(2)“适量指数”,由各省份表征指数经过不同方法计算所得,取值范围也都在[−1, 1]。

4.5.1 公平指数

在脱钩指数基础上,我们构建了“公平指数”,为“历年所有省份某维度脱钩指数与经济水平对应维度指数的相关系数”。此一指数用于衡量历年各维度彩票销售的全国整体公平状态。以±0.1为阈值,其值大于0.1,说明彩票销售当年在此一维度呈累进性,±0.1之间呈公平性,小于−0.1呈累退性。

公平指数的具体构建方法及可靠准确性详见本报告9.1部分。

4.5.2 适量指数

在开发指数基础上,我们构建了“适量指数”,为“历年所有省份某维度开发指数的均值”。此一指数用于衡量历年各维度彩票销售的全国整体适量水平。以±0.1为阈值,其值大于0.1,说明彩票销售当年在此一维度处于过量状态,±0.1之间处于适量状态,小于−0.1处于欠缺状态。

适量指数的具体构建方法及可靠准确性详见本报告9.2部分。

第 5 章　稳健性检验

本章是对第 4 章各项指数构建方法的稳健性检验，具体包括六项内容：(1)人口统计学指标的处理；(2)综合指数的权重设置；(3)脱钩指数的构建方法；(4)开发指数的构建方法；(5)阈值的设定；(6)通货膨胀影响以及各指标属性等其他问题。

5.1　人口统计学指标的处理

5.1.1　可选择的指标和方法

1　可选择的指标

首先，对于人口规模指标，①范琦(2009)和詹志斌(2011)认为国内彩票主要在城镇地区销售，因此应当选择各省份城镇人口规模；②其他文献则选择各省份全部人口规模。

其次，对于经济水平指标，①范琦(2009)和詹志斌(2011)选择各省份城镇人均可支配收入；②由同一位导师指导的刘嫚(2011)和孟伟丽(2013)选择的是各省份城乡可支配收入，即各省城镇居民可人均支配收入和农村人均纯收入加权均值乘上该省总人口数；③另一个衡量收入水平的指标是各省份人均 GDP。

发达国家城镇化水平高，居民可支配总收入占 GDP 比重长年稳定，故利用上述两项人口指标或三项经济水平指标得出的结果一致。但中国情况相对复杂：(1)近年来，城乡居民总收入占 GDP 比重明显下降，从 2000 年的 50.80%下降至 2011 年最低点的 39.98%，随后略有提升，但 2013 年也仅为 42.98%，2014 年又降至 40.30%。(2)中国城镇化率进程很快，从 2000 年的

36.22%增至 2014 年的 54.77%。结果是城镇居民总收入占 GDP 比重一直平稳在 30%。(3)近年来,彩票销售已从城镇扩展到乡村。(4)有大批农民工在城镇购买彩票,但各省份统计收入相关指标时,很少考虑这些群体。

2 可选择的方法

在统计和计量方法上,可以是纯线性,也可以是取对数形式。采用对数形式的好处是结果为弹性,即经济水平增加 1%,彩票销量增加或减少的百分比。但在构建指数时,如果先将各数据取对数,指数的"定比性"将大大丧失。

5.1.2 本报告的合理性

为确定最优的经济水平、人口指标和计算方法,如表 5.1.2A 所示,我们选择共 10 种方法对"体育、福利以及全部的人均彩票销量"与"人均 GDP"在 2000 至 2014 年共 15 年中每一年进行截面相关性分析,相关系数的结果见表 5.1.2B 和图 5.1.2A 至 C。

表 5.1.2 彩票销量与经济水平关系的计算方法

序号	计算方法	人口基数	经济水平	序号	计算方法	人口基数	经济水平
1	线性	全部人口	GDP	6	对数	全部人口	GDP
2	线性	全部人口	城乡收入	7	对数	全部人口	城乡收入
3	线性	全部人口	城乡消费	8	对数	全部人口	城乡消费
4	线性	城镇人口	城镇收入	9	对数	城镇人口	城镇收入
5	线性	城镇人口	城镇消费	10	对数	城镇人口	城镇消费

表 5.1.2B 各种统计方法计算的相关系数结果

彩票类型	计算方法	线性					对数				
	人口基数	全部人口			城镇人口		全部人口			城镇人口	
	经济水平	GDP	收入	消费	收入	消费	GDP	收入	消费	收入	消费
体育彩票	00 至 04 年均值	0.7639	0.7870	0.7773	0.5831	0.5484	0.7535	0.7733	0.7548	0.6069	0.5734
	05 至 09 年均值	0.6776	0.6326	0.6083	0.2254	0.1746	0.6592	0.5889	0.5816	0.2258	0.1973
	10 至 14 年均值	0.8079	0.7516	0.7242	0.3391	0.2548	0.6980	0.6606	0.6348	0.3297	0.2790
	趋势	U 型	U 型	U 型	U 型	U 型	平稳	U 型	U 型	U 型	U 型
	00 至 14 年均值	0.7498	0.7238	0.7033	0.3825	0.3259	0.7036	0.6743	0.6570	0.3875	0.3499

续　表

彩票类型	计算方法	线性					对数				
	人口基数	全部人口			城镇人口		全部人口			城镇人口	
	经济水平	GDP	收入	消费	收入	消费	GDP	收入	消费	收入	消费
体育彩票	00至14年标准差	0.0697	0.0826	0.0898	0.1738	0.1902	0.0662	0.1017	0.1004	0.1780	0.1818
	00至14年极差	0.2363	0.2555	0.2768	0.5486	0.6071	0.2335	0.3554	0.3467	0.5387	0.5701
	最大值	0.8498	0.8253	0.8245	0.6479	0.6279	0.8087	0.8235	0.8107	0.6680	0.6450
	对应年份	2013	2003	2003	2003	2003	2002	2002	2003	2002	2003
	最小值	0.6136	0.5698	0.5476	0.0992	0.0208	0.5753	0.4681	0.4640	0.1293	0.0749
	对应年份	2005	2005	2009	2008	2008	2008	2008	2008	2008	2008
福利彩票	00至04年均值	0.7310	0.7447	0.7529	0.4140	0.4086	0.6393	0.6517	0.6638	0.3586	0.3578
	05至09年均值	0.7071	0.6784	0.6841	0.0781	0.0787	0.6588	0.5737	0.5962	0.0666	0.0922
	10至14年均值	0.7110	0.6672	0.6834	0.0082	−0.0072	0.6801	0.6047	0.6221	0.0490	0.0653
	趋势	平稳	平稳	平稳	下降	下降	平稳	平稳	平稳	下降	下降
	00至14年均值	0.7164	0.6968	0.7068	0.1668	0.1600	0.6594	0.6100	0.6274	0.1581	0.1718
	00至14年标准差	0.0563	0.0781	0.0697	0.2141	0.2150	0.0472	0.0730	0.0688	0.1924	0.1825
	00至14年极差	0.2204	0.3093	0.2621	0.8361	0.8428	0.1610	0.3071	0.3033	0.8102	0.7917
	最大值	0.8294	0.7954	0.7832	0.6665	0.6650	0.7376	0.7530	0.7759	0.6813	0.6982
	对应年份	2001	2001	2001	2000	2000	2012	2000	2000	2000	2000
	最小值	0.6091	0.4861	0.5211	−0.1696	−0.1778	0.5767	0.4459	0.4726	−0.1289	−0.0935
	对应年份	2014	2014	2014	2014	2014	2014	2014	2014	2014	2014
全部彩票	00至04年均值	0.8553	0.8804	0.8790	0.6751	0.6489	0.8143	0.8278	0.8217	0.6381	0.6123
	05至09年均值	0.7720	0.7319	0.7237	0.1717	0.1459	0.7489	0.6659	0.6719	0.2002	0.1884
	10至14年均值	0.8371	0.7839	0.7760	0.1866	0.1313	0.7718	0.7137	0.7057	0.2388	0.2122
	趋势	平稳	U型	U型	U型	下降	平稳	U型	U型	U型	U型
	00至14年均值	0.8215	0.7987	0.7929	0.3444	0.3087	0.7784	0.7358	0.7331	0.3590	0.3376
	00至14年标准差	0.0505	0.0719	0.0737	0.2544	0.2624	0.0463	0.0838	0.0800	0.2184	0.2146
	00至14年极差	0.2067	0.2413	0.2596	0.6896	0.6999	0.1600	0.2614	0.2604	0.6557	0.6695

续 表

彩票类型	计算方法	线性					对数				
	人口基数	全部人口			城镇人口		全部人口			城镇人口	
	经济水平	GDP	收入	消费	收入	消费	GDP	收入	消费	收入	消费
全部彩票	最大值	0.9223	0.9048	0.9167	0.7382	0.7173	0.8505	0.8553	0.8606	0.7671	0.7551
	对应年份	2000	2003	2003	2000	2000	2003	2003	2003	2000	2000
	最小值	0.7156	0.6635	0.6571	0.0486	0.0174	0.6905	0.5939	0.6002	0.1114	0.0855
	对应年份	2005	2005	2005	2014	2014	2009	2009	2009	2008	2008

各图表均显示，在 2000 至 2004 年这 5 年中，各种方法差别不大，这也是此前有部分文献选择其他数量或计算方法的原因。但从 2005 年起，第一种方法，即以“线性＋全部人口＋人均 GDP”的方法，效果最好。

写作过程中，我们也进行截面计量回归，从斜率 t 值和拟合度两个指标来看，同样也是本报告方法的效果最好。

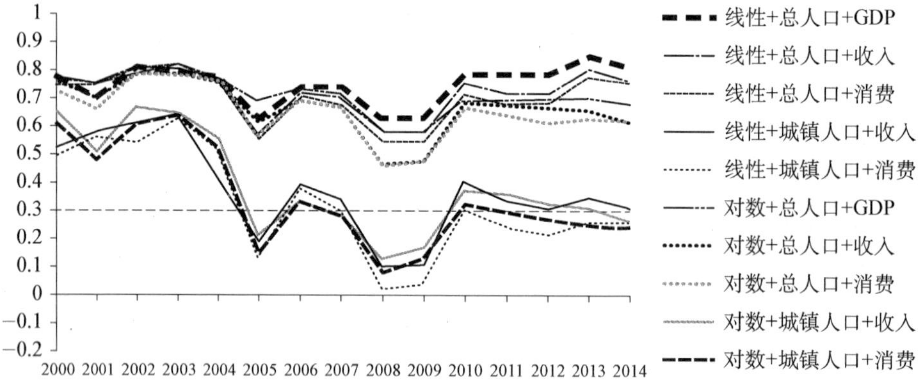

图 5.1.2A 各种统计方法计算的相关系数结果(体育彩票)

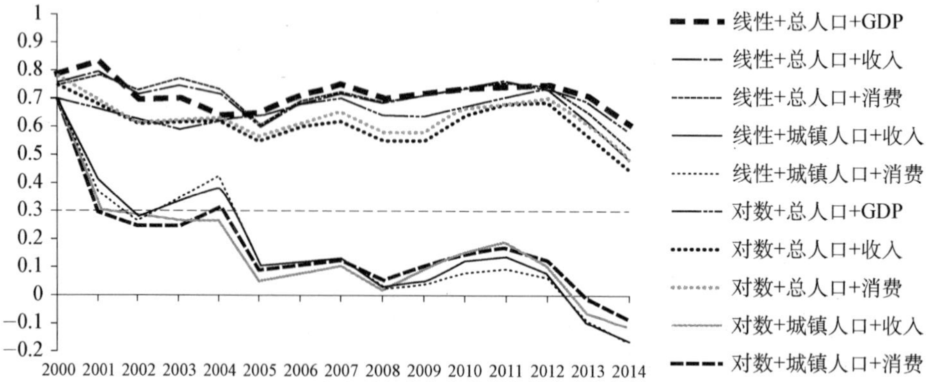

图 5.1.2B 各种统计方法计算的相关系数结果(福利彩票)

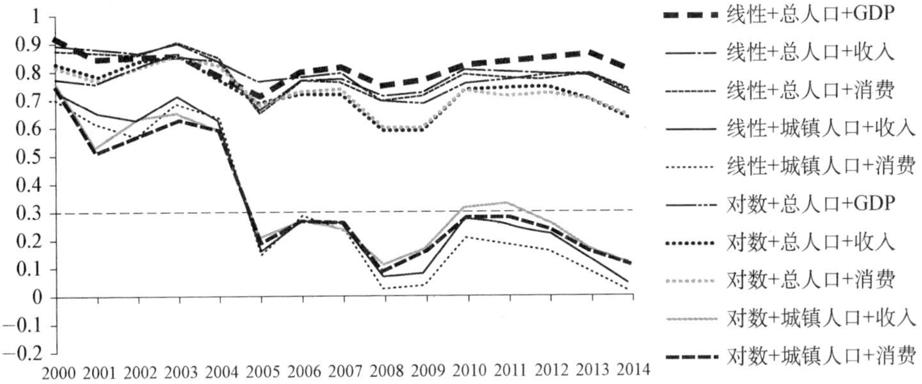

图 5.1.2C　各种统计方法计算的相关系数结果(全部彩票)

5.2　综合指数的权重设置

5.2.1　可选择的方法

如本报告第3章所述,综合评价指数的权重设置有两种方法,一是主观赋值法,以加权平均法为代表;二是客观赋值法,以因子分析法为代表。因子分析法的优势是结果精确,但对于不同年份或者不同类型彩票,各项指数的权重也会不同,计算过程也相对复杂。加权平均法的优势是简单直接,各项基础指数取值范围均在0至1之间。并且如果权重确定恰当,得出的结果也与因子分析法结果高度一致。

苏为华(2001)所指出,评价方法的复杂性与评价结论的科学性并不是同一回事,过度复杂化甚至可能会犯"精确的错误"。

王小鲁等(2013)着重强调,(1)德尔菲法(专家评分法)在某些情况下,表现出过强的主观随意性;(2)主成份或因子分析法的采用也需要基于某些较严格的假设,而这些假设不一定总是有充分的依据。特别是在进行跨年度比较时,由于数据改变,各项权重必然改变,这就导致不同年份的指数缺乏可比性;(3)相关研究也证明,采用指标数量较多时,加权平均法与主成份或因子分析法得出的结果通常十分相近,并没有重大差异。

5.2.2　因子分析法与加权平均法结果的对比

在本报告的写作过程中,我们也利用因子分析法计算2000至2014年各省份的综合指数，并对比本报告最终展示的利用加权平均法计算出的结果，见表 5.5.2。两套方法得出的结果高度一致，相关程度呈上升或至少是平稳趋势，特别是在 2006 年以后，各种类彩票和经济水平的相关系数基本都在 0.95 以上。

表 5.2.2　因子分析法与加权平均法计算出的综合指数结果的相关系数

年份	体育彩票	福利彩票	全部彩票	经济水平
00 至 04 年均值	0.9233	0.8169	0.8793	0.9380
05 至 09 年均值	0.9493	0.9120	0.9788	0.9452
10 至 14 年均值	0.9870	0.9684	0.9823	0.9849
趋势	平稳	上升	上升	平稳
00 至 14 年均值	0.9532	0.8991	0.9468	0.956
00 至 14 年标准差	0.0299	0.0764	0.0982	0.0476
最大值	0.9931	0.9821	0.9966	0.9906
对应年份	2014	2013	2010	2006
最小值	0.8867	0.7413	0.6281	0.8105
对应年份	2001	2001	2000	2005
2000	0.9364	0.7499	0.6281	0.9336
2001	0.8867	0.7413	0.8165	0.9189
2002	0.9296	0.8109	0.9725	0.9548
2003	0.9263	0.8816	0.9918	0.9162
2004	0.9376	0.9010	0.9878	0.9663
2005	0.9453	0.9100	0.9747	0.8105
2006	0.9521	0.9120	0.9776	0.9906
2007	0.9595	0.9138	0.9842	0.9881
2008	0.9450	0.9279	0.9816	0.9804
2009	0.9447	0.8959	0.9760	0.9565
2010	0.9715	0.9506	0.9966	0.9875
2011	0.9868	0.9508	0.9896	0.9845
2012	0.9925	0.9790	0.9809	0.9854
2013	0.9912	0.9821	0.9683	0.9847
2014	0.9931	0.9795	0.9761	0.9824

5.3　脱钩指数的构建方法

5.3.1　深度与份额两维度脱钩指数的计算

对于规模、年增幅、密度和公益金维度，计算脱钩指数时，为各省份各种类彩票基础指数减去同省份对应经济水平维度指数。但深度与份额两维度，减去的是全国各省份经济水平人均维度指数的均值。原因如下。

从构建目标来看，脱钩指数衡量的是各省份彩票销售相对经济水平的脱钩方向，中国各省份人口差别巨大，衡量各地经济水平的应当是人均值而非规模总量，因此深度与份额维度对应的经济水平应当选择人均维度，而非规模维度。

如6.1部分所示，深度与份额维度的原值是一个比例数值，如果规模或密度维度与对应经济水平维度高度相关，同比例增加，那深度与份额在各省份间就应当是一个常数。如果这两维度的脱钩指数是彩票指数减去本省份经济水平的人均维度指数，人均收入高省份的结果就会偏低，人均收入低省份就会偏高，人为导致了彩票销售“伪累退”。

构建过程中，我们也考虑过用两维度的地位指数作为脱钩指数，但这又出现重复计算，而地位指数衡量的是各省份彩票销售在全国的地位，而非脱钩本省份经济的方向。

最终，我们选择的是减去各省份经济水平人均维度的均值。虽然这两项维度的脱钩指数与地位指数的相关系数恒为1，但在数值上两者并不相等，并且与其他维度脱钩指数方法具有一致性，也避免了受经济水平影响的高估或低估问题。

5.3.2　脱钩指数对深度维度指数

脱钩指数用于评价当年该省份各种类彩票各销售维度脱钩经济水平的方向，深度维度指数在某种程度上也具有此项功能，但(1)脱钩指数包含信息量更大，(2)深度只是单一维度，有多项维度的脱钩指数可以衡量历年各省份销售情况的各个方面，因此后者的意义更大。

5.3.3　脱钩指数对残差指数

在本报告写作过程中，我们曾使用过第四项表征指数：“残差指数”，由计量回归所得。将历年各省份各种类彩票除综合外其他维度指数 $BI(i)_{t,x,y,z}$ 与如4.4.2所示同期经济水平对应维度指数$\widehat{BI(i)}_{t,x,e,z}$在全国31个省份进行一元线性截面回归，根据计量结果计算出当年该省各种类彩票各维度指数的拟合指数$\widehat{BI(i)}_{t,x,y,z}$。

除综合维度外其他维度的“残差指数”为基础指数与拟合指数之差，即

$BI(i)_{t,x,y,z}-\widehat{BI(i)}_{t,x,y,z}$。综合残差指数为其他各维度按4.3.2所规定权重加权计算。

残差指数也具有类似脱钩指数功能，但脱钩指数的表征功能远优于后者，理由如下。

1　方法简单

残差指数计算复杂，而脱钩指数计算简单，但残差指数与脱钩指数在数值上基本相同，两者的相关系数极高。2004 年福利彩票年增幅维度最小值，也达到了 0.4944。表 5.3.2 显示了各种类彩票 2000 至 2014 年综合脱钩指数与综合残差指数的相关系数。

表 5.3.2　各种类彩票综合脱钩指数与综合残差指数的相关系数

年份	体育彩票	福利彩票	全部彩票	年份	体育彩票	福利彩票	全部彩票
00 至 04 年均值	0.9853	0.9516	0.9758	05 至 09 年均值	0.9690	0.8982	0.9262
10 至 14 年均值	0.9783	0.8773	0.9241	趋势	平稳	平稳	平稳
00 至 14 年均值	0.9785	0.9105	0.9431	00 至 14 年标准差	0.0121	0.0361	0.0316
极差	0.0420	0.0965	0.0900	变异系数	80.8291	25.2359	29.8331
最大值	0.9907	0.9642	0.9858	最小值	0.9487	0.8678	0.8957
对应年份	2011	2002	2000	对应年份	2009	2009	2009
2000	0.9894	0.9555	0.9858	2001	0.9873	0.9582	0.9829
2002	0.9751	0.9642	0.9777	2003	0.9891	0.9551	0.9779
2004	0.9857	0.9248	0.9545	2005	0.9648	0.8890	0.9267
2006	0.9848	0.9112	0.9373	2007	0.9797	0.9216	0.9520
2008	0.9671	0.9017	0.9189	2009	0.9487	0.8678	0.8957
2010	0.9667	0.8764	0.9022	2011	0.9907	0.8801	0.9413
2012	0.9868	0.8759	0.9537	2013	0.9795	0.8784	0.9245
2014	0.9679	0.8758	0.8986				

2　摆脱错估

如本报告下文 6.1 部分所示，各种类彩票年增幅、深度和份额三项维度的相关指数与对应经济水平维度指数的关系不显著，甚至在 2007 年后，福利彩票和全部彩票的深度维度相关指数与经济水平人均维度指数显著负相关，2011 年后，福利彩票份额维度与经济水平人均维度显著负相关。但从销售公平角度来看，两项指数与经济水平应当是不相关，至少是正向关系（即累进），显然残差指数悖离了这一原则。

3 衍生功能

最重要的是，脱钩指数直接反映的是各地彩票销售实际情况与经济水平的偏离程度，在脱钩指数的基础上，还可以衍生出“公平指数”，以此从销售公平角度来评价彩票发行的社会福利效果；而残差指数不具有这种功能。

5.4 开发指数的构建方法

开发指数是衡量某一省份彩票市场发展状态最为重要和直接的指标，也是我们考虑时间最长、花费精力最多，并且仍然觉得有改进空间的指标。

5.4.1 各维度当量标准的确定

本报告 4.4.3 部分介绍了各维度的当量标准，下面我们详细说明原因。

1 国际基准

的确有部分国家或地区彩票密度达到甚至超过 1%水平，如美国马萨诸塞州 2009 至 2013 年均在 1.1%左右，2013 年台湾地区彩票深度亦为 1%，但 2014 年下降到 0.97。本报告 2.3 部分显示，2000 至 2014 年这 15 年间，全球彩票销售规模与全球生产总值的年增幅基本一致，全球范围彩票深度长年保持在万分之 40 左右，如果扣除同期中国彩票销售高速增长因素，则 2014 年已下降万分之 35 以下。另外，美国彩票和日本彩票深度长年稳定，前者在万分之 40 左右，后者在万分之 20 左右。

计算彩票销售增幅采用的是名义值；而计算经济增幅时则一般扣除通胀率，进行国际比较时还要扣除汇率变动因素。因此即使两者实际增幅相同，公布的数据前者也会高于后者。事实上，2000 年至 2014 年，全球彩票规模从 1215 亿美元增加到 2843 亿美元，增幅为 133.99%，同期全球生产总值从 32.22万亿美元增加到 77.29 亿美元，增幅为 139.91%，前者还小于后者。如果考虑到同期中国彩票规模高度增长以及人民币汇率升值的原因，扣除中国数据，同期全球其他地区的彩票规模增幅为 85.91%，生产总值 115.72%，前者更落后于后者。

彩票销量扣除奖金和发行费用等，余下部分用于社会公益事业，我们搜索到日本彩票公益金率长年为 40%，2010 年美国各州平均水平为 30.39%。

2 中华基准

我们收集了两岸四地 2000 至 2014 年博彩、彩票与经济等数据(其中香港为财年,其他三地为自然年),并按每年底汇率将各指标换算成人民币形式,结果见表 5.4.1A 至表 5.4.1D 以及图 5.4.1A 至图 5.4.1C。

第一,表面上看,尽管经济总量远小于大陆和台湾,香港和澳门地区的博彩总规模相对较高,特别是博彩深度远高于大陆和台湾,尤其是澳门。但要强调的是,(1)香港地区博彩品还有规模更大的赛马,2004 年起又兴起足球博彩,彩票只占 6%左右的非常小份额;(2)澳门地区人口仅 60 万,且基本不发行彩票,博彩消费主要依托内地,因此当地博彩指标与经济水平的关系对于本报告没有实际意义。

第二,尽管法律禁止,但中国内地有大规模的非法博彩活动,如地下六合彩、地下赌球和网络博彩,1999 年后澳门回归和 2001 年中国入世,中国内地居民又可以更为便捷地到其他国家或地区尤其是澳门参加各项当地合法博彩活动。如图 5.4.1A 所示,2000 至 2013 年,内地彩票总销售规模与澳门博彩毛收入几乎完全一致。唯有 2014 年起内地大规模反腐导致澳门博彩客源下降,当地博彩毛收入在回归后的 15 年中首次下降。

第三,表面上,台湾彩票深度较高,2013 年甚至达到 1.003%。但当地除彩票外,尚没有其他合法博彩品。就是彩票,1949 年后也经历了多次发行——禁止——再禁止——再发行的曲折过程,2000 年起才再次恢复并销售至今。2008 年起引入运动彩票,此类彩票 2014 年份额为 25.68%。因此台湾彩票深度相对世界水平偏高,应当主要是因是当地博彩需求只能释放于彩票,而与“中华民族好赌”没有必然联系。

第四,根据香港赛马会历年公布的年报,当地彩票公益金率长年为 40%,根据台湾当局财政部门数据,当地公益金率在 2013 年为 26.2%。

表 5.4.1A 2000 至 2014 年两岸四地博彩和彩票的规模(单位:亿元人民币)

地区	内地	台湾	香港	香港	澳门
年份	彩票	彩票	博彩	彩票	博彩
2000	181.02	66.29	1004.31	47.93	176.09
2001	288.87	22.15	988.61	54.29	196.81
2002	385.69	238.48	939.49	42.94	243.38
2003	404.58	192.86	863.32	54.04	312.81

续　表

地区	内地	台湾	香港	香港	澳门
年份	彩票	彩票	博彩	彩票	博彩
2004	380.60	213.91	1003.62	62.28	448.89
2005	713.27	183.05	1011.15	69.53	482.04
2006	819.36	181.55	963.11	64.64	564.83
2007	1016.87	129.54	983.07	64.27	786.19
2008	1060.13	176.64	960.01	56.93	942.08
2009	1324.79	175.64	962.21	56.65	1021.30
2010	1662.48	195.74	995.12	54.25	1555.81
2011	2215.82	221.50	1037.15	56.05	2122.73
2012	2615.28	253.15	1116.23	61.78	2370.90
2013	3093.20	311.64	1192.75	59.61	2745.8[illegible]
2014	3823.78	318.98	1390.84	63.27	2729.40

表 5.4.1B　2001 至 2014 年两岸四地博彩和彩票的年增幅(单位:%)

年份	内地		台湾		香港			澳门	
	经济	彩票	经济	彩票	经济	博彩	彩票	经济	博彩
2001	9.83	59.57	−9.27	−66.58	−1.24	−1.56	13.26	1.36	11.76
2002	10.54	33.52	2.81	976.64	−1.80	−4.97	−20.91	7.59	23.66
2003	14.84	4.90	2.60	−19.13	−3.50	−8.11	25.86	12.50	28.53
2004	20.44	−5.93	9.38	10.91	4.77	16.25	15.24	29.40	43.50
2005	21.16	87.41	6.74	−14.43	6.29	0.75	11.64	13.80	7.38
2006	16.82	14.87	0.73	−0.82	3.83	−4.75	−7.03	20.35	17.17
2007	19.29	24.10	0.18	−28.65	4.26	2.07	−0.58	18.15	39.19
2008	18.72	4.25	−6.77	36.36	−5.41	−2.35	−11.41	4.82	19.83
2009	11.64	24.96	−7.53	−0.57	−4.01	0.23	−0.49	1.10	8.41
2010	19.64	25.49	10.13	11.45	3.39	3.42	−4.24	28.79	52.34
2011	19.31	33.28	4.63	13.16	4.46	4.22	3.31	24.14	36.44
2012	10.57	18.03	0.08	14.29	3.60	7.62	10.22	15.01	11.69
2013	9.27	18.27	0.36	23.10	1.55	6.85	−3.51	17.19	15.81
2014	8.61	23.62	5.96	2.36	8.13	16.61	6.13	9.72	−0.60

表 5.4.1C　2000 至 2014 年两岸三地博彩和彩票的密度与深度

(密度单位:元人民币;深度单位:万分比)

维度	密度				深度			
地区	内地	台湾	香港	香港	内地	台湾	香港	香港
年份	彩票	彩票	博彩	彩票	彩票	彩票	博彩	彩票
2000	14.30	298.80	15068.36	719.19	18.62	24.06	703.67	33.59
2001	22.63	99.15	14724.45	808.56	27.06	8.86	701.35	38.51

续 表

维度	密度				深度			
地区	内地	台湾	香港	香港	内地	台湾	香港	香港
年份	彩票	彩票	博彩	彩票	彩票	彩票	博彩	彩票
2002	30.03	1061.65	13930.93	636.68	32.68	92.78	678.70	31.02
2003	31.31	854.79	12826.03	802.85	29.85	73.14	646.30	40.46
2004	29.28	944.56	14795.60	918.10	23.32	74.17	717.11	44.50
2005	54.55	805.34	14841.31	1020.52	36.06	59.46	679.72	46.74
2006	62.33	795.44	14045.05	942.67	35.46	58.54	623.56	41.85
2007	76.96	565.23	14213.43	929.19	36.89	41.69	610.45	39.91
2008	79.83	768.07	13797.55	818.25	32.40	60.98	630.25	37.38
2009	99.27	761.04	13799.90	812.52	36.27	65.58	658.09	38.75
2010	123.98	845.86	14167.30	772.40	38.04	66.36	658.28	35.89
2011	164.46	955.01	14666.69	792.63	42.49	71.78	656.78	35.49
2012	193.15	1087.87	15601.31	863.48	45.36	81.97	682.33	37.76
2013	227.32	1334.96	16594.38	829.38	49.10	100.54	718.00	35.89
2014	279.64	1362.97	19205.94	873.66	55.88	97.13	774.30	35.22

表 5.4.1D　2000 至 2014 年香港各类博彩品规模与份额

（规模单位：亿人民币；份额单位：%）

年份	全部博彩规模	赛马		足球		彩票	
		规模	份额	规模	份额	规模	份额
2000	941.16	896.24	95.23	0.00	0.00	44.92	4.77
2001	926.56	875.68	94.51	0.00	0.00	50.88	5.49
2002	880.48	840.24	95.43	0.00	0.00	40.24	4.57
2003	812.20	761.36	93.74	0.00	0.00	50.84	6.26
2004	944.36	702.32	74.37	183.44	19.43	58.60	6.21
2005	959.83	668.16	69.61	225.67	23.51	66.00	6.88
2006	937.46	590.32	62.97	284.22	30.32	62.92	6.71
2007	1007.74	640.00	63.51	301.86	29.95	65.88	6.54
2008	1076.15	667.91	62.06	344.42	32.00	63.82	5.93
2009	1091.90	676.53	61.96	351.08	32.15	64.29	5.89
2010	1169.30	716.47	61.27	389.08	33.27	63.75	5.45
2011	1270.48	804.19	63.30	397.63	31.30	68.66	5.40
2012	1389.97	840.19	60.45	472.85	34.02	76.93	5.53
2013	1526.03	943.70	61.84	506.06	33.16	76.27	5.00
2014	1738.88	1037.81	59.68	621.97	35.77	79.10	4.55

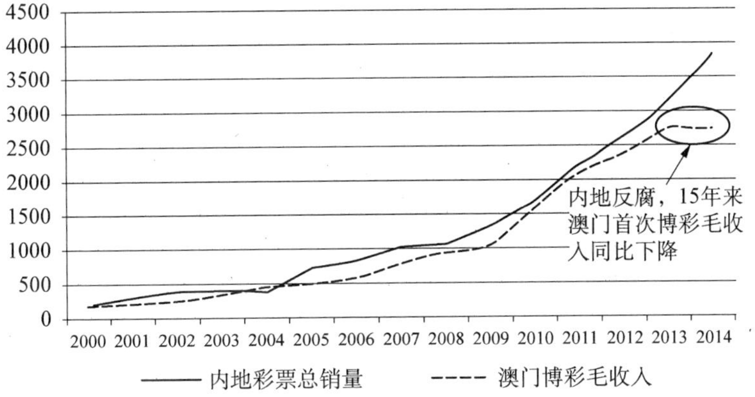

图 5.4.1A　2000 至 2014 年内地彩票总销售规模与澳门博彩毛收入(单位:亿人民币)

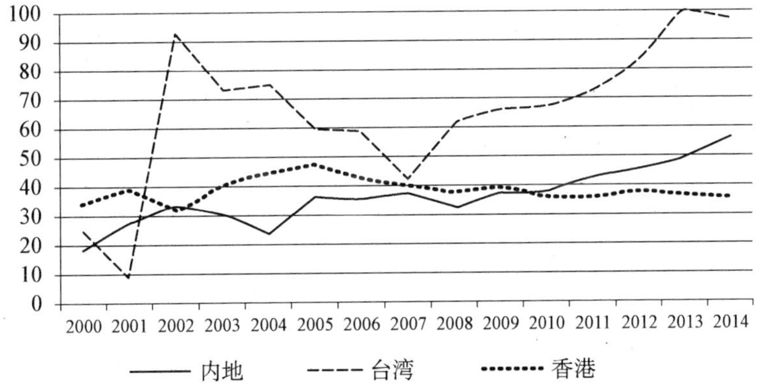

图 5.4.1B　2000 至 2014 年两岸三地彩票深度(单位:万分之比)

第五,Blaszczynski et al.(1998)以及其他人调查发现,在澳大利亚和加拿大等国,华人社区的博彩(包括彩票、赛马和赌博)参与率不到其他族群的一半,但经常参与博彩的华人呈病态性博彩的比重却是其他族群的 2.5 倍。我们在 2009 年的研究也发现,如图 5.4.1C 所示,剔除经济水平和教育因素影响外,当时彩票购买者心理最不健康的五个省份依次为新疆、西藏、青海、黑龙江和云南,恰好是少数民族比重最高的省份。可见中华民族特别是汉族未必天性好赌。

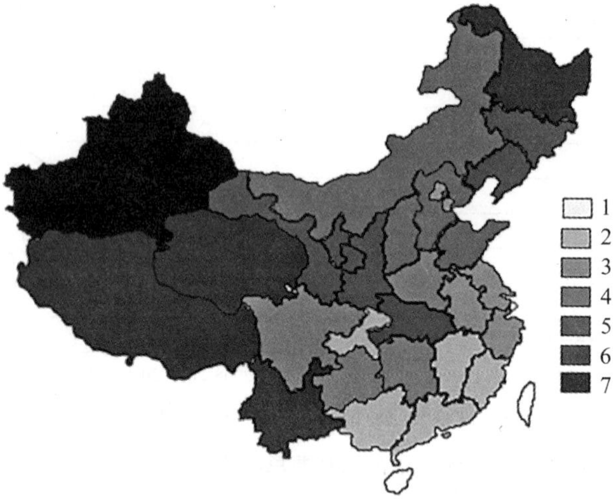

图 5.4.1C　2005 至 2008 年中国内地各省份数字型彩票购买者健康程度

3　各维度销售当量标准的确定

世界上大部分国家或地区只有一家机构以"完全垄断"形式销售彩票，部分国家或地区有多家彩票销售机构，但不同机构销售的彩票类型不尽相同，或发行地区不同。如 2011 年韩国有三家彩票发行机构，Union Lottery，Nanum 乐透彩票和济州岛彩票，但 Union Lottery 主要是即开型和抽签型，Nanum 乐透彩票主要是乐透型，而济州岛彩票是其它类型，并限于济州岛①。目前，台湾地区有两家彩票发行机构，分别是威刚科技和中国信托商业银行，前者销售足球、棒球和篮球等体育赛事彩票，后者销售其他类型彩票。当前中国内地有体育彩票和福利彩票两家彩票发行机构，属于"双寡头垄断"形式。(1)相对于完全垄断，存在适度竞争，会提高彩票销售规模；(2)目前国际标准的各种类型彩票中国已全部发行②，已无新类型可推出，而体育彩票和福利彩票的发行权又统一集中在财政部。因此，相对完全垄断形式，中国双寡头形式的销售规模提高程度有限。

2005 年以前，我国各种彩票返奖率均为 50%，公益金率均为 35%。2005

① 参见《中国彩票年鉴(2012)》第 514 页。

② 部分国内冠以彩票之名的品种，实际上按国际标准应当归为非彩票的其他博彩类，如福利彩票中福在线，与老虎机没有本质区别，体育彩票竞彩与足球博彩也基本相同。

年下半年，为提升当时日渐萎缩的足球彩票销售规模，此种彩票返奖率从50%升至65%，公益金率从35%降至22%。随后推出的“新兴类型”返奖率均高于50%，公益金率低于35%。2014年，全国彩票总体公益金率为27.2%，其中福利彩票为28.4%，体育彩票为25.7%。但发行彩票的重要目的是为了筹集资金用于社会公益事业，公益金率大幅下降，意味着筹资效率变低，政府垄断发行彩票的合法性基础也就受到了挑战，因此公益金率为30%较为得当。

目前体育彩票和福利彩票两家机构销售的彩票类型高度一致，因此两种彩票的市场份额应当平分秋色，即份额各为50%。

综上原因，本报告中我们确定的中国彩票规模、深度和深度等维度的当量标准稍高于当前国际整体的实际情况，公益金率稍低于国际水平，即如4.4.3所示：(1)历年各省份全部彩票规模为当地生产总值的万分之50；(2)各种类彩票规模年增幅等于同期当地生产总值年增幅；(3)全部彩票密度为人均生产总值的万分之50；(4)人均全部彩票公益金为人均生产总值的万分之15(即万分之50乘30%)；(5)全部彩票深度固定为万分之50；(6)体育彩票和福利彩票市场份额均为50%。

5.4.2　另一种开发指数计算方法

还存在一种以当量标准原值最大值和最小值为分母的开发指数计算方法，即

$$开发指数' EI' = \frac{V_{t,x,y,z} - V^*_{t,x,y,z}}{V^*_{t,\max,y,z} - V^*_{t,\min,y,z}}$$

此一方法与本报告方法仅是分母常数项不同，因此两种方法得出结果的相关系数恒为1。但2000至2014年各地区各种类彩票销售年增幅波动远大于同期同地生产总值年增幅，如采取这种方法，计算出的年增幅维度开发指数将非常巨大。即使“年增幅维度”权重仅为0.1，因其基数太大，也会严重影响综合指数。

如表5.4.2所示，即使仅限于2005至2014年期间，按照此一方法，2008年西藏体育彩票年增幅指数高达34.72，而2006年黑龙江体育彩票仅为−6.71，无论是体育彩票、福利彩票还是全部彩票，大于1或小于−1的比例均接近50%。相对应，采用本报告方法所得出的结果，则效果好得多，如表5.4.2所示，大于1

或小于−1的情况仅有1次，为2005年黑龙江福利彩票，也仅为1.0159，略高于1。

表 5.4.2　两种构建方法得出的年增幅开发指数结果对比

期间	方法 彩种	分线为实际销售			分母为合意销售		
		体育彩票	福利彩票	全部彩票	体育彩票	福利彩票	全部彩票
2000年至2014年	最大值	0.9831	1.0159	0.9965	308.0729	339.9725	100.8074
	最小值	−0.7482	−0.4377	−0.4716	−7.4709	−6.2133	−6.3205
	总计	465	465	465	465	465	465
	大于1数量	0	1	0	195	196	187
	小于−1数量	0	0	0	99	81	79
	合计	0	1	0	294	277	266
	大于1比例	0.00%	0.22%	0.00%	41.94%	42.15%	40.22%
	小于−1比例	0.00%	0.00%	0.00%	21.29%	17.42%	16.99%
	合计	0.00%	0.22%	0.00%	63.23%	59.57%	57.20%
2005年至2014年	最大值	0.9491	1.0159	0.9965	34.7248	9.6961	8.7862
	最小值	−0.4571	−0.4377	−0.4716	−6.7119	−3.1957	−4.7558
	总计	310	310	310	310	310	310
	大于1数量	0	1	0	118	112	110
	小于−1数量	0	0	0	41	38	36
	合计	0	1	0	159	150	146
	大于1比例	0.00%	0.32%	0.00%	38.06%	36.13%	35.48%
	小于−1比例	0.00%	0.00%	0.00%	13.23%	12.26%	11.61%
	合计	0.00%	0.32%	0.00%	51.29%	48.39%	47.10%

5.4.3　开发指数与脱钩指数的关系

从统计学角度，开发指数与脱钩指数高度相关，如表5.4.3所示，相关系数基本在0.9以上，最小值也高达0.8307，平均值在0.95左右。

表 5.4.3　2000至2014年各种类彩票脱钩指数与开发指数的相关系数和各省均值差值

指标	相关系数			各省份均值的差值		
彩票种类	体育彩票	福利彩票	全部彩票	体育彩票	福利彩票	全部彩票
00至04年均值	0.9514	0.9779	0.9591	0.1503	0.1485	0.1867
05至09年均值	0.8983	0.9870	0.9454	0.2883	0.0298	0.1218

续 表

指标	相关系数			各省份均值的差值		
彩票种类	体育彩票	福利彩票	全部彩票	体育彩票	福利彩票	全部彩票
10 至 14 年均值 趋势	0.9783 平稳	0.9942 平稳	0.9877 平稳	0.0854 倒 U 型	−0.0950 下降	−0.0482 下降
00 至 14 年均值 00 至 14 年标准差 00 至 14 年极差	0.9417 0.0534 0.1648	0.9860 0.0099 0.0330	0.9629 0.0266 0.0772	0.1809 0.1262 0.4140	0.0309 0.1022 0.2968	0.0923 0.1077 0.3855
最大值 对应年份	0.9955 2012	0.9954 2012	0.9937 2013	0.4090 2004	0.1840 2001	0.2475 2004
最小值 对应年份	0.8307 2004	0.9624 2000	0.9165 2007	−0.0050 2014	−0.1128 2014	−0.1380 2014

但两者构建基础不同：(1)脱钩指数是相对经济水平的差异，衡量的是彩票销售脱钩经济的方向；开发指数是相对理想状态下的差值，衡量的是彩票市场开发程度。(2)两项指数的差值较大。如表 5.4.3 所示，2000 至 2015 年各品种彩票脱钩指数和开发指数并不相同。

另一个值得注意的是，如表 5.4.3 所示：(1)2007 年以后，对于各种类彩票，两者差值开始变小；(2)特别是对于福利彩票，2010 年起，已小于 0，这意味着随着新兴类型彩票的推出和迅速发展，各种类彩票销售已达到相当规模，超过当量标准的省份越来越多。这一点，我们将在本报告第 10 章详细说明。

5.4.4 开发指数的重要性

本报告构建出地位、脱钩和开发等三项表征指数以及公平和适量等两项福利指数，其中“开发指数”最为重要，为提升中国彩票业销售合意性，应当重点关注各省份的开发指数，辅以脱钩指数，理由如下：

1 提纲挈领

如果的确实现了各省份开发指数接近于 0，即市场开发适度，则全国范围的适量指数也接近于 0。在这种情况下，各省份脱钩指数将同样接近于 0，那么各省份脱钩指数与经济水平的相关系数即“公平指数”也接近于 0。这样就同时实现了销售适量和公平。

另外，某一省份脱钩指数较大，但开发指数接近于 0，意味着在整体上全国彩票市场开发程度不高的情况下，该省份彩票市场开发有一定的超前性；但某一省份脱钩指数接近于 0，但开发指数较大，则说明全国彩票市场开发过度，该省份也受彩票整体行业环境影响而水涨船高，就会导致其他如彩票购买者心理和行为不健康等销售方面以外的其他问题。

2 防患未然

开发指数是适量指数的基础，脱钩指数是公平指数的基础。福利彩票在 2008 至 2012 年处于"适量"水平，2013 和 2014 年处于"过量"水平；体育彩票在 2012 年以前一直处于"欠缺"水平，2013 和 2014 年处于"适量"水平。相对应的是，福利彩票销售长期呈累退式的不公平，体育彩票 2000 至 2013 年基本销售公平，但 2014 年达到了累退式不公平的临界。因此，对于适量指数，是"防患未然"，目前要做的只是抑制部分省份彩票市场过度开发，使其恢复到"适量"水平。而对于公平指数，则是"临渴掘井"，扭转彩票销售的长期不公平性，需要较大努力。难度很大。

显然，"防患未然"相对于"临渴掘井"，意义更大，难度却相对较小。

3 按图索骥

开发指数衡量的是彩票市场开发程度，只要知道同期经济水平等指标，即可按本报告 5.4.1 所确定的标准，确定彩票销售各维度的当量标准，进而计算出各省份彩票开发指数以及全国的适量指数。而脱钩指数计算相对复杂，并且不同维度的计算方法略有差别。

因此，做一个不尽恰当但能说明问题的比喻，开发指数相当于足球联赛的球队积分，脱钩指数相当于球队净胜球。

5.5 阈值的确定

5.5.1 表征指数与适量指数的阈值

如本报告 3.1.2 所示，除经济因素以外，彩票销售还受到其他如教育、种族和性别等因素影响，考虑到简洁性，本报告只考虑了经济因素。另外，彩票销售还会受到各种随机扰动项影响，因此对于各项表征指数的评估，不能严格以 0 作为分界。

本报告研究的主题是彩票销售综合指数，而影响彩票销售的重要因素是经济水平。因此我们的思路是，确定一个恰当阈值，这个阈值应当满足如下条件：按经济水平分成高中低三个区间，各区间的省份数量基本一致。

各项地位指数是基础指数的离差，均值必然为0。我们计算了各年份经济水平综合地位指数的标准差，最大值为0.2045，最小值0.1781，平均值为0.1897，可见这一指标在年度间波动极小。取阈值为±0.1，理论上，若各省份经济水平综合地位指数符合正态分布，则高中低各区间的省份数量比例为3:4:3，恰好满足上述条件。

现实上，阈值定在±0.1，各区间省份分布基本为3:3:4，虽与理论略有差别，但也非常理想。在构建过程中，我们也尝试过以其他数值作为的阈值。如表5.5.1和图5.5.1所示，以经济水平地位指数为例，若阈值过小，如定在±0.05，居中省份过少，两端省份过多；如果数值过大，如定在±0.15，居中省份又过多，两端省份过少。

表5.5.1　经济水平综合地位指数在不同阈值下2000至2014年居中区间所包含的省份数比率

阈值	0.05			0.1			0.15		
标准	低	中	高	低	中	高	低	中	高
00至04年均值	51.61	16.77	31.61	40.65	34.84	24.52	20.00	59.35	20.65
05至09年均值	56.13	14.19	29.68	40.65	35.48	23.87	23.87	53.55	22.58
10至14年均值	50.97	16.77	32.26	38.06	34.19	27.74	23.87	53.55	22.58
00至14年均值	52.90	15.91	31.18	39.78	34.84	25.38	22.58	55.48	21.94
00至14年标准差	4.69	3.75	2.33	4.34	5.06	2.69	4.56	5.34	1.34
00至14年极差	16.13	12.9	6.45	12.9	19.35	6.45	16.13	19.35	3.23
最大值	61.29	22.58	32.26	45.16	45.16	29.03	29.03	67.74	22.58
对应省份	2005	2004	2000	2000	2002	2000	2014	2002	2003
最小值	45.16	9.68	25.81	32.26	25.81	22.58	12.90	48.39	19.35
对应省份	2012	2008	2005	2002	2000	2001	2002	2014	2000

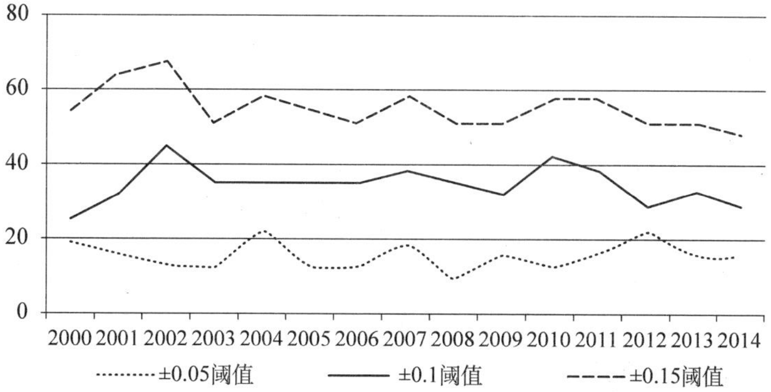

图5.5.1　经济水平综合地位指数在不同阈值下2000至2014年各区间所包含的省份数比率

5.5.2 相关系数的阈值

在本报告在考察各项指标之间关系，以及衡量彩票销售公平性时，我们比较多采用了"相关系数"这一指标。

中国境内共有 31 个省份，根据公式 $t=\frac{\rho\cdot\sqrt{n-2}}{\sqrt{1-\rho^2}}$，我们可以计算出：当相关系数 $\rho>0.3$ 时，t=1.6936，双尾检验 P<0.1；当相关系数 $\rho>0.35$ 时，t=2.0121，双尾检验 P<0.05；当相关系数 $\rho>0.45$ 时，t=2.7136，双尾检验 P<0.01。由此，我们做出如下规定，见表 5.5.2。

表 5.5.2 相关系数的阈值与标准

相关系数 ρ	t 值	P 值	细分标准	统称标准
−1 至−0.45 −0.45 至−0.35 −0.35 至−0.3	<−2.7136 −2.7136 至−2.0121 −2.0121 至−1.6936	<0.01 0.01 至 0.05 0.05 至 0.1	强负向相关 中负向相关 弱负向相关	负向相关
−0.3 至 0.3	−1.6936 至 1.6936	>0.1	不相关	不相关
0.3 至 0.35 0.35 至 0.45 0.45 至 1	1.6936 至 2.0121 2.0121 至 2.7136 >2.7136	0.05 至 0.1 0.01 至 0.05 <0.01	弱正向相关 中正向相关 强正向相关	正向相关

5.6 其他

5.6.1 区位熵与深度指数

区位熵 $=\frac{Sale_{t,x,y}/GDP_{t,x}}{Sale_{t,T,y}/GDP_{t,T}}$，其中 $Sale_{t,x,y}$ 表示 t 年 x 省份 y 品种彩票的销售规模，$GDP_{t,x}$ 为当年此省份生产总值，$Sale_{t,T,y}$ 为当年对应品种彩票全国的总销售规模，$GDP_{t,T}$ 为当年全国生产总值。

区位熵在一定程度上也可以衡量某个省份彩票业发展程度，其值越大意味发展程度越高。虽然在数值上，区位熵与本报告的深度原值不同，但如下所示，以两者为基础所构建的基础指数完全相同，证明如下：

以深度维度计算的基础指数

$$BI_{t,x,y,6}=\frac{Sale_{t,x,y}/GDP_{t,x}-\min(Sale_{t,i,y}/GDP_{t,i})}{\max(Sale_{t,i,y}/GDP_{t,i})-\min(Sale_{t,i,y}/DGP_{t,i})}$$

其中 $\min(Sale_{t,i,y}/GDP_{t,i})$ 表示当年所有省份中深度最小值，$\max(Sale_{t,i,y}/GDP_{t,i})$ 表示最大值。

以区位熵计算的基础指数

$$BI'(a)_{t,x}=\frac{\dfrac{Sale_{t,x,y}/GDP_{t,x}}{Sale_{t,T,y}/GDP_{t,T}}-\min\left(\dfrac{Sale_{t,i,y}/GDP_{t,i}}{Sale_{t,T,y}/GDP_{t,T}}\right)}{\max\left(\dfrac{Sale_{t,i,y}/GDP_{t,i}}{Sale_{t,T,y}/GDP_{t,T}}\right)-\min\left(\dfrac{Sale_{t,i,y}/GDP_{t,i}}{Sale_{t,T,y}/GDP_{t,T}}\right)}$$

$$=\frac{\dfrac{1}{Sale_{t,T,y}/GDP_{t,T}}g(Sale_{t,x,y}/GDP_{t,x}-\min(Sale_{t,i,y}/GDP_{t,i}))}{\dfrac{1}{Sale_{t,T,y}/GDP_{t,T}}g(\max(Sale_{t,i,y}/GDP_{t,i})-\min(Sale_{t,i,y}/GDP_{t,i}))}$$

$$=\frac{Sale_{t,x,y}/GDP_{t,x}-\min(Sale_{t,i,y}/GDP_{t,i})}{\max(Sale_{t,i,y}/GDP_{t,i})-\min(Sale_{t,i,y}/DGP_{t,i})}$$

$$=BI_{t,x,y,6}$$

但是，区位熵的取值范围理论上是从 0 至无穷，当量标准不易确定，而深度的标准，则非常容易，本报告定为万分之 50。

因此，本报告选择深度维度而不是区位熵来构建彩票指数，但在展示中国彩票业发展状态时，也用到了区位熵指标。

5.6.2　定基指数与年度指数

本报告指数属于年度指数(Annual Index)。在写作过程中，我们还以 2000 年作为基年，计算了 2000 至 2014 年各省份各维度的“定基指数”(Fixed Base Index，简称 I^f)，公式为

$$I^f_{t,x,y,z}=\frac{V_{t,x,y,z}-V_{2000,\min,y,z}}{V_{2000,\max,y,z}-V_{2000,\min,y,z}}$$

但最终我们在本报告中没有使用定基指数，理由如下：(1)相对于基础指数，定基指数的取值范围理论上可以是任意实数，显然不如年度指数固定在 0 至 1 区间的效果好；(2)同样是因为取值范围，以基础定基指数构建的各类表征指数，阈值难以确定，这样就不能进行年度比较；(3)本报告在描述彩票各销

售维度增长情况时，使用了定基比例指标，它本身就具有定基属性。

不过我们在 Excel 程序中仍然保留了此项指标，以备后续研究。

5.6.3 通货膨胀问题

不同年份价格水平不同，故《中国统计年鉴》公布的经济数据分为当年价格水平的名义值和相对于基期价格水平的实际值两种。一些研究尤其是纵向角度采用数据的是实际值。但有两个问题。

在中国衡量通货膨胀率的 GDP 平减指数和 CPI 这两个指标并不一致，有时差别较大。如根据国家统计局数据，2011 年国内生产总值名义值为 473104 亿元，2010 年为 401512.8 亿元，按可比价格增加 9.3%。以此计算，2011 年 GDP 平减指数为 7.8，而官方公布的另一项反映通货膨胀率的指标 CPI 仅为 5.4。

国内外相关研究，历年彩票销售规模数据和增幅均以名义值计算，未经过价格水平调整。因此，我们不能将彩票销售规模名义值与生产总值实际值并列，但若根据历年通货膨胀率将彩票销售规模历年名义值换算成基期的实际值，计算过程繁琐，结果不准确，没有必要，也不能与其他文献结果进行比较。因此，本报告对于彩票销售和经济水平，统一使用的是未扣除通胀因素的名义值。

5.6.4 指标属性

指数可分为正向、负向或适度指标，不同属性指标的构建方法有所差别。经一些人士建议，本报告分为展示和解读两个部分，展示部分只是对 2000 至 2014 年各省份各种类彩票各维度的基础指数以及地位指数、脱钩指数和开发指数等三项表征指数进行一个客观展示，本身不涉及价值判断。但对于彩票相关利益主体，各项指数是越大越好，即属于“正向指标”。因此，为增强本报告的推广，便于其他各方人士或机构对本报告结果进行应用，我们对于各项基础指数，均选择正向指标构建方法。

在解读部分，我们使用公平指数和适量指数等两项福利指数，它们均为适度指标，以 0 为最优值，不宜过高或过低。

第二篇

展　示

本报告第一篇“构建基础”部分即前5章完成了中国彩票销售指数的构建，本篇对构建结果进行基本展示，具体分为第6至8共三章内容。

第6章展示了各项指数间的相互关系，具体包括三项内容：(1)2000至2014年各种类彩票各销售维度地位指数与对应经济维度地位指数的关系，(2)相同销售维度地位指数以及脱钩指数的体育彩票与福利彩票之间的关系，(3)各种类彩票各维度地位指数以及脱钩指数的长期和短期惯性。

第7章展示了2000、2005、2010、2013和2014等5个代表性年份的各省份各种类彩票的销售情况。每一年份包括三项内容：(1)各省份各种类彩票综合维度的地位、脱钩和开发等三项表征指数情况；(2)各项表征指数结合经济水平综合指数，按高中低3×3矩阵，构成“九宫格”，对各省份进行板块划分。(3)根据行政区划、地理位置和经济水平等三项标准，将全国31个省份分成若干区域，比较各区域间三项表征指数的情况。

第8章展示了北京、黑龙江、上海、河南、广西、云南和宁夏等7个代表性省份的各年份各种类彩票的销售情况。每一省份包括三项内容：(1)各年份各种类彩票综合维度的地位、脱钩和开发等三项表征指数情况；(2)各项表征指标结合经济水平综合指数，按高中低3×3矩阵，构成“九宫格”，对各年份进行板块划分。(3)将2000至2014年共15年划分了三个“五年”时间阶段(其中2000至2004年为第一阶段，2005至2009年为第二阶段，2010至2014年为第三阶段)，比较各阶段间三项表征指数的变化情况。

要指出的是，本篇只是对中国彩票2000至2014年各省份销售各维度构建结果的客观展示，目的是为彩票业相关主体提供一个“**客观**”分析框架，本身不涉及对社会福利方面的**“主观”**价值判断，**即“只述不评”**。

2000至2014年共有15个年份，中国大陆有31个省份，本报告共有7项维度指标，共有15＊31＊7＝3255项基础指数，若还加上三项表征指数，数量又增加三倍。一一展示这些数据，非常冗长，也没有必要。相对于基础指数，三项表征指数更能反应出历年各省份彩票业发展情况。(1)地位指数为基础指数减去全国均值，只是一个简单代数转换，例如，“各种类彩票综合基础指数与经济水平综合基础指数”的相关系数，与“各种类彩票地位指数与经济水平地位指数的相关系数”，是完全相同的；同样，斜率的计量回归结果亦然。但地位指数取值为[－1，1]，以阈值±0.1为上下限，能更好反应历年各省份的彩票市场在全国的地位，且它与另外两项表征指数取值范围相一致。(2)脱钩指数是剔除经济水平影响外的历年各省份彩票业销售情况，以此标准进行省际和年度比较更加恰当。(3)开发指数反映了历年各省份彩票市场开发程度，体现了各省份彩票发行机构的主观能动性。因此，我们在本篇即第6至8章中，重点展示综合指数这一维度的三项表征指数。

下面再强调本报告的一些规定。

相关系数取值范围是[－1，1]，无论是其值接近于1还是－1，均表明两项指标高度相关，只是相关方向不同。因此，对于相关系数，我们列出的是“绝对值”对应的最大值或最小值，而非原值的最大或最小值。

根据本报告5.5.5部分的标准，对于相关系数，我们规定－0.45以下为“强负向相关”，－0.45至－0.35为“中负向相关”，－0.35至－0.3为“弱负向相关”，－0.3以下统称为“负向相关”；－0.3至0.3为“不相关”；0.3至0.35为“弱正向相关”，0.35至0.45为“中正向相关”，0.45以上为“强正向相关”，0.3以上统称为“正向相关”。

第6章各项指标间关系，各时间阶段各指标(斜率、拟合度或相关系数)的均值比较时，最大值与最小值之差小于0.1，为“平稳”，反之为“非平稳”。在“非平稳”情况下，若中间阶段(2005至2009年)指标数值最大，为“倒U型”，最小为“U型”；第一阶段(2000至2004年)指标数值最小，为“上升”，最大为“下降”。

第7章代表性年份结果，九宫格各板块数比较时，小于－12为“远小于”，－12至－9为“小于”，－8至－5为“略小于”，－4至4为“接近”，5至8为“略大于”，9至12时为“大于”，大于12为“远大于”。各区域均值比较时，最大值与最小值之差小于0.1，为“不相关”，反之为“相关”。在“相关”情况下，若中间区域表征指数最大，为“倒U型”，最小为“U型”；经济水平最大区域的表征指数最大，为“正向”，最小为“负向”。

第8章代表性省份结果展示时，九宫格各板块数比较时，小于－6为“远小于”，－6和－5为“小于”，－4和－3为“略小于”，－2至2为“接近”，3和4为“略大于”，5至6时为“大于”，大于6为“远大于”。各时间阶段均值比较时，最大值与最小值之差小于0.1，为“平稳”，反之为“非平稳”。在“非平稳”情况下，若中间阶段(2005至2009年)表征指数最大，为“倒U型”，最小为“U型”；第一阶段(2000至2004年)表征指数最小，为“上升”，最大为“下降”。

第 6 章　各项指标间的相互关系

本章展示了各项指数间的相互关系，具体包括三项内容：(1)2000 至 2014 年各种类彩票各销售维度地位指数与对应经济维度地位指数的关系，(2)相同销售维度地位指数以及脱钩指数的体育彩票与福利彩票之间的关系，(3)各种类彩票各维度地位指数以及脱钩指数的长期和短期惯性。

6.1　彩票销售与经济水平

6.1.1　考察思路

本小节从综合指数、规模指数、年增幅指数、密度指数、公益金指数、深度指数和份额指数等七项维度，考察这些维度地位指数与对应经济水平维度地位指数间的关系。具体方法是，对每一年度，以各种类彩票销售维度地位指数为因变量，以对应经济维度地位指数为自变量，在全国 31 个省份进行一元截面计量回归或统计分析。

如本报告 3.1 部分所示，国内外相关研究均表明，经济水平是决定彩票销售的主要因素，但彩票销售分为各种维度，不同销售维度与对应经济水平维度间的关系，会有很大差异。

本报告 5.4.1 设置了彩票销售各维度的当量标准：(1)历年各省份全部彩票规模为当地生产总值的万分之 50；(2)各种类彩票规模年增幅等于同期当地生产总值年增幅；(3)全部彩票密度为人均生产总值的万分之 50；(4)人均全部彩票公益金为人均生产总值的万分之 15(即万分之 50 乘 30%)；(5)全部彩票深度固定为万分之 50；(6)体育彩票和福利彩票市场份额均为 50%。

如果彩票销售完全符合上述当量标准，对于规模、年增幅、密度和公益金等四项维度，计量回归的斜率结果应当与 1 无显著性差异，拟合度与相关系数应当接近 1。

深度和份额的斜率结果应当与 0 无显著性差异，拟合度与相关系数应当接近 0。

综合指数由其他六项维度加权平均构成，计量回归结果的斜率应当显著大于0，但小于1，拟合度与相关系数应当大于0，但小于1。

6.1.2 计算结果

为简洁起见，我们列出了斜率数值、斜率值显著性和相关系数三项指标的代表性结果，见表6.1.2A和表6.1.2B。

这里要强调三点：(1)关于斜率各表中，a表示5至10%置信区间，b表示1至5%置信区间，c表示1%以下置信区间。(2)对于规模、年增幅、密度和公益金等四项维度，斜率的原假设值为“等于1”；对于综合、深度和份额等三项维度，斜率的原假设值为“等于0”。(3)相关系数能够同时反映彩票各销售维度与经济对应维度的关系“程度”和“方向”，而拟合度其值永远为正，只能反映程度而不能反映方向，因此我们展示的是相关系数。

表6.1.2A 各种类彩票各维度地位指数与对应经济维度地位指数的斜率代表性结果

彩票种类	指标	综合	规模	年增幅	密度	公益金	深度	份额
体育彩票	00至04年均值	0.5974	0.6714	0.1339	0.9181	0.9181	0.3908	0.3666
	05至09年均值	0.4380	0.8623	−0.1070	0.7314	0.6962	−0.1502	0.1298
	10—14年均值	0.5662	0.8460	−0.0747	0.7153	0.7091	−0.0334	0.3077
	趋势	U型	倒U型	U型	下降	U型	U型	U型
	00至14年平均值	0.5339	0.7932	−0.0159	0.7883	0.7745	0.0691	0.2680
	00至14年标准差	0.1011	0.1067	0.2051	0.1335	0.1378	0.2490	0.1264
	00至14年极差	0.3733	0.3908	0.6649	0.3784	0.3995	0.7242	0.3920
	不显著差异年数	0	5	0	6	6	11	9
	显著差异年数	15	10	15	9	9	4	6
	最大值	0.7054c	0.9638	0.3846b	1.0168	1.0168	0.4677b	0.4767b
	对应年份	2002	2005	2000	2002	2002	2001	2002
	最小值	0.3321a	0.5730c	−0.2803c	0.6383b	0.6173b	−0.2565	0.0847
	对应年份	2008	2000	2001	2005	2005	2008	2008
福利彩票	00至04年均值	0.3662	0.6989	−0.1558	0.7070	0.7070	0.0593	−0.3666
	05至09年均值	0.2487	0.8180	−0.0665	0.5936	0.5866	−0.3287	−0.1298
	10至14年均值	0.2290	0.8523	0.1217	0.6016	0.5947	−0.4125	−0.3077
	趋势	下降	上升	上升	U型	U型	下降	倒U型
	00至14年平均值	0.2813	0.7897	−0.0335	0.6341	0.6294	−0.2273	−0.2680
	00至14年标准差	0.0962	0.0890	0.1672	0.0815	0.0817	0.2437	0.1264
	00至14年极差	0.3541	0.2641	0.5891	0.2767	0.2761	0.9191	0.3920

续　表

彩票种类	指标	综合	规模	年增幅	密度	公益金	深度	份额
福利彩票	不显著差异年数 显著差异年数	5 10	2 13	0 15	1 14	1 14	6 9	9 6
	最大值 对应年份	0.4732c 2000	0.9204a 2011	0.2494c 2010	0.8188 2002	0.8188 2002	0.4008a 2000	−0.0847 2008
	最小值 对应年份	0.1191 2014	0.6563c 2004	−0.3396c 2004	0.5420c 2014	0.5427c 2008	−0.5183c 2013	−0.4767b 2002
全部彩票	00 至 04 年均值 05 至 09 年均值 10 至 14 年均值 趋势	0.6020 0.3969 0.4677 U 型	0.7393 0.9290 0.9303 上升	−0.0838 −0.0632 0.0314 上升	0.8813 0.6851 0.7125 U 型	0.8813 0.6872 0.7055 U 型	0.3506 −0.2847 −0.2855 下降	
	00 至 14 年平均值 00 至 14 年标准差 00—14 年极差	0.4889 0.1390 0.4266	0.8662 0.1144 0.3565	−0.0385 0.1287 0.5089	0.7597 0.1180 0.3831	0.7580 0.1162 0.3725	−0.0732 0.3244 0.9149	
	不显著差异年数 显著差异年数	0 15	10 5	0 15	4 11	4 11	5 10	
	最大值 对应年份	0.7273c 2000	1.0197 2007	0.2003c 2010	1.0120 2002	1.0120 2002	0.5404c 2000	
	最小值 对应年份	0.3007b 2008	0.6632c 2003	−0.3086c 2001	0.6289c 2008	0.6395c 2008	−0.3745b 2008	

注：显著性情况，综合、深度和份额等三项维度原假设为等于 0；规模、年增幅、深度和公益金等四项维度原假设为等于 1。

表 6.1.2B　各种类彩票各维度地位指数与对应经济维度地位指数的相关系数代表性结果

彩票种类	指标	综合	规模	年增幅	密度	公益金	深度	份额
体育彩票	负向相关年数 不相关年数 正向相关年数	0 0 15	0 0 15	0 14 1	0 0 15	0 0 15	0 11 4	0 9 6
	00 至 04 年均值 05 至 09 年均值 10 至 14 年均值 趋势	0.5485 0.4419 0.6075 U 型	0.6890 0.8261 0.9228 上升	0.1191 −0.0987 −0.0780 U 型	0.7639 0.6776 0.8131 U 型	0.7639 0.6525 0.7955 U 型	0.3787 −0.1640 −0.0257 U 型	0.2846 0.1487 0.3869 U 型

续 表

彩票种类	指标	综合	规模	年增幅	密度	公益金	深度	份额
体育彩票	00 至 14 年均值 00 至 14 年标准差 00 至 14 年极差	0.5341 0.0919 0.3087	0.8120 0.1078 0.3399	−0.0127 0.1879 0.3448	0.7498 0.0697 0.2363	0.7358 0.0708 0.2321	0.0578 0.2501 0.4856	0.2657 0.1067 0.3264
	绝对值最大值 对应年份	0.6503 2012	0.9364 2013	0.3480 2004	0.8498 2013	0.8238 2013	0.4743 2002	0.4309 2014
	绝对值最小值 对应年份	0.3416 2008	0.5965 2000	0.0032 2009	0.6136 2005	0.5917 2005	−0.0113 2011	0.1045 2008
福利彩票	负向相关年数 不相关年数 正向相关年数	0 5 10	0 0 15	1 13 1	0 0 15	0 0 15	8 6 1	6 9 0
	00 至 04 年均值 05 至 09 年均值 10 至 14 年均值 趋势	0.3929 0.3353 0.3124 平稳	0.7811 0.8519 0.9514 上升	−0.1717 −0.0591 0.0809 上升	0.7310 0.7071 0.7035 平稳	0.7310 0.7079 0.7212 平稳	0.0451 −0.3319 −0.4595 下降	−0.2846 −0.1487 −0.3869 倒 U 型
	00 至 14 年均值 00 至 14 年标准差 00 至 14 年极差	0.3520 0.0944 0.3475	0.8608 0.0817 0.2195	−0.0321 0.1841 −0.4559	0.7164 0.0563 0.2204	0.7217 0.0535 0.1889	−0.2449 0.2397 −0.5203	−0.2657 0.1067 −0.3264
	绝对值最大值 对应年份	0.5157 2000	0.9645 2011	−0.4071 2004	0.8294 2001	0.8294 2001	−0.5136 2013	−0.4309 2014
	绝对值最小值 对应年份	0.1681 2014	0.7449 2005	0.0488 2014	0.6091 2014	0.6405 2004	0.0067 2001	−0.1045 2008
全部彩票	负向相关年数 不相关年数 正向相关年数	0 0 15	0 0 15	0 15 0	0 0 15	0 0 15	7 5 3	
	00 至 04 年均值 05 至 09 年均值 10 至 14 年均值 趋势	0.6177 0.4816 0.5831 U 型	0.8401 0.9011 0.9687 上升	−0.0780 −0.0623 −0.0114 平稳	0.8553 0.7720 0.8395 平稳	0.8553 0.7725 0.8360 平稳	0.3177 −0.2944 −0.3143 下降	
	00 至 14 年均值 00 至 14 年标准差 00 至 14 年极差	0.5625 0.1038 0.3180	0.9027 0.0664 0.2149	−0.0314 0.1307 0.2753	0.8215 0.0505 0.2067	0.8209 0.0498 0.2144	−0.0974 0.3152 0.3205	
	绝对值最大值 对应年份	0.7107 2000	0.9746 2013	0.2756 2010	0.9223 2000	0.9223 2000	0.4639 2000	
	绝对值最小值 对应年份	0.3927 2008	0.7598 2000	0.0003 2000	0.7156 2005	0.7079 2005	0.1434 2004	

6.1.3　结果分析

1　维度情况

综合维度:各种类彩票综合指数与经济水平综合指数的结果，斜率值基本显著大于0,但不同彩票的相关系数差别较大。福利彩票相关系数均值为0.3520,有5个年份小于0.3即与经济水平不相关，最小值在2014年，仅为0.1681;体育彩票很高，均值为0.5341,最小值为2008年的0.3641,也接近0.35“中正向相关”标准;所有彩票相对最高，均值为0.5625,最小值也为0.3927,接近0.4的“强正向相关”标准。

规模维度:各种类彩票规模指数与经济水平规模指数的结果，斜率值基本在0.8左右，但基本显著异于1。相关系数值非常高，基本都在0.7以上，尤其是2009年以后，都在0.8以上。相关系数最小值为2000年体育彩票的0.5965,也远高于0.45的“强正向相关”标准。

年增幅维度:各种类彩票年增幅指数与经济水平年增幅指数的结果，斜率值波动巨大，且均显著异于1,相关系数绝对值基本远小于0.3,即不相关。

密度维度:各种类彩票密度指数与经济水平人均指数的结果，斜率值基本在0.7左右，相对于规模指数结果略小，但基本上显著异于1,唯有体育彩票有6年与1无显著性差异，集中在2000至2007年。相关系数也很高，只略低于规模指数结果，最小值为2014年福利彩票的0.6091,也远高于0.45的“强正向相关”标准。

公益金维度:各种类彩票公益金指数与经济水平人均指数的结果，与密度指数结果非常一致，但2005年后略有差别，原因是公益金率的调整。

深度维度:各种类彩票深度指数与经济水平人均指数的结果，斜率值在体育彩票，2000至2003年显著大于0,但2004年起，与0无显著性差异;在福利彩票，2007年起，显著小于0,且绝对值有变大趋势。相关系数变化较大，体育彩票在2000至2003年与经济水平显著正向相关，同样从2004年起，不相关;但福利彩票与经济水平从2007年起，呈显著负向相关，且绝对值呈增加趋势。

份额维度:各种类彩票份额指数与经济水平人均指数的结果，体育彩票与福利彩票间的斜率值互为相反数，2003至2010年中，均与0无显著性差异。但从2011年起，体育彩票斜率显著小于0,福利彩票斜率显著大于0,且绝对值都呈同步增加的趋势。相关系数的显著性与斜率显著性在相关年份完全一致，从 2011 年起，体育彩票与经济水平正向相关，福利彩票与经济水平负向相关。

2　彩种对比

对比体育彩票和福利彩票相关结果，可以发现，在规模维度，相对于体育彩票，福利彩票与经济水平的相关系数稍高；在综合、密度和公益金三项维度，体育彩票与经济水平的相关系数稍高。

在深度维度上，体育彩票与经济水平在 2000 至 2003 年中，一度正向相关，具体表现为斜率系数显著大于 0，相关系数大于 0.3，最大值 2002 年为 0.4743，超过 0.45 的“强正向相关”标准；但福利彩票与经济水平在较长时期有负向关系，2007 年以后，斜率系数显著小于 0，相关系数小于－0.3，最小值 2013 年为－0.5136，超过－0.45 的“强负向相关”标准。这意味着，对于福利彩票，人均生产总值较低省份，彩票购买量占生产总值的比例相对偏高。

在份额维度上，体育彩票与福利彩票的斜率和相关系数互为相反数。2011 年起，体育彩票的斜率显著大于 0，相关系数大于 0.3 的正向相关标准；福利彩票系数显著小于 0，相关系数小于－0.3 的负向相关标准。所有年份福利彩票相关系数均小于 0，并且绝对值有增加趋势，这意味着人均生产总值较低省份，福利彩票份额相对偏高，与深度维度结果也相一致。

6.2　体育彩票与福利彩票

6.2.1　考察思路

当前中国并存两大彩票发行机构，体育彩票和福利彩票，属于双寡头式市场结构。除视频型为福利彩票独有，竞猜型为体育彩票独有外，两家机构销售的其他类型彩票各品种非常一致。因此，两大种类彩票的关系可能有两种情况，一是竞争性，二是互补性。

竞争性关系非常明显，如体育彩票排列三和福利彩票 3D，两者玩法完全相同，在 2005 至 2007 年一度是所有类型彩票份额最高的品种，尤其是 2005 年，两支彩票总销售规模占全部彩票份额的 49.12%，其中排列三品种占全部体育彩票销售规模的 54.47%。在彩票市场容量一定的前提下，体育彩票必然与福利彩票存在此消彼涨的竞争关系。

但两者“共损共荣”的互补关系同样不可忽视。例如，某一种类彩票发生重大波动，同样会“传染”给另一种类彩票。同样以三位数彩票为例，2008年5月初体育彩票排列三“限赔限号事件”发生后，次月体彩排列三和福彩3D销售规模分别同比下降6.17%和2.15%。

经济学中一个经典区别因果性与相关性的事例是“家庭中打火机数量与家庭成员罹患癌症可能性的关系”，两者呈显著的正向相关关系，但却没有因果关系。原因是家庭成员吸烟是“**因**”，而打火机数量和患癌可能性都是它的“**果**”。同样道理，如6.1结果所示，在综合、规模、密度和公益金等四项维度，体育彩票和福利彩票地位指数与经济水平对应维度地位指数高度正向相关。即经济水平是“因”，两种彩票的上述四项维的销售是“果”。这样，即使体育彩票与福利彩票实际上没有相关性的情况下，简单考察两者在各省份在这四项维度的地位指数关系，得出结果也会显著也正，即表面上的“**伪互补**”关系。

为剔除经济水平因素的影响，我们选择了脱钩指数，即考察各维度体育彩票脱钩指数与福利彩票脱钩指数之间的关系。根据4.4.2部分脱钩指数的构建公式，历年各省份体育彩票与福利彩票市场份额的原值和地位指数之和恒为1，可知在份额维度，体育彩票与福利彩票相应指标的相关系数恒为－1，因此，没有计算必要。

6.2.2　计算结果

我们分别计算了各维度地位指数和脱钩指数的体育彩票和福利彩票之间的关系，相关系数代表性结果分别见表6.2.2A和表6.2.2B。

表6.2.2A　体育彩票与福利彩票相同销售维度地位指数相关系数的代表性结果

指标	综合	规模	年增幅	密度	公益金	深度
负向相关年数	0	0	1	0	0	0
不相关年数	12	0	7	0	0	5
正向相关年数	3	15	7	15	15	10
00至04年均值	0.0444	0.5075	0.0887	0.4947	0.4947	－0.0546
05至09年均值	0.2614	0.7313	0.4472	0.6056	0.5581	0.5270
10至14年均值	0.2195	0.8739	0.2268	0.6590	0.6504	0.3782
趋势	倒U型	上升	倒U型	上升	上升	倒U型

续 表

指标	综合	规模	年增幅	密度	公益金	深度
00 至 14 年均值	0.1804	0.7042	0.2620	0.5894	0.5683	0.2883
00 至 14 年标准差	0.1322	0.1632	0.2751	0.0842	0.0770	0.2742
00 至 14 年极差	0.4095	0.4698	1.1649	0.2653	0.2397	0.8595
绝对值最大值	0.3748	0.9039	0.6937	0.7031	0.6775	0.7176
对应年份	2011	2011	2002	2010	2013	2009
绝对值最小值	−0.0035	0.4341	0.0212	0.4377	0.4377	−0.0541
对应年份	2004	2001	2003	2000	2000	2004

表 6.2.2B　体育彩票与福利彩票相同销售维度脱钩指数相关系数的代表性结果

指标	综合	规模	年增幅	密度	公益金	深度
负向相关年数	1	0	0	1	1	0
不相关年数	13	12	0	5	6	5
正向相关年数	1	3	15	9	8	10
00 至 04 年均值	−0.2020	0.1409	0.5618	−0.0830	−0.0830	−0.0546
05 至 09 年均值	0.2407	0.1221	0.7534	0.3688	0.3401	0.5270
10 至 14 年均值	0.0995	0.1595	0.5677	0.4070	0.4004	0.3782
趋势	倒 U 型	平稳	倒 U 型	上升	上升	倒 U 型
00 至 14 年均值	0.0499	0.1467	0.6372	0.2378	0.2196	0.2883
00 至 14 年标准差	0.2120	0.1470	0.1420	0.2530	0.2400	0.2742
00 至 14 年极差	0.7043	0.4538	0.4631	0.8400	0.8154	0.8595
绝对值最大值	0.3997	0.3404	0.8807	0.5104	0.4857	0.7176
对应年份	2005	2011	2002	2010	2014	2009
绝对值最小值	0.0362	−0.0231	0.4177	−0.0052	−0.0052	−0.0541
对应年份	2012	2006	2000	2002	2002	2004

6.2.3　结果分析

1　部分维度的不相关

6.1 部分显示，彩票销售在规模、密度和公益金等三项维度与经济水平有很强的相关性，与之相对应的是，表 6.2.2A 显示，同样在这三项维度，体育彩票与福利彩票两者的地位指数相关性也很高，相关系数最小也接近 0.45 的“强正相关”标准，并且呈现上升趋势。但表 6.2.2B 显示，一旦剔除经济因素的影响，在这三项维度，体育彩票与福利彩票两者的脱钩指数相关性大大降低，特别是规模维度,15 年中不相关年份有 12 年。而在综合维度,无论是地位指数和脱钩指数,体育彩票与福利彩票在绝大部分年份都没有显著的相关性。

2 更多维度的互补性

表 6.2.2B 又显示,在年增幅、密度、公益金和深度等四项维度,体育彩票与福利彩票的脱钩指数在较多年份正向相关,并且从 2007 年起,四项维度的相关系数都超过 0.3 的“正向相关”标准。特别是年增幅维度,体育彩票与福利彩票的地位指数相关年份不多,但脱钩指数却在所有年份正向相关,相关系数在最小的 2000 年也为 0.4177,超过 0.4 的“中正向相关”标准。另一个值得注意的结果是,不管是地位指数还是脱钩指数,体育彩票与福利彩票负相关的年份极少。这说明了体育彩票与福利彩票的互补性。

综上所述,体育彩票与福利彩票并没有表现出“此消彼涨”的竞争性关系,甚至在更多维度和更多年份表现出“同进同退”的互补关系。

6.3 同一维度指数年份之间

6.3.1 考察思路

某一省份经济水平在短期内不易发生重大改变,即具有很强的惯性。如表 6.3.1 所示,除年增幅维度以外,经济水平其他三项维度保持了非常高的惯性。

表 6.3.1 经济水平各维度指数的惯性

视角	当年与前一年相关系数				各年份与 2014 年相关系数			
年份	综合	规模	年增幅	人均	综合	规模	年增幅	人均
00 至 04 年均值	0.9896	0.9995	0.4500	0.9982	0.9144	0.9809	−0.1459	0.8928
05 至 09 年均值	0.9781	0.9977	0.3563	0.9940	0.9576	0.9881	−0.0051	0.9524
10 至 14 年均值	0.9951	0.9996	0.7525	0.9987	0.9927	0.9991	0.6605	0.9975
趋势	平稳	平稳	U 型	平稳	平稳	平稳	上升	上升
00 至 14 年均值	0.9867	0.9989	0.4757	0.9969	0.9537	0.9892	0.1180	0.9471
00 至 14 年标准差	0.0127	0.0022	0.2356	0.0048	0.0343	0.0079	0.4224	0.0463
00 至 14 年极差	0.0537	0.0087	0.7762	0.0193	0.0945	0.0211	1.3083	0.1254
最大值	0.9973	0.9998	0.8704	0.9994	0.9970	0.9996	0.8704	0.9988
对应年份	2013	2001	2014	2013	2013	2013	2013	2013
最小值	0.9436	0.9911	0.0942	0.9801	0.9025	0.9785	−0.4379	0.8734
对应年份	2005	2005	2010	2005	2000	2000	2004	2000

但对于彩票销售来讲，是否也存在惯性，需要深入考察。一方面，6.1 结果显示，经济水平是决定彩票销售尤其是规模、密度和公益金等三项维度的重要因素。因此彩票销售，特别在上述三项维度，应当也存在较强惯性。另一方面，虽然彩票由政府垄断发行权力，但其具体的运营是市场行为，无论是体育彩票还是福利彩票，各省份彩票发行机构还具有较高的自主权和能动性。

本节考察各种彩票各维度的地位指数和脱钩指数这两项表征指数 2000 至 2014 年间的相关系数，即惯性问题。具体分成短期和长期等两个视角：(1)短期，考察各维度两项指数当年与上一年的相关性；(2)长期，考察各维度两项指数 2014 年与其他年份的相关性。

强调两个问题：(1)地位指数是基础指数的离差，因此从前者计算出的历年相关性结果完全等于后者，为与本章其他节指标保持一致，我们这里使用的是地位指数而非基础指数；(2)本报告 5.4.3 显示，尽管数值上差别很大，但脱钩指数与开发指数相关系数非常高，几乎都在 0.9 以上，因此，脱钩指数的短期和长期的惯性结果，也可以准确代表开发指数相应结果。

6.3.2 计算结果

为行文便捷，我们只列出各维度的相关系数结果，结果见表 6.3.2A 至 6.3.2D。

1 短期

表 6.3.2A 各维度地位指数当年与上一年的相关系数

彩票种类	指标	综合	规模	年增幅	密度	公益金	深度	份额
体育彩票	00 至 04 年均值	0.8277	0.8918	0.0325	0.8674	0.8674	0.8020	0.7191
	05 至 09 年均值	0.7798	0.9079	−0.0850	0.9037	0.9115	0.7432	0.8983
	10 至 14 年均值	0.8786	0.9836	0.1237	0.9501	0.9492	0.8891	0.9196
	趋势	平稳	平稳	U 型	平稳	平稳	U 型	上升
	00 至 14 年均值	0.8278	0.9276	0.0240	0.9047	0.9083	0.8118	0.8449
	00 至 14 年标准差	0.1172	0.0804	0.2690	0.0938	0.0951	0.1518	0.1578
	00 至 14 年极差	0.3418	0.2213	0.9858	0.3538	0.3537	0.4125	0.6033
	>0.45 年份数	15	15	0	15	15	15	14
	>0.75 年份数	11	15	0	14	14	10	12

续　表

彩票种类	指标	综合	规模	年增幅	密度	公益金	深度	份额
体育彩票	绝对值最大值 对应年份	0.9444 2012	0.9946 2012	−0.5982 2006	0.9880 2007	0.9878 2004	0.9599 2007	0.9482 2009
	绝对值最小值 对应年份	0.6026 2000	0.7732 2005	−0.0087 2009	0.6342 2000	0.6342 2000	0.5474 2005	0.3448 2000
福利彩票	00至04年均值 05至09年均值 10至14年均值 趋势	0.6816 0.8090 0.8583 上升	0.8877 0.9617 0.9908 上升	−0.0846 −0.0098 0.3008 上升	0.8687 0.9410 0.9509 平稳	0.8687 0.9477 0.9535 平稳	0.5299 0.8304 0.9400 上升	0.7191 0.8983 0.9196 上升
	00至14年均值 00至14年标准差 00至14年极差	0.7785 0.1269 0.4502	0.9465 0.0747 0.2345	0.0198 0.2577 0.8335	0.9187 0.0544 0.2029	0.9235 0.0561 0.2069	0.7643 0.2606 0.8809	0.8449 0.1578 0.6033
	>0.45年份数 >0.75年份数	14 11	15 15	0 0	15 15	15 15	13 11	14 12
	绝对值最大值 对应年份	0.8844 2011	0.9949 2012	−0.4343 2010	0.9760 2011	0.9800 2011	0.9616 2011	0.9482 2009
	绝对值最小值 对应年份	0.4342 2000	0.7604 2000	−0.0708 2003	0.7730 2000	0.7730 2000	0.0807 2000	0.3448 2000
全部彩票	00至04年均值 05至09年均值 10至14年均值 趋势	0.7988 0.7690 0.8723 U型	0.9062 0.9426 0.9913 平稳	0.0788 0.0103 0.2202 U型	0.9128 0.9259 0.9612 平稳	0.9128 0.9310 0.9628 平稳	0.6733 0.7647 0.9242 上升	
	00至14年均值 00至14年标准差 00至14年极差	0.8126 0.1167 0.3406	0.9466 0.0647 0.2071	0.0723 0.2765 1.0642	0.9319 0.0530 0.1845	0.9353 0.0544 0.1862	0.7877 0.1914 0.5431	
	>0.45年份数 >0.75年份数	15 10	15 15	1 0	15 15	15 15	14 9	
	绝对值最大值 对应年份	0.9355 2004	0.9963 2012	0.5862 2004	0.9809 2011	0.9826 2011	0.9496 2009	
	绝对值最小值 对应年份	0.5949 2001	0.7891 2001	0.0010 2001	0.7964 2001	0.7964 2001	0.4066 2001	

表 6.3.2B　各维度脱钩指数当年与上一年的相关系数

彩票种类	指标	综合	规模	年增幅	密度	公益金	深度	份额
体育彩票	00 至 04 年均值	0.7289	0.8327	0.2181	0.6600	0.6600	0.8020	0.7191
	05 至 09 年均值	0.6888	0.7479	0.0120	0.8063	0.8268	0.7432	0.8983
	10 至 14 年均值	0.7985	0.8928	0.4711	0.8724	0.8810	0.8891	0.9196
	趋势	U 型	U 型	U 型	上升	上升	U 型	上升
	00 至 14 年均值	0.7384	0.8253	0.2115	0.7790	0.7907	0.8118	0.8449
	00 至 14 年标准差	0.1692	0.1665	0.2649	0.2383	0.2429	0.1518	0.1578
	00 至 14 年极差	0.5464	0.6090	0.9553	0.9253	0.9260	0.4125	0.6033
	>0.45 年份数	14	14	3	14	14	15	14
	>0.75 年份数	9	11	0	11	11	10	12
	绝对值最大值	0.9288	0.9795	0.5790	0.9761	0.9768	0.9599	0.9482
	对应年份	2004	2004	2014	2007	2007	2007	2009
	绝对值最小值	0.3823	0.3706	0.0176	0.0508	0.0508	0.5474	0.3448
	对应年份	2000	2005	2007	2000	2000	2005	2000
福利彩票	00 至 04 年均值	0.5853	0.7712	0.2003	0.7026	0.7026	0.5299	0.7191
	05 至 09 年均值	0.7899	0.8747	0.0888	0.8981	0.9097	0.8304	0.8983
	10 至 14 年均值	0.8770	0.9232	0.4547	0.9307	0.9338	0.9400	0.9196
	趋势	上升	上升	U 型	上升	上升	上升	上升
	00 至 14 年均值	0.7478	0.8574	0.2196	0.8427	0.8499	0.7643	0.8449
	00 至 14 年标准差	0.1984	0.1399	0.2094	0.1489	0.1524	0.2606	0.1578
	00 至 14 年极差	0.7295	0.4586	0.7735	0.5529	0.5591	0.8809	0.6033
	>0.45 年份数	14	15	3	14	14	13	14
	>0.75 年份数	10	13	0	12	12	11	12
	绝对值最大值	0.8896	0.9646	0.5766	0.9655	0.9717	0.9616	0.9482
	对应年份	2011	2014	2014	2011	2011	2011	2009
	绝对值最小值	0.1602	0.5060	−0.0101	0.4126	0.4126	0.0807	0.3448
	对应年份	2000	2001	2006	2000	2000	2000	2000
全部彩票	00 至 04 年均值	0.5883	0.7465	0.2135	0.6323	0.6323	0.6733	
	05 至 09 年均值	0.6873	0.7442	0.0539	0.8291	0.8415	0.7647	
	10 至 14 年均值	0.8206	0.8657	0.4563	0.8888	0.8979	0.9242	
	趋势	上升	U 型	U 型	上升	上升	上升	
	00 至 14 年均值	0.6994	0.7879	0.2177	0.7841	0.7921	0.7877	
	00 至 14 年标准差	0.2165	0.1662	0.2836	0.2243	0.2276	0.1914	
	00 至 14 年极差	0.7441	0.5287	0.9001	0.8612	0.8638	0.5431	

续 表

彩票种类	指标	综合	规模	年增幅	密度	公益金	深度	份额
全部彩票	>0.45年份数	12	14	4	14	14	14	
	>0.75年份数	9	10	0	12	12	9	
	绝对值最大值	0.9119	0.9701	0.6137	0.9581	0.9607	0.9496	
	对应年份	2004	2004	2004	2011	2011	2009	
	绝对值最小值	0.1678	0.4414	0.0162	0.0969	0.0969	0.4066	
	对应年份	2001	2001	2007	2001	2001	2001	

2 长期

表6.3.2C 各维度地位指数2014年与各年份的相关系数

彩票种类	维度	综合	规模	年增幅	密度	公益金	深度	份额
体育彩票	00至04年均值	0.4387	0.6521	0.1828	0.7127	0.7321	0.0427	0.3215
	05至09年均值	0.5179	0.8238	−0.0081	0.7212	0.7471	0.4422	0.5495
	10至14年均值	0.8008	0.9628	0.3198	0.8818	0.8879	0.7662	0.8456
	趋势	上升	上升	U型	上升	上升	上升	上升
	00至14年均值	0.5735	0.8100	0.1378	0.7651	0.7844	0.4028	0.5600
	00至14年标准差	0.1702	0.1358	0.3260	0.0918	0.0844	0.3225	0.2254
	00至14年极差	0.4698	0.4074	0.8090	0.2718	0.2462	0.9263	0.7177
	>0.45年份数	11	15	2	15	15	7	10
	>0.75年份数	2	9	1	6	11	2	3
	第2大值	0.8300	0.9774	0.5296	0.9098	0.9014	0.8276	0.9042
	对应年份	2013	2013	2002	2013	2013	2013	2013
	第2小值	0.4248	0.6445	−0.2059	0.6743	0.6984	−0.0331	0.2894
	对应年份	2000	2001	2006	2002	2002	2001	2002
	最小值	0.3603	0.5700	−0.2795	0.6381	0.6552	−0.0987	0.1865
	对应年份	2001	2000	2001	2001	2001	2000	2003
福利彩票	00至04年均值	0.2078	0.7780	0.0966	0.3336	0.3886	0.1558	0.3215
	05至09年均值	0.3855	0.8758	0.0839	0.5880	0.6298	0.5548	0.5495
	10至14年均值	0.7729	0.9841	0.3455	0.8736	0.8887	0.8799	0.8456
	趋势	上升	上升	U型	上升	上升	上升	上升
	00至14年均值	0.4437	0.8778	0.1337	0.5912	0.6288	0.5231	0.5600
	00至14年标准差	0.2667	0.0971	0.2994	0.2413	0.2241	0.3353	0.2254
	00至14年极差	0.7373	0.2704	0.6264	0.6967	0.6585	0.9599	0.7177

续 表

彩票种类	维度	综合	规模	年增幅	密度	公益金	深度	份额
福利彩票	>0.45 年份数	8	15	1	9	12	8	10
	>0.75 年份数	2	13	1	5	5	7	3
	第 2 大值	0.8374	0.9936	0.3479	0.9163	0.9301	0.9223	0.9042
	对应年份	2013	2013	2009	2013	2013	2013	2013
	第 2 小值	0.1175	0.7487	−0.1732	0.2467	0.2972	0.0459	0.2894
	对应年份	2005	2005	2003	2001	2001	2001	2002
	最小值	0.1001	0.7232	−0.2785	0.2196	0.2716	−0.0376	0.1865
	对应年份	2001	2000	2010	2000	2000	2000	2003
全部彩票	00 至 04 年均值	0.3636	0.8213	0.1321	0.6635	0.6660	−0.0838	
	05 至 09 年均值	0.4543	0.9062	0.0375	0.7406	0.7511	0.4990	
	10 至 14 年均值	0.7827	0.9832	0.3425	0.9039	0.9096	0.8467	
	趋势	上升	上升	U 型	上升	上升	上升	
	00 至 14 年均值	0.5219	0.9026	0.1397	0.7640	0.7714	0.4103	
	00 至 14 年标准差	0.2096	0.0820	0.2834	0.1128	0.1153	0.4303	
	00 至 14 年极差	0.5804	0.2729	0.5813	0.3008	0.3020	1.2386	
	>0.45 年份数	9	15	1	15	15	8	
	>0.75 年份数	2	14	1	8	8	4	
	第 2 大值	0.8034	0.9914	0.4276	0.9210	0.9216	0.9084	
	对应年份	2013	2013	2002	2013	2013	2013	
	第 2 小值	0.2547	0.8055	−0.1229	0.6224	0.6293	−0.3122	
	对应年份	2005	2005	2010	2001	2001	2001	
	最小值	0.2230	0.7185	−0.1538	0.6202	0.6196	−0.3302	
	对应年份	2001	2000	2001	2005	2005	2000	

表 6.3.2D 各维度脱钩指数 2014 年与各年份的相关系数

彩票种类	维度	综合	规模	年增幅	密度	公益金	深度	份额
体育彩票	00 至 04 年均值	−0.0257	0.0389	0.0219	−0.0136	0.0399	0.0427	0.3215
	05 至 09 年均值	0.2830	0.1560	−0.1157	0.2644	0.3498	0.4422	0.5495
	10 至 14 年均值	0.6635	0.7170	0.4849	0.6933	0.7229	0.7662	0.8456
	趋势	上升	上升	U 型	上升	上升	上升	上升
	00 至 14 年均值	0.2818	0.2819	0.0734	0.2996	0.3566	0.4028	0.5600
	00 至 14 年标准差	0.3081	0.3113	0.3590	0.3192	0.3020	0.3225	0.2254
	00 至 14 年极差	0.8596	0.8111	0.9487	0.8878	0.8070	0.9263	0.7177

续　表

彩票种类	维度	综合	规模	年增幅	密度	公益金	深度	份额
体育彩票	>0.45 年份数	3	4	2	5	6	7	10
	>0.75 年份数	2	2	1	2	2	2	3
	第2大值	0.7503	0.8117	0.5790	0.7778	0.7613	0.8276	0.9042
	对应年份	2013	2013	2013	2013	2013	2013	2013
	第2小值	−0.0643	0.0211	−0.2615	−0.0366	0.0299	−0.0331	0.2894
	对应年份	2002	2003	2008	2003	2003	2001	2002
	最小值	−0.1093	0.0005	−0.3697	−0.1100	−0.0457	−0.0987	0.1865
	对应年份	2001	2000	2010	2002	2002	2000	2003
福利彩票	00至04年均值	0.3675	0.4703	−0.0685	0.3305	0.3422	0.1558	0.3215
	05至09年均值	0.5798	0.6321	−0.0566	0.6271	0.6318	0.5548	0.5495
	10至14年均值	0.8078	0.8750	0.4378	0.8401	0.8479	0.8799	0.8456
	趋势	上升	上升	上升	上升	上升	上升	上升
	00至14年均值	0.5746	0.6536	0.0487	0.5937	0.6011	0.5231	0.5600
	00至14年标准差	0.2068	0.1976	0.3797	0.2312	0.2298	0.3353	0.2254
	00至14年极差	0.5737	0.6196	1.0142	0.6391	0.6658	0.9599	0.7177
	>0.45 年份数	10	13	2	10	11	8	10
	>0.75 年份数	2	5	1	4	4	7	3
	第2大值	0.8866	0.9646	0.5766	0.8920	0.9073	0.9223	0.9042
	对应年份	2013	2013	2013	2013	2013	2013	2013
	第2小值	0.3311	0.3615	−0.3949	0.2662	0.2785	0.0459	0.2894
	对应年份	2003	2001	2010	2002	2002	2001	2002
	最小值	0.3129	0.3450	−0.4376	0.2529	0.2415	−0.0376	0.1865
	对应年份	2001	2000	2003	2001	2001	2000	2003
全部彩票	00至04年均值	0.0294	0.1890	−0.0772	0.0808	0.1056	−0.0838	
	05至09年均值	0.4069	0.3012	−0.0786	0.4767	0.4979	0.4990	
	10至14年均值	0.6996	0.6967	0.4852	0.7391	0.7612	0.8467	
	趋势	上升	上升	U型	上升	上升	上升	
	00至14年均值	0.3614	0.3827	0.0538	0.4236	0.4479	0.4103	
	00至14年标准差	0.3196	0.2768	0.3659	0.3070	0.3038	0.4303	
	00至14年极差	1.0053	0.9077	0.9440	0.8776	0.8502	1.2386	
	>0.45 年份数	5	4	2	7	7	8	
	>0.75 年份数	2	2	1	2	2	4	

续 表

彩票种类	维度	综合	规模	年增幅	密度	公益金	深度	份额
全部彩票	第 2 大值 对应年份	0.7959 2013	0.8298 2013	0.5857 2013	0.7949 2013	0.8038 2013	0.9084 2013	
	第 2 小值 对应年份	−0.1265 2000	−0.0108 2001	−0.3543 2010	−0.0701 2001	−0.0311 2001	−0.3122 2001	
	最小值 对应年份	−0.2094 2001	−0.0778 2000	−0.3583 2003	−0.0827 2002	−0.0464 2002	−0.3302 2000	

6.3.3 结果分析

1 短期脆弱的惯性

表 6.3.2A 和表 6.3.2B 显示，除年增幅维度，其余六项维度均表现了很高的短期惯性，即各种类彩票各类表征指数当年与上一年的相关系数较高，2000 至 2014 年共 15 个年份的均值基本都在 0.8 左右，几乎所有年份的相关系数都在强正向相关标准(>0.45)以上，除 2001 年前后、2005 年以及 2008 年以外，其他年份各维度基本都在 0.75 以上。以综合维度为例，体育彩票、福利彩票和全部彩票地位指数相邻年份相关系数的均值分别为 0.8278、0.7785 和 0.8126，而剔除经济因素影响外的脱钩指数则分别为 0.7384、0.7478 和 0.6994，后一组略小于前一组，但差距并不大。

2001 年前后中国彩票尚处于起步期外，销售波动较大属于自然现象，但 2005 年和 2008 年各指数相邻年份的相关系数也相对较小，下面探讨这两年的背后原因。2004 年底，体育彩票和福利彩票分别同步发行玩法高度一致数字型的“排列三”和“3D”品种，致使 2005 年全部彩票销售规模同比增加 87.41%，但若扣除数字型彩票，其余彩票总销售规模则实际下降 3.56%。当年不同省份年增幅与数字型彩票份额高度一致，相关系数高达 0.7884，如上海年增幅为 16.81%，数字型彩票份额为 11.80%，黑龙江年增幅为 275.11%，数字型彩票份额高达 76.35%。2008 年初中福在线被全面整改，此支彩票销售规模同比减少 111.36 亿元，降幅达 84.36%，这也导致了福利彩票进入 21 世纪以来唯一一次的销售年增幅下降，减少 27.71 亿元，降幅为 4.39%。福利彩票深度维度基础指数 2008 年与 2007 年的相关系数为 0.7633，但若扣除中福在线销售情况，则增至 0.8376；福利彩票份额维度基础指数 2008 年与 2007 年的相关系数为 0.7783，但若扣除中福在线销售情况，则增至 0.8109。

这说明，短期内，即使剔除经济水平的影响，各省份彩票销售脱钩经济水平的方向会保持较高的惯性，但这一惯性是脆弱的，特别是当推出或整顿某些品种时。

2　长期的缺乏惯性

表 6.3.2C 至 6.3.2D 显示，2014 年与其他年份各项指数各维度的相关系数总体上不高，各种类彩票各维度的相关系数大于 0.4 的年份基本在 10 年左右，大于 0.75 的年份更小。并且相对福利彩票，体育彩票超过上述标准的年份更少。相对应的是，经济水平保持了很高的长期惯性。除年增幅维度以外，甚至相隔 14 年的 2000 与 2014 年，相关系数最小的人均维度也高达 0.8734。

这说明，2000 至 2014 年这 15 年间，中国彩票业各省份销售情况的格局发生了重大变化，即各省份彩票销售在长期角度没有明显的惯性。

6.4　本章总结

综合本章内容，我们发现：(1)经济水平是决定中国各种类彩票销售特别是规模、密度和公益金等三个维度的重要因素，但各省份彩票发行机构具有很大自主性和能动性。(2)总体上，剔除经济水平因素影响，体育彩票与福利彩票这两家彩票垄断发行机构并未呈现“此消彼涨”的竞争关系，甚至在某些年份某些维度呈现“同进同退”的互补关系。(3)短期内，彩票销售具有一定的惯性，但这一惯性是脆弱的，随着中国彩票业的发展，各省份销售情况的格局发生了重大变化。

第 7 章　代表性年份结果

本章展示了 2000、2005、2010、2013 和 2014 等 5 个代表性年份的各省份各种类型彩票的销售情况。每一年份包括三项内容:(1)各省份各种类型彩票综合维度的地位、脱钩和开发等三项表征指数情况;(2)各项表征指数结合经济水平综合指数,按高中低 3×3 矩阵,构成"九宫格",对各省份进行板块划分;(3)根据行政区划、地理位置和经济水平等三项标准,将全国 31 个省份分成若干区域,比较各区域间三项表征指数的情况。

本报告涉及 2000 至 2014 年共 15 个年份,每个年份的彩票销售都有自身的特点。简洁起见,我们选择 2000、2005、2010、2013 和 2014 这 5 个年份。原因一是前三个年份为整数年,后两个年份为最近年,二是这些年份具有如下特点。

2000 年是本报告的定基年份,也是 15 年中体育彩票、福利彩票和全部彩票年增幅最高的一年,分别为 125.85%, 206.49%和 159.79%,另外当年也是体育彩票与福利彩票市场份额最相近的年份,分别为 50.35%和 49.65%。

2005 年是这 15 年当中,体育彩票、福利彩票和全部彩票年增幅第二高的年份,分别为 95.85%、81.66%和 87.41%。原因是 2004 年底,体育彩票和福利彩票开始全国范围销售三位数数字型彩票,次年此类型彩票销售规模暴增,体育彩票、福利彩票和全部彩票的市场份额分别达到 56.37%、45.18%和 49.92%;但这类型彩票在各省份的份额又差异巨大,以全部彩票为例,最低的上海和福建仅分别为 11.80%和 16.94%,最高的湖北和黑龙江则分别高达 69.03%和 76.35%。

2010 年可视为全国彩票类型结构发生质变的一个临界点年份,由于前一年视频型彩票恢复、竞猜型彩票推出新玩法和快开型彩票全国范围推广，各类型彩票的份额在2010年都有了重大变化。以全部彩票为例，乐透型首次下降至40%以下，为36.75%；数字型彩票下降至20%以下，为18.53%；快开型首次超过10%，为11.66%；视频型彩票由上一年的0.88%突增5.61%；竞猜型从上一年的4.98%增至8.86%。并且以后5年全部趋势同步，各类型彩票份额均不再出现此前年份的大起大落情况。另外，2010年也是网络售彩起步年份，规模和份额很小，分别为80亿和4.81%，而随后几年则增长很快，对比此年和随后几年的相应情况，也可以间接研究网络销彩的情况。

2013年和2014年为最近年份，是彩票销售规模最大的两年，也是快开型、视频型和竞猜型等三类新兴类型彩票份额超过即开型、乐透型和数字型等三类传统类型彩票份额的年份，两年中新兴彩票份额分别为53.56%和60.26%，而2012年仅为43.37%，此前年份更低。

7.1　2000年

7.1.1　基本数据

表7.1.1　2000年各省份各种类彩票各项表征指数情况

彩票种类	经济	体育彩票			福利彩票			全部彩票		
表征指数	地位	地位	脱钩	开发	地位	脱钩	开发	地位	脱钩	开发
经济相关	1	0.5463	−0.0577	−0.1553	0.5157	−0.2487	−0.2865	0.7107	−0.0346	−0.3275
平均值	0.0000	0.0000	−0.0665	−0.2236	0.0000	−0.0749	−0.2383	0.0000	−0.0850	−0.3190
标准差	0.1868	0.2126	0.1740	0.1769	0.1714	0.1519	0.1535	0.1912	0.1303	0.1410
大于0.1省份数	9	6	4	2	5	3	2	9	2	0
−0.1至0.1省份数	8	10	12	4	20	13	1	8	10	2
小于−0.1省份数	14	15	15	25	6	15	28	14	19	29
最大值	0.4699	0.5502	0.4567	0.2920	0.6717	0.3654	0.1988	0.5891	0.3486	0.0895
对应省份	上海	天津	四川	四川	上海	重庆	重庆	上海	四川	四川
第2大值	0.3649	0.4741	0.3587	0.1991	0.3416	0.2700	0.1342	0.3802	0.1690	−0.0436
对应省份	广东	四川	天津	天津	重庆	广西	上海	四川	重庆	重庆

续 表

彩票种类	经济	体育彩票			福利彩票			全部彩票		
表征指数	地位	地位	脱钩	开发	地位	脱钩	开发	地位	脱钩	开发
第2小值	−0.2052	−0.1911	−0.2984	−0.4650	−0.1568	−0.3153	−0.4620	−0.1709	−0.2377	−0.5039
对应省份	贵州	吉林	辽宁	辽宁	河北	天津	河北	内蒙古	河北	河北
最小值	−0.2081	−0.1919	−0.3648	−0.5537	−0.1675	−0.3302	−0.4667	−0.1840	−0.2668	−0.6104
对应省份	甘肃	云南	山东	山东	海南	北京	江苏	宁夏	山东	山东
北京	0.2014	0.4126	0.1715	0.0067	−0.0806	−0.3302	−0.4215	0.1727	−0.1055	−0.3237
天津	0.1279	0.5502	0.3587	0.1991	−0.1153	−0.3153	−0.4045	0.2639	0.0406	−0.1622
河北	0.0798	0.0366	−0.0709	−0.2308	−0.1568	−0.2727	−0.4620	−0.1076	−0.2377	−0.5039
山西	−0.1326	−0.0821	−0.0598	−0.2027	−0.0885	−0.0747	−0.2314	−0.1493	−0.1354	−0.3374
内蒙古	−0.1147	−0.1546	−0.1516	−0.2871	−0.1056	−0.1110	−0.2511	−0.1709	−0.1774	−0.3672
辽宁	0.1372	−0.1390	−0.2984	−0.4650	0.0613	−0.1065	−0.2728	−0.0489	−0.2368	−0.4988
吉林	−0.0905	−0.1911	−0.2002	−0.3507	−0.0620	−0.0796	−0.2333	−0.1613	−0.1827	−0.3926
黑龙江	0.0351	0.0342	−0.0617	−0.2084	−0.1033	−0.2077	−0.3560	−0.0466	−0.1630	−0.3871
上海	0.4699	0.1873	−0.2409	−0.4625	0.6717	0.2351	0.1342	0.5891	0.0994	−0.1934
江苏	0.3090	0.4061	0.1591	−0.0381	0.0211	−0.2344	−0.4667	0.3008	0.0138	−0.3357
浙江	0.2373	0.0834	−0.1396	−0.3185	0.0694	−0.1620	−0.3403	0.1061	−0.1530	−0.4448
安徽	−0.1038	−0.1326	−0.1095	−0.2929	−0.0658	−0.0512	−0.2621	−0.1298	−0.1188	−0.3820
福建	0.1012	0.2231	0.0851	−0.0878	−0.0511	−0.1975	−0.3606	0.1198	−0.0454	−0.3022
江西	−0.1685	−0.1609	−0.0958	−0.2876	−0.0865	−0.0298	−0.2408	−0.1632	−0.1071	−0.3638
山东	0.2636	−0.1537	−0.3648	−0.5537	0.1109	−0.1087	−0.3480	−0.0202	−0.2668	−0.6104
河南	0.0470	−0.1463	−0.2281	−0.3747	−0.0571	−0.1473	−0.3385	−0.1270	−0.2275	−0.4838
湖北	0.0329	0.0879	0.0085	−0.1479	−0.0442	−0.1320	−0.3131	0.0181	−0.0808	−0.3322
湖南	−0.0186	−0.0892	−0.1349	−0.2814	−0.0654	−0.1195	−0.2948	−0.1065	−0.1674	−0.4021
广东	0.3649	0.0764	−0.2055	−0.3906	0.2306	−0.0597	−0.2932	0.2086	−0.1152	−0.4690
广西	−0.1522	−0.1893	−0.1406	−0.3122	0.2297	0.2700	0.0771	0.0434	0.0836	−0.1539
海南	−0.1405	−0.0442	−0.0309	−0.1663	−0.1675	−0.1628	−0.2888	−0.1382	−0.1337	−0.3093
重庆	−0.1431	−0.1472	−0.1149	−0.2693	0.3416	0.3654	0.1988	0.1452	0.1690	−0.0436
四川	−0.0440	0.4741	0.4567	0.2920	0.0674	0.0416	−0.1621	0.3802	0.3486	0.0895
贵州	−0.2052	0.0069	0.0793	−0.0520	−0.0933	−0.0294	−0.1840	−0.0543	0.0160	−0.1679
云南	−0.1537	−0.1919	−0.1438	−0.3121	−0.0397	0.0001	−0.1887	−0.1511	−0.1112	−0.3440
西藏	−0.1924	−0.1099	−0.0619	−0.1785	−0.0508	−0.0112	−0.1300	−0.1034	−0.0587	−0.2126
陕西	−0.1223	−0.0420	−0.0313	−0.1557	−0.0412	−0.0389	−0.1800	−0.0552	−0.0520	−0.2362
甘肃	−0.2081	−0.1748	−0.0955	−0.2536	−0.0854	−0.0146	−0.1887	−0.1682	−0.0932	−0.3025
青海	−0.1783	−0.1523	−0.1128	−0.2371	−0.0985	−0.0675	−0.1909	−0.1656	−0.1311	−0.2940
宁夏	−0.1897	−0.1285	−0.0790	−0.2060	−0.1432	−0.1021	−0.2310	−0.1840	−0.1387	−0.3048
新疆	−0.0491	−0.1492	−0.2077	−0.3054	−0.0020	−0.0689	−0.1616	−0.0968	−0.1671	−0.3167

7.1.2　地位指数

1　九宫格形式

纵轴：2000年各省份体育彩票综合地位指数；横轴：2000年各省份经济水平综合地位指数

	次要 小于-0.1	居中 -0.1至0.1	重要 大于0.1
重要 大于0.1	板块五，共0省：	板块四，共1省：川	板块三，共5省：京津沪苏闽
居中 -0.1至0.1	板块六，共4省：晋琼黔陕	板块一，共4省：冀黑鄂湘	板块二，共2省：浙粤
次要 小于-0.1	板块七，共10省：蒙皖赣桂渝滇藏甘青宁	板块八，共3省：吉豫疆	板块九，共2省：辽鲁

纵轴：2000年各省份福利彩票综合地位指数；横轴：2000年各省份经济水平综合地位指数

	次要 小于-0.1	居中 -0.1至0.1	重要 大于0.1
重要 大于0.1	板块五，共2省：桂渝	板块四，共0省：	板块三，共3省：沪鲁粤
居中 -0.1至0.1	板块六，共9省：晋皖赣黔滇藏陕甘青	板块一，共6省：吉豫鄂湘川疆	板块二，共5省：京辽苏浙闽
次要 小于-0.1	板块七，共3省：蒙琼宁	板块八，共2省：冀黑	板块九，共1省：津

纵轴：2000年各省份全部彩票综合地位指数；横轴：2000年各省份经济水平综合地位指数

	次要 小于-0.1	居中 -0.1至0.1	重要 大于0.1
重要 大于0.1	板块五，共1省：渝	板块四，共1省：川	板块三，共7省：京津沪苏浙闽粤
居中 -0.1至0.1	板块六，共3省：桂黔陕	板块一，共3省：黑鄂疆	板块二，共2省：辽鲁
次要 小于-0.1	板块七，共10省：晋蒙皖赣琼滇藏甘青宁	板块八，共4省：冀吉豫湘	板块九，共0省：

纵轴：2000年各省份福利彩票综合地位指数；横轴：2000年各省份体育彩票综合地位指数

	次要 小于-0.1	居中 -0.1至0.1	重要 大于0.1
重要 大于0.1	板块五，共3省：鲁桂渝	板块四，共1省：粤	板块三，共1省：沪
居中 -0.1至0.1	板块六，共10省：辽吉皖赣豫滇藏甘青疆	板块一，共6省：晋浙鄂湘黔陕	板块二，共4省：京苏闽川
次要 小于-0.1	板块七，共2省：蒙宁	板块八，共3省：冀黑琼	板块九，共1省：津

图7.1.2A　2000年各省份地位指数情况

2　各区域情况

表7.1.2　2000年不同划分标准的各区域内省份地位指数均值

划分标准	区域	经济水平	体育彩票	福利彩票	全部彩票
行政区划七大区域	西北	−0.1495	−0.1294	−0.0741	−0.1340
	西南	−0.1477	0.0064	0.0450	0.0433
	华中	0.0204	−0.0492	−0.0555	−0.0718
	华南	0.0241	−0.0524	0.0976	0.0379

续 表

划分标准	区域	经济水平	体育彩票	福利彩票	全部彩票
行政区划七大区域	东北	0.0272	−0.0986	−0.0347	−0.0856
	华北	0.0324	0.1525	−0.1094	0.0017
	华东	0.1584	0.0647	0.0957	0.1147
地理位置三大区域	西部	−0.1461	−0.0799	−0.0017	−0.0484
	中部	−0.0499	−0.0850	−0.0716	−0.1082
	东部	0.1956	0.1490	0.0540	0.1315
	区域间彩票与经济关系		U 型	U 型	U 型
经济水平三大区域	后 10 省	−0.1732	−0.1292	−0.0194	−0.0939
	中 11 省	−0.0510	−0.0355	−0.0516	−0.0586
	前 10 省	0.2292	0.1683	0.0761	0.1584
	区域间彩票与经济关系		正向	U 型	正向

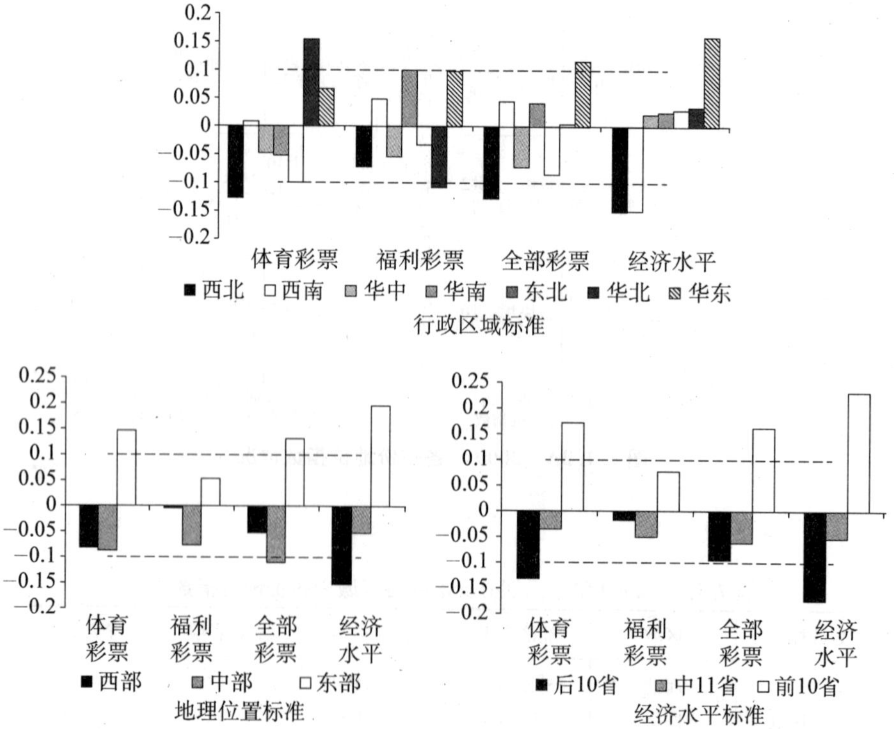

图 7.1.2B　2000 年不同划分标准的各区域内省份地位指数均值

7.1.3 脱钩指数

1 九宫格形式

2000年各省份体育彩票综合脱钩指数 \ 2000年各省份经济水平综合地位指数	次要 小于−0.1	挂钩 −0.1至0.1	重要 大于0.1
超出 大于0.1	板块五，共0省：	板块四，共1省：川	板块三，共3省：京 津 苏
挂钩 −0.1至0.1	板块六，共8省：晋 赣 琼 黔 藏 陕 甘 宁	板块一，共3省：冀 黑 鄂	板块二，共1省：闽
落后 小于−0.1	板块七，共6省：蒙 皖 桂 渝 滇 青	板块八，共4省：吉 豫 湘 疆	板块九，共5省：辽 沪 浙 鲁 粤

2000年各省份福利彩票综合脱钩指数 \ 2000年各省份经济水平综合地位指数	次要 小于−0.1	挂钩 −0.1至0.1	重要 大于0.1
超出 大于0.1	板块五，共2省：桂 渝	板块四，共0省：	板块三，共1省：沪
挂钩 −0.1至0.1	板块六，共9省：晋 皖 赣 黔 滇 藏 陕 甘 青	板块一，共3省：吉 川 疆	板块二，共1省：粤
落后 小于−0.1	板块七，共3省：蒙 琼 宁	板块八，共5省：冀 黑 豫 鄂 湘	板块九，共7省：京 津 辽 苏 浙 闽 鲁

2000年各省份全部彩票综合脱钩指数 \ 2000年各省份经济水平综合地位指数	次要 小于−0.1	挂钩 −0.1至0.1	重要 大于0.1
超出 大于0.1	板块五，共1省：渝	板块四，共1省：川	板块三，共0省：
挂钩 −0.1至0.1	板块六，共5省：桂 黔 藏 陕 甘	板块一，共1省：鄂	板块二，共4省：津 沪 苏 闽
落后 小于−0.1	板块七，共8省：晋 蒙 皖 赣 琼 滇 青 宁	板块八，共6省：冀 吉 黑 豫 湘 疆	板块九，共5省：京 辽 浙 鲁 粤

2000年各省份福利彩票综合脱钩指数 \ 2000年各省份体育彩票综合脱钩指数	落后 小于−0.1	挂钩 −0.1至0.1	超出 大于0.1
超出 大于0.1	板块五，共3省：沪 桂 渝	板块四，共0省：	板块三，共0省：
挂钩 −0.1至0.1	板块六，共6省：吉 皖 粤 滇 青 疆	板块一，共6省：晋 赣 黔 藏 陕 甘	板块二，共1省：川
落后 小于−0.1	板块七，共6省：蒙 辽 浙 鲁 豫 湘	板块八，共6省：冀 黑 闽 鄂 琼 宁	板块九，共3省：京 津 苏

图 7.1.3A 2000 年各省份脱钩指数情况

2 各区域情况

表 7.1.3 2000 年不同划分标准的各区域内省份脱钩指数均值

划分标准	区域	经济水平	体育彩票	福利彩票	全部彩票
行政区划七大区域	西北	−0.1495	−0.1053	−0.0584	−0.1164
	西南	−0.1477	0.0431	0.0733	0.0727
	华中	0.0204	−0.1182	−0.1329	−0.1586
	华南	0.0241	−0.1257	0.0159	−0.0551

续 表

划分标准	区域	经济水平	体育彩票	福利彩票	全部彩票
行政区划七大区域	东北	0.0272	−0.1868	−0.1313	−0.1942
	华北	0.0324	0.0496	−0.2208	−0.1231
	华东	0.1584	−0.1009	−0.0783	−0.0826
地理位置三大区域	西部	−0.1461	−0.0503	0.0195	−0.0260
	中部	−0.0499	−0.1102	−0.1052	−0.1478
	东部	0.1956	−0.0524	−0.1559	−0.1037
	区域间彩票与经济关系		不相关	负向	U 型
经济水平三大区域	后 10 省	−0.1732	−0.0796	0.0218	−0.0505
	中 11 省	−0.0510	−0.0654	−0.0899	−0.1021
	前 10 省	0.2292	−0.0546	−0.1552	−0.1007
	区域间彩票与经济关系		不相关	负向	不相关

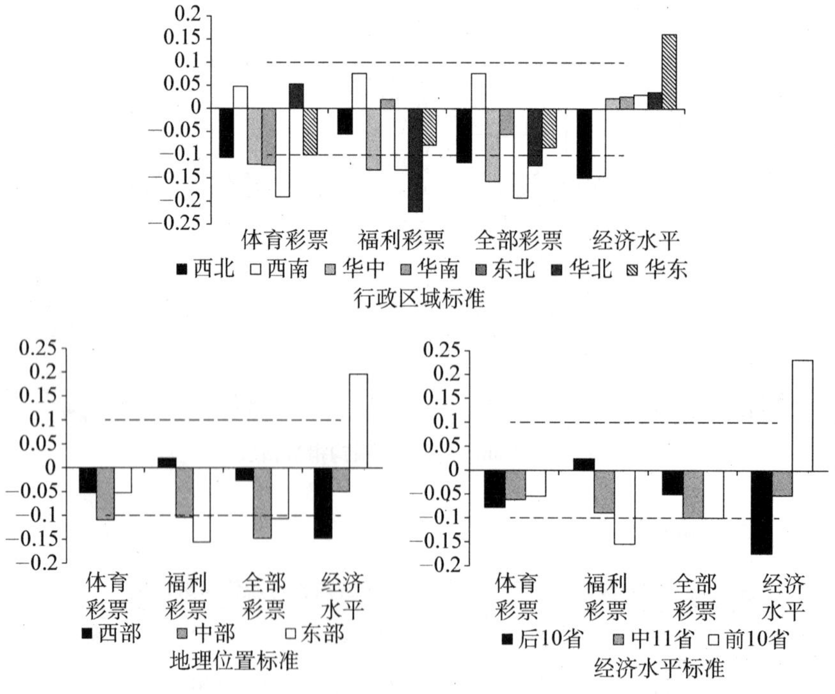

图 7.1.3B 2000 年不同划分标准的各区域内省份脱钩指数均值

7.1.4　开发指数

1　九宫格形式

2000年各省份体育彩票综合开发指数（纵轴） × 2000年各省份经济水平综合地位指数（横轴）

	次要 小于−0.1	适度 −0.1至0.1	重要 大于0.1
过度 大于0.1	板块五，共0省：	板块四，共1省：川	板块三，共1省：津
适度 −0.1至0.1	板块六，共1省：黔	板块一，共0省：	板块二，共3省：京 苏 闽
不足 小于−0.1	板块七，共13省：晋 蒙 皖 赣 桂 琼 黔 滇 藏 陕 甘 青 宁	板块八，共7省：冀 吉 黑 豫 鄂 湘 疆	板块九，共5省：辽 沪 浙 鲁 粤

2000年各省份福利彩票综合开发指数（纵轴） × 2000年各省份经济水平综合地位指数（横轴）

	次要 小于−0.1	适度 −0.1至0.1	过度 大于0.1
过度 大于0.1	板块五，共1省：渝	板块四，共0省：	板块三，共1省：沪
适度 −0.1至0.1	板块六，共1省：桂	板块一，共0省：	板块二，共0省：
不足 小于−0.1	板块七，共12省：晋 蒙 皖 赣 琼 黔 滇 藏 陕 甘 青 宁	板块八，共8省：冀 吉 黑 豫 鄂 湘 川 疆	板块九，共8省：京 津 辽 苏 浙 闽 鲁 粤

2000年各省份全部彩票综合开发指数（纵轴） × 2000年各省份经济水平综合地位指数（横轴）

	次要 小于−0.1	适度 −0.1至0.1	重要 大于0.1
过度 大于0.1	板块五，共0省：	板块四，共0省：	板块三，共0省：
适度 −0.1至0.1	板块六，共1省：渝	板块一，共1省：川	板块二，共0省：
不足 小于−0.1	板块七，共13省：晋 蒙 皖 赣 桂 琼 黔 滇 藏 陕 甘 青 宁	板块八，共7省：冀 吉 黑 豫 鄂 湘 疆	板块九，共9省：京 津 辽 沪 苏 浙 闽 鲁 粤

2000年各省份福利彩票综合开发指数（纵轴） × 2000年各省份体育彩票综合开发指数（横轴）

	不足 小于−0.1	适度 −0.1至0.1	过度 大于0.1
过度 大于0.1	板块五，共2省：沪 渝	板块四，共0省：	板块三，共0省：
适度 −0.1至0.1	板块六，共1省：桂	板块一，共0省：	板块二，共0省：
不足 小于−0.1	板块七，共22省：晋 鲁 蒙 辽 吉 黑 浙 皖 赣 鲁 豫 鄂 湘 粤 琼 滇 藏 陕 甘 青 宁 疆	板块八，共4省：京 苏 闽 黔	板块九，共2省：津 川

图 7.1.4A　2000 年各省份开发指数情况

2　各区域情况

表 7.1.4　2000 年不同划分标准的各区域内省份开发指数均值

划分标准	区域	经济水平	体育彩票	福利彩票	全部彩票
行政区划七大区域	西北	−0.1495	−0.2316	−0.1904	−0.2908
	西南	−0.1477	−0.1040	−0.0932	−0.1357
	华中	0.0204	−0.2680	−0.3155	−0.4061
	华南	0.0241	−0.2897	−0.1683	−0.3107

续　表

划分标准	区域	经济水平	体育彩票	福利彩票	全部彩票
行政区划七大区域	东北	0.0272	−0.3414	−0.2874	−0.4262
	华北	0.0324	−0.1029	−0.3541	−0.3389
	华东	0.1584	−0.2916	−0.2692	−0.3760
地理位置三大区域	西部	−0.1461	−0.1897	−0.1327	−0.2211
	中部	−0.0499	−0.2683	−0.2838	−0.3851
	东部	0.1956	−0.2279	−0.3204	−0.3776
	区域间彩票与经济关系		不相关	负向	U 型
经济水平三大区域	后 10 省	−0.1732	−0.2275	−0.1367	−0.2496
	中 11 省	−0.0510	−0.2104	−0.2531	−0.3225
	前 10 省	0.2292	−0.2341	−0.3235	−0.3844
	区域间彩票与经济关系		不相关	负向	负向

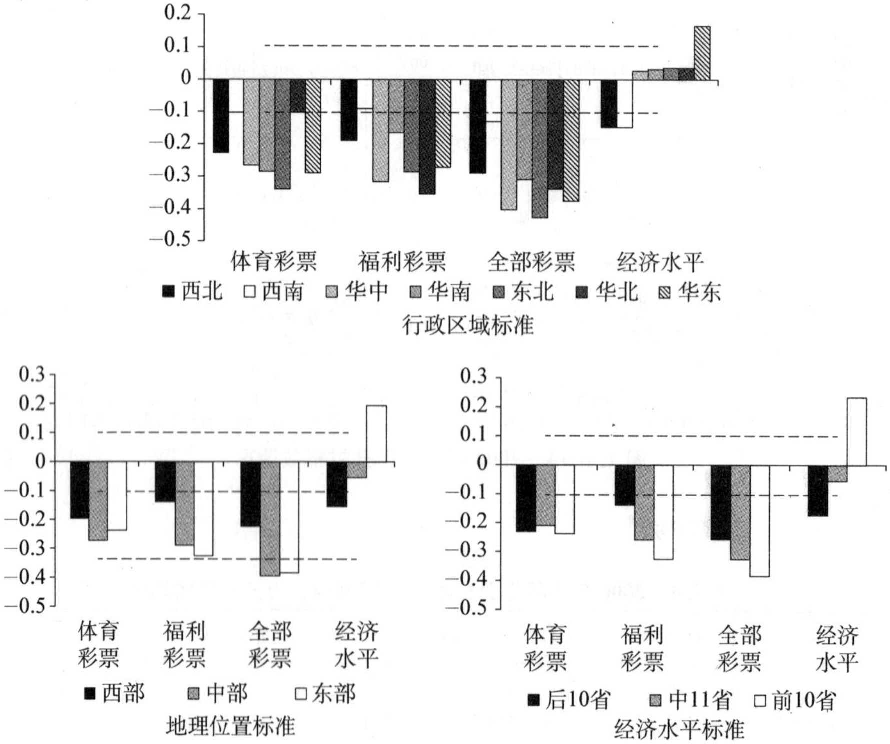

图 7.1.4B　2000 年不同划分标准的各区域内省份开发指数均值

7.1.5　本年小结

1　各项表征指数总结

表 7.1.5A　2000 年各种类彩票三项表征指数总结

综合地位指数情况

彩票种类	各省份均值	经济相关性		板块比较				区域比较形状	
		系数	标准	三十七	五十九	差	标准	地理	经济
体育彩票	0.0000	0.5463	强正向	5+10	0+2	13	远大于	U 型	正向
福利彩票	0.0000	0.5157	强正向	3+3	2+1	3	接近	U 型	U 型
全部彩票	0.0000	0.7107	强正向	7+10	1+0	16	远大于	U 型	正向

综合脱钩指数情况

彩票种类	各省份均值	经济相关性		板块比较				区域比较形状	
		系数	标准	三十七	五十九	差	标准	地理	经济
体育彩票	−0.0665	−0.0577	不相关	3+6	0+5	4	接近	不相关	不相关
福利彩票	−0.0749	−0.2487	不相关	1+3	2+7	−5	略小于	负向	负向
全部彩票	−0.0850	−0.0346	不相关	0+8	1+5	2	接近	U 型	不相关

综合开发指数情况

彩票种类	各省份均值	经济相关性		板块比较				区域比较形状	
		系数	标准	三十四十五	七十八十九	差	标准	地理	经济
体育彩票	−0.2236	−0.1553	不相关	1+1+0	13+7+5	−23	远小于	不相关	不相关
福利彩票	−0.2383	−0.2865	不相关	1+0+1	12+8+8	−26	远小于	负向	负向
全部彩票	−0.3190	−0.3275	弱负向	0+0+0	13+7+9	−29	远小于	U 型	负向

2　体育彩票与福利彩票的对比

表 7.1.5B　2000 年体育彩票与福利彩票各项表征指数的对比

指数种类	两种彩票相关性		分布一致板块				分布相反板块		
	系数	标准	一	三	七	合计	九	五	差额
地位指数	0.0839	不相关	6	1	2	9	1	3	−2
脱钩指数	−0.2864	不相关	6	0	6	12	3	3	0
开发指数	−0.2312	不相关	0	0	22	22	2	2	0

7.2 2005 年

7.2.1 基本数据

表 7.1.1 2005 年各省份各种类彩票各项表征指数情况

彩票种类	经济	体育彩票			福利彩票			全部彩票		
表征指数	地位	地位	脱钩	开发	地位	脱钩	开发	地位	脱钩	开发
经济相关	1	0.3667	−0.2943	−0.6150	0.3094	−0.4973	−0.4083	0.4095	−0.4383	−0.5811
平均值	0.0000	0.0000	0.0605	−0.1669	0.0000	0.0293	0.0142	0.0000	0.0128	−0.0774
标准差	0.1939	0.2025	0.2016	0.2293	0.1564	0.1714	0.1627	0.1740	0.1780	0.1915
大于 0.1 省份数	7	6	13	3	6	9	8	6	6	3
−0.1 至 0.1 省份数	11	16	12	8	16	16	17	15	20	13
小于−0.1 省份数	13	9	6	20	9	6	6	10	5	15
最大值	0.4285	0.5340	0.6476	0.4099	0.3969	0.4793	0.4398	0.5418	0.6105	0.5036
对应省份	上海	黑龙江	黑龙江	黑龙江	黑龙江	黑龙江	黑龙江	黑龙江	黑龙江	黑龙江
第 2 大值	0.4168	0.3672	0.4668	0.2288	0.3680	0.3196	0.2971	0.3427	0.3877	0.2805
对应省份	广东	福建	湖北	湖北	北京	新疆	新疆	北京	湖北	湖北
第 2 小值	−0.1973	−0.2912	−0.1856	−0.6081	−0.1852	−0.2589	−0.2245	−0.2391	−0.2685	−0.4397
对应省份	西藏	海南	广东	广东	江西	上海	上海	西藏	江苏	江苏
最小值	−0.1988	−0.2989	−0.3780	−0.7709	−0.2174	−0.2958	−0.3058	−0.2447	−0.3691	−0.5333
对应省份	贵州	广西	上海	上海	福建	江苏	江苏	海南	上海	上海
北京	0.4111	0.1166	−0.1626	−0.4552	0.3680	0.0576	0.1351	0.3427	−0.0182	−0.1117
天津	0.1851	0.3208	0.2170	−0.0527	−0.1017	−0.2367	−0.2160	0.0791	−0.0919	−0.1988
河北	0.0414	0.0172	0.0670	−0.2087	−0.0248	−0.0062	−0.0325	−0.0095	−0.0101	−0.1260
山西	−0.0533	−0.1629	−0.0772	−0.2395	−0.0311	0.0234	0.0237	−0.1029	−0.0582	−0.1085
内蒙古	−0.0041	−0.0489	−0.0063	−0.1712	−0.0902	−0.0788	−0.0649	−0.0822	−0.0847	−0.1321
辽宁	0.0552	0.0326	0.0595	−0.2071	0.1908	0.1865	0.1691	0.1586	0.1326	0.0214
吉林	−0.0794	0.0110	0.1197	−0.0627	0.0030	0.0807	0.0635	0.0125	0.0798	0.0102
黑龙江	−0.0646	0.5340	0.6476	0.4099	0.3969	0.4793	0.4398	0.5418	0.6105	0.5036
上海	0.4285	−0.1103	−0.3780	−0.7709	0.0400	−0.2589	−0.2245	−0.0130	−0.3691	−0.5333
江苏	0.3052	0.0698	−0.0482	−0.4538	−0.1466	−0.2958	−0.3058	−0.0800	−0.2685	−0.4397
浙江	0.2508	0.2630	0.1618	−0.1971	−0.0677	−0.2000	−0.2035	0.0680	−0.1014	−0.2517
安徽	−0.1190	−0.0194	0.1343	−0.0664	−0.0762	0.0463	0.0083	−0.0635	0.0520	−0.0328
福建	0.0093	0.3672	0.4257	0.1658	−0.2174	−0.1900	−0.2179	−0.0022	0.0057	−0.1080

续 表

彩票种类	经济	体育彩票			福利彩票			全部彩票		
表征指数	地位	地位	脱钩	开发	地位	脱钩	开发	地位	脱钩	开发
江西	−0.1280	0.0275	0.1798	−0.0013	−0.1852	−0.0641	−0.0953	−0.1011	0.0137	−0.0595
山东	0.2626	0.0922	0.0091	−0.3809	0.2741	0.1598	0.1445	0.2242	0.0751	−0.0884
河南	0.0189	0.0478	0.1165	−0.1429	−0.1063	−0.0687	−0.0940	−0.0494	−0.0276	−0.1327
湖北	−0.0823	0.3334	0.4668	0.2288	0.1906	0.2929	0.2479	0.2968	0.3877	0.2805
湖南	−0.0734	0.0236	0.1454	−0.0682	−0.0817	0.0090	−0.0217	−0.0474	0.0333	−0.0543
广东	0.4168	0.0069	−0.1856	−0.6081	0.0795	−0.1441	−0.1290	0.0645	−0.2034	−0.3677
广西	−0.1237	−0.2989	−0.1524	−0.3205	0.0371	0.1525	0.1287	−0.1176	−0.0077	−0.0705
海南	−0.1687	−0.2912	−0.1237	−0.2730	−0.1491	−0.0127	−0.0406	−0.2447	−0.1127	−0.1718
重庆	−0.1292	−0.2326	−0.0845	−0.2618	−0.0663	0.0506	0.0210	−0.1598	−0.0498	−0.1219
四川	−0.0786	−0.0943	0.0376	−0.1861	−0.1030	−0.0023	−0.0395	−0.1309	−0.0397	−0.1340
贵州	−0.1988	−0.2578	−0.0631	−0.1899	−0.1161	0.0474	0.0211	−0.2097	−0.0453	−0.0885
云南	−0.1549	−0.0350	0.1351	−0.0304	−0.0117	0.1273	0.0955	−0.0305	0.1047	0.0394
西藏	−0.1973	−0.2864	−0.1003	−0.2305	−0.1413	0.0136	−0.0137	−0.2391	−0.0856	−0.1345
陕西	−0.1086	−0.0761	0.0545	−0.1067	0.0546	0.1541	0.1382	−0.0091	0.0839	0.0274
甘肃	−0.1735	−0.1673	0.0069	−0.1293	−0.0863	0.0568	0.0336	−0.1415	−0.0002	−0.0479
青海	−0.1836	−0.1823	−0.0048	−0.1460	−0.0212	0.1251	0.0966	−0.1025	0.0408	−0.0144
宁夏	−0.1545	−0.0002	0.1490	0.0295	−0.0329	0.0851	0.0758	−0.0129	0.1020	0.0667
新疆	−0.1092	0.0002	0.1286	−0.0465	0.2223	0.3196	0.2971	0.1612	0.2498	0.1806

7.2.2 地位指数

1 九宫格形式

2005年各省份体育彩票综合地位指数 \ 2005年各省份经济水平综合地位指数	次要 小于−0.1	居中 −0.1至0.1	重要 大于0.1
重要 大于0.1	板块五，共0省：	板块四，共3省：黑 闽 鄂	板块三，共3省：京 津 浙
居中 −0.1至0.1	板块六，共6省：皖 赣 滇 陕 宁 疆	板块一，共7省：冀 蒙 辽 吉 豫 湘 川	板块二，共3省：苏 鲁 粤
次要 小于−0.1	板块七，共7省：桂 琼 渝 黔 藏 甘 青	板块八，共1省：晋	板块九，共1省：沪

2005年各省份福利彩票综合地位指数 \ 2005年各省份经济水平综合地位指数	次要 小于−0.1	居中 −0.1至0.1	重要 大于0.1
重要 大于0.1	板块五，共1省：疆	板块四，共3省：辽 黑 鄂	板块三，共2省：京 鲁
居中 −0.1至0.1	板块六，共8省：皖桂渝滇陕甘青宁	板块一，共5省：冀 晋 蒙 吉 湘	板块二，共3省：沪 浙 粤
次要 小于−0.1	板块七，共4省：赣 琼 黔 藏	板块八，共3省：闽 豫 川	板块九，共2省：津 苏

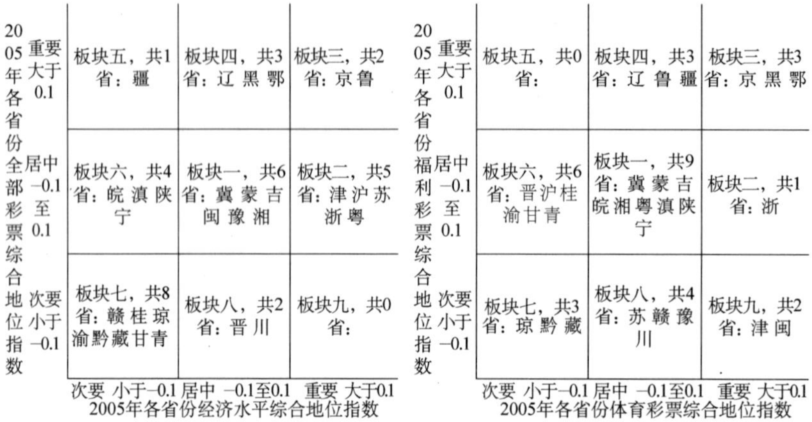

图 7.2.2A　2005 年各省份地位指数情况

2　各区域情况

表 7.2.2　2005 年不同划分标准的各区域内省份地位指数均值

划分标准	区域	经济水平	体育彩票	福利彩票	全部彩票
行政区划七大区域	西南	−0.1518	−0.1812	−0.0877	−0.1540
	西北	−0.1459	−0.0852	0.0273	−0.0210
	华中	−0.0456	0.1349	0.0009	0.0667
	东北	−0.0296	0.1925	0.1969	0.2376
	华南	0.0415	−0.1944	−0.0108	−0.0993
	华北	0.1160	0.0486	0.0240	0.0455
	华东	0.1442	0.0986	−0.0542	0.0046
地理位置三大区域	西部	−0.1347	−0.1400	−0.0296	−0.0896
	中部	−0.0727	0.0994	0.0138	0.0608
	东部	0.1998	0.0804	0.0223	0.0534
	区域间彩票与经济关系		倒 U 型	不相关	倒 U 型
经济水平三大区域	后 10 省	−0.1612	−0.1724	−0.0773	−0.1359
	中 11 省	−0.0694	0.0789	0.0243	0.0522
	前 10 省	0.2376	0.0857	0.0505	0.0785
	区域间彩票与经济关系		正向	正向	正向

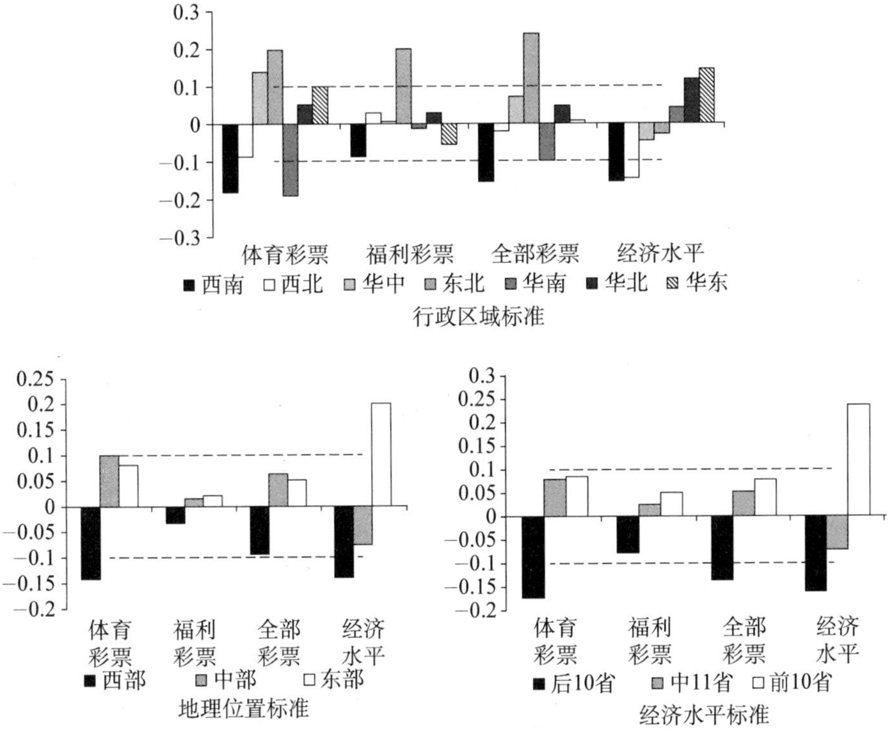

图 7.2.2B　2005 年不同划分标准的各区域内省份地位指数均值

7.2.3　脱钩指数

1　九宫格形式

2005年各省份体育彩票综合脱钩指数 \ 2005年各省份经济水平综合地位指数	次要 小于−0.1	适度 −0.1至0.1	重要 大于0.1
超出 大于0.1	板块五，共5省：皖 赣 滇 宁 疆	板块四，共6省：吉 黑 闽 豫 鄂 湘	板块三，共2省：津 浙
适度 −0.1至0.1	板块六，共5省：渝 黔 陕 甘 青	板块一，共2省：冀 晋 蒙 辽 川	板块二，共2省：苏 鲁
不足 小于−0.1	板块七，共3省：桂 琼 藏	板块八，共0省：	板块九，共3省：京 沪 粤

2005年各省份福利彩票综合脱钩指数 \ 2005年各省份经济水平综合地位指数	次要 小于−0.1	挂钩 −0.1至0.1	重要 大于0.1
超出 大于0.1	板块五，共5省：桂 滇 陕 青 疆	板块四，共3省：辽 黑 鄂	板块三，共1省：鲁
挂钩 −0.1至0.1	板块六，共10省：皖赣琼渝黔藏甘宁	板块一，共7省：冀 晋 蒙 吉 豫 湘 川	板块二，共1省：京
落后 小于−0.1	板块七，共0省：	板块八，共1省：闽	板块九，共5省：津 沪 苏 浙 粤

2005年各省份全部彩票综合脱钩指数	次要 小于-0.1	挂钩 -0.1至0.1	重要 大于0.1
超出 大于0.1	板块五，共3省：滇 宁 疆	板块四，共3省：辽 黑 鄂	板块三，共0省：0
挂钩 -0.1至0.1	板块六，共9省：皖 赣 桂 渝 黔 藏 陕 甘 青	板块一，共8省：冀 晋 蒙 吉 闽 豫 湘 川	板块二，共3省：京 津 鲁
落后 小于-0.1	板块七，共1省：琼	板块八，共0省：	板块九，共4省：沪 苏 浙 粤

2005年各省份经济水平综合地位指数

2005年各省份福利彩票综合地位指数	落后 小于-0.1	挂钩 -0.1至0.1	超出 大于0.1
超出 大于0.1	板块五，共1省：桂	板块四，共4省：辽 鲁 陕 青	板块三，共4省：黑 鄂 滇 疆
挂钩 -0.1至0.1	板块六，共3省：京 琼 藏	板块一，共7省：冀 晋 蒙 渝 川 黔 甘	板块二，共6省：吉 皖 赣 豫 湘 宁
落后 小于-0.1	板块七，共2省：沪 粤	板块八，共1省：苏	板块九，共3省：津 浙 闽

2005年各省份体育彩票综合脱钩指数

图 7.2.3A　2005 年各省份脱钩指数情况

2　各区域情况

表 7.2.3　2005 年不同划分标准的各区域内省份脱钩指数均值

划分标准	区域	经济水平	体育彩票	福利彩票	全部彩票
行政区划七大区域	西南	−0.1518	−0.0150	0.0473	−0.0231
	西北	−0.1459	0.0668	0.1481	0.0953
	华中	−0.0456	0.2429	0.0777	0.1311
	东北	−0.0296	0.2756	0.2488	0.2743
	华南	0.0415	−0.1539	−0.0015	−0.1079
	华北	0.1160	0.0076	−0.0481	−0.0526
	华东	0.1442	0.0692	−0.1147	−0.0846
地理位置三大区域	西部	−0.1347	0.0084	0.0876	0.0223
	中部	−0.0727	0.2166	0.0999	0.1364
	东部	0.1998	0.0038	−0.0855	−0.0874
	区域间彩票与经济关系		倒 U 型	倒 U 型	倒 U 型
经济水平三大区域	后 10 省	−0.1612	−0.0058	0.0581	−0.0040
	中 11 省	−0.0694	0.1888	0.1031	0.1200
	前 10 省	0.2376	−0.0144	−0.0807	−0.0883
	区域间彩票与经济关系		倒 U 型	倒 U 型	倒 U 型

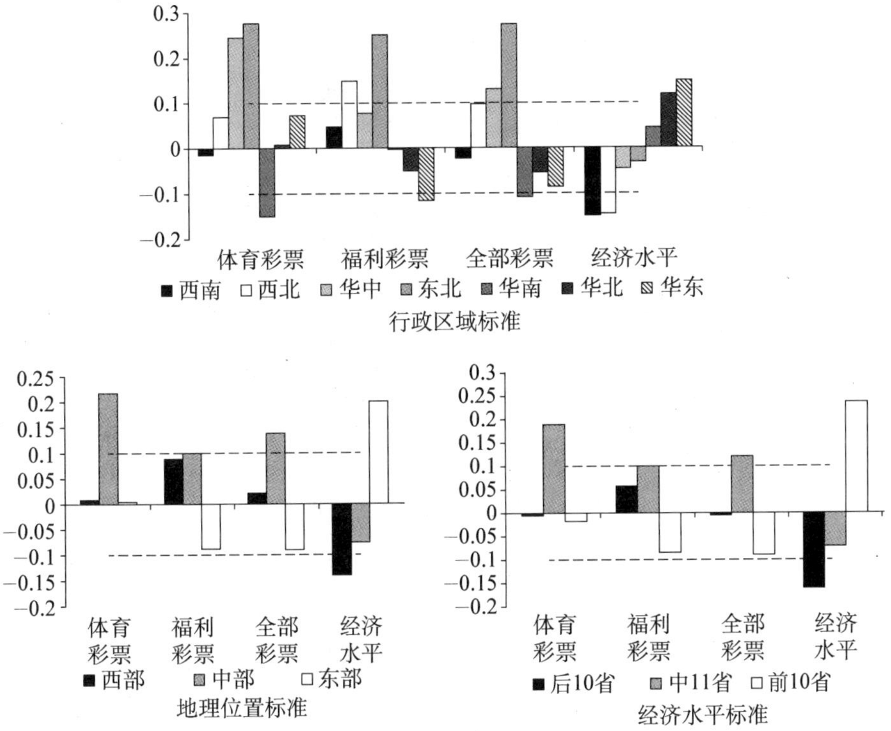

图 7.2.3B　2005 年不同划分标准的各区域内省份脱钩指数均值

7.2.4　开发指数

1　九宫格形式

2005年各省份体育彩票综合开发指数	次要 小于−0.1	适度 −0.1至0.1	重要 大于0.1
过度 大于0.1	板块五，共0省：	板块四，共3省：黑 闽 鄂	板块三，共0省：
适度 −0.1至0.1	板块六，共5省：皖 赣 滇 宁 疆	板块一，共2省：吉 湘	板块二，共1省：津
不足 小于−0.1	板块七，共8省：桂 琼 渝 黔藏陕甘青	板块八，共6省：冀 晋 蒙 辽 豫 川	板块九，共6省：京 沪 苏 浙 鲁 粤

2005年各省份经济水平综合地位指数

2005年各省份福利彩票综合开发指数	次要 小于−0.1	适度 −0.1至0.1	过度 大于0.1
过度 大于0.1	板块五，共3省：桂 陕 疆	板块四，共3省：辽 黑 鄂	板块三，共2省：京 鲁
适度 −0.1至0.1	板块六，共10省：皖 赣 琼 渝黔滇藏甘 青宁	板块一，共7省：冀 晋 蒙 吉 豫 湘 川	板块二，共0省：
不足 小于−0.1	板块七，共0省：	板块八，共1省：闽	板块九，共5省：津 沪 苏 浙 粤

2005年各省份经济水平综合地位指数

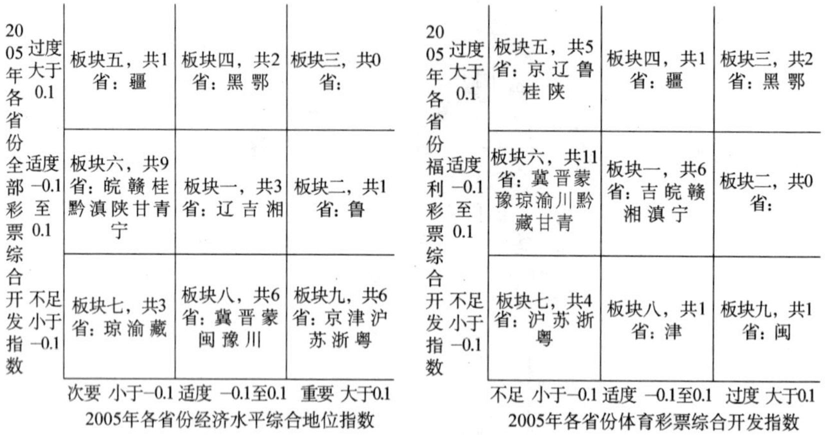

图 7.2.4A　2005 年各省份开发指数情况

2　各区域情况

表 7.2.4　2005 年不同划分标准的各区域内省份开发指数均值

划分标准	区域	经济水平	体育彩票	福利彩票	全部彩票
行政区划七大区域	西南	−0.1518	−0.1797	0.0169	−0.0879
	西北	−0.1459	−0.0798	0.1283	0.0425
	华中	−0.0456	0.0059	0.0441	0.0312
	东北	−0.0296	0.0467	0.2241	0.1784
	华南	0.0415	−0.4006	−0.0136	−0.2033
	华北	0.1160	−0.2255	−0.0309	−0.1354
	华东	0.1442	−0.2435	−0.1278	−0.2162
地理位置三大区域	西部	−0.1347	−0.1491	0.0658	−0.0358
	中部	−0.0727	0.0072	0.0715	0.0508
	东部	0.1998	−0.3129	−0.0837	−0.2160
	区域间彩票与经济关系		倒 U 型	倒 U 型	倒 U 型
经济水平三大区域	后 10 省	−0.1612	−0.1553	0.0323	−0.0603
	中 11 省	−0.0694	−0.0130	0.0795	0.0393
	前 10 省	0.2376	−0.3477	−0.0757	−0.2229
	区域间彩票与经济关系		倒 U 型	倒 U 型	倒 U 型

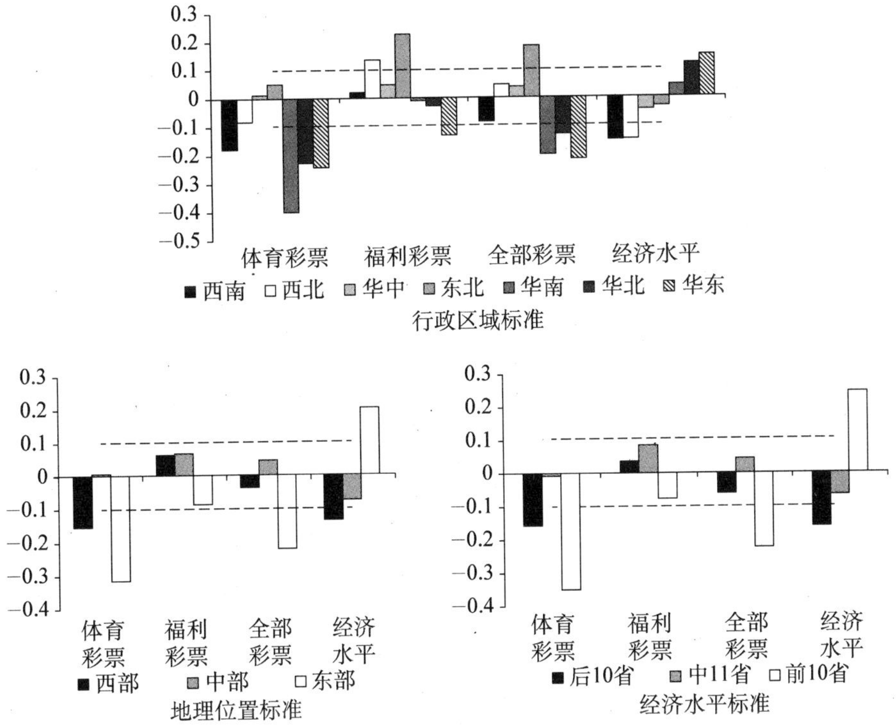

图 7.2.4B　2005 年不同划分标准的各区域内省份开发指数均值

7.2.5　本年小结

1　各项表征指数总结

表 7.2.5A　2005 年各种类彩票三项表征指数总结

综合地位指数情况									
彩票种类	各省份均值	经济相关性		板块比较				区域比较形状	
		系数	标准	三十七	五十九	差	标准	地理	经济
体育彩票	0.0000	0.3667	中正向	3+7	0+1	9	大于	倒U型	正向
福利彩票	0.0000	0.3094	弱正向	2+4	1+2	3	接近	不相关	正向
全部彩票	0.0000	0.4095	中正向	2+8	1+0	9	大于	倒U型	正向

续 表

综合脱钩指数情况

彩票种类	各省份均值	经济相关性		板块比较				区域比较形状	
		系数	标准	三十七	五十九	差	标准	地理	经济
体育彩票	0.0605	−0.2943	不相关	2+3	5+3	−3	接近	倒U型	倒U型
福利彩票	0.0293	−0.4973	强负向	1+0	5+5	−9	小于	倒U型	倒U型
全部彩票	0.0128	−0.4383	中负向	0+1	3+4	−6	略小于	倒U型	倒U型

综合开发指数情况

彩票种类	各省份均值	经济相关性		板块比较				区域比较形状	
		系数	标准	三十四十五	七十八十九	差	标准	地理	经济
体育彩票	−0.1669	−0.6150	强负向	0+3+0	8+6+6	−17	远小于	倒U型	倒U型
福利彩票	0.0142	−0.4083	中负向	2+3+3	0+1+5	2	接近	倒U型	倒U型
全部彩票	−0.0774	−0.5811	强负向	0+2+1	3+6+6	−12	小于	倒U型	倒U型

2 体育彩票与福利彩票的对比

表 7.2.5B 2005 年体育彩票与福利彩票各项表征指数的对比

指数种类	两种彩票相关性		分布一致板块				分布相反板块		
	系数	标准	一	三	七	合计	九	五	差额
地位指数	0.3645	中正向	9	3	3	15	2	0	2
脱钩指数	0.3997	中正向	7	4	2	13	3	1	2
开发指数	0.4560	强正向	6	2	4	12	1	5	−4

7.3 2010 年

7.3.1 基本数据

表 7.3.1 2010 年各省份各种类彩票各项表征指数情况

彩票种类	经济	体育彩票			福利彩票			全部彩票		
表征指数	地位	地位	脱钩	开发	地位	脱钩	开发	地位	脱钩	开发
经济相关	1	0.6299	−0.1466	−0.3475	0.3892	−0.5117	−0.5266	0.6089	−0.4168	−0.5651
平均值	0.0000	0.0000	−0.0118	−0.1904	0.0000	−0.0327	0.0146	0.0000	−0.0663	−0.1012
标准差	0.1904	0.1704	0.1359	0.1383	0.1352	0.1459	0.1440	0.1477	0.1304	0.1372
大于 0.1 省份数	8	8	7	1	6	5	9	6	2	2
−0.1 至 0.1 省份数	13	14	16	7	15	16	15	18	17	11
小于 −0.1 省份数	10	9	8	23	10	10	7	7	12	18

续 表

彩票种类	经济	体育彩票			福利彩票			全部彩票		
表征指数	地位	地位	脱钩	开发	地位	脱钩	开发	地位	脱钩	开发
最大值 对应省份	0.3956 江苏	0.4248 江苏	0.3234 云南	0.1399 云南	0.2960 北京	0.2536 西藏	0.3220 海南	0.3968 北京	0.2846 云南	0.2387 云南
第2大值 对应省份	0.3378 广东	0.3906 北京	0.2126 福建	0.0449 江西	0.2262 浙江	0.2504 海南	0.2541 西藏	0.2628 浙江	0.1996 西藏	0.1465 西藏
第2小值 对应省份	−0.2694 贵州	−0.2057 广西	−0.1964 内蒙古	−0.3897 内蒙古	−0.1752 河南	−0.2344 江苏	−0.1841 江苏	−0.1890 广西	−0.2598 内蒙古	−0.3035 内蒙古
最小值 对应省份	−0.2957 西藏	−0.2450 海南	−0.2705 上海	−0.5294 上海	−0.2386 江西	−0.3544 天津	−0.2747 天津	−0.2081 山西	−0.3174 上海	−0.4165 上海
北京	0.2815	0.3906	0.1607	−0.0791	0.2960	0.0452	0.0801	0.3968	0.0808	0.0001
天津	0.2807	0.2568	0.0048	−0.1848	−0.0815	−0.3544	−0.2747	0.0820	−0.2528	−0.2832
河北	−0.0019	−0.1349	−0.1248	−0.3232	−0.1074	−0.1182	−0.0910	−0.1470	−0.1911	−0.2482
山西	−0.0701	−0.1890	−0.1642	−0.3031	−0.1561	−0.1522	−0.0788	−0.2081	−0.2291	−0.2267
内蒙古	0.0868	−0.1102	−0.1964	−0.3897	−0.0706	−0.1777	−0.1295	−0.1089	−0.2598	−0.3035
辽宁	0.1169	−0.0429	−0.1376	−0.3239	0.1861	0.0704	0.1256	0.0946	−0.0644	−0.1039
吉林	−0.0730	−0.0381	−0.0032	−0.1867	−0.1063	−0.0923	−0.0569	−0.0893	−0.1047	−0.1445
黑龙江	−0.0821	−0.0701	−0.0260	−0.1964	−0.0741	−0.0509	−0.0065	−0.0852	−0.0887	−0.1174
上海	0.3139	−0.0259	−0.2705	−0.5294	0.0668	−0.1987	−0.1769	0.0172	−0.3174	−0.4165
江苏	0.3956	0.4248	0.1694	−0.0563	0.0418	−0.2344	−0.1841	0.2628	−0.0781	−0.1552
浙江	0.2637	0.2106	0.0241	−0.1836	0.2262	0.0187	0.0722	0.2628	−0.0002	−0.0585
安徽	−0.1000	−0.0950	−0.0345	−0.1881	−0.1302	−0.0906	−0.0354	−0.1370	−0.1200	−0.1345
福建	0.0588	0.2692	0.2126	0.0258	−0.1264	−0.2039	−0.1557	0.0633	−0.0537	−0.0942
江西	−0.1172	0.1258	0.1913	0.0449	−0.2386	−0.1940	−0.1338	−0.0798	−0.0565	−0.0635
山东	0.2439	0.0526	−0.0802	−0.3265	0.1309	−0.0228	−0.0103	0.1158	−0.0916	−0.1937
河南	−0.0075	−0.0719	−0.0506	−0.2474	−0.1752	−0.1748	−0.1483	−0.1562	−0.1874	−0.2447
湖北	−0.0073	−0.0995	−0.1043	−0.2644	0.0149	−0.0107	0.0504	−0.0463	−0.1023	−0.1210
湖南	−0.0380	−0.1144	−0.0938	−0.2541	−0.1473	−0.1477	−0.0911	−0.1646	−0.1925	−0.2127
广东	0.3378	0.1785	−0.0129	−0.2621	0.2212	0.0089	0.0290	0.2443	−0.0281	−0.1325
广西	−0.1205	−0.2057	−0.1370	−0.2841	−0.0728	−0.0250	0.0342	−0.1890	−0.1623	−0.1701
海南	−0.1507	−0.2450	−0.1741	−0.3057	0.2005	0.2504	0.3220	0.0012	0.0318	0.0414
重庆	−0.0953	−0.0874	−0.0402	−0.2041	0.0284	0.0547	0.1038	−0.0362	−0.0355	−0.0573
四川	−0.0632	−0.0220	0.0239	−0.1446	−0.1085	−0.0836	−0.0380	−0.0790	−0.0798	−0.1095
贵州	−0.2694	−0.0135	0.1700	−0.0052	−0.1115	0.0511	0.0676	−0.0718	0.0786	0.0402
云南	−0.2303	0.1635	0.3234	0.1399	0.0778	0.2169	0.2306	0.1613	0.2846	0.2387
西藏	−0.2957	−0.0556	0.1422	−0.0496	0.0767	0.2536	0.2541	0.0357	0.1996	0.1465
陕西	−0.0595	−0.1084	−0.0880	−0.2365	−0.0222	−0.0226	0.0437	−0.0741	−0.1010	−0.1078
甘肃	−0.2194	−0.1579	−0.0218	−0.1713	−0.0113	0.1038	0.1495	−0.0897	0.0112	−0.0002
青海	−0.1547	−0.1035	−0.0315	−0.1618	0.0169	0.0681	0.1404	−0.0419	−0.0099	0.0011
宁夏	−0.1298	−0.0101	0.0429	−0.0901	0.0935	0.1256	0.1991	0.0591	0.0697	0.0790
新疆	−0.0941	−0.0714	−0.0405	−0.1605	0.0622	0.0722	0.1600	0.0072	−0.0049	0.0163

7.3.2 地位指数

1 九宫格形式

2010年各省份体育彩票综合地位指数	次要 小于-0.1	居中 -0.1至0.1	重要 大于0.1
重要 大于0.1	板块五，共2省：赣滇	板块四，共1省：闽	板块三，共5省：京津苏浙粤
居中 -0.1至0.1	板块六，共4省：皖黔藏宁	板块一，共7省：吉黑豫鄂渝川疆	板块二，共3省：辽沪鲁
次要 小于-0.1	板块七，共4省：桂琼甘青	板块八，共5省：冀晋蒙湘陕	板块九，共0省：

2010年各省份经济水平综合地位指数

2010年各省份福利彩票综合地位指数	次要 小于-0.1	居中 -0.1至0.1	重要 大于0.1
重要 大于0.1	板块五，共1省：琼	板块四，共0省：	板块三，共5省：京辽浙鲁粤
居中 -0.1至0.1	板块六，共6省：桂滇藏甘青宁	板块一，共6省：吉黑鄂渝陕疆	板块二，共3省：津沪苏
次要 小于-0.1	板块七，共3省：皖赣黔	板块八，共7省：冀晋吉闽豫湘川	板块九，共0省：

2010年各省份经济水平综合地位指数

2010年各省份全部彩票综合地位指数	次要 小于-0.1	居中 -0.1至0.1	重要 大于0.1
重要 大于0.1	板块五，共1省：滇	板块四，共0省：	板块三，共5省：京苏浙鲁粤
居中 -0.1至0.1	板块六，共7省：赣琼黔藏甘青宁	板块一，共8省：吉黑闽鄂渝川陕疆	板块二，共3省：津辽沪
次要 小于-0.1	板块七，共2省：皖桂	板块八，共5省：冀晋蒙豫湘	板块九，共0省：

2010年各省份经济水平综合地位指数

2010年各省份福利彩票综合地位指数	次要 小于-0.1	居中 -0.1至0.1	重要 大于0.1
重要 大于0.1	板块五，共1省：琼	板块四，共2省：辽鲁	板块三，共3省：京浙粤
居中 -0.1至0.1	板块六，共5省：蒙桂陕甘青	板块一，共7省：黑沪鄂渝藏宁疆	板块二，共3省：津苏滇
次要 小于-0.1	板块七，共3省：冀晋湘	板块八，共5省：吉皖豫川黔	板块九，共2省：闽赣

2010年各省份体育彩票综合地位指数

图 7.3.2A 2010 年各省份地位指数情况

2 各区域情况

表 7.3.2 2010 年不同划分标准的各区域内省份地位指数均值

划分标准	区域	经济水平	体育彩票	福利彩票	全部彩票
行政区划七大区域	西南	−0.1908	−0.0030	−0.0074	0.0020
	西北	−0.1315	−0.0903	0.0278	−0.0279
	华中	−0.0176	−0.0953	−0.1025	−0.1224

续　表

划分标准	区域	经济水平	体育彩票	福利彩票	全部彩票
行政区划七大区域	东北	−0.0127	−0.0504	0.0019	−0.0266
	华南	0.0222	−0.0907	0.1163	0.0188
	华北	0.1154	0.0427	−0.0239	0.0030
	华东	0.1512	0.1374	−0.0042	0.0722
地理位置三大区域	西部	−0.1371	−0.0652	−0.0034	−0.0356
	中部	−0.0619	−0.0690	−0.1266	−0.1208
	东部	0.1946	0.1213	0.0958	0.1267
	区域间彩票与经济关系		U 型	U 型	U 型
经济水平三大区域	后 10 省	−0.1788	−0.0597	−0.0099	−0.0352
	中 11 省	−0.0538	−0.0916	−0.0720	−0.0981
	前 10 省	0.2380	0.1604	0.0891	0.1431
	区域间彩票与经济关系		U 型	U 型	U 型

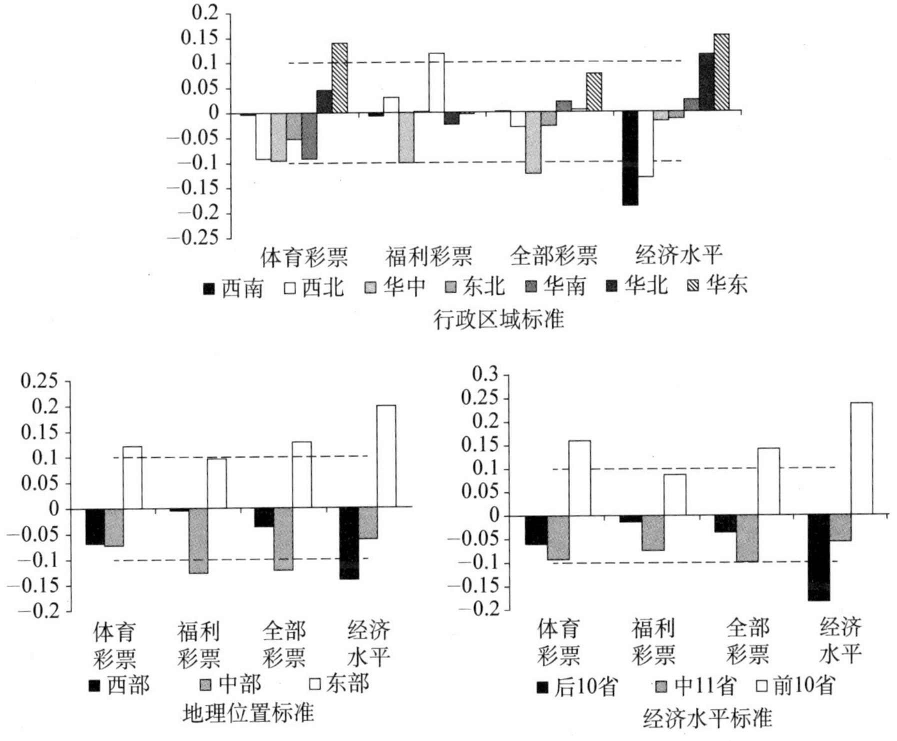

图 7.3.2B　2010 年不同划分标准的各区域内省份地位指数均值

7.3.3 脱钩指数

1 九宫格形式

2010年各省份体育彩票综合脱钩指数	次要 小于-0.1	挂钩 -0.1至0.1	重要 大于0.1
超出 大于0.1	板块五，共4省：赣 黔 滇 藏	板块四，共1省：闽	板块三，共2省：京 苏
挂钩 -0.1至0.1	板块六，共4省：皖 甘 青 宁	板块一，共8省：吉 黑 豫 湘 渝 川 陕 疆	板块二，共4省：津 浙 鲁 粤
落后 小于-0.1	板块七，共2省：桂 琼	板块八，共4省：冀 晋 蒙 鄂	板块九，共2省：辽 沪

2010年各省份经济水平综合地位指数

2010年各省份福利彩票综合脱钩指数	次要 小于-0.1	挂钩 -0.1至0.1	重要 大于0.1
超出 大于0.1	板块五，共5省：琼 滇 藏 甘 宁	板块四，共0省：	板块三，共0省：
挂钩 -0.1至0.1	板块六，共4省：皖 桂 黔 青	板块一，共7省：吉 黑 鄂 渝 川 陕 疆	板块二，共5省：京 辽 浙 鲁 粤
落后 小于-0.1	板块七，共1省：赣	板块八，共6省：冀 晋 蒙 闽 豫 湘	板块九，共3省：津 沪 苏

2010年各省份经济水平综合地位指数

2010年各省份全部彩票综合脱钩指数	次要 小于-0.1	挂钩 -0.1至0.1	重要 大于0.1
超出 大于0.1	板块五，共2省：滇藏	板块四，共0省：	板块三，共0省：
挂钩 -0.1至0.1	板块六，共6省：赣 琼 黔 甘 青 宁	板块一，共5省：黑 闽 渝 川 疆	板块二，共6省：京 辽 苏 浙 鲁 粤
落后 小于-0.1	板块七，共2省：皖 桂	板块八，共8省：冀 晋 蒙 吉 豫 鄂 湘 陕	板块九，共2省：津 沪

2010年各省份经济水平综合地位指数

2010年各省份福利彩票综合脱钩指数	落后 小于-0.1	挂钩 -0.1至0.1	超出 大于0.1
超出 大于0.1	板块五，共1省：琼	板块四，共2省：甘 宁	板块三，共2省：滇 藏
挂钩 -0.1至0.1	板块六，共3省：辽 鄂 桂	板块一，共11省：吉 黑 浙 皖 鲁 粤 渝 川 陕 青 疆	板块二，共2省：京 黔
落后 小于-0.1	板块七，共4省：冀 晋 蒙 沪	板块八，共3省：津 豫 湘	板块九，共3省：苏 闽 赣

2010年各省份体育彩票综合脱钩指数

图 7.3.3A　2010 年各省份脱钩指数情况

2 各区域情况

表 7.3.3　2010 年不同划分标准的各区域内省份脱钩指数均值

划分标准	区域	经济水平	体育彩票	福利彩票	全部彩票
行政区划七大区域	西南	-0.1908	0.1239	0.0985	0.0895
	西北	-0.1315	-0.0278	0.0694	-0.0070
	华中	-0.0176	-0.0829	-0.1110	-0.1607

续　表

划分标准	区域	经济水平	体育彩票	福利彩票	全部彩票
行政区划七大区域	东北	−0.0127	−0.0556	−0.0242	−0.0859
	华南	0.0222	−0.1080	0.0781	−0.0529
	华北	0.1154	−0.0640	−0.1515	−0.1704
	华东	0.1512	0.0303	−0.1322	−0.1025
地理位置三大区域	西部	−0.1371	0.0123	0.0531	−0.0008
	中部	−0.0619	−0.0357	−0.1141	−0.1352
	东部	0.1946	−0.0208	−0.0672	−0.0877
	区域间彩票与经济关系		不相关	U 型	U 型
经济水平三大区域	后 10 省	−0.1788	0.0471	0.0760	0.0327
	中 11 省	−0.0538	−0.0647	−0.0660	−0.1197
	前 10 省	0.2380	−0.0126	−0.1049	−0.1065
	区域间彩票与经济关系		U 型	负向	U 型

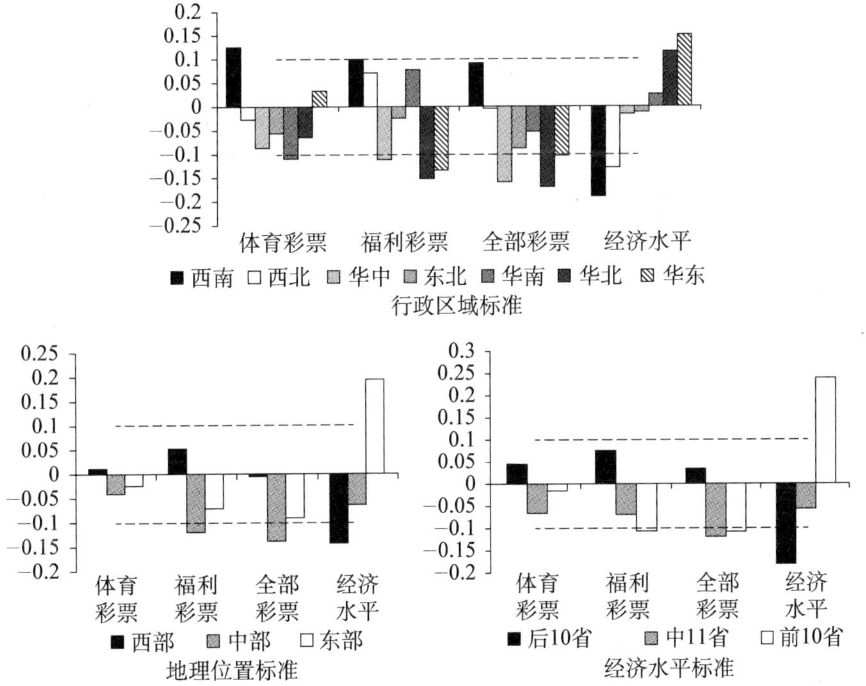

图 7.3.3B　2010 年不同划分标准的各区域内省份脱钩指数均值

7.3.4 开发指数

1 九宫格形式

2010年各省份体育彩票综合开发指数

	次要 小于-0.1	适度 -0.1至0.1	重要 大于0.1
过度 大于0.1	板块五，共1省：滇	板块四，共0省：	板块三，共0省：
适度 -0.1至0.1	板块六，共4省：赣黔藏宁	板块一，共1省：闽	板块二，共2省：京苏
不足 小于-0.1	板块七，共5省：皖桂琼甘青	板块八，共12省：冀晋蒙吉黑豫鄂湘渝川陕疆	板块九，共6省：津辽沪浙鲁粤

2010年各省份经济水平综合地位指数

2010年各省份福利彩票综合开发指数

	次要 小于-0.1	适度 -0.1至0.1	重要 大于0.1
过度 大于0.1	板块五，共6省：琼滇藏甘青宁	板块四，共2省：渝疆	板块三，共1省：辽
适度 -0.1至0.1	板块六，共3省：皖桂黔	板块一，共8省：冀晋吉黑鄂湘川陕	板块二，共4省：京浙鲁粤
不足 小于-0.1	板块七，共1省：赣	板块八，共3省：蒙闽豫	板块九，共3省：津沪苏

2010年各省份经济水平综合地位指数

2010年各省份全部彩票综合开发指数

	次要 小于-0.1	适度 -0.1至0.1	重要 大于0.1
过度 大于0.1	板块五，共2省：滇藏	板块四，共0省：	板块三，共0省：
适度 -0.1至0.1	板块六，共6省：赣琼黔甘青宁	板块一，共3省：闽渝疆	板块二，共2省：京浙
不足 小于-0.1	板块七，共2省：皖桂	板块八，共10省：冀晋蒙吉黑豫鄂湘川陕	板块九，共6省：津辽沪苏鲁粤

2010年各省份经济水平综合地位指数

2010年各省份福利彩票综合开发指数

	不足 小于-0.1	适度 -0.1至0.1	过度 大于0.1
过度 大于0.1	板块五，共6省：辽琼渝甘青疆	板块四，共2省：藏宁	板块三，共1省：滇
适度 -0.1至0.1	板块六，共13省：冀晋吉黑浙皖鲁鄂湘粤桂川陕	板块一，共2省：京黔	板块二，共0省：
不足 小于-0.1	板块七，共4省：津蒙沪豫	板块八，共3省：苏闽赣	板块九，共0省：

2010年各省份体育彩票综合开发指数

图 7.3.4A 2010 年各省份开发指数情况

2 各区域情况

表 7.3.4 2010 年不同划分标准的各区域内省份开发指数均值

划分标准	区域	经济水平	体育彩票	福利彩票	全部彩票
行政区划七大区域	西南	−0.1908	−0.0527	0.1236	0.0517
	西北	−0.1315	−0.1641	0.1385	−0.0023
	华中	−0.0176	−0.2553	−0.0630	−0.1928

续　表

划分标准	区域	经济水平	体育彩票	福利彩票	全部彩票
行政区划七大区域	东北	−0.0127	−0.2357	0.0207	−0.1219
	华南	0.0222	−0.2840	0.1284	−0.0870
	华北	0.1154	−0.2560	−0.0988	−0.2123
	华东	0.1512	−0.1733	−0.0891	−0.1594
地理位置三大区域	西部	−0.1371	−0.1465	0.1013	−0.0189
	中部	−0.0619	−0.1994	−0.0625	−0.1581
	东部	0.1946	−0.2317	−0.0240	−0.1495
	区域间彩票与经济关系		不相关	U型	U型
经济水平三大区域	后10省	−0.1788	−0.1071	0.1228	0.0179
	中11省	−0.0538	−0.2292	−0.0139	−0.1431
	前10省	0.2380	−0.2310	−0.0624	−0.1741
	区域间彩票与经济关系		负向	负向	负向

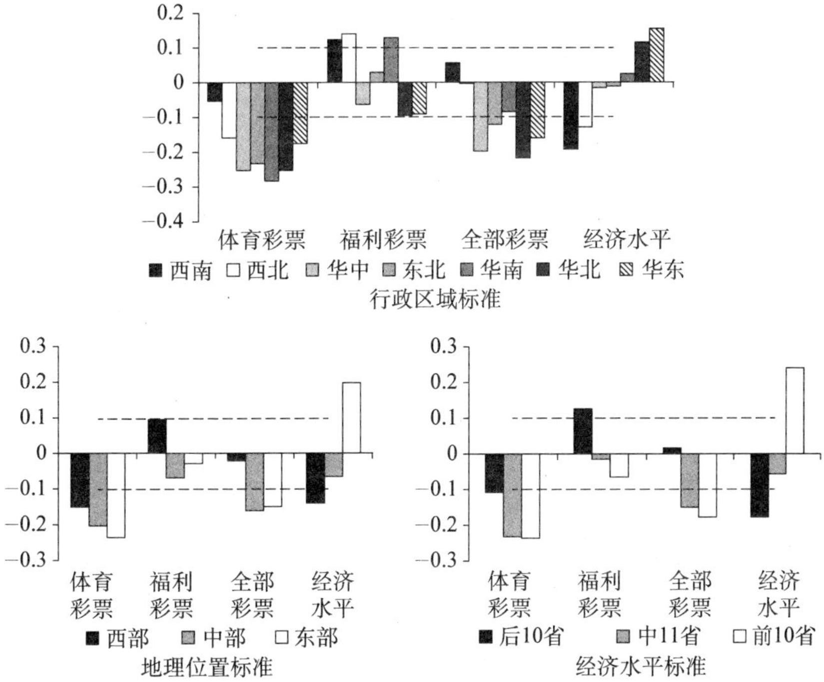

图7.3.4B　2010年不同划分标准的各区域内省份开发指数均值

7.3.5 本年小结

1 各项表征指数总结

表 7.3.5A 2010 年各种类彩票三项表征指数总结

综合地位指数情况									
彩票种类	各省份均值	经济相关性		板块比较				区域比较形状	
		系数	标准	三十七	五十九	差	标准	地理	经济
体育彩票	0.0000	0.6299	强正向	5+4	2+0	7	略大于	U 型	U 型
福利彩票	0.0000	0.3892	中正向	5+3	1+0	7	略大于	U 型	U 型
全部彩票	0.0000	0.6089	强正向	5+2	1+0	6	略大于	U 型	U 型

综合脱钩指数情况									
彩票种类	各省份均值	经济相关性		板块比较				区域比较形状	
		系数	标准	三十七	五十九	差	标准	地理	经济
体育彩票	−0.0118	−0.1466	不相关	2+2	4+2	−2	接近	不相关	U 型
福利彩票	−0.0327	−0.5117	强负向	0+1	5+3	−7	略小于	U 型	负向
全部彩票	−0.0663	−0.4168	中负向	0+2	2+2	−2	接近	U 型	U 型

综合开发指数情况									
彩票种类	各省份均值	经济相关性		板块比较				区域比较形状	
		系数	标准	三十四十五	七十八十九	差	标准	地理	经济
体育彩票	−0.1904	−0.3475	弱负向	0+0+1	5+12+6	−22	远小于	不相关	负向
福利彩票	0.0146	−0.5266	强负向	1+2+6	1+3+3	2	接近	U 型	负向
全部彩票	−0.1012	−0.5651	强负向	0+0+2	2+10+6	−16	远小于	U 型	负向

2 体育彩票与福利彩票的对比

表 7.3.5B 2010 年体育彩票与福利彩票各项表征指数的对比

指数种类	两种彩票相关性		分布一致板块				分布相反板块		
	系数	标准	一	三	七	合计	九	五	差额
地位指数	0.2992	不相关	7	3	3	13	2	1	1
脱钩指数	0.1569	不相关	11	2	4	17	3	1	2
开发指数	0.2146	不相关	2	1	4	7	0	6	−6

7.4 2013年

7.4.1 基本数据

表7.4.1 2013年各省份各种类彩票各项表征指数情况

彩票种类	经济	体育彩票			福利彩票			全部彩票		
表征指数	地位	地位	脱钩	开发	地位	脱钩	开发	地位	脱钩	开发
经济相关	1	0.6158	−0.1813	−0.1008	0.2356	−0.6056	−0.5914	0.5621	−0.4895	−0.4991
平均值	0.0000	0.0000	0.0578	−0.0600	0.0000	0.0513	0.1329	0.0000	0.0097	0.0440
标准差	0.1946	0.1729	0.1343	0.1362	0.1364	0.1629	0.1627	0.1470	0.1333	0.1385
大于0.1省份数	8	9	12	4	7	13	18	6	8	10
−0.1至0.1省份数	10	12	16	15	16	11	11	19	16	16
小于−0.1省份数	13	10	3	12	8	7	2	6	7	5
最大值	0.4351	0.3360	0.2972	0.1864	0.2600	0.3263	0.4001	0.2893	0.3173	0.3573
对应省份	江苏	北京	云南	云南	浙江	海南	海南	北京	甘肃	甘肃
第2大值	0.3429	0.3341	0.2933	0.1633	0.2124	0.3117	0.3918	0.2508	0.2346	0.3019
对应省份	广东	江苏	甘肃	甘肃	辽宁	甘肃	甘肃	浙江	西藏	西藏
第2小值	−0.2256	−0.2294	−0.1226	−0.2487	−0.2666	−0.2281	−0.1269	−0.2395	−0.1434	−0.1309
对应省份	西藏	海南	内蒙古	内蒙古	河南	江苏	江苏	广西	四川	内蒙古
最小值	−0.2342	−0.3635	−0.2021	−0.3311	−0.2780	−0.2923	−0.2274	−0.2524	−0.1833	−0.1630
对应省份	甘肃	广西	广西	广西	贵州	上海	上海	山西	上海	上海
北京	0.2919	0.3360	0.1598	0.0761	0.1318	−0.0509	0.0257	0.2893	0.0351	0.0685
天津	0.3132	0.2465	0.0396	−0.0233	0.0314	−0.1820	−0.0933	0.1650	−0.1215	−0.0724
河北	−0.0294	0.0293	0.1315	−0.0163	−0.1165	−0.0209	0.0440	−0.0600	−0.0037	0.0082
山西	−0.1768	−0.1837	0.0096	−0.1580	−0.1978	−0.0110	0.0294	−0.2524	−0.0960	−0.0986
内蒙古	0.0846	−0.1120	−0.1226	−0.2487	0.0193	0.0022	0.0576	−0.0720	−0.1430	−0.1309
辽宁	0.1364	−0.0451	−0.0819	−0.1928	0.2124	0.1691	0.2492	0.0982	0.0007	0.0303
吉林	−0.0544	0.0595	0.1482	0.0231	0.0598	0.1420	0.2123	0.0738	0.1171	0.1449
黑龙江	−0.1387	0.0624	0.2271	0.0687	−0.0916	0.0666	0.1144	−0.0120	0.1133	0.1171
上海	0.2713	0.2181	0.0658	−0.0341	−0.1335	−0.2923	−0.2274	0.0462	−0.1833	−0.1630
江苏	0.4351	0.3341	0.1205	0.0234	−0.0080	−0.2281	−0.1269	0.2028	−0.0933	−0.0621
浙江	0.2446	0.1486	0.0468	−0.0626	0.2600	0.1516	0.2339	0.2508	0.0794	0.1050
安徽	−0.1046	−0.0812	0.0566	−0.0693	−0.0656	0.0657	0.1512	−0.0913	0.0091	0.0468
福建	0.0863	0.1760	0.1667	0.0622	−0.1177	−0.1335	−0.0473	0.0341	−0.0311	0.0076

续 表

彩票种类	经济	体育彩票			福利彩票			全部彩票		
表征指数	地位	地位	脱钩	开发	地位	脱钩	开发	地位	脱钩	开发
江西	−0.1334	0.1347	0.2862	0.1612	−0.0637	0.0813	0.1648	0.0594	0.1753	0.2141
山东	0.2824	0.1474	0.0473	−0.0663	−0.0002	−0.1068	−0.0089	0.0919	−0.0766	−0.0473
河南	−0.0172	−0.0430	0.0536	−0.0836	−0.2666	−0.1764	−0.0960	−0.1937	−0.1415	−0.1169
湖北	0.0074	−0.1422	−0.0835	−0.1982	0.0011	0.0534	0.1437	−0.0947	−0.0829	−0.0431
湖南	−0.0354	−0.1549	−0.0618	−0.1835	−0.1484	−0.0618	0.0267	−0.1924	−0.1423	−0.1046
广东	0.3429	0.0701	−0.0631	−0.1776	0.2099	0.0701	0.1697	0.1734	−0.0327	−0.0064
广西	−0.1448	−0.3635	−0.2021	−0.3311	−0.0158	0.1390	0.2199	−0.2395	−0.1129	−0.0769
海南	−0.1876	−0.2294	−0.0556	−0.1811	0.1590	0.3263	0.4001	−0.0408	0.0997	0.1362
重庆	−0.0699	−0.1697	−0.0727	−0.1868	0.0311	0.1216	0.2056	−0.0935	−0.0386	0.0025
四川	−0.0568	−0.2088	−0.0942	−0.2236	−0.1365	−0.0283	0.0574	−0.2172	−0.1434	−0.1100
贵州	−0.1861	−0.0971	0.0746	−0.0166	−0.2780	−0.1128	0.0056	−0.2296	−0.0849	−0.0082
云南	−0.1722	0.1244	0.2972	0.1864	−0.0499	0.1164	0.2170	0.0709	0.2136	0.2705
西藏	−0.2256	−0.0073	0.1844	0.0849	0.0851	0.2704	0.3744	0.0689	0.2346	0.3019
陕西	−0.0471	−0.1914	−0.1061	−0.2197	0.1514	0.2301	0.3165	−0.0289	0.0129	0.0543
甘肃	−0.2342	0.0773	0.2933	0.1633	0.1022	0.3117	0.3918	0.1286	0.3173	0.3573
青海	−0.1803	0.0585	0.2232	0.1039	0.0964	0.2545	0.3326	0.0977	0.2288	0.2703
宁夏	−0.1692	−0.0273	0.1315	0.0053	0.0656	0.2179	0.2875	0.0229	0.1461	0.1791
新疆	−0.1324	−0.1662	−0.0283	−0.1442	0.0733	0.2047	0.2890	−0.0560	0.0453	0.0892

7.4.2 地位指数

1 九宫格形式

2013年各省份体育彩票综合地位指数	次要 小于−0.1	居中 −0.1至0.1	重要 大于0.1
重要 大于0.1	板块五，共2省：赣 滇	板块四，共1省：闽	板块三，共6省：京津沪苏浙鲁
居中 −0.1至0.1	板块六，共7省：黑皖黔藏甘青宁	板块一，共3省：冀吉豫	板块二，共2省：辽粤
次要 小于−0.1	板块七，共4省：晋桂琼疆	板块八，共6省：蒙鄂湘渝川陕	板块九，共0省：

2013年各省份经济水平综合地位指数

2013年各省份福利彩票综合地位指数	次要 小于−0.1	居中 −0.1至0.1	重要 大于0.1
重要 大于0.1	板块五，共2省：琼 甘	板块四，共1省：陕	板块三，共4省：京辽浙粤
居中 −0.1至0.1	板块六，共9省：黑皖赣桂滇藏青宁疆	板块一，共4省：蒙吉鄂渝	板块二，共3省：津苏鲁
次要 小于−0.1	板块七，共2省：晋黔	板块八，共5省：冀闽豫湘川	板块九，共1省：沪

2013年各省份经济水平综合地位指数

2013年各省份全部彩票综合地位指数	次要 小于−0.1	居中 −0.1至0.1	重要 大于0.1
重要 大于0.1	板块五，共1省：甘	板块四，共0省：	板块三，共5省：京津苏浙粤
居中 −0.1至0.1	板块六，共9省：黑皖赣琼滇藏青宁疆	板块一，共7省：冀蒙吉闽鄂渝陕	板块二，共3省：辽沪鲁
次要 小于−0.1	板块七，共3省：晋桂黔	板块八，共3省：豫湘川	板块九，共0省：

次要 小于−0.1 居中 −0.1至0.1 重要 大于0.1
2013年各省份经济水平综合地位指数

2013年各省份福利彩票综合地位指数	次要 小于−0.1	居中 −0.1至0.1	重要 大于0.1
重要 大于0.1	板块五，共2省：琼陕	板块四，共3省：辽粤甘	板块三，共2省：京浙
居中 −0.1至0.1	板块六，共5省：蒙鄂桂渝疆	板块一，共6省：吉黑皖藏青宁	板块二，共5省：津苏赣鲁滇
次要 小于−0.1	板块七，共3省：晋湘川	板块八，共3省：冀豫黔	板块九，共2省：沪闽

次要 小于−0.1 居中 −0.1至0.1 重要 大于0.1
2013年各省份体育彩票综合地位指数

图 7.4.2A　2013 年各省份地位指数情况

2　各区域情况

表 7.4.2　2013 年不同划分标准的各区域内省份地位指数均值

划分标准	区域	经济水平	体育彩票	福利彩票	全部彩票
行政区划七大区域	西北	−0.1526	−0.0498	0.0977	0.0329
	西南	−0.1421	−0.0717	−0.0696	−0.0801
	东北	−0.0189	0.0256	0.0602	0.0533
	华中	−0.0151	−0.1134	−0.1380	−0.1603
	华南	0.0035	−0.1742	0.1177	−0.0357
	华北	0.0967	0.0632	−0.0264	0.0140
	华东	0.1545	0.1540	−0.0184	0.0848
地理位置三大区域	西部	−0.1278	−0.0903	0.0120	−0.0456
	中部	−0.0816	−0.0436	−0.0966	−0.0879
	东部	0.1988	0.1301	0.0571	0.1137
	区域间彩票与经济关系		正向	U 型	U 型
经济水平三大区域	后 10 省	−0.1816	−0.0586	−0.0125	−0.0385
	中 11 省	−0.0612	−0.0849	−0.0437	−0.0813
	前 10 省	0.2489	0.1520	0.0605	0.1280
	区域间彩票与经济关系		U 型	U 型	U 型

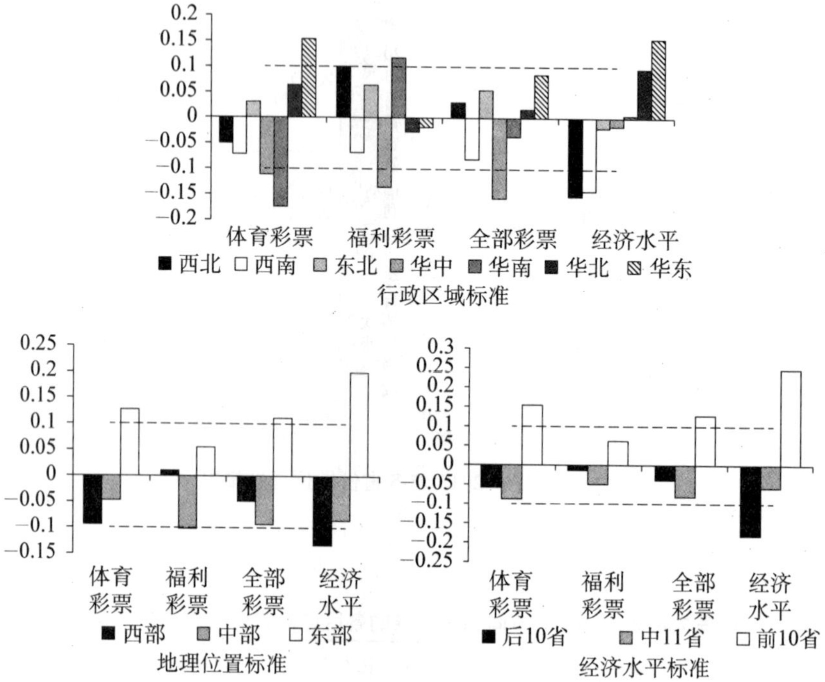

图 7.4.2B 2013 年不同划分标准的各区域内省份地位指数均值

7.4.3 脱钩指数

1 九宫格形式

2013年各省份体育彩票综合脱钩指数（纵轴）× 2013年各省份经济水平综合地位指数（横轴）

2013年各省份体育彩票综合脱钩指数	次要 小于−0.1	挂钩 −0.1至0.1	重要 大于0.1
超出 大于0.1	板块五，共7省：黑 赣 滇 藏 甘 青 宁	板块四，共3省：冀 吉 闽	板块三，共2省：京 苏
挂钩 −0.1至0.1	板块六，共5省：晋 皖 琼 黔 疆	板块一，共5省：豫 鄂 湘 渝 川	板块二，共6省：津 辽 沪 浙 鲁 粤
落后 小于−0.1	板块七，共1省：桂	板块八，共2省：蒙 陕	板块九，共0省：

2013年各省份经济水平综合地位指数

2013年各省份福利彩票综合脱钩指数（纵轴）× 2013年各省份经济水平综合地位指数（横轴）

2013年各省份福利彩票综合脱钩指数	次要 小于−0.1	挂钩 −0.1至0.1	重要 大于0.1
超出 大于0.1	板块五，共8省：桂 琼 滇 藏 甘 青 宁 疆	板块四，共3省：吉 渝 陕	板块三，共2省：辽 浙
挂钩 −0.1至0.1	板块六，共4省：晋 黑 皖 赣	板块一，共5省：冀 蒙 鄂 湘 川	板块二，共2省：京 粤
落后 小于−0.1	板块七，共1省：黔	板块八，共2省：闽 豫	板块九，共4省：津 沪 苏 鲁

2013年各省份经济水平综合地位指数

2013年各省份全部彩票综合脱钩指数 \ 2013年各省份经济水平综合地位指数	次要 小于−0.1	挂钩 −0.1至0.1	重要 大于0.1
超出 大于0.1	板块五，共7省：黑 赣 滇 藏 甘 青 宁	板块四，共1省：吉	板块三，共0省：
挂钩 −0.1至0.1	板块六，共5省：晋 皖 琼 黔 疆	板块一，共5省：冀 闽 鄂 渝 陕	板块二，共6省：京 辽 苏 浙 鲁 粤
落后 小于−0.1	板块七，共1省：桂	板块八，共4省：蒙 豫 湘 川	板块九，共2省：津 沪

2013年各省份福利彩票综合脱钩指数 \ 2013年各省份体育彩票综合脱钩指数	落后 小于−0.1	挂钩 −0.1至0.1	超出 大于0.1
超出 大于0.1	板块五，共2省：桂 陕	板块四，共5省：辽 浙 琼 渝 疆	板块三，共6省：吉 滇 藏 甘 青 宁
挂钩 −0.1至0.1	板块六，共1省：蒙	板块一，共6省：晋 皖 鄂 湘 粤 川	板块二，共4省：京 冀 黑 赣
落后 小于−0.1	板块七，共0省：	板块八，共5省：津 沪 鲁 豫 黔	板块九，共2省：苏 闽

图 7.4.3A　2013 年各省份脱钩指数情况

2　各区域情况

表 7.4.3　2013 年不同划分标准的各区域内省份脱钩指数均值

划分标准	区域	经济水平	体育彩票	福利彩票	全部彩票
行政区划七大区域	西北	−0.1526	0.1027	0.2438	0.1501
	西南	−0.1421	0.0779	0.0735	0.0363
	东北	−0.0189	0.0978	0.1259	0.0770
	华中	−0.0151	−0.0306	−0.0616	−0.1222
	华南	0.0035	−0.1069	0.1785	−0.0153
	华北	0.0967	0.0436	−0.0525	−0.0658
	华东	0.1545	0.1128	−0.0660	−0.0172
地理位置三大区域	西部	−0.1278	0.0482	0.1440	0.0563
	中部	−0.0816	0.0795	0.0199	−0.0060
	东部	0.1988	0.0525	−0.0270	−0.0298
	区域间彩票与经济关系		不相关	负向	不相关
经济水平三大区域	后 10 省	−0.1816	0.1183	0.1579	0.1059
	中 11 省	−0.0612	0.0209	0.0556	−0.0175
	前 10 省	0.2489	0.0379	−0.0601	−0.0566
	区域间彩票与经济关系		不相关	负向	负向

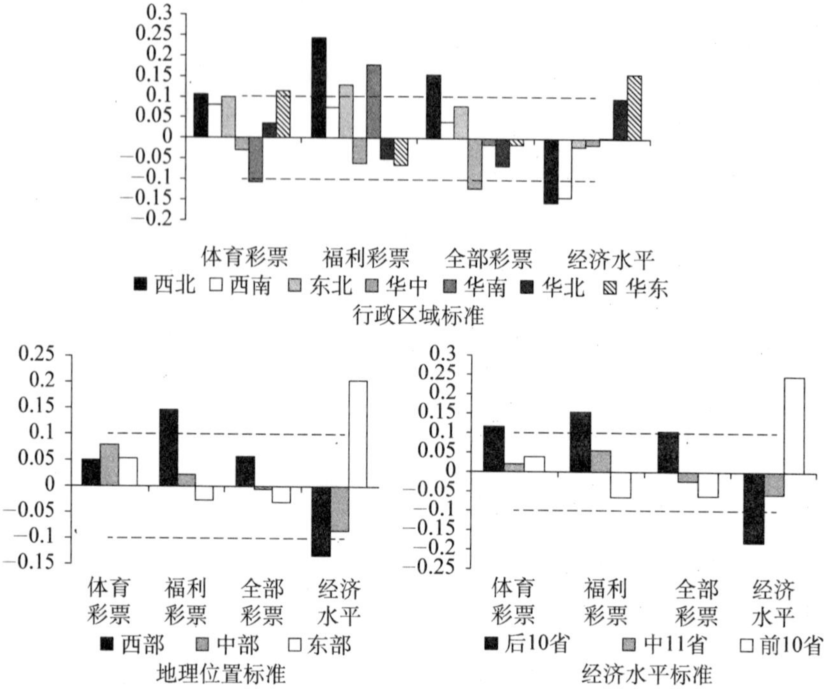

图 7.4.3B　2013 年不同划分标准的各区域内省份脱钩指数均值

7.4.4　开发指数

1　九宫格形式

2013年各省份全部彩票综合开发指数（纵轴）× 2013年各省份经济水平综合地位指数（横轴）

2013年各省份全部彩票综合开发指数	次要 小于−0.1	适度 −0.1至0.1	重要 大于0.1
过度 大于0.1	板块五，共4省：赣滇吉青	板块四，共0省：	板块三，共0省：
适度 −0.1至0.1	板块六，共5省：黑皖黔藏宁	板块一，共4省：冀吉闽豫	板块二，共6省：京津沪苏浙鲁
不足 小于−0.1	板块七，共4省：晋桂琼疆	板块八，共6省：蒙鄂湘渝川陕	板块九，共2省：辽粤

2013年各省份经济水平综合地位指数

2013年各省份福利彩票综合开发指数	次要 小于−0.1	适度 −0.1至0.1	重要 大于0.1
过度 大于0.1	板块五，共11省：黑皖赣桂琼滇藏甘青宁疆	板块四，共4省：吉鄂渝陕	板块三，共3省：辽浙粤
适度 −0.1至0.1	板块六，共2省：晋黔	板块一，共6省：冀蒙闽豫湘川	板块二，共3省：京津鲁
不足 小于−0.1	板块七，共0省：	板块八，共0省：	板块九，共2省：沪苏

2013年各省份体育彩票综合开发指数

2013年各省份全部彩票综合开发指数 \ 2013年各省份经济水平综合地位指数	次要 小于-0.1	适度 -0.1至0.1	重要 大于0.1
过度 大于0.1	板块五，共8省：黑赣琼滇藏甘青宁	板块四，共1省：吉	板块三，共1省：浙
适度 -0.1至0.1	板块六，共5省：晋皖桂黔疆	板块一，共5省：冀闽鄂渝陕	板块二，共6省：京津辽苏鲁粤
不足 小于-0.1	板块七，共0省：	板块八，共4省：蒙豫湘川	板块九，共1省：沪

2013年各省份福利彩票综合开发指数 \ 2013年各省份体育彩票综合开发指数	不足 小于-0.1	适度 -0.1至0.1	过度 大于0.1
过度 大于0.1	板块五，共8省：辽鄂粤桂琼渝陕疆	板块四，共6省：吉黑浙皖藏宁	板块三，共4省：赣滇甘青
适度 -0.1至0.1	板块六，共4省：晋蒙湘川	板块一，共7省：京津冀闽鲁豫黔	板块二，共0省：
不足 小于-0.1	板块七，共0省：	板块八，共2省：沪苏	板块九，共0省：

图 7.4.4A　2013 年各省份开发指数情况

2　各区域情况

表 7.4.4　2013 年不同划分标准的各区域内省份开发指数均值

划分标准	区域	经济水平	体育彩票	福利彩票	全部彩票
行政区划七大区域	西北	−0.1526	−0.0183	0.3235	0.1900
	西南	−0.1421	−0.0311	0.1720	0.0913
	东北	−0.0189	−0.0337	0.1919	0.0974
	华中	−0.0151	−0.1551	0.0248	−0.0882
	华南	0.0035	−0.2299	0.2632	0.0177
	华北	0.0967	−0.0741	0.0127	−0.0450
	华东	0.1545	0.0021	0.0199	0.0145
地理位置三大区域	西部	−0.1278	−0.0689	0.2296	0.0999
	中部	−0.0816	−0.0550	0.0933	0.0200
	东部	0.1988	−0.0539	0.0562	0.0004
	区域间彩票与经济关系		不相关	负向	不相关
经济水平三大区域	后 10 省	−0.1816	−0.0074	0.2373	0.1449
	中 11 省	−0.0612	−0.1037	0.1377	0.0169
	前 10 省	0.2489	−0.0644	0.0232	−0.0271
	区域间彩票与经济关系		不相关	负向	负向

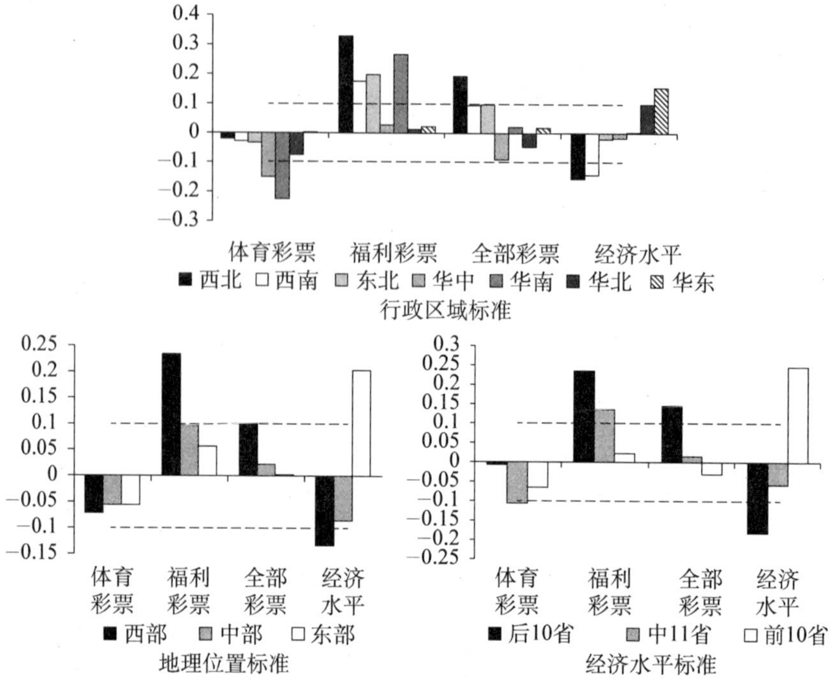

图 7.4.4B　2013 年不同划分标准的各区域内省份开发指数均值

7.4.5　本年小结

1　各项表征指数总结

表 7.4.5A　2013 年各种类彩票三项表征指数总结

综合地位指数情况									
彩票种类	各省份均值	经济相关性		板块比较				区域比较形状	
		系数	标准	三十七	五十九	差	标准	地理	经济
体育彩票	0.0000	0.6158	强正向	6+4	2+0	8	略大于	正向	U 型
福利彩票	0.0000	0.2356	不相关	4+2	2+1	3	接近	U 型	U 型
全部彩票	0.0000	0.5621	强正向	5+3	1+0	7	略大于	U 型	U 型
综合脱钩指数情况									
彩票种类	各省份均值	经济相关性		板块比较				区域比较形状	
		系数	标准	三十七	五十九	差	标准	地理	经济
体育彩票	0.0578	−0.1813	不相关	2+1	7+0	−4	接近	不相关	不相关
福利彩票	0.0513	−0.6056	强负向	2+1	8+4	−9	小于	负向	负向
全部彩票	0.0097	−0.4895	强负向	0+1	7+2	−8	略小于	不相关	负向

续　表

综合开发指数情况									
彩票种类	各省份均值	经济相关性		板块比较				区域比较形状	
		系数	标准	三+四+五	七+八+九	差	标准	地理	经济
体育彩票	−0.0600	−0.1008	不相关	0+0+4	4+6+2	−8	略小于	不相关	不相关
福利彩票	0.1329	−0.5914	强负向	3+4+11	0+0+2	16	远大于	负向	负向
全部彩票	0.0440	−0.4991	强负向	1+1+8	0+4+1	5	略大于	不相关	负向

2　体育彩票与福利彩票的对比

表 7.4.5B　2013 年体育彩票与福利彩票各项表征指数的对比

指数种类	两种彩票相关性		分布一致板块				分布相反板块		
	系数	标准	一	三	七	合计	九	五	差额
地位指数	0.1218	不相关	6	2	3	11	2	2	0
脱钩指数	0.0424	不相关	6	6	0	12	2	2	0
开发指数	0.0138	不相关	7	4	0	11	0	8	−8

7.5　2014 年

7.5.1　基本数据

表 7.5.1　2014 年各省份各种类彩票各项表征指数情况

彩票种类	经济	体育彩票			福利彩票			全部彩票		
表征指数	地位	地位	脱钩	开发	地位	脱钩	开发	地位	脱钩	开发
经济相关	1	0.5400	−0.3174	−0.0039	0.1681	−0.6409	−0.5794	0.4471	−0.5935	−0.4108
平均值	0.0000	0.0000	0.0364	0.0414	0.0000	0.0378	0.1506	0.0000	−0.0172	0.1209
标准差	0.2045	0.1724	0.1474	0.1459	0.1449	0.1802	0.1704	0.1477	0.1540	0.1415
大于 0.1 省份数	9	8	11	9	9	11	20	8	7	14
−0.1 至 0.1 省份数	9	13	15	16	14	13	7	15	13	17
小于−0.1 省份数	13	10	5	6	8	7	4	8	11	0
最大值	0.4698	0.3787	0.3633	0.3349	0.2887	0.4662	0.5844	0.3341	0.3558	0.4665
对应省份	江苏	天津	宁夏	宁夏	西藏	西藏	西藏	天津	宁夏	宁夏
第 2 大值	0.3589	0.3657	0.3350	0.2863	0.1966	0.3584	0.4507	0.2444	0.3057	0.4329
对应省份	广东	上海	黑龙江	天津	浙江	甘肃	甘肃	宁夏	西藏	西藏

续 表

彩票种类	经济	体育彩票			福利彩票			全部彩票		
表征指数	地位	地位	脱钩	开发	地位	脱钩	开发	地位	脱钩	开发
第 2 小值	−0.2310	−0.2442	−0.1832	−0.1694	−0.2871	−0.2433	−0.1059	−0.2260	−0.2025	−0.0501
对应省份	西藏	山西	辽宁	湖北	河南	上海	河南	四川	福建	河南
最小值	−0.2478	−0.3360	−0.1892	−0.2255	−0.3161	−0.2722	−0.1147	−0.2725	−0.2292	−0.0592
对应省份	甘肃	广西	广西	广西	贵州	江苏	江苏	贵州	江苏	四川
北京	0.3146	0.1644	−0.0528	0.0675	0.0631	−0.1527	−0.0103	0.1266	−0.1755	0.0426
天津	0.3070	0.3787	0.1575	0.2863	0.1551	−0.0648	0.0774	0.3341	0.0275	0.2508
河北	−0.0602	0.0364	0.1411	0.0915	−0.1514	−0.0453	0.0376	−0.0622	−0.0068	0.0883
山西	−0.2110	−0.2442	−0.0450	−0.1250	−0.0892	0.1114	0.1686	−0.2048	−0.0455	0.0232
内蒙古	0.0845	−0.1304	−0.1647	−0.1334	0.0357	0.0028	0.1067	−0.0780	−0.1776	−0.0261
辽宁	0.1130	−0.1454	−0.1832	−0.1629	0.1956	0.1592	0.2659	0.0040	−0.0995	0.0459
吉林	−0.0697	−0.0660	0.0150	0.0021	−0.0449	0.0375	0.1318	−0.0732	−0.0424	0.0790
黑龙江	−0.1464	0.1880	0.3350	0.2857	−0.1104	0.0380	0.1169	0.0699	0.1733	0.2676
上海	0.3089	0.3657	0.1574	0.2700	−0.0365	−0.2433	−0.1030	0.2256	−0.0666	0.1460
江苏	0.4698	0.2291	−0.0346	0.0559	−0.0099	−0.2722	−0.1147	0.1246	−0.2292	−0.0257
浙江	0.2396	0.0944	−0.0255	0.0211	0.1966	0.0780	0.2010	0.1581	−0.0367	0.1297
安徽	−0.1089	−0.1346	−0.0140	−0.0433	−0.1034	0.0186	0.1247	−0.1436	−0.0657	0.0493
福建	0.1071	0.0363	−0.0117	0.0335	−0.1851	−0.2317	−0.1017	−0.0918	−0.2025	−0.0345
江西	−0.1376	0.0965	0.2307	0.2017	−0.0594	0.0762	0.1802	0.0351	0.1286	0.2431
山东	0.2889	0.1361	0.0088	0.0412	−0.0212	−0.1471	−0.0118	0.0649	−0.1366	0.0244
河南	−0.0126	−0.0326	0.0373	0.0111	−0.2871	−0.2158	−0.1059	−0.1881	−0.1678	−0.0501
湖北	0.0231	−0.2041	−0.1795	−0.1694	0.0091	0.0350	0.1594	−0.1300	−0.1587	−0.0140
湖南	−0.0278	−0.0622	0.0033	−0.0061	−0.1377	−0.0708	0.0465	−0.1200	−0.1031	0.0273
广东	0.3589	0.1009	−0.0679	−0.0258	0.1521	−0.0153	0.1277	0.1383	−0.1096	0.0596
广西	−0.1525	−0.3360	−0.1892	−0.2255	0.0997	0.2479	0.3480	−0.1445	−0.0375	0.0714
海南	−0.1717	−0.1182	0.0190	0.0085	0.0075	0.1461	0.2560	−0.0795	0.0188	0.1468
重庆	−0.0389	−0.1466	−0.0984	−0.0777	0.1532	0.2028	0.3310	−0.0081	−0.0087	0.1440
四川	−0.0641	−0.2279	−0.1283	−0.1600	−0.1372	−0.0362	0.0694	−0.2260	−0.1723	−0.0592
贵州	−0.1888	−0.1447	0.0106	−0.0017	−0.3161	−0.1595	−0.0304	−0.2725	−0.1502	−0.0174
云南	−0.2050	0.0455	0.2288	0.1806	−0.0714	0.1132	0.2104	−0.0005	0.1479	0.2487
西藏	−0.2310	−0.0490	0.1271	0.1108	0.2887	0.4662	0.5844	0.1613	0.3057	0.4329
陕西	−0.0407	−0.0641	−0.0049	−0.0007	0.1075	0.1681	0.2839	0.0100	0.0197	0.1582
甘肃	−0.2478	−0.0482	0.1589	0.1064	0.1500	0.3584	0.4507	0.0798	0.2548	0.3515
青海	−0.1859	0.0802	0.2291	0.2095	0.0308	0.1810	0.2812	0.0813	0.1912	0.3106
宁夏	−0.1850	0.2113	0.3633	0.3349	0.1614	0.3148	0.4041	0.2444	0.3558	0.4665
新疆	−0.1297	−0.0093	0.1053	0.0966	−0.0453	0.0706	0.1817	−0.0354	0.0371	0.1664

7.5.2 地位指数

1 九宫格形式

2014年各省份体育彩票综合地位指数 \ 2014年各省份经济水平综合地位指数	次要 小于-0.1	居中 -0.1至0.1	重要 大于0.1
重要 大于0.1	板块五，共2省：黑 宁	板块四，共0省：	板块三，共6省：京 津 沪 苏 鲁 粤
居中 -0.1至0.1	板块六，共6省：赣 滇 藏 甘 青 疆	板块一，共5省：冀 吉 豫 湘 陕	板块二，共2省：浙 闽
次要 小于-0.1	板块七，共5省：晋 皖 桂 琼 黔	板块八，共4省：蒙 鄂 渝 川	板块九，共1省：辽

2014年各省份福利彩票综合地位指数 \ 2014年各省份体育彩票综合地位指数	次要 小于-0.1	居中 -0.1至0.1	重要 大于0.1
重要 大于0.1	板块五，共3省：藏 甘 宁	板块四，共2省：渝 陕	板块三，共4省：津 辽 浙 粤
居中 -0.1至0.1	板块六，共7省：晋 赣 桂 琼 滇 青 疆	板块一，共3省：蒙 吉 鄂	板块二，共4省：京 沪 苏 鲁
次要 小于-0.1	板块七，共3省：黑 皖 黔	板块八，共4省：冀 豫 湘 川	板块九，共1省：闽

2014年各省份全部彩票综合地位指数 \ 2014年各省份经济水平综合地位指数	次要 小于-0.1	居中 -0.1至0.1	重要 大于0.1
重要 大于0.1	板块五，共2省：藏 宁	板块四，共0省：	板块三，共6省：京 津 沪 苏 浙 粤
居中 -0.1至0.1	板块六，共7省：黑 赣 琼 滇 甘 青 疆	板块一，共5省：冀 蒙 吉 渝 陕	板块二，共3省：辽 闽 鲁
次要 小于-0.1	板块七，共4省：晋 皖 桂 黔	板块八，共4省：豫 鄂 湘 川	板块九，共0省：

2014年各省份福利彩票综合地位指数 \ 2014年各省份体育彩票综合地位指数	次要 小于-0.1	居中 -0.1至0.1	重要 大于0.1
重要 大于0.1	板块五，共2省：辽 渝	板块四，共4省：浙 藏 陕 甘	板块三，共3省：津 粤 宁
居中 -0.1至0.1	板块六，共5省：晋 蒙 鄂 桂 琼	板块一，共5省：吉 赣 滇 青 疆	板块二，共4省：京 沪 苏 鲁
次要 小于-0.1	板块七，共3省：皖 川 黔	板块八，共4省：冀 闽 豫 湘	板块九，共1省：黑

图 7.5.2A 2014 年各省份地位指数情况

2 各区域情况

表 7.5.2 2014 年不同划分标准的各区域内省份地位指数均值

划分标准	区域	经济水平	体育彩票	福利彩票	全部彩票
行政区划七大区域	西北	−0.1578	0.0340	0.0809	0.0760
	西南	−0.1456	−0.1045	−0.0166	−0.0692
	东北	−0.0344	−0.0078	0.0135	0.0002
	华中	−0.0058	−0.0997	−0.1386	−0.1460

续　表

划分标准	区域	经济水平	体育彩票	福利彩票	全部彩票
行政区划七大区域	华南	0.0116	−0.1178	0.0865	−0.0286
	华北	0.0870	0.0410	0.0027	0.0232
	华东	0.1668	0.1176	−0.0313	0.0533
地理位置三大区域	西部	−0.1321	−0.0683	0.0381	−0.0157
	中部	−0.0864	−0.0574	−0.1029	−0.0943
	东部	0.2069	0.1162	0.0333	0.0857
	区域间彩票与经济关系		正向	U 型	U 型
经济水平三大区域	后 10 省	−0.1925	−0.0415	0.0151	−0.0065
	中 11 省	−0.0607	−0.0740	−0.0633	−0.0856
	前 10 省	0.2592	0.1230	0.0546	0.1007
	区域间彩票与经济关系		U 型	U 型	U 型

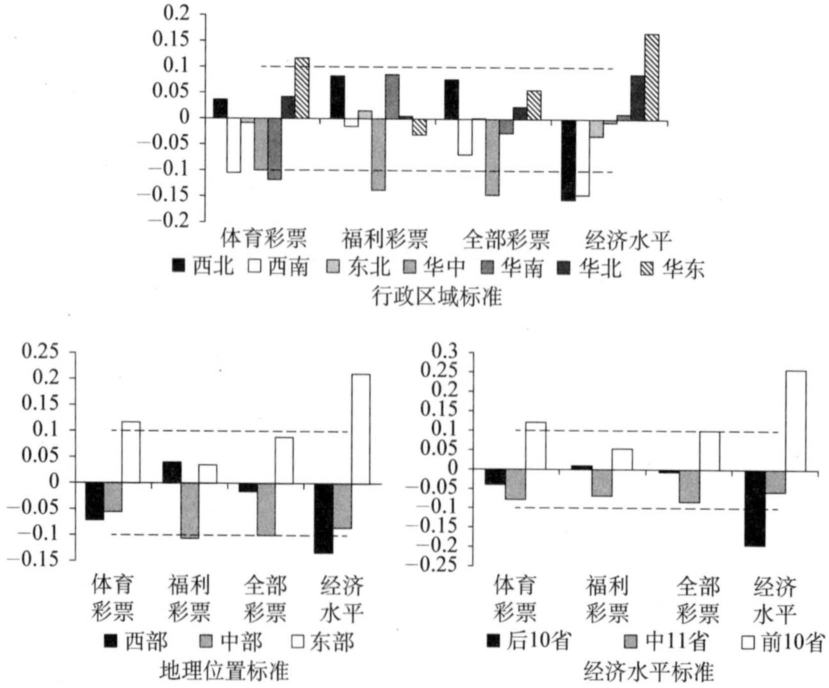

图 7.5.2B　2014 年不同划分标准的各区域内省份地位指数均值

7.5.3　脱钩指数

1　九宫格形式

纵轴：2014年各省份体育彩票综合脱钩指数；横轴：2014年各省份经济水平综合地位指数

	次要 小于−0.1	挂钩 −0.1至0.1	重要 大于0.1
超出 大于0.1	板块五，共8省：黑 赣 滇 藏 甘 青 宁 疆	板块四，共1省：冀	板块三，共2省：津 沪
挂钩 −0.1至0.1	板块六，共4省：晋 皖 琼 黔	板块一，共5省：吉 豫 湘 渝 陕	板块二，共6省：京 苏 浙 闽 鲁 粤
落后 小于−0.1	板块七，共1省：桂	板块八，共3省：蒙 鄂 川	板块九，共1省：辽

纵轴：2014年各省份福利彩票综合脱钩指数；横轴：2014年各省份经济水平综合地位指数

	次要 小于−0.1	挂钩 −0.1至0.1	重要 大于0.1
超出 大于0.1	板块五，共8省：晋 桂 琼 滇 藏 甘 青 宁	板块四，共2省：渝 陕	板块三，共1省：辽
挂钩 −0.1至0.1	板块六，共4省：黑 皖 赣 疆	板块一，共6省：冀 蒙 吉 鄂 湘 川	板块二，共3省：津 浙 粤
落后 小于−0.1	板块七，共1省：黔	板块八，共1省：豫	板块九，共5省：京 沪 苏 闽 鲁

纵轴：2014年各省份全部彩票综合脱钩指数；横轴：2014年各省份经济水平综合地位指数

	次要 小于−0.1	挂钩 −0.1至0.1	重要 大于0.1
超出 大于0.1	板块五，共7省：黑 赣 滇 藏 甘 青 宁	板块四，共0省：	板块三，共0省：
挂钩 −0.1至0.1	板块六，共5省：晋 皖 桂 琼 疆	板块一，共4省：冀 吉 渝 陕	板块二，共4省：津 辽 沪 浙
落后 小于−0.1	板块七，共1省：黔	板块八，共5省：蒙 豫 鄂 湘 川	板块九，共5省：京 苏 闽 鲁 粤

纵轴：2014年各省份福利彩票综合脱钩指数；横轴：2014年各省份体育彩票综合脱钩指数

	落后 小于−0.1	挂钩 −0.1至0.1	超出 大于0.1
超出 大于0.1	板块五，共2省：辽 桂	板块四，共4省：晋 琼 渝 陕	板块三，共5省：滇 藏 甘 青 宁
挂钩 −0.1至0.1	板块六，共3省：蒙 鄂 川	板块一，共5省：吉 浙 皖 湘 粤	板块二，共5省：津 冀 黑 赣 疆
落后 小于−0.1	板块七，共0省：	板块八，共6省：京 苏 闽 鲁 豫 黔	板块九，共1省：沪

图 7.5.3A　2014 年各省份脱钩指数情况

2　各区域情况

表 7.5.3　2014 年不同划分标准的各区域内省份脱钩指数均值

划分标准	区域	经济水平	体育彩票	福利彩票	全部彩票
行政区划七大区域	西北	−0.1578	0.1703	0.2186	0.1717
	西南	−0.1456	0.0279	0.1173	0.0245
	东北	−0.0344	0.0556	0.0783	0.0105
	华中	−0.0058	−0.0463	−0.0838	−0.1432

续　表

划分标准	区域	经济水平	体育彩票	福利彩票	全部彩票
行政区划七大区域	华南	0.0116	−0.0794	0.1262	−0.0428
	华北	0.0870	0.0072	−0.0297	−0.0756
	华东	0.1668	0.0444	−0.1031	−0.0870
地理位置三大区域	西部	−0.1321	0.0531	0.1609	0.0638
	中部	−0.0864	0.0479	0.0038	−0.0352
	东部	0.2069	0.0098	−0.0717	−0.0924
	区域间彩票与经济关系		不相关	负向	负向
经济水平三大区域	后10省	−0.1925	0.1237	0.1818	0.1214
	中11省	−0.0607	0.0098	0.0219	−0.0491
	前10省	0.2592	−0.0217	−0.0887	−0.1206
	区域间彩票与经济关系		负向	负向	负向

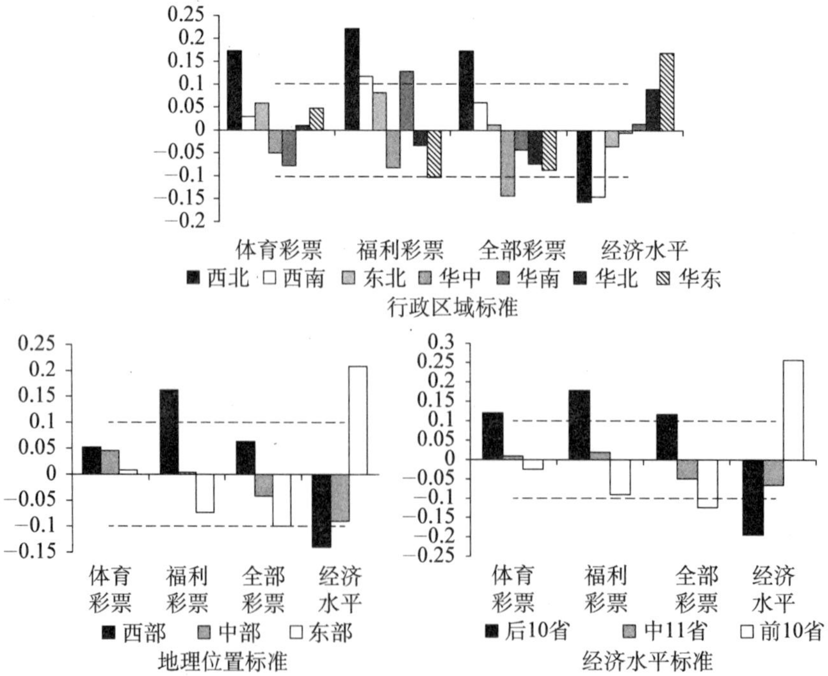

图 7.5.3B　2014 年不同划分标准的各区域内省份脱钩指数均值

7.5.4 开发指数

1 九宫格形式

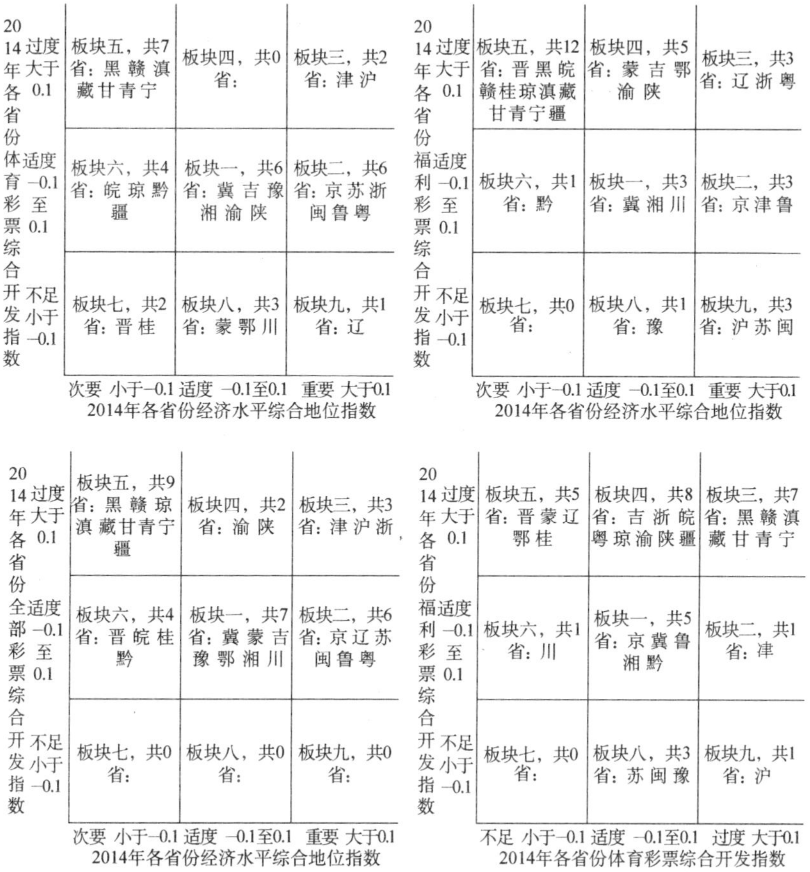

图 7.5.4A 2014 年各省份开发指数情况

2 各区域情况

表 7.5.4 2014 年不同划分标准的各区域内省份开发指数均值

划分标准	区域	经济水平	体育彩票	福利彩票	全部彩票
行政区划七大区域	西北	−0.1578	0.1493	0.3204	0.2907
	西南	−0.1456	0.0104	0.2330	0.1498
	东北	−0.0344	0.0416	0.1716	0.1309

续　表

划分标准	区域	经济水平	体育彩票	福利彩票	全部彩票
行政区划七大区域	华中	−0.0058	−0.0548	0.0334	−0.0123
	华南	0.0116	−0.0810	0.2439	0.0926
	华北	0.0870	0.0374	0.0760	0.0758
	华东	0.1668	0.0829	0.0250	0.0761
地理位置三大区域	西部	−0.1321	0.0366	0.2684	0.1873
	中部	−0.0864	0.0196	0.1028	0.0782
	东部	0.2069	0.0624	0.0567	0.0794
	区域间彩票与经济关系		不相关	负向	U 型
经济水平三大区域	后 10 省	−0.1925	0.0884	0.2790	0.2302
	中 11 省	−0.0607	−0.0049	0.1310	0.0757
	前 10 省	0.2592	0.0454	0.0437	0.0613
	区域间彩票与经济关系		不相关	负向	负向

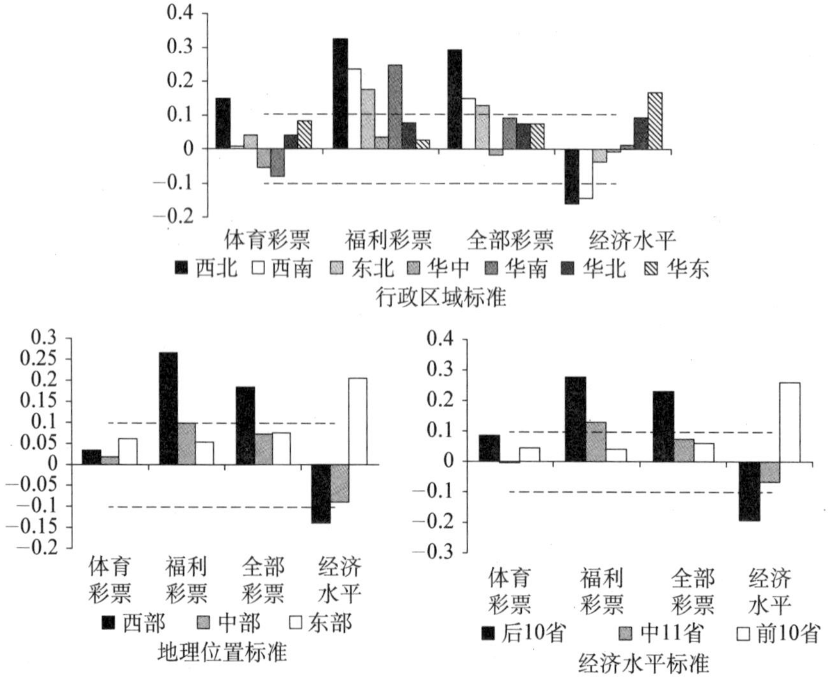

图 7.5.4B　2014 年不同划分标准的各区域内省份开发指数均值

7.5.5 本年小结

1 各项表征指数总结

表 7.5.5A 2014 年各种类彩票三项表征指数总结

综合地位指数情况									
彩票种类	各省份均值	经济相关性		板块比较				区域比较形状	
		系数	标准	三+七	五+九	差	标准	地理	经济
体育彩票	0.0000	0.5400	强正向	6+5	2+1	8	略大于	正向	U型
福利彩票	0.0000	0.1681	不相关	4+3	3+1	3	接近	U型	U型
全部彩票	0.0000	0.4471	中正向	6+4	2+0	8	略大于	U型	U型
综合脱钩指数情况									
彩票种类	各省份均值	经济相关性		板块比较				区域比较形状	
		系数	标准	三+七	五+九	差	标准	地理	经济
体育彩票	0.0364	−0.3174	弱负向	2+1	8+1	−6	略小于	不相关	负向
福利彩票	0.0378	−0.6409	强负向	1+1	8+5	−11	小于	负向	负向
全部彩票	−0.0172	−0.5935	强负向	0+1	7+5	−11	小于	负向	负向
综合脱钩指数情况综合开发指数情况									
彩票种类	各省份均值	经济相关性		板块比较				区域比较形状	
		系数	标准	三+四+五	七+八+九	差	标准	地理	经济
体育彩票	0.0414	−0.0039	不相关	2+0+7	2+3+1	3	接近	不相关	不相关
福利彩票	0.1506	−0.5794	强负向	3+5+12	0+1+3	16	远大于	负向	负向
全部彩票	0.1209	−0.4108	中负向	3+2+9	0+0+0	14	远大于	U型	负向

2 体育彩票与福利彩票的对比

表 7.5.5B 2014 年体育彩票与福利彩票各项表征指数的对比

指数种类	两种彩票相关性		分布一致板块				分布相反板块		
	系数	标准	一	三	七	合计	九	五	差额
地位指数	0.1242	不相关	5	3	3	11	1	2	−1
脱钩指数	0.1823	不相关	5	5	0	10	1	2	−1
开发指数	0.0017	不相关	5	7	0	12	1	5	−4

7.6 本章总结

由此我们完成了五个代表性年份各省份彩票销售情况的分析，总结起来，某一省份的经济水平一直是决定该省份彩票销售在全国地位的重要因素，但扣除经济水平因素以后，各省份彩票销售脱钩指数与经济水平呈负向关系，并且有扩大趋势，这尤其体现在福利彩票上。2000 年，中国各省份几乎都处于彩票市场开发不足状态，但经过 15 年的发展，中国彩票销售达到了相当规模，到 2014 年有近 1/3 的省份彩票市场过度开发，但不同省份开发水平差别巨大。经济水平靠后省份，市场开发过度的情况更为严重。相对于体育彩票，福利彩票更为严重。

第8章　代表性省份结果

本章展示了北京、黑龙江、上海、河南、广西、云南和宁夏等7个代表性省份的各年份各种类型彩票的销售情况。每一省份包括三项内容：(1)各年份各种类型彩票综合维度的地位、脱钩和开发等三项表征指数情况；(2)各项表征指标结合经济水平综合指数，按高中低3×3矩阵，构成“九宫格”，对各年份进行板块划分；(3)将2000至2014年共15年划分了三个“五年”时间阶段(其中2000—2004年为第一阶段，2005—2009年为第二阶段，2010至2014年为第三阶段)，比较各阶段间三项表征指数的变化情况。

中国内地有31个省份，每个省份的彩票销售都有自身的特点，从行政区划上，中国可分为华北、东北、华东、华中、华南、西南和西北等七大区域，简洁起见，我们在每块区域分别选择一个代表性省份进行深入研究，原因如下。

华北区域选择北京，原因如下：(1)北京是全国首都，本身意义重大；(2)人均购买量即销售密度来看，不论体育彩票、福利彩票还是全部彩票，北京在全国排名基本位居第一，波动极小；(3)北京地区是全国少有的3个不发行视频型福利彩票的省份[①]，但它是体育彩票竞猜型新玩法推出较早的省份，因此竞猜型彩票在北京全部体育彩票中的份额很高，2010年起一直高于50%，而同期全国份额基本小于25%[②]；份额排名长期居于前五[③]。

---

① 另外两个省份是新疆和西藏。

② 2014年因巴西世界杯，中国足球彩票份额达到34.85%，但北京为61.34%。

③ 同一区域的天津竞猜型彩票销售情况也很好，份额也很高，2010年起该份额一直高于60%，但从长期来看，份额和排名波动较大，如2003和2004年都在后10位，近五年又在前三位。另外，天津同时还销售视频型福利彩票。从销售密度即人均购买量来看，虽然天津体育彩票销售密度一直排名全国前三，但福利彩票排名波动较大，最小的2002年为第17，而最大的2014年为第一。因此天津代表性不如北京。

东北区域选择黑龙江，原因如下：(1)东北三省整体经济增长较慢，而黑龙江最慢，以人均 GDP 为例，2000 年全国排名第 10，2014 年下降至第 22，是全国位次下降幅度最大的省份。(2)黑龙江彩票销售波动巨大，2005 年，黑龙江体育彩票和福利彩票销售规模分别居全国第 1 和第 3；销售密度均为第 2。但 2006 年规模就下降至第 14 和第 6；密度下降至第 14 和第 5；(3)黑龙江体育彩票与福利彩票份额波动也巨大，以体育彩票为标准，最高年份 2014 年为 57.63%，排名第 3，最低年份 2006 年为 29.03%，排名第 26；(4)如果选择辽宁，那中部省份仅有一个河南，与东部和西部省份数量不一致。因此，尽管辽宁是东北三省经济和人口总量以及彩票销售最大的省份[①]，也是本报告第一作者的家乡，但考虑再三，私人感情让位于客观现实，我们最终选择黑龙江。

华东区域选择上海，原因如下：(1)上海长期是全国人均收入排名最高省份，2011 年后虽有所下降，但也位居前三，同时彩票人均购买量也一直位于全国前五位；(2)上海又是经济和彩票规模增幅最小的省份，若以 2000 年作为定基年份，各项定基比例排名基本在全国后三位，特别是福利彩票，2005 年起，连续 10 年排序最后，相对于 2000 年，2014 年上海体育彩票、福利彩票和全部彩票规模定基比例分别为 17.19、3.78 和 7.57，而同期全国整体则分别为 19.36、22.91 和 21.12；(3)上海体育彩票和福利彩票的市场份额波动巨大，以体育彩票为例，2000 年仅为 28.25%，全国排名倒数 12；2002 年迅速增至 56.22%，全国排名第 17；随后逐年下降，2009 年降至第二低值 29.19%，排名倒数第 4；但随后又迅速增加，2013 年为 54.94%，排名第 2，2014 年为 64.14%，排名第 1。

华中区域选择河南，原因如下：(1)河南在 2000—2005 年一直是中国人口最多省份，近几年虽然被广东超过，但也一直位居前三。在华中区域其人口比重一直大于 40%；(2)河南是全国体育彩票和福利彩票份额最为均等的省份，2000 至 2014 年共 15 年的平均份额分别为 49.09%和 50.91%；(3)河南彩票销售深度一直排在全国后列，特别是福利彩票，2007 年起一起基本处在全国后 3 位，2014 年为最后 1 位，仅为万分之 18.66。体育彩票销售深度排名稍高，但也都在后 15 位；(4)2000 至 2014 年的 15 年间，河南各种类彩票的综合

① 其中彩票销售和经济总量比重一直在 50%左右，人口比重一直在 40%左右。

脱钩指数或综合开发指数几乎[①]都小于 0.1，是全国唯一的省份。

华南区域选广西，原因如下：(1)虽然广西在彩票经济、人口和彩票的规模上，都远小于同区域的广东，[②]但广西福利彩票相对本省体育彩票一直占绝对优势，市场份额一直超过 80%，均值为 84.49%，为全国之最；(2)广西福利彩票销售相对全国波动巨大，2000 至—2004 年，广西福利彩票销售密度全国排名一直在前 10 位，但 2007 年以后，销售密度排名基本在后 10 位；(3)2005 年起，广西体育彩票销售密度和深度一直居于最后 1 位，但同期人均生产总值也基本排名后 5 位，两者基本一致。由此引出的一个问题就是，表面上广西体育彩票的劣势，是由于当地福利彩票发展过强，还是自身发展过弱。

西南区域选择云南，原因如下：(1)云南人均生产总值全国排名一直在后 4 位，但彩票销售密度一直在全国前 15 位，深度排名更高，体育彩票 2001 年起，福利彩票从 2006 年起，销售深度一直在全国前 5 位；(2)2000 至 2014 年的 15 年间，云南体育彩票有 14 年，福利彩票有 10 年的综合脱钩指数大于0.1，是全国数量最多的省份，特别是，云南从 2005 年起，连续 10 年体育彩票与福利彩票综合脱钩指数都大于 0.1，是全国仅有的一个省份；(3)云南从 2008 年起，连续 7 年体育彩票与福利彩票综合开发指数都大于 0.1，也是全国仅有的一个省份。

西北区域选择宁夏，原因如下：(1)虽然宁夏在西北五省体量较小，经济、人口和彩票规模的比重均在 10%以下，但该省份彩票增幅最大，相对于 2000 年，2014 年体育彩票、福利彩票和全部彩票几乎一致地同时增长了近 250 倍，体育彩票和福利彩票销售密度位次 15 年中分别增加 17 和 26。以 2000 年作为定基年份，2002 年起，该省份福利彩票以及全部彩票的定基比例一直全国排名首位。(2)宁夏人均收入水平在全国居于中后位次，但彩票销售密度排名却居于前列，2014 年体彩、福彩和全部彩票分别为第 5、第 5 和第 4，销售深度排名更高，分别为第 1、第 3 和第 3。(3)2000 至 2014 年的 15 年间，宁夏体育彩票有 8 年，福利彩票有 9 年的综合脱钩指数大于 0.1，次数之多，仅次于云南。

---

① 唯一例外是 2005 年体育彩票综合脱钩指数，但也仅为 0.1165。

② 广东基本一直是全国经济和彩票规模最大省份，2006 起取代河南成为全国人口规模最大省份。彩票和经济规模占所在区域比重一直在 80%左右，人口比重一直在 2/3 左右。

8.1 北京

8.1.1 基本数据

表 8.1.1 2000 至 2014 年北京各种类彩票各项表征指数情况

彩票种类	经济水平	体育彩票			福利彩票			全部彩票		
指数	地位	地位	脱钩	开发	地位	脱钩	开发	地位	脱钩	开发
大于 0.1 年份数	15	15	8	3	12	4	4	15	5	3
−0.1 至 0.1 年份数	0	0	6	5	3	8	8	0	8	7
小于 −0.1 年份数	0	0	1	7	0	3	3	0	2	5
00 至 04 年均值	0.2029	0.4628	0.2532	0.1016	0.2225	0.0338	−0.1158	0.4651	0.2330	0.0419
05 至 09 年均值	0.3322	0.1909	−0.0040	−0.4595	0.3295	0.0980	0.0844	0.3323	0.0463	−0.1581
10 至 14 年均值	0.2873	0.2804	0.0640	−0.0279	0.2066	−0.0167	0.0773	0.2895	0.0023	0.0338
趋势	倒 U 型	U 型	U 型	U 型	倒 U 型	倒 U 型	倒 U 型	下降	下降	U 型
00 至 14 年均值	0.2741	0.3114	0.1044	−0.1286	0.2529	0.0384	0.0153	0.3623	0.0939	−0.0274
00 至 14 年标准差	0.0649	0.1453	0.1467	0.3017	0.1635	0.1724	0.1910	0.1349	0.1639	0.1539
00 至 14 年极差	0.2465	0.5453	0.5838	1.0116	0.6191	0.7043	0.7032	0.4656	0.5485	0.5449
最大值 对应年份	0.4111 2005	0.6619 2001	0.4212 2001	0.4535 2001	0.5385 2004	0.3741 2004	0.2818 2004	0.5923 2004	0.3731 2004	0.2212 2001
第 2 大值 对应年份	0.3428 2009	0.4562 2002	0.2408 2003	0.2704 2002	0.4146 2003	0.2546 2003	0.1914 2011	0.5856 2001	0.3716 2001	0.1299 2003
中位值 对应年份	0.2815 2010	0.3107 2011	0.1140 2006	−0.0791 2010	0.2960 2010	0.0548 2009	0.0604 2009	0.3465 2008	0.0629 2011	0.0001 2010
第 2 小值 对应年份	0.1961 2003	0.1573 2009	−0.0569 2009	−0.4552 2005	0.0070 2001	−0.1757 2001	−0.3379 2001	0.1727 2000	−0.1055 2000	−0.2318 2007
最小值 对应年份	0.1646 2004	0.1166 2005	−0.1626 2005	−0.5581 2007	−0.0806 2000	−0.3302 2000	−0.4215 2000	0.1266 2014	−0.1755 2014	−0.3237 2000
2000	0.2014	0.4126	0.1715	0.0067	−0.0806	−0.3302	−0.4215	0.1727	−0.1055	−0.3237
2001	0.2239	0.6619	0.4212	0.4535	0.0070	−0.1757	−0.3379	0.5856	0.3716	0.2212
2002	0.2286	0.4562	0.2088	0.2704	0.2333	0.0464	−0.1912	0.4447	0.1985	0.1094
2003	0.1961	0.4179	0.2408	0.1218	0.4146	0.2546	0.0897	0.5303	0.3272	0.1299
2004	0.1646	0.3654	0.2234	−0.3445	0.5385	0.3741	0.2818	0.5923	0.3731	0.0729

续　表

彩票种类	经济水平	体育彩票			福利彩票			全部彩票		
指数	地位	地位	脱钩	开发	地位	脱钩	开发	地位	脱钩	开发
2005	0.4111	0.1166	−0.1626	−0.4552	0.3680	0.0576	0.1351	0.3427	−0.0182	−0.1117
2006	0.3146	0.2749	0.1140	−0.4066	0.3499	0.1577	0.1368	0.3782	0.1508	−0.0859
2007	0.3325	0.2013	0.0433	−0.5581	0.2582	0.0684	0.0445	0.2939	0.0234	−0.2318
2008	0.2599	0.2045	0.0420	−0.4282	0.3570	0.1516	0.0453	0.3465	0.0830	−0.1813
2009	0.3428	0.1573	−0.0569	−0.4493	0.3145	0.0548	0.0604	0.3005	−0.0075	−0.1800
2010	0.2815	0.3906	0.1607	−0.0791	0.2960	0.0452	0.0801	0.3968	0.0808	0.0001
2011	0.2636	0.3107	0.0731	−0.0593	0.3140	0.0669	0.1914	0.3702	0.0629	0.0929
2012	0.2850	0.2006	−0.0207	−0.1447	0.2280	0.0081	0.0995	0.2646	0.0081	−0.0349
2013	0.2919	0.3360	0.1598	0.0761	0.1318	−0.0509	0.0257	0.2893	0.0351	0.0685
2014	0.3146	0.1644	−0.0528	0.0675	0.0631	−0.1527	−0.0103	0.1266	−0.1755	0.0426

8.1.2　地位指数

1　九宫格形式

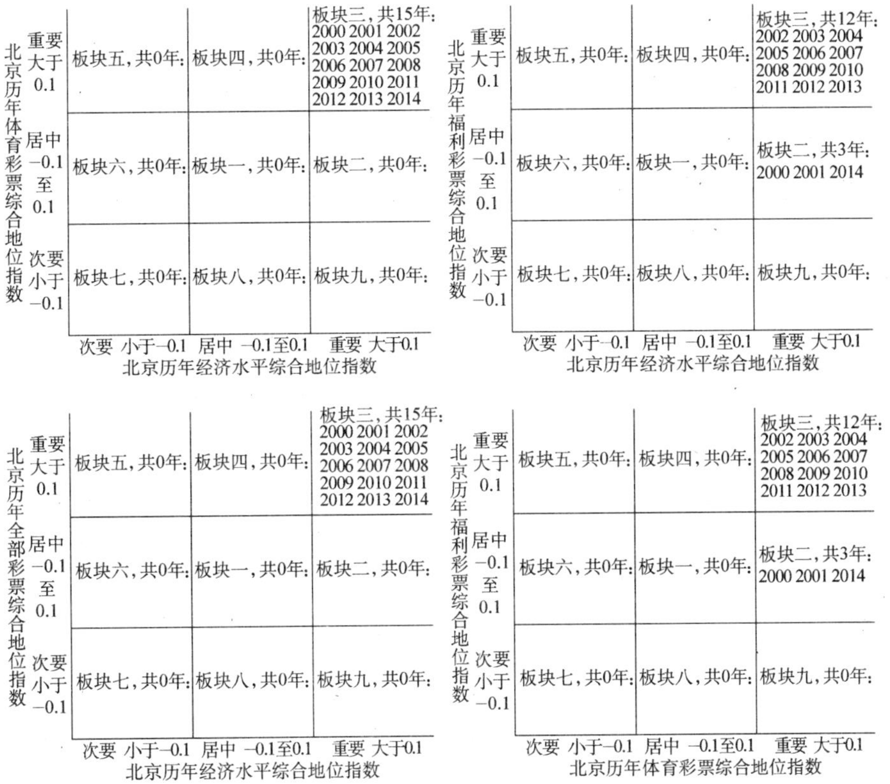

图 8.1.2A　2000 至 2014 年北京各种类彩票地位指数情况

2 各阶段情况

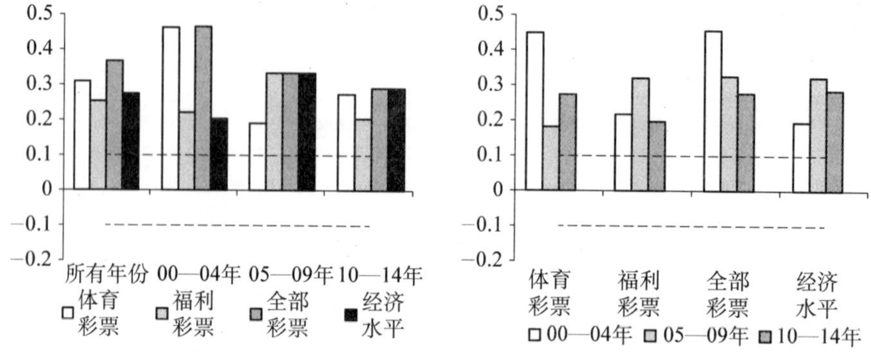

图 8.1.2B 各阶段北京各类彩票地位指数的均值

8.1.3 脱钩指数

1 九宫格形式

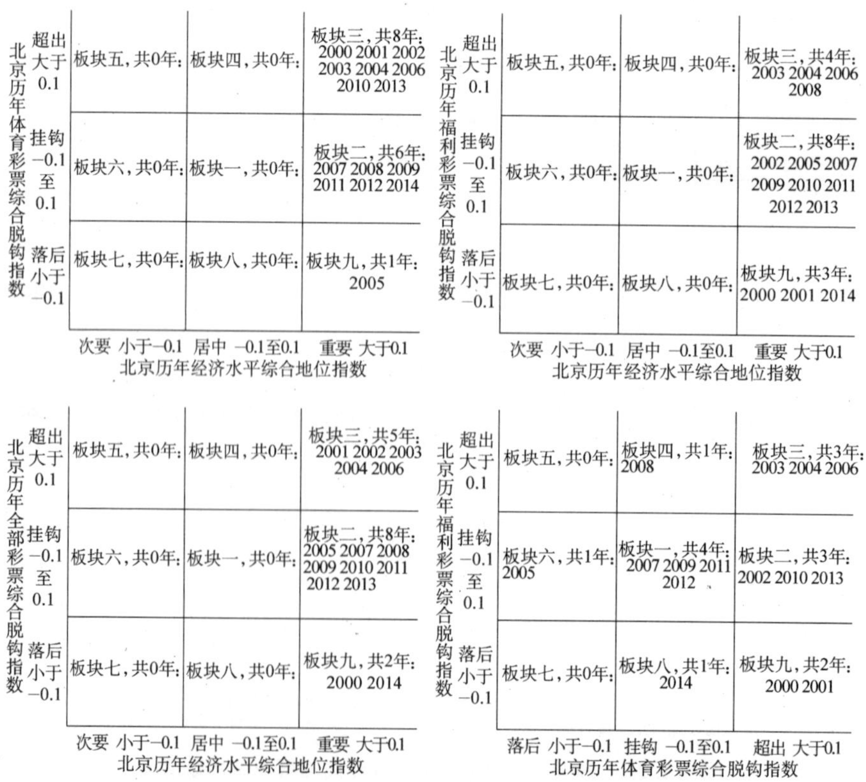

图 8.1.3A 2000 至 2014 年北京各种类彩票脱钩指数情况

2　各阶段情况

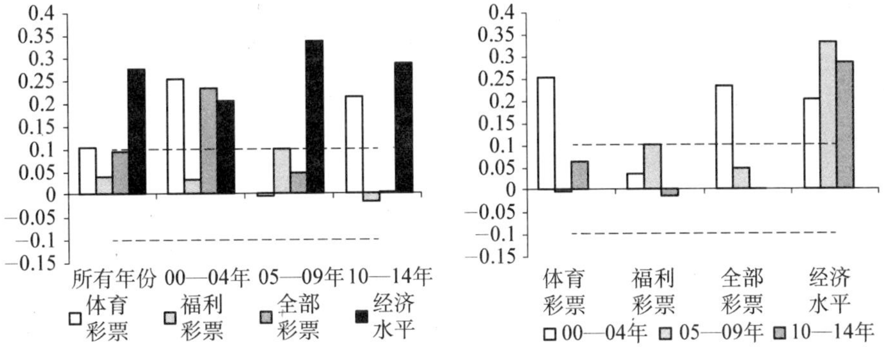

图 8.1.3B　各阶段北京各类彩票脱钩指数的均值

8.1.4　开发指数

1　九宫格形式

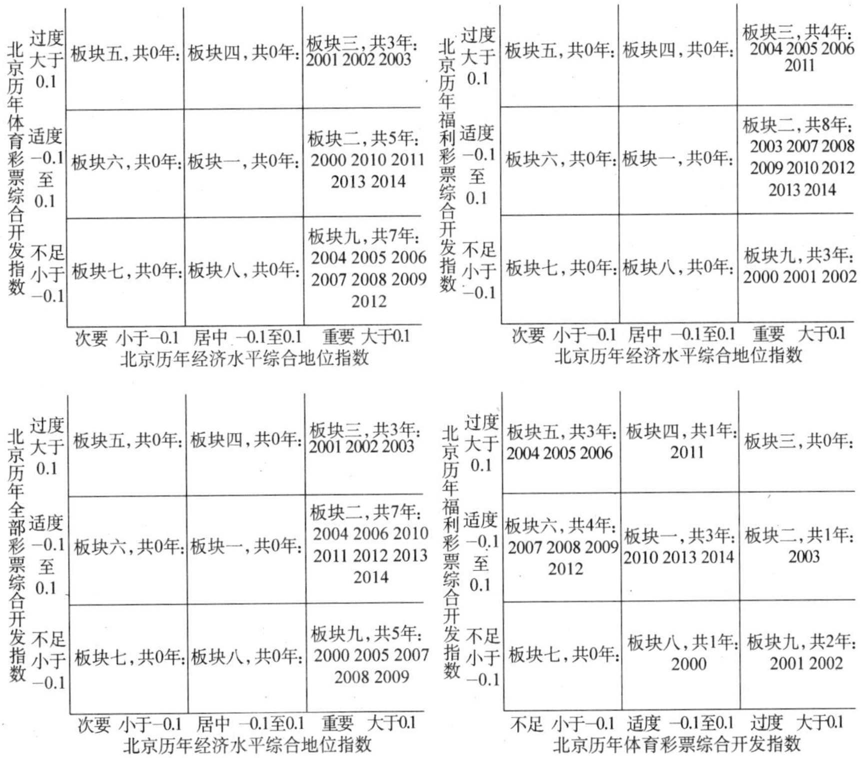

图 8.1.4A　2000 至 2014 年北京各种类彩票开发指数情况

2 各阶段情况

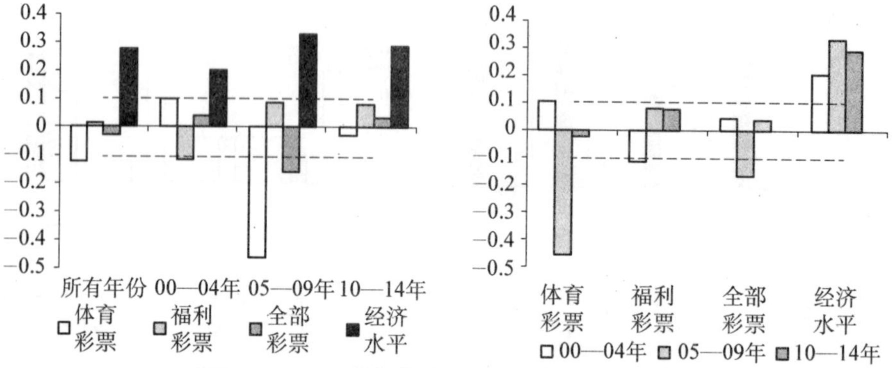

图 8.1.4B 各阶段北京各类彩票开发指数的均值

8.1.5 本省份小结

1 各项表征指数总结

表 8.1.5A 北京 2000 至 2014 年各种类彩票三项表征指数总结

综合地位指数											
彩票种类	统计值			三阶段趋势	阈值标准			板块比较			
	最大值	均值	最小值		重要	居中	次要	三十七	五十九	差	标准
体育彩票	0.6619	0.3114	0.1166	U 型	15	0	0	15+0	0+0	15	远大于
福利彩票	0.5385	0.2529	−0.0806	倒 U 型	12	3	0	12+0	0+0	12	远大于
全部彩票	0.5923	0.3623	0.1266	下降	15	0	0	15+0	0+0	15	远大于
经济水平	0.4111	0.2741	0.1646	倒 U 型	15	0	0				
综合脱钩指数											
彩票种类	统计值			三阶段趋势	阈值标准			板块比较			
	最大值	均值	最小值		超出	挂钩	落后	三十七	五十九	差	标准
体育彩票	0.4212	0.1044	−0.1626	U 型	8	6	1	8+0	0+1	7	远大于
福利彩票	0.3741	0.0384	−0.3302	倒 U 型	4	8	3	4+0	0+3	1	接近
全部彩票	0.3731	0.0939	−0.1755	下降	5	8	2	5+0	0+2	3	略大于
经济水平	0.4111	0.2741	0.1646	倒 U 型	15	0	0				

续　表

彩票种类	综合开发指数										
	统计值			三阶段趋势	阈值标准			板块比较			
	最大值	均值	最小值		过度	适度	不足	三十四十五	七十八十九	差	标准
体育彩票	0.4535	−0.1286	−0.5581	U型	3	5	7	3+0+0	0+0+7	−4	略小于
福利彩票	0.2818	0.0153	−0.4215	倒U型	4	8	3	4+0+0	0+0+3	1	接近
全部彩票	0.2212	−0.0274	−0.3237	U型	3	7	5	3+0+0	0+0+5	−2	接近
经济水平	0.4111	0.2741	0.1646	倒U型	15	0	0				

2　体育彩票与福利彩票的对比

表8.1.5B　北京2000至2014年体育彩票与福利彩票各项表征指数的对比

指数种类	相关性		一致板块				相反板块		
	系数	标准	一	三	七	合计	九	五	差额
地位指数	−0.3196	不相关	0	12	0	12	0	0	0
脱钩指数	−0.0266	不相关	4	3	0	7	2	0	2
开发指数	−0.5996	中负向	3	0	0	3	2	3	−1

8.2　黑龙江

8.2.1　基本数据

表8.2.1　2000至2014年黑龙江各种类彩票各项表征指数情况

彩票种类	经济水平	体育彩票			福利彩票			全部彩票		
指数	地位	地位	脱钩	开发	地位	脱钩	开发	地位	脱钩	开发
大于0.1年份数	0	3	7	2	2	3	5	1	6	4
−0.1至0.1年份数	11	12	7	3	9	10	8	14	8	4
小于−0.1年份数	4	0	1	10	4	2	2	0	1	7
00至04年均值	0.0110	−0.0197	−0.0653	−0.2195	0.0151	−0.0095	−0.1608	−0.0064	−0.0557	−0.2464
05至09年均值	−0.0866	0.0765	0.2147	−0.0770	0.1157	0.2173	0.1628	0.1161	0.2007	0.0691
10至14年均值	−0.1103	0.0829	0.1746	0.0494	−0.1039	−0.0189	0.0470	−0.0036	0.0559	0.0721

续 表

彩票种类	经济水平	体育彩票			福利彩票			全部彩票		
指数	地位	地位	脱钩	开发	地位	脱钩	开发	地位	脱钩	开发
趋势	下降	上升	倒U型	上升	倒U型	倒U型	倒U型	倒U型	倒U型	上升
00至14年均值	−0.0619	0.0466	0.1080	−0.0823	0.0090	0.0629	0.0163	0.0353	0.0670	−0.0351
00至14年标准差	0.0586	0.1581	0.2015	0.2192	0.1363	0.1619	0.1813	0.1466	0.1819	0.2234
00至14年极差	0.1815	0.6092	0.7549	0.8478	0.5389	0.6870	0.7958	0.6270	0.7735	0.8907
最大值	0.0351	0.5340	0.6476	0.4099	0.3969	0.4793	0.4398	0.5418	0.6105	0.5036
对应年份	2000	2005	2005	2005	2005	2005	2005	2005	2005	2005
第2大值	0.0117	0.1880	0.3350	0.2857	0.1391	0.2614	0.1878	0.0699	0.1807	0.2676
对应年份	2004	2014	2014	2014	2006	2006	2006	2014	2006	2014
中位值	−0.0773	−0.0035	0.0785	−0.1401	−0.0121	0.0666	0.0178	−0.0103	0.0106	−0.0312
对应年份	2011	2004	2006	2009	2009	2013	2008	2002	2008	2009
第2小值	−0.1387	−0.0708	−0.0763	−0.2682	−0.1104	−0.1334	−0.2109	−0.0466	−0.0887	−0.2859
对应年份	2013	2008	2003	2006	2014	2011	2001	2000	2010	2004
最小值	−0.1464	−0.0752	−0.1074	−0.4379	−0.1421	−0.2077	−0.3560	−0.0852	−0.1630	−0.3871
对应年份	2014	2006	2002	2004	2011	2000	2000	2010	2000	2000
2000	0.0351	0.0342	−0.0617	−0.2084	−0.1033	−0.2077	−0.3560	−0.0466	−0.1630	−0.3871
2001	0.0076	−0.0094	−0.0606	−0.1375	−0.0275	−0.0207	−0.2109	−0.0295	−0.0355	−0.2304
2002	−0.0062	−0.0628	−0.1074	−0.1253	0.0822	0.0982	−0.0878	−0.0103	−0.0334	−0.1435
2003	0.0071	−0.0572	−0.0763	−0.1882	0.0729	0.0709	−0.0685	0.0145	−0.0108	−0.1850
2004	0.0117	−0.0035	−0.0202	−0.4379	0.0510	0.0119	−0.0806	0.0396	−0.0357	−0.2859
2005	−0.0646	0.5340	0.6476	0.4099	0.3969	0.4793	0.4398	0.5418	0.6105	0.5036
2006	−0.0836	−0.0752	0.0785	−0.2682	0.1391	0.2614	0.1878	0.0566	0.1807	−0.0065
2007	−0.0958	0.0439	0.2268	−0.1595	0.0137	0.1648	0.1072	0.0271	0.1356	−0.0120
2008	−0.0715	−0.0708	0.0172	−0.2269	0.0407	0.0859	0.0178	−0.0123	0.0106	−0.1085
2009	−0.1175	−0.0493	0.1032	−0.1401	−0.0121	0.0949	0.0615	−0.0327	0.0660	−0.0312
2010	−0.0821	−0.0701	−0.0260	−0.1964	−0.0741	−0.0509	−0.0065	−0.0852	−0.0887	−0.1174
2011	−0.0773	0.0839	0.1020	0.0026	−0.1421	−0.1334	−0.0323	−0.0388	−0.0530	−0.0149
2012	−0.1068	0.1504	0.2352	0.0865	−0.1011	−0.0149	0.0425	0.0480	0.1348	0.1079
2013	−0.1387	0.0624	0.2271	0.0687	−0.0916	0.0666	0.1144	−0.0120	0.1133	0.1171
2014	−0.1464	0.1880	0.3350	0.2857	−0.1104	0.0380	0.1169	0.0699	0.1733	0.2676

8.2.2　地位指数

1　九宫格形式

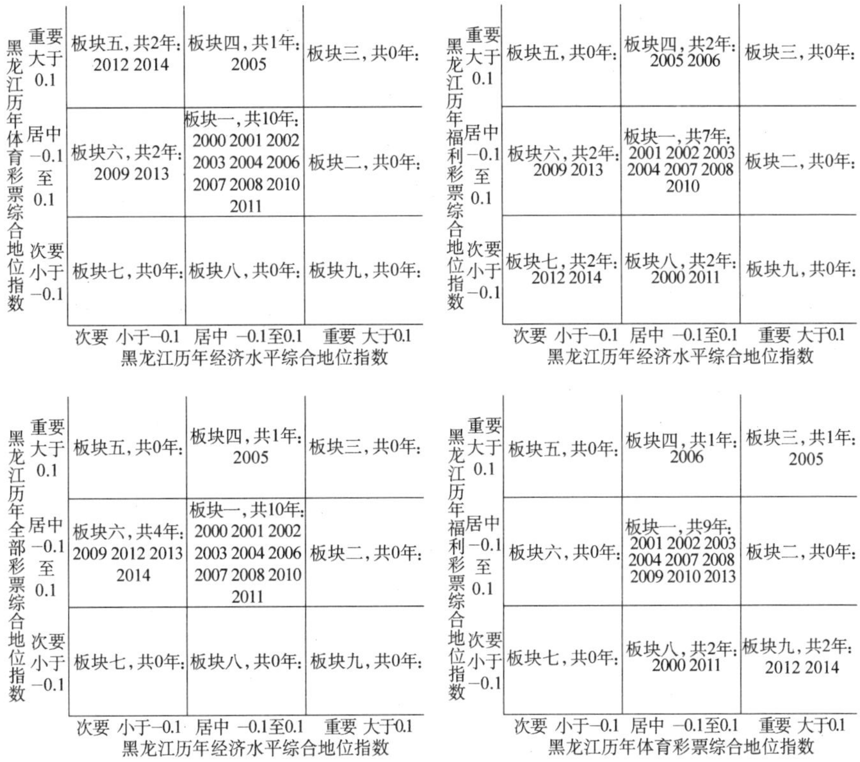

图 8.2.2A　2000 至 2014 年黑龙江各种类彩票地位指数情况

2　各阶段情况

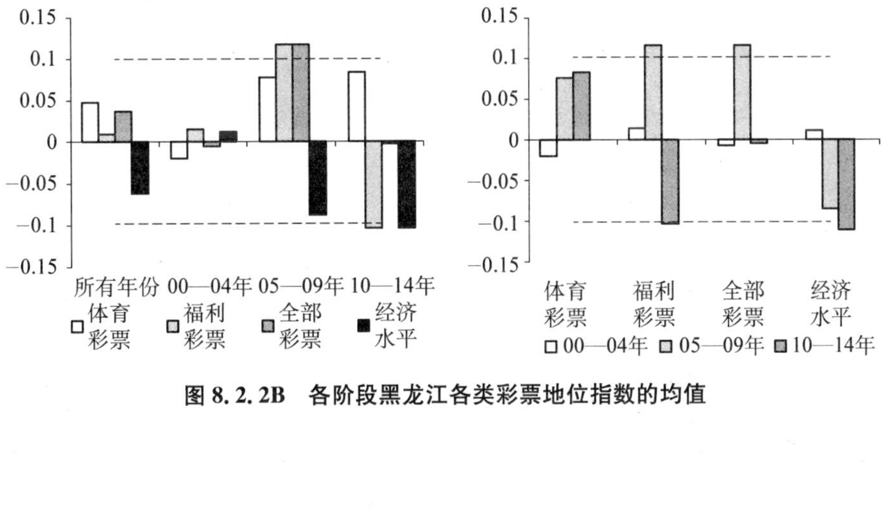

图 8.2.2B　各阶段黑龙江各类彩票地位指数的均值

8.2.3 脱钩指数

1 九宫格形式

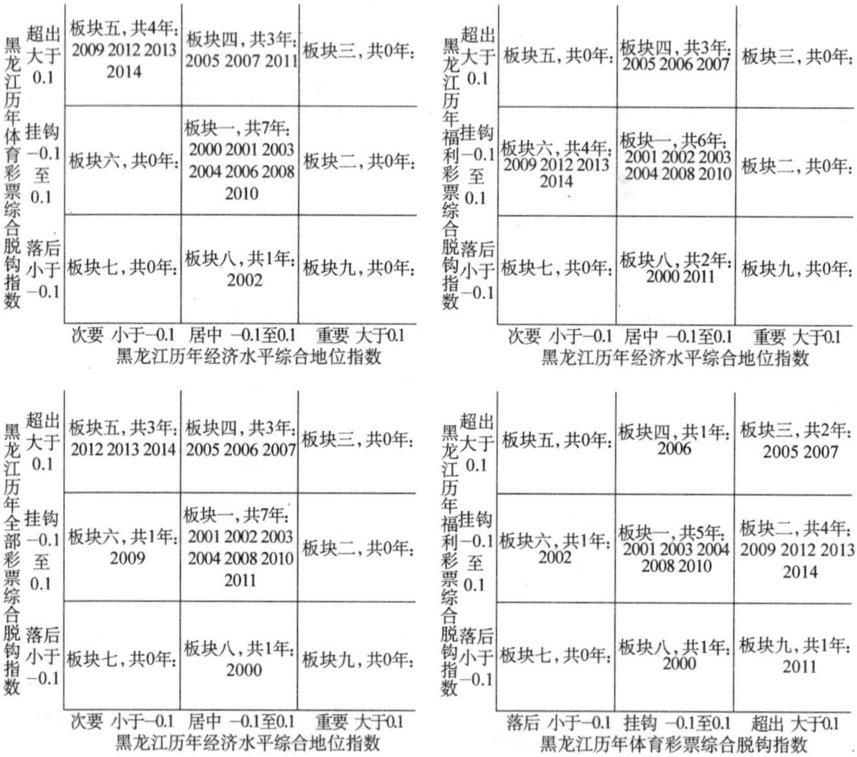

图 8.2.3A 2000 至 2014 年黑龙江各种类彩票脱钩指数情况

2 各阶段情况

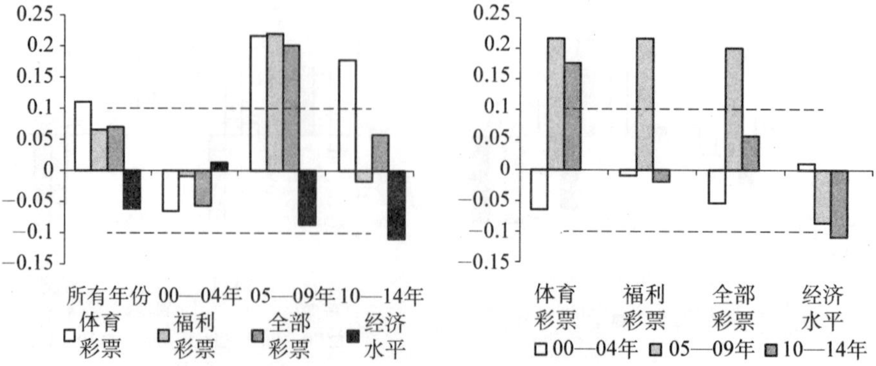

图 8.2.3B 各阶段黑龙江各类彩票脱钩指数的均值

8.2.4　开发指数

1　九宫格形式

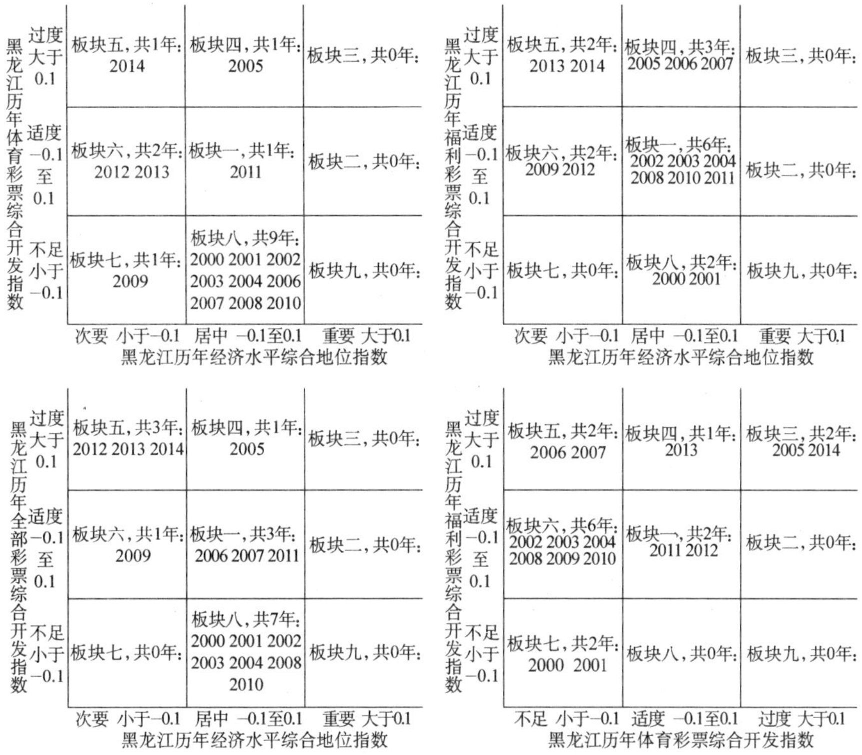

图 8.2.4A　2000 至 2014 年黑龙江各种类彩票开发指数情况

2　各阶段情况

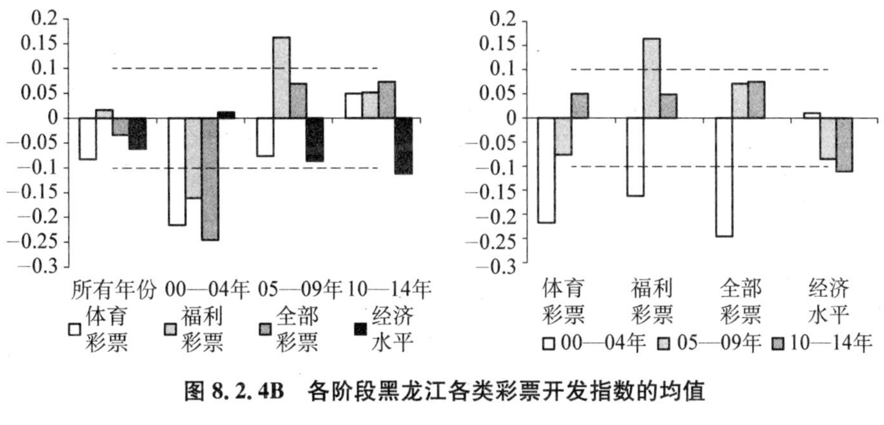

图 8.2.4B　各阶段黑龙江各类彩票开发指数的均值

8.2.5 本省份小结

1 各项表征指数总结

表 8.2.5A 黑龙江 2000 至 2014 年各种类彩票三项表征指数总结

综合地位指数

彩票种类	统计值			三阶段趋势	阈值标准			板块比较			
	最大值	均值	最小值		重要	居中	次要	三十七	五十九	差	标准
体育彩票	0.5340	0.0466	−0.0752	上升	3	12	0	0+0	2+0	−2	接近
福利彩票	0.3969	0.0090	−0.1421	倒U型	2	9	4	0+2	0+0	2	接近
全部彩票	0.5418	0.0353	−0.0852	倒U型	1	14	0	0+0	0+0	0	接近
经济水平	0.0351	−0.0619	−0.1464	下降	0	11	4				

综合脱钩指数

彩票种类	统计值			三阶段趋势	阈值标准			板块比较			
	最大值	均值	最小值		超出	挂钩	落后	三十七	五十九	差	标准
体育彩票	0.6476	0.1080	−0.1074	倒U型	7	7	1	0+0	4+0	−4	略小于
福利彩票	0.4793	0.0629	−0.2077	倒U型	3	10	2	0+0	0+0	0	接近
全部彩票	0.6105	0.0670	−0.1630	倒U型	6	8	1	0+0	3+0	−3	略小于
经济水平	0.0351	−0.0619	−0.1464	下降	0	11	4				

综合开发指数

彩票种类	统计值			三阶段趋势	阈值标准			板块比较			
	最大值	均值	最小值		过度	适度	不足	三十四十五	七十八十九	差	标准
体育彩票	0.4099	−0.0823	−0.4379	上升	2	3	10	0+1+1	1+9+0	−8	远小于
福利彩票	0.4398	0.0163	−0.3560	倒U型	5	8	2	0+3+2	0+2+0	3	略大于
全部彩票	0.5036	−0.0351	−0.3871	上升	4	4	7	0+1+3	0+7+0	−3	略小于
经济水平	0.0351	−0.0619	−0.1464	下降	0	11	4				

2 体育彩票与福利彩票的对比

表 8.2.5B 黑龙江 2000 至 2014 年体育彩票与福利彩票各项表征指数的对比

指数种类	相关性		一致板块				相反板块		
	系数	标准	一	三	七	合计	九	五	差额
地位指数	0.4385	不相关	9	1	0	10	2	0	2
脱钩指数	0.6295	中正向	5	2	0	7	1	0	1
开发指数	0.5913	中正向	2	2	2	6	0	2	−2

8.3 上海

8.3.1 基本数据

表 8.3.1　2000 至 2014 年上海各种类彩票各项表征指数情况

彩票种类	经济水平	体育彩票			福利彩票			全部彩票		
指数	地位	地位	脱钩	开发	地位	脱钩	开发	地位	脱钩	开发
大于 0.1 年份数	15	4	1	1	8	2	1	7	0	1
−0.1 至 0.1 年份数	0	10	1	2	6	4	2	8	3	0
小于−0.1 年份数	0	1	13	12	1	9	12	0	12	14
00 至 04 年均值	0.4405	0.1317	−0.2415	−0.4359	0.3651	0.0129	−0.1735	0.3011	−0.1166	−0.3593
05 至 09 年均值	0.3834	−0.0584	−0.2791	−0.7869	0.1201	−0.1372	−0.1692	0.0584	−0.2593	−0.5025
10 至 14 年均值	0.2848	0.1089	−0.0964	−0.2057	−0.0055	−0.2177	−0.1368	0.0633	−0.2136	−0.1963
趋势	下降	U 型	U 型	U 型	下降	下降	平稳	U 型	U 型	U 型
00 至 14 年均值	0.3696	0.0607	−0.2057	−0.4762	0.1599	−0.1140	−0.1598	0.1409	−0.1965	−0.3527
00 至 14 年标准差	0.0706	0.1343	0.1396	0.3490	0.2020	0.1452	0.1222	0.1616	0.1206	0.2018
00 至 14 年极差	0.2124	0.4760	0.5354	1.2270	0.8052	0.5274	0.4983	0.6021	0.4685	0.7953
最大值 对应年份	0.4699 2000	0.3657 2014	0.1574 2014	0.2700 2014	0.6717 2000	0.2351 2000	0.1342 2000	0.5891 2000	0.0994 2000	0.1460 2014
第 2 大值 对应年份	0.4427 2003	0.2181 2013	0.0658 2013	−0.0341 2013	0.4365 2001	0.1155 2001	−0.0426 2009	0.2971 2001	−0.0666 2014	−0.1630 2013
中位值 对应年份	0.3823 2006	0.0170 2012	−0.2464 2004	−0.4625 2000	0.1021 2006	−0.1527 2011	−0.1630 2006	0.0796 2007	−0.2151 2006	−0.3768 2009
第 2 小值 对应年份	0.2713 2013	−0.0608 2008	−0.3056 2001	−0.8856 2007	−0.0365 2014	−0.2589 2005	−0.2950 2008	−0.0101 2012	−0.3174 2010	−0.5972 2008
最小值 对应年份	0.2576 2012	−0.1103 2005	−0.3780 2005	−0.9569 2004	−0.1335 2013	−0.2923 2013	−0.3641 2002	−0.0130 2005	−0.3691 2005	−0.6493 2004
2000	0.4699	0.1873	−0.2409	−0.4625	0.6717	0.2351	0.1342	0.5891	0.0994	−0.1934
2001	0.4385	0.0734	−0.3056	−0.2826	0.4365	0.1155	−0.1267	0.2971	−0.0783	−0.3111
2002	0.4243	0.2155	−0.1581	−0.0991	0.2895	−0.0236	−0.3641	0.2862	−0.1069	−0.2421
2003	0.4427	0.0968	−0.2562	−0.3782	0.2859	−0.0501	−0.2288	0.2112	−0.1888	−0.4006
2004	0.4271	0.0855	−0.2464	−0.9569	0.1421	−0.2122	−0.2820	0.1220	−0.3084	−0.6493

续 表

彩票种类	经济水平	体育彩票			福利彩票			全部彩票		
指数	地位	地位	脱钩	开发	地位	脱钩	开发	地位	脱钩	开发
2005	0.4285	−0.1103	−0.3780	−0.7709	0.0400	−0.2589	−0.2245	−0.0130	−0.3691	−0.5333
2006	0.3823	−0.0294	−0.2309	−0.7993	0.1021	−0.1308	−0.1630	0.0593	−0.2151	−0.4838
2007	0.3913	−0.0497	−0.2417	−0.8856	0.1406	−0.0832	−0.1209	0.0796	−0.2303	−0.5212
2008	0.3415	−0.0608	−0.2780	−0.7842	0.0781	−0.1819	−0.2950	0.0192	−0.3055	−0.5972
2009	0.3736	−0.0416	−0.2670	−0.6947	0.2399	−0.0310	−0.0426	0.1468	−0.1765	−0.3768
2010	0.3139	−0.0259	−0.2705	−0.5294	0.0668	−0.1987	−0.1769	0.0172	−0.3174	−0.4165
2011	0.2724	−0.0304	−0.2638	−0.4142	0.0902	−0.1527	−0.0429	0.0376	−0.2678	−0.2539
2012	0.2576	0.0170	−0.1709	−0.3210	−0.0146	−0.2012	−0.1336	−0.0101	−0.2332	−0.2942
2013	0.2713	0.2181	0.0658	−0.0341	−0.1335	−0.2923	−0.2274	0.0462	−0.1833	−0.1630
2014	0.3089	0.3657	0.1574	0.2700	−0.0365	−0.2433	−0.1030	0.2256	−0.0666	0.1460

8.3.2 地位指数

1 九宫格形式

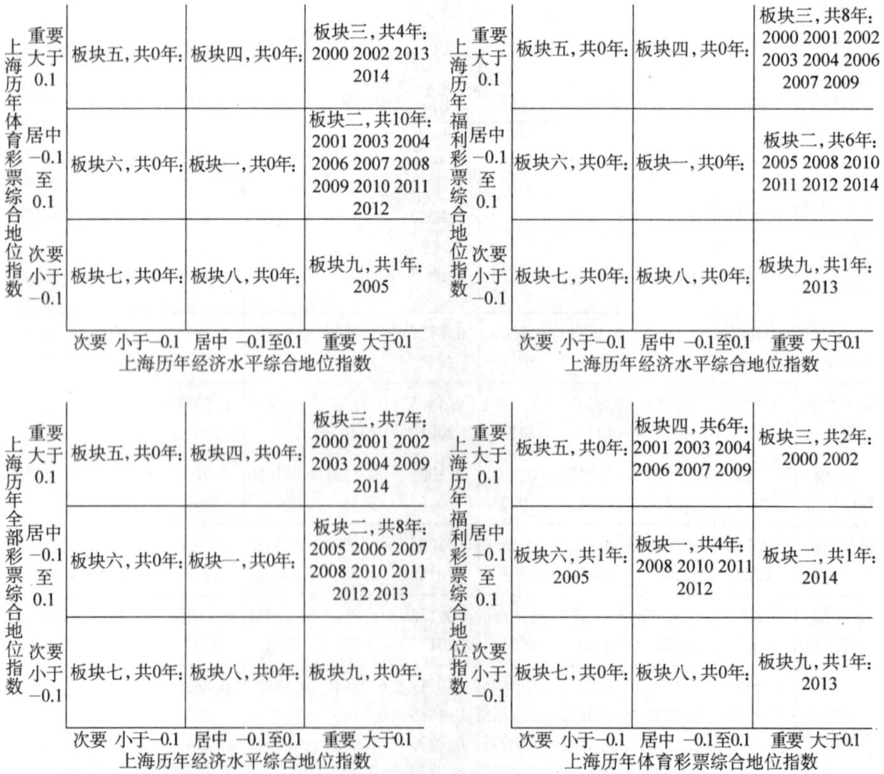

图 8.3.2A 2000 至 2014 年上海各种类彩票地位指数情况

2　各阶段情况

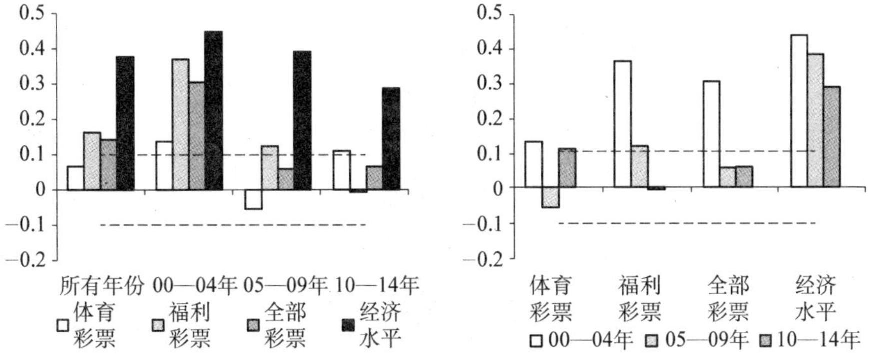

图 8.3.2B　各阶段上海各类彩票地位指数的均值

8.3.3　脱钩指数

1　九宫格形式

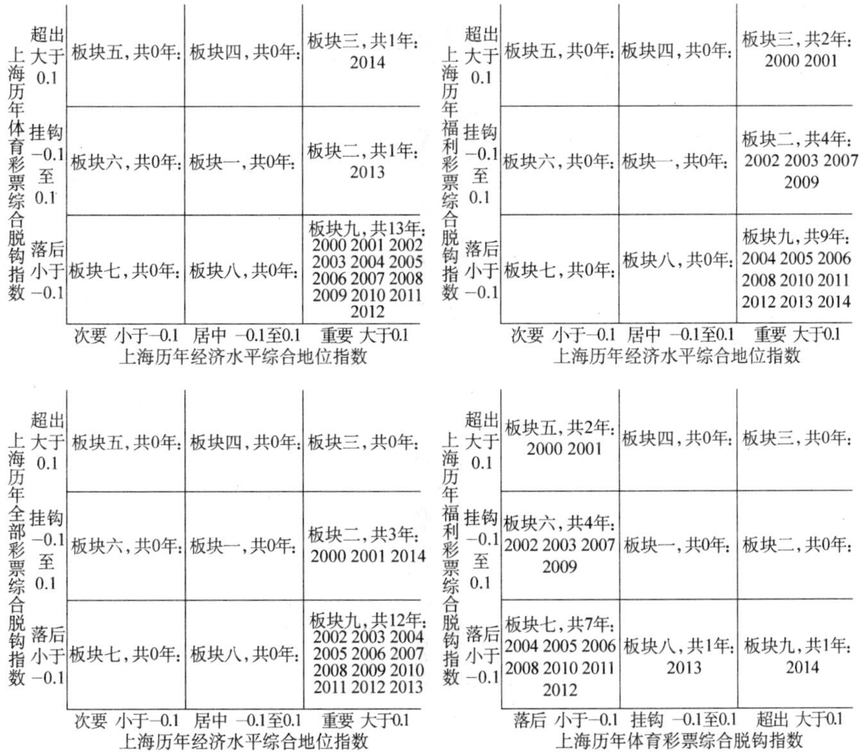

图 8.3.3A　2000 至 2014 年上海各种类彩票脱钩指数情况

2 各阶段情况

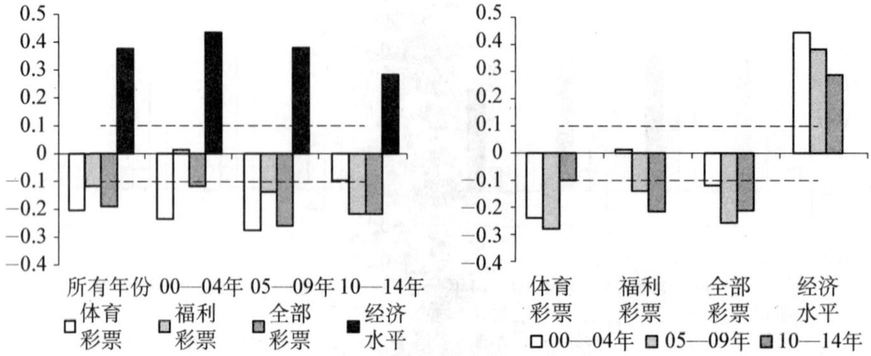

图 8.3.3B 各阶段上海各类彩票脱钩指数的均值

8.3.4 开发指数

1 九宫格形式

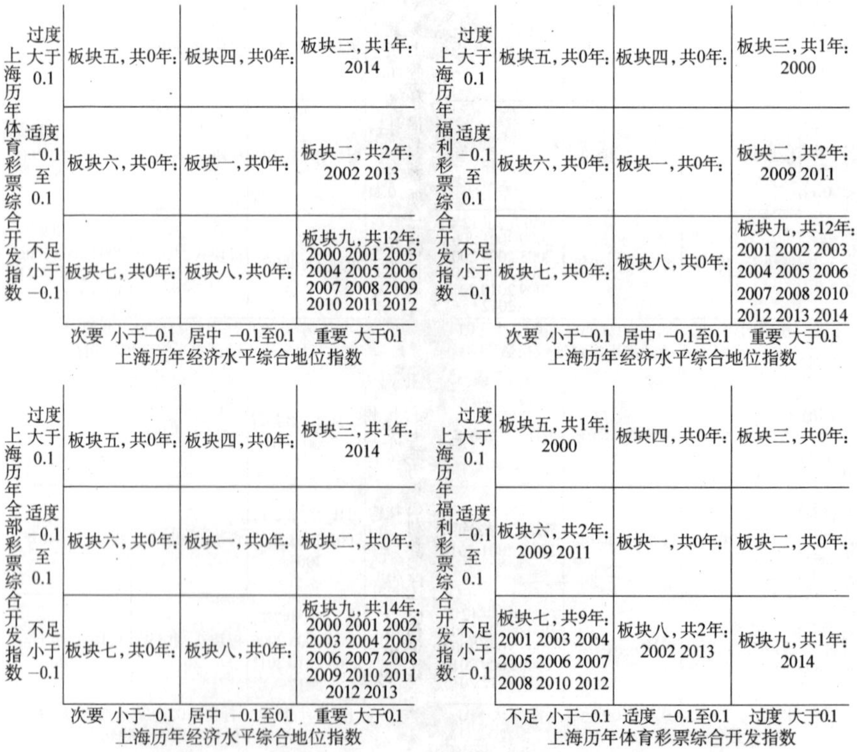

图 8.3.4A 2000 至 2014 年上海各种类彩票开发指数情况

2　各阶段情况

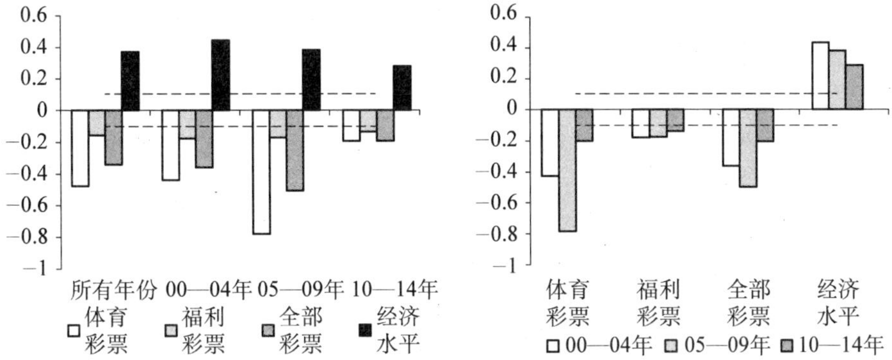

图 8.3.4B　各阶段上海各类彩票开发指数的均值

8.3.5　本省份小结

1　各项表征指数总结

表 8.3.5A　上海 2000 至 2014 年各种类彩票三项表征指数总结

综合地位指数											
彩票种类	统计值			三阶段趋势	阈值标准			板块比较			
	最大值	均值	最小值		重要	居中	次要	三十七	五十九	差	标准
体育彩票	0.3657	0.0607	−0.1103	U型	4	10	1	4+0	0+1	3	略大于
福利彩票	0.6717	0.1599	−0.1335	下降	8	6	1	8+0	0+1	7	远大于
全部彩票	0.5891	0.1409	−0.0130	U型	7	8	0	7+0	0+0	7	远大于
经济水平	0.4699	0.3696	0.2576	下降	15	0	0				
综合脱钩指数											
彩票种类	统计值			三阶段趋势	阈值标准			板块比较			
	最大值	均值	最小值		超出	挂钩	落后	三十七	五十九	差	标准
体育彩票	0.1574	−0.2057	−0.3780	U型	1	1	13	1+0	0+13	−12	远小于
福利彩票	0.2351	−0.1140	−0.2923	下降	2	4	9	2+0	0+9	−7	远小于
全部彩票	0.0994	−0.1965	−0.3691	U型	0	3	12	0+0	0+12	−12	远小于
经济水平	0.4699	0.3696	0.2576	下降	15	0	0				

续 表

综合开发指数											
彩票种类	统计值			三阶段趋势	阈值标准			板块比较			
	最大值	均值	最小值		过度	适度	不足	三十四十五	七十八十九	差	标准
体育彩票	0.2700	−0.4762	−0.9569	U型	1	2	12	1+0+0	0+0+12	−11	远小于
福利彩票	0.1342	−0.1598	−0.3641	平稳	1	2	12	1+0+0	0+0+12	−11	远小于
全部彩票	0.1460	−0.3527	−0.6493	U型	1	0	14	1+0+0	0+0+14	−13	远小于
经济水平	0.4699	0.3696	0.2576	下降	15	0	0				

2　体育彩票与福利彩票的对比

表 8.3.5B　上海 2000 至 2014 年体育彩票与福利彩票各项表征指数的对比

指数种类	相关性		一致板块				相反板块		
	系数	标准	一	三	七	合计	九	五	差额
地位指数	0.1002	不相关	4	2	0	6	1	0	1
脱钩指数	−0.3411	不相关	0	0	7	7	1	2	−1
开发指数	0.0507	不相关	0	0	9	9	1	1	0

8.4　河南

8.4.1　基本数据

表 8.4.1　2000 至 2014 年河南各种类彩票各项表征指数情况

彩票种类	经济水平	体育彩票			福利彩票			全部彩票		
指数	地位	地位	脱钩	开发	地位	脱钩	开发	地位	脱钩	开发
大于 0.1 年份数	0	0	1	0	0	0	0	0	0	0
−0.1 至 0.1 年份数	15	13	13	4	5	4	4	4	5	2
小于−0.1 年份数	0	2	1	11	10	11	11	11	10	13
00 至 04 年均值	0.0366	−0.0362	−0.0801	−0.2345	−0.0609	−0.0839	−0.2330	−0.0562	−0.1023	−0.2968
05 至 09 年均值	0.0255	−0.0345	0.0383	−0.2547	−0.1698	−0.1335	−0.1753	−0.1320	−0.1166	−0.2529
10 至 14 年均值	−0.0170	−0.0430	0.0077	−0.1165	−0.2110	−0.1671	−0.0949	−0.1556	−0.1418	−0.1264

续 表

彩票种类	经济水平	体育彩票			福利彩票			全部彩票		
指数	地位	地位	脱钩	开发	地位	脱钩	开发	地位	脱钩	开发
趋势	平稳	平稳	倒U型	U型	下降	平稳	上升	平稳	平稳	上升
00至14年均值	0.0150	−0.0379	−0.0114	−0.2019	−0.1473	−0.1282	−0.1677	−0.1146	−0.1202	−0.2254
00至14年标准差	0.0317	0.0568	0.0830	0.1383	0.0788	0.0619	0.0795	0.0706	0.0787	0.1244
00至14年极差	0.1121	0.2158	0.3446	0.4853	0.2865	0.2395	0.2771	0.2791	0.3032	0.4337
最大值	0.0805	0.0695	0.1165	0.0111	−0.0006	0.0137	−0.0614	0.0731	0.0758	−0.0501
对应年份	2004	2001	2005	2014	2001	2001	2012	2001	2001	2014
第2大值	0.0555	0.0478	0.0678	−0.0526	−0.0571	−0.0631	−0.0628	−0.0453	−0.0276	−0.0889
对应年份	2008	2005	2009	2002	2000	2002	2011	2002	2005	2012
中位值	0.0182	−0.0342	−0.0062	−0.1855	−0.1540	−0.1380	−0.1588	−0.1270	−0.1415	−0.2244
对应年份	2003	2006	2008	2003	2006	2011	2007	2000	2013	2009
第2小值	−0.0172	−0.1330	−0.0947	−0.4036	−0.2666	−0.2158	−0.2903	−0.1937	−0.1877	−0.4116
对应年份	2013	2007	2004	2007	2013	2014	2008	2013	2008	2004
最小值	−0.0316	−0.1463	−0.2281	−0.4742	−0.2871	−0.2257	−0.3385	−0.2060	−0.2275	−0.4838
对应年份	2011	2000	2000	2004	2014	2008	2000	2007	2000	2000
2000	0.0470	−0.1463	−0.2281	−0.3747	−0.0571	−0.1473	−0.3385	−0.1270	−0.2275	−0.4838
2001	0.0273	0.0695	0.0258	−0.0853	−0.0006	0.0137	−0.1850	0.0731	0.0758	−0.1445
2002	0.0102	0.0032	−0.0316	−0.0526	−0.0889	−0.0631	−0.2185	−0.0453	−0.0570	−0.1550
2003	0.0182	−0.0670	−0.0718	−0.1855	−0.0889	−0.0766	−0.2097	−0.1096	−0.1187	−0.2889
2004	0.0805	−0.0403	−0.0947	−0.4742	−0.0694	−0.1461	−0.2135	−0.0720	−0.1839	−0.4116
2005	0.0189	0.0478	0.1165	−0.1429	−0.1063	−0.0687	−0.0940	−0.0494	−0.0276	−0.1327
2006	0.0360	−0.0342	0.0423	−0.2877	−0.1540	−0.1088	−0.1540	−0.1235	−0.0795	−0.2578
2007	0.0301	−0.1330	−0.0290	−0.4036	−0.1965	−0.1243	−0.1588	−0.2060	−0.1805	−0.3283
2008	0.0555	−0.0204	−0.0062	−0.2536	−0.1972	−0.2257	−0.2903	−0.1317	−0.1877	−0.3212
2009	−0.0132	−0.0329	0.0678	−0.1858	−0.1952	−0.1401	−0.1796	−0.1494	−0.1078	−0.2244
2010	−0.0075	−0.0719	−0.0506	−0.2474	−0.1752	−0.1748	−0.1483	−0.1562	−0.1874	−0.2447
2011	−0.0316	−0.0592	−0.0384	−0.1615	−0.1494	−0.1380	−0.0628	−0.1272	−0.1424	−0.1315
2012	−0.0163	−0.0080	0.0368	−0.1009	−0.1769	−0.1307	−0.0614	−0.1127	−0.0698	−0.0889
2013	−0.0172	−0.0430	0.0536	−0.0836	−0.2666	−0.1764	−0.0960	−0.1937	−0.1415	−0.1169
2014	−0.0126	−0.0326	0.0373	0.0111	−0.2871	−0.2158	−0.1059	−0.1881	−0.1678	−0.0501

8.4.2 地位指数

1 九宫格形式

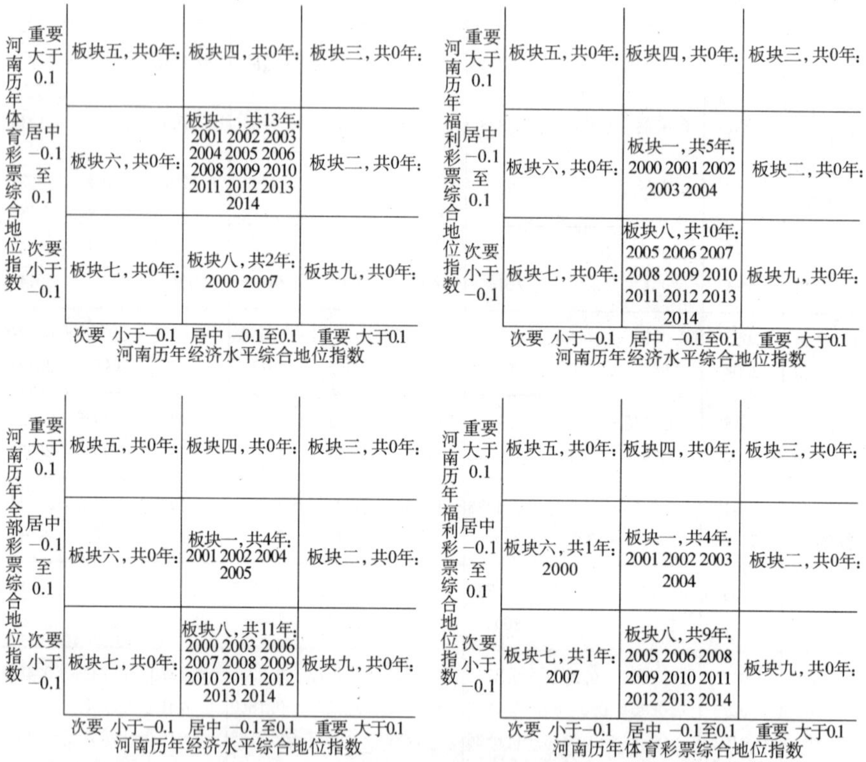

图 8.4.2A 2000 至 2014 年河南各种类彩票地位指数情况

2 各阶段情况

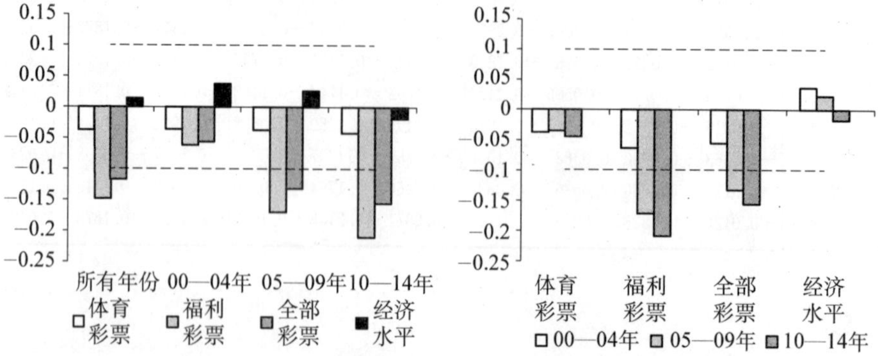

图 8.4.2B 各阶段河南各类彩票地位指数的均值

8.4.3　脱钩指数

1　九宫格形式

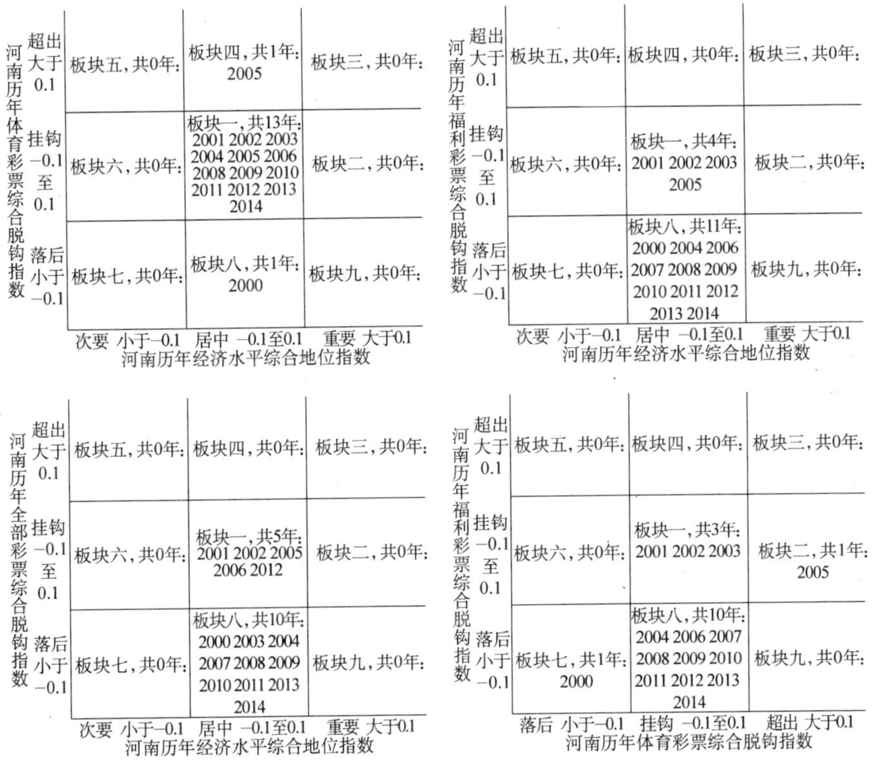

图 8.4.3A　2000 至 2014 年河南各种类彩票脱钩指数情况

2　各阶段情况

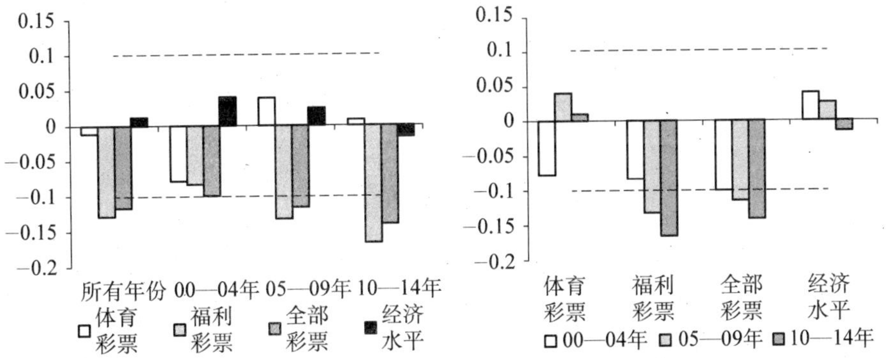

图 8.4.3B　各阶段河南各类彩票脱钩指数的均值

8.4.4 开发指数

1 九宫格形式

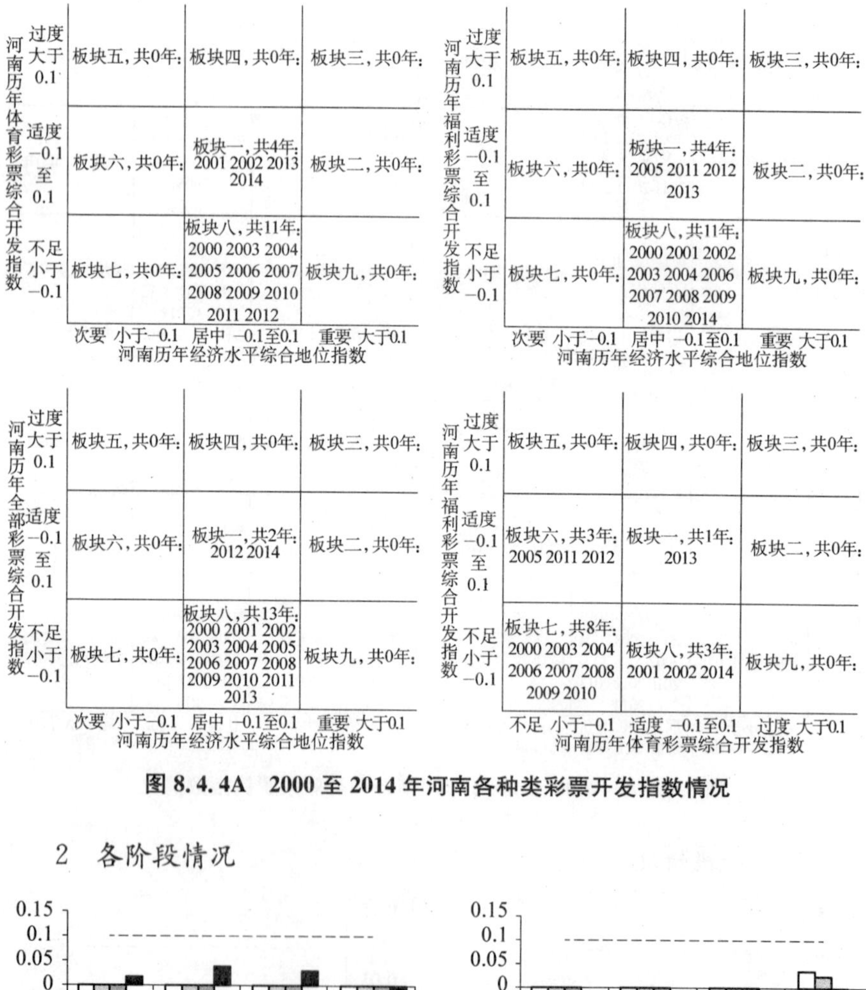

图 8.4.4A 2000 至 2014 年河南各种类彩票开发指数情况

2 各阶段情况

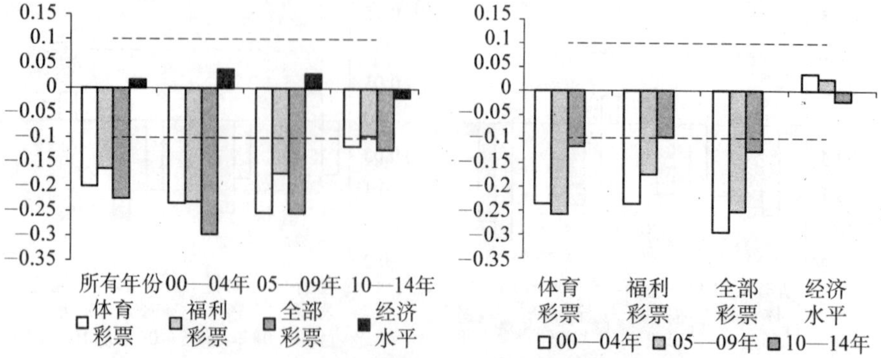

图 8.4.4B 各阶段河南各类彩票开发指数的均值

8.4.5　本省份小结

1　各项表征指数总结

表 8.4.5A　河南 2000 至 2014 年各种类彩票三项表征指数总结

综合地位指数												
彩票种类	统计值			三阶段趋势	阈值标准			板块比较			
	最大值	均值	最小值		重要	居中	次要	三十七	五十九	差	标准
体育彩票	0.0695	−0.0379	−0.1463	平稳	0	13	2	0+0	0+0	0	接近
福利彩票	−0.0006	−0.1473	−0.2871	下降	0	5	10	0+0	0+0	0	接近
全部彩票	0.0731	−0.1146	−0.2060	平稳	0	4	11	0+0	0+0	0	接近
经济水平	0.0805	0.0150	−0.0316	平稳	0	15	0				

综合脱钩指数											
彩票种类	统计值			三阶段趋势	阈值标准			板块比较			
	最大值	均值	最小值		超出	挂钩	落后	三十七	五十九	差	标准
体育彩票	0.1165	−0.0114	−0.2281	倒U型	1	13	1	0+0	0+0	0	接近
福利彩票	0.0137	−0.1282	−0.2257	平稳	0	4	11	0+0	0+0	0	接近
全部彩票	0.0758	−0.1202	−0.2275	平稳	0	5	10	0+0	0+0	0	接近
经济水平	0.0805	0.0150	−0.0316	平稳	0	15	0				

综合开发指数											
彩票种类	统计值			三阶段趋势	阈值标准			板块比较			
	最大值	均值	最小值		过度	适度	不足	三十四十五	七十八十九	差	标准
体育彩票	0.0111	−0.2019	−0.4742	U型	0	4	11	0+0+0	0+11+0	−11	远小于
福利彩票	−0.0614	−0.1677	−0.3385	上升	0	4	11	0+0+0	0+11+0	−11	远小于
全部彩票	−0.0501	−0.2254	−0.4838	上升	0	2	13	0+0+0	0+13+0	−13	远小于
经济水平	0.0805	0.0150	−0.0316	平稳	0	15	0				

2　体育彩票与福利彩票的对比

表 8.4.5B　河南 2000 至 2014 年体育彩票与福利彩票各项表征指数的对比

指数种类	相关性		一致板块				相反板块		
	系数	标准	一	三	七	合计	九	五	差额
地位指数	0.2160	不相关	4	0	1	5	0	0	0
脱钩指数	0.1137	不相关	3	0	1	4	0	0	0
开发指数	0.4872	弱正向	1	0	8	9	0	0	0

8.5 广西

8.5.1 基本数据

表 8.5.1 2000 至 2014 年广西各种类彩票各项表征指数情况

彩票种类	经济水平	体育彩票			福利彩票			全部彩票		
指数	地位	地位	脱钩	开发	地位	脱钩	开发	地位	脱钩	开发
大于 0.1 年份数	0	0	0	0	5	10	7	0	1	0
−0.1 至 0.1 年份数	1	0	2	0	10	5	8	5	8	6
小于−0.1 年份数	14	15	13	15	0	0	0	10	6	9
00 至 04 年均值	−0.1385	−0.1728	−0.1119	−0.2567	0.1924	0.2743	0.1285	0.0255	0.0949	−0.0825
05 至 09 年均值	−0.1250	−0.3275	−0.1715	−0.3904	−0.0372	0.0823	0.0594	−0.1977	−0.0881	−0.1659
10 至 14 年均值	−0.1402	−0.3003	−0.1901	−0.2990	−0.0107	0.0926	0.1732	−0.1914	−0.1082	−0.0756
趋势	平稳	U 型	平稳	U 型	U 型	U 型	U 型	U 型	下降	平稳
00 至 14 年均值	−0.1346	−0.2669	−0.1578	−0.3153	0.0482	0.1497	0.1204	−0.1212	−0.0338	−0.1080
00 至 14 年标准差	0.0183	0.0808	0.0453	0.0995	0.1183	0.1175	0.0952	0.1156	0.1096	0.0833
00 至 14 年极差	0.0668	0.2406	0.1406	0.3377	0.3250	0.3822	0.3863	0.3253	0.3593	0.3200
最大值 对应年份	−0.0974 2007	−0.1229 2001	−0.0764 2001	−0.1412 2002	0.2432 2003	0.3572 2003	0.3480 2014	0.0858 2003	0.1890 2003	0.0714 2014
第 2 大值 对应年份	−0.1113 2006	−0.1543 2002	−0.0771 2003	−0.1727 2001	0.2297 2000	0.2937 2002	0.2199 2013	0.0434 2000	0.0836 2000	0.0143 2003
中位值 对应年份	−0.1326 2011	−0.2989 2005	−0.1519 2004	−0.3205 2005	0.0016 2012	0.1390 2013	0.0911 2006	−0.1668 2006	−0.0375 2014	−0.1252 2011
第 2 小值 对应年份	−0.1530 2003	−0.3579 2007	−0.2111 2008	−0.4605 2004	−0.0728 2010	−0.0168 2011	0.0341 2009	−0.2395 2009	−0.1654 2011	−0.1906 2007
最小值 对应年份	−0.1642 2009	−0.3635 2013	−0.2170 2011	−0.4789 2007	−0.0818 2009	−0.0250 2010	−0.0384 2008	−0.2395 2013	−0.1703 2008	−0.2486 2008
2000	−0.1522	−0.1893	−0.1406	−0.3122	0.2297	0.2700	0.0771	0.0434	0.0836	−0.1539
2001	−0.1322	−0.1229	−0.0764	−0.1727	0.1252	0.2297	0.0531	−0.0410	0.0622	−0.1158
2002	−0.1340	−0.1543	−0.1135	−0.1412	0.1924	0.2937	0.1555	−0.0023	0.0720	−0.0227
2003	−0.1530	−0.1740	−0.0771	−0.1967	0.2432	0.3572	0.2162	0.0858	0.1890	0.0143
2004	−0.1212	−0.2236	−0.1519	−0.4605	0.1716	0.2208	0.1407	0.0415	0.0675	−0.1346

续　表

彩票种类	经济水平	体育彩票			福利彩票			全部彩票		
指数	地位	地位	脱钩	开发	地位	脱钩	开发	地位	脱钩	开发
2005	−0.1237	−0.2989	−0.1524	−0.3205	0.0371	0.1525	0.1287	−0.1176	−0.0077	−0.0705
2006	−0.1113	−0.3082	−0.1502	−0.4007	−0.0112	0.1154	0.0911	−0.1668	−0.0306	−0.1469
2007	−0.0974	−0.3579	−0.1922	−0.4789	−0.0577	0.0762	0.0814	−0.2265	−0.1284	−0.1906
2008	−0.1286	−0.3373	−0.2111	−0.3993	−0.0726	0.0108	−0.0384	−0.2384	−0.1703	−0.2486
2009	−0.1642	−0.3354	−0.1517	−0.3526	−0.0818	0.0564	0.0341	−0.2395	−0.1033	−0.1728
2010	−0.1205	−0.2057	−0.1370	−0.2841	−0.0728	−0.0250	0.0342	−0.1890	−0.1623	−0.1701
2011	−0.1326	−0.2759	−0.2170	−0.3104	−0.0662	−0.0168	0.0812	−0.1980	−0.1654	−0.1252
2012	−0.1505	−0.3203	−0.2051	−0.3436	0.0016	0.1181	0.1831	−0.1858	−0.0628	−0.0772
2013	−0.1448	−0.3635	−0.2021	−0.3311	−0.0158	0.1390	0.2199	−0.2395	−0.1129	−0.0769
2014	−0.1525	−0.3360	−0.1892	−0.2255	0.0997	0.2479	0.3480	−0.1445	−0.0375	0.0714

8.5.2　地位指数

1　九宫格形式

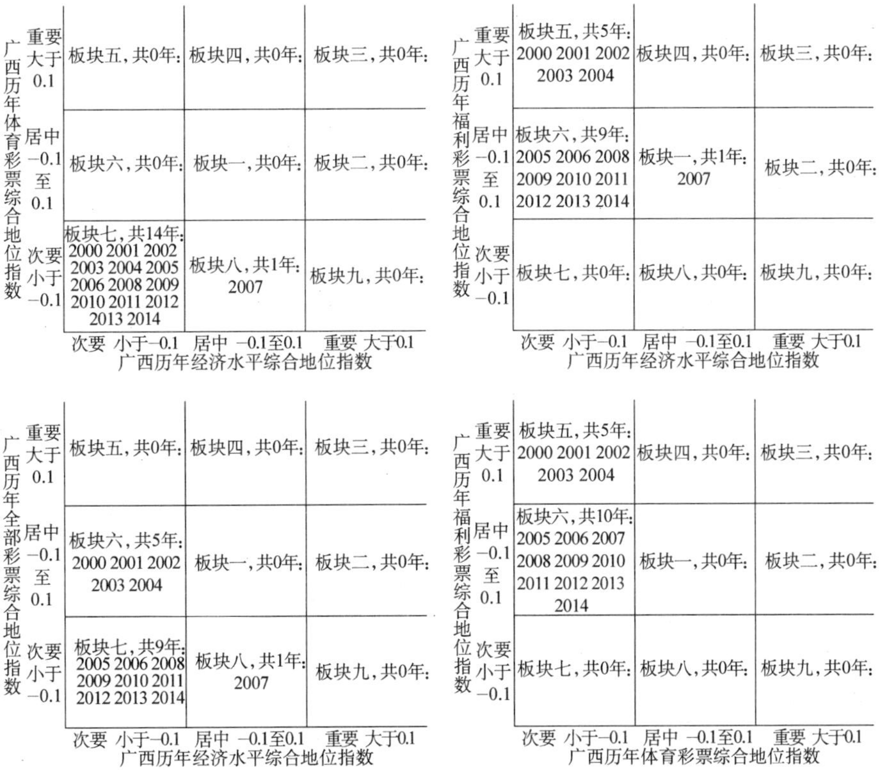

图 8.5.2A　2000 至 2014 年广西各种类彩票地位指数情况

2　各阶段情况

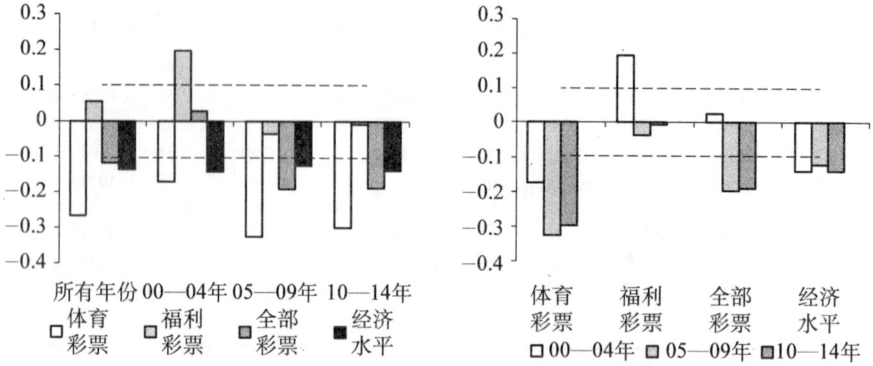

图 8.5.2B　各阶段广西各类彩票地位指数的均值

8.5.3　脱钩指数

1　九宫格形式

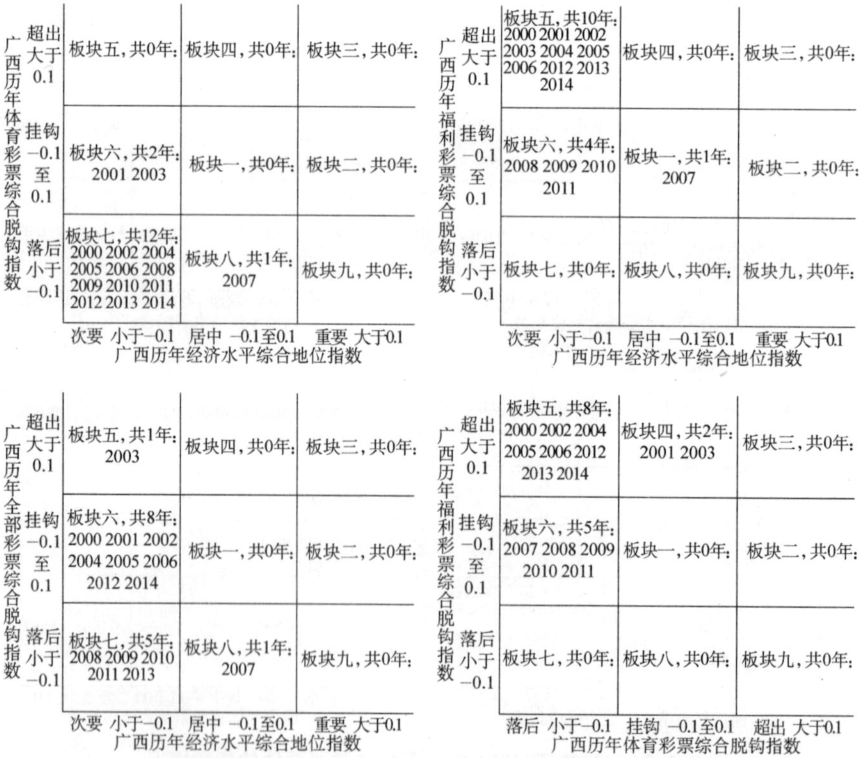

图 8.5.3A　2000 至 2014 年广西各种类彩票脱钩指数情况

2　各阶段情况

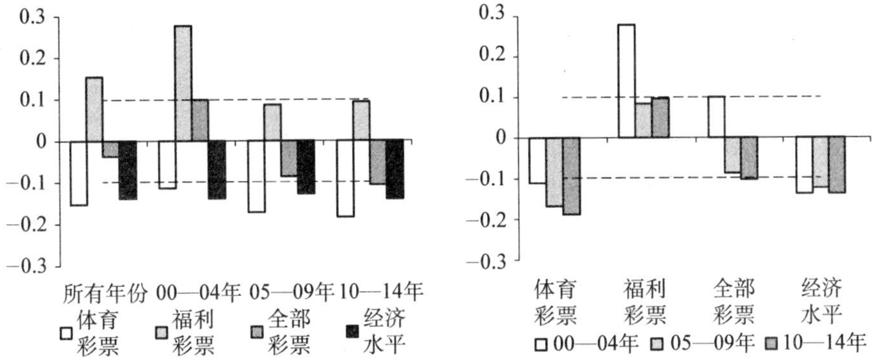

图 8.5.3B　各阶段广西各类彩票脱钩指数的均值

8.5.4　开发指数

1　九宫格形式

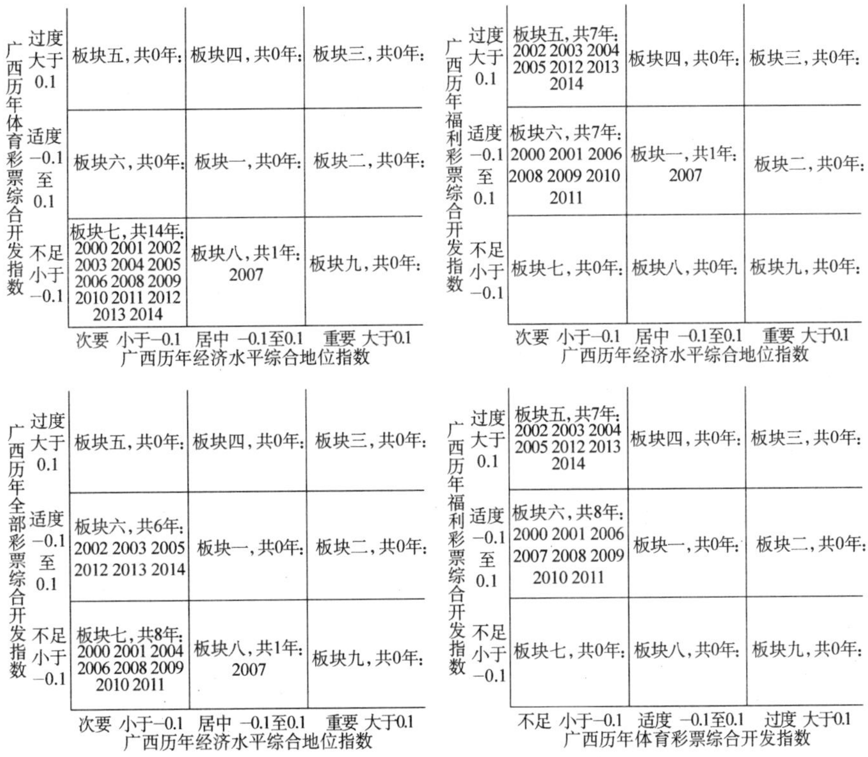

图 8.5.4A　2000 至 2014 年广西各类彩票开发指数情况

2 各阶段情况

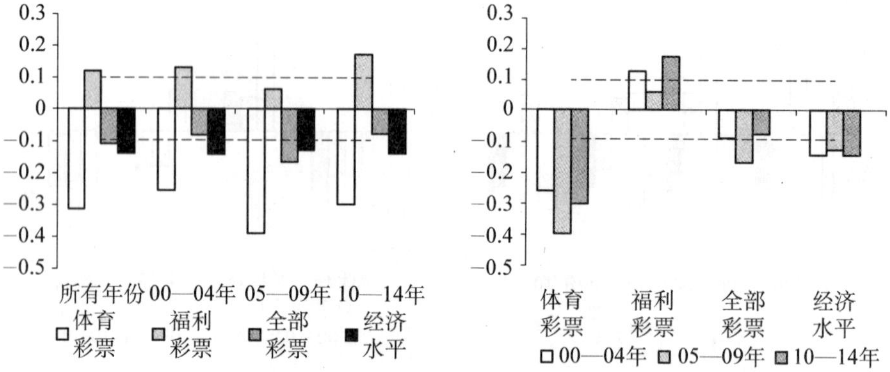

图 8.5.4B 各阶段广西各类彩票开发指数的均值

8.5.5 本省份小结

1 各项表征指数总结

表 8.5.5A 广西 2000 至 2014 年各种类彩票三项表征指数总结

综合地位指数											
彩票种类	统计值			三阶段趋势	阈值标准			板块比较			
	最大值	均值	最小值		重要	居中	次要	三十七	五十九	差	标准
体育彩票	−0.1229	−0.2669	−0.3635	U 型	0	0	15	0+14	0+0	14	远大于
福利彩票	0.2432	0.0482	−0.0818	U 型	5	10	0	0+0	5+0	−5	小于
全部彩票	0.0858	−0.1212	−0.2395	U 型	0	5	10	0+9	0+0	9	远大于
经济水平	−0.0974	−0.1346	−0.1642	平稳	0	1	14				
综合脱钩指数											
彩票种类	统计值			三阶段趋势	阈值标准			板块比较			
	最大值	均值	最小值		超出	挂钩	落后	三十七	五十九	差	标准
体育彩票	−0.0764	−0.1578	−0.2170	平稳	0	2	13	0+12	0+0	12	远大于
福利彩票	0.3572	0.1497	−0.0250	U 型	10	5	0	0+0	10+0	−10	远小于
全部彩票	0.1890	−0.0338	−0.1703	下降	1	8	6	0+5	1+0	4	略大于
经济水平	−0.0974	−0.1346	−0.1642	平稳	0	1	14				

续　表

综合开发指数											
彩票种类	统计值			三阶段趋势	阈值标准			板块比较			
	最大值	均值	最小值		过度	适度	不足	三十四十五	七十八十九	差	标准
体育彩票	−0.1412	−0.3153	−0.4789	U型	0	0	15	0+0+0	14+1+0	−15	远小于
福利彩票	0.3480	0.1204	−0.0384	U型	7	8	0	0+0+7	0+0+0	7	远大于
全部彩票	0.0714	−0.1080	−0.2486	平稳	0	6	9	0+0+0	8+1+0	−9	远小于
经济水平	−0.0974	−0.1346	−0.1642	平稳	0	1	14				

2　体育彩票与福利彩票的对比

表8.5.5B　广西2000至2014年体育彩票与福利彩票各项表征指数的对比

指数种类	相关性		一致板块				相反板块		
	系数	标准	一	三	七	合计	九	五	差额
地位指数	0.6985	强正向	0	0	0	0	0	5	−5
脱钩指数	0.6223	中正向	0	0	0	0	0	8	−8
开发指数	0.3348	不相关	0	0	0	0	0	7	−7

8.6　云南

8.6.1　基本数据

表8.6.1　2000至2014年云南各种类彩票各项表征指数情况

彩票种类	经济水平	体育彩票			福利彩票			全部彩票		
指数	地位	地位	脱钩	开发	地位	脱钩	开发	地位	脱钩	开发
大于0.1年份数	0	9	14	8	0	10	9	4	12	9
−0.1至0.1年份数	0	5	0	5	12	5	2	10	2	4
小于−0.1年份数	15	1	1	2	3	0	4	1	1	2
00至04年均值	−0.1571	0.0508	0.1269	−0.0279	−0.0964	0.0007	−0.1562	−0.0121	0.0729	−0.1146
05至09年均值	−0.1725	0.1402	0.3330	0.1156	0.0345	0.1908	0.1556	0.1066	0.2557	0.1746
10至14年均值	−0.1961	0.1274	0.2759	0.1662	−0.0032	0.1385	0.2164	0.0888	0.2156	0.2473

续 表

彩票种类	经济水平	体育彩票			福利彩票			全部彩票		
指数	地位	地位	脱钩	开发	地位	脱钩	开发	地位	脱钩	开发
趋势	平稳	平稳	倒U型	上升	倒U型	倒U型	上升	倒U型	倒U型	上升
00 至 14 年均值	−0.1753	0.1061	0.2453	0.0846	−0.0217	0.1100	0.0719	0.0611	0.1814	0.1024
00 至 14 年标准差	0.0233	0.1198	0.1481	0.1570	0.0741	0.0916	0.1742	0.0986	0.1224	0.1881
00 至 14 年极差	0.0872	0.4977	0.6586	0.6400	0.2430	0.2800	0.4264	0.3909	0.5157	0.6888
最大值	−0.1431	0.3058	0.5148	0.3280	0.0954	0.2589	0.2377	0.2398	0.4045	0.3449
对应年份	2004	2009	2009	2009	2009	2009	2009	2009	2009	2009
第 2 大值	−0.1537	0.2513	0.4042	0.2328	0.0778	0.2169	0.2306	0.1806	0.2846	0.2705
对应年份	2000	2008	2008	2008	2010	2010	2010	2008	2010	2013
中位值	−0.1679	0.1238	0.2794	0.1399	−0.0117	0.1164	0.1524	0.0709	0.2136	0.1419
对应年份	2008	2006	2001	2010	2005	2013	2006	2013	2013	2006
第 2 小值	−0.2050	−0.0350	0.1056	−0.1147	−0.1447	−0.0179	−0.1811	−0.0445	0.0586	−0.1139
对应年份	2014	2005	2002	2004	2003	2002	2002	2002	2002	2004
最小值	−0.2303	−0.1919	−0.1438	−0.3121	−0.1477	−0.0211	−0.1887	−0.1511	−0.1112	−0.3440
对应年份	2010	2000	2000	2000	2002	2003	2000	2000	2000	2000
2000	−0.1537	−0.1919	−0.1438	−0.3121	−0.0397	0.0001	−0.1887	−0.1511	−0.1112	−0.3440
2001	−0.1561	0.2114	0.2794	0.1643	−0.1077	0.0184	−0.1781	0.0916	0.2164	0.0198
2002	−0.1661	0.0363	0.1056	0.0521	−0.1477	−0.0179	−0.1811	−0.0445	0.0586	−0.0612
2003	−0.1665	0.0888	0.1953	0.0710	−0.1447	−0.0211	−0.1670	−0.0077	0.1056	−0.0736
2004	−0.1431	0.1094	0.1981	−0.1147	−0.0425	0.0238	−0.0663	0.0513	0.0950	−0.1139
2005	−0.1549	−0.0350	0.1351	−0.0304	−0.0117	0.1273	0.0955	−0.0305	0.1047	0.0394
2006	−0.1666	0.1238	0.3280	0.0640	0.0297	0.2025	0.1524	0.0917	0.2763	0.1419
2007	−0.1712	0.0552	0.2828	−0.0163	0.0186	0.2144	0.1882	0.0515	0.2144	0.1338
2008	−0.1679	0.2513	0.4042	0.2328	0.0406	0.1507	0.1042	0.1806	0.2786	0.2129
2009	−0.2021	0.3058	0.5148	0.3280	0.0954	0.2589	0.2377	0.2398	0.4045	0.3449
2010	−0.2303	0.1635	0.3234	0.1399	0.0778	0.2169	0.2306	0.1613	0.2846	0.2387
2011	−0.1948	0.1326	0.2339	0.1433	0.0148	0.1066	0.2005	0.0891	0.1700	0.2108
2012	−0.1784	0.1710	0.2965	0.1805	0.0128	0.1397	0.2236	0.1234	0.2619	0.2680
2013	−0.1722	0.1244	0.2972	0.1864	−0.0499	0.1164	0.2170	0.0709	0.2136	0.2705
2014	−0.2050	0.0455	0.2288	0.1806	−0.0714	0.1132	0.2104	−0.0005	0.1479	0.2487

8.6.2 地位指数

1 九宫格形式

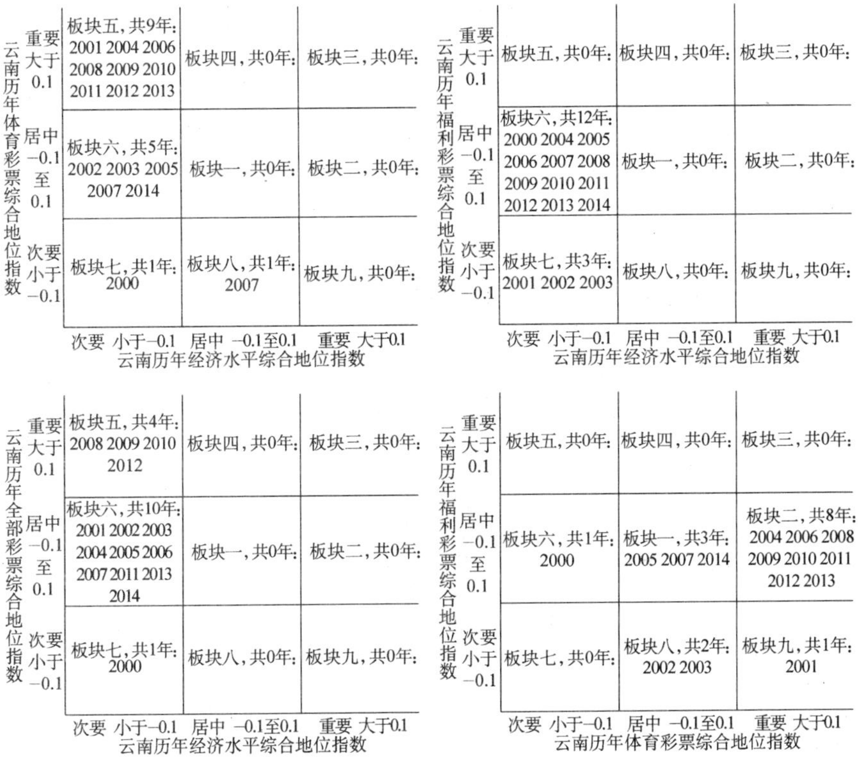

图 8.6.2A 2000 至 2014 年云南各种类彩票地位指数情况

2 各阶段情况

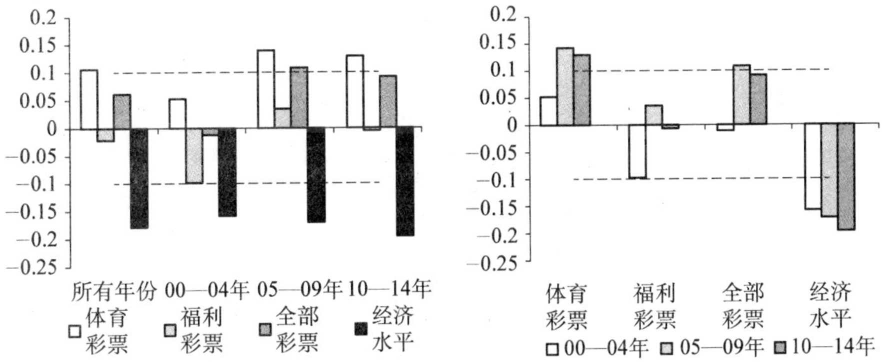

图 8.6.2B 各阶段云南各类彩票地位指数的均值

8.6.3 脱钩指数

1 九宫格形式

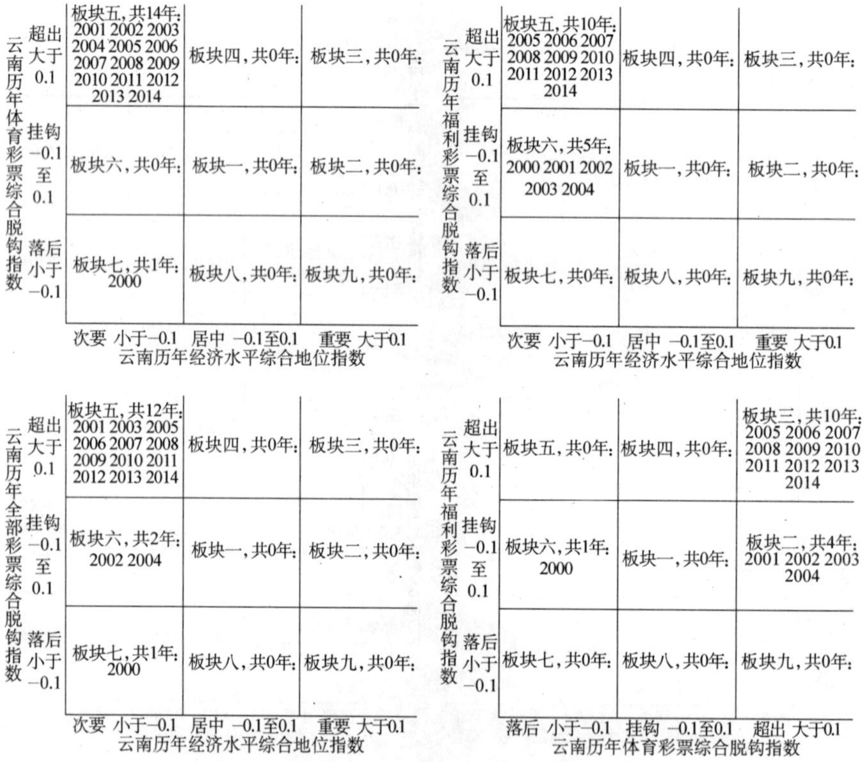

图 8.6.3A 2000 至 2014 年云南各种类彩票脱钩指数情况

2 各阶段情况

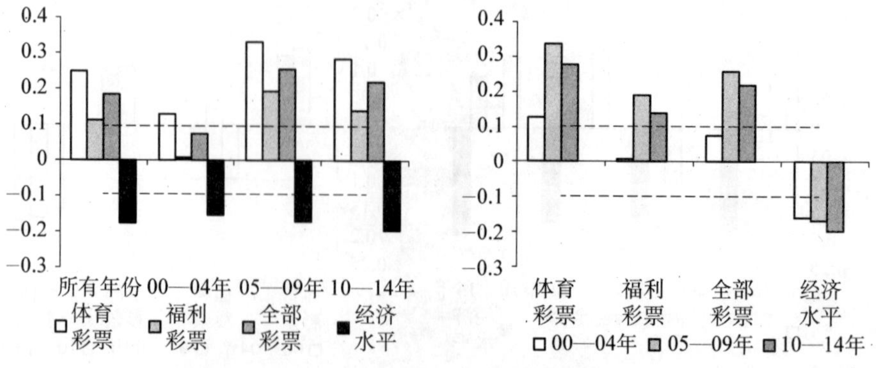

图 8.6.3B 各阶段云南各类彩票脱钩指数的均值

8.6.4 开发指数

1 九宫格形式

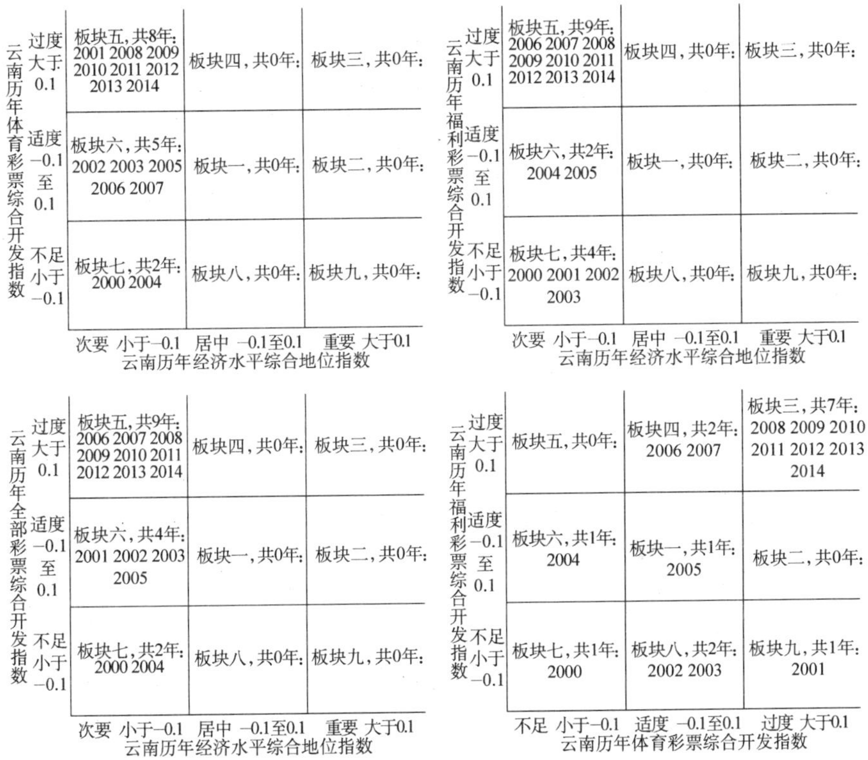

图 8.6.4A　2000 至 2014 年云南各种类彩票开发指数情况

2 各阶段情况

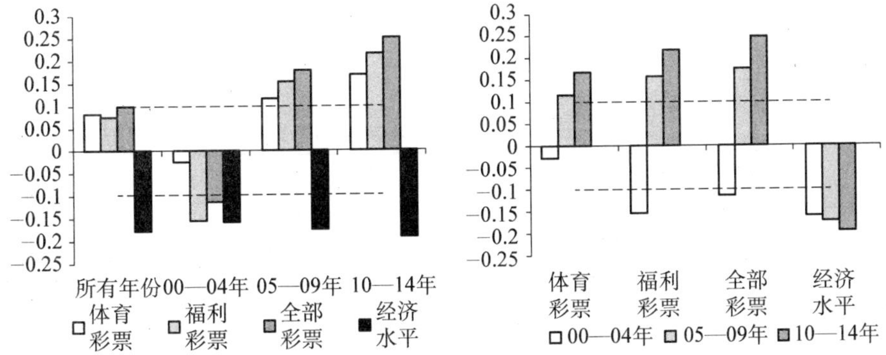

图 8.6.4B　各阶段云南各类彩票开发指数的均值

8.6.5 本省份小结

1 各项表征指数总结

表 8.6.5A 云南 2000 至 2014 年各种类彩票三项表征指数总结

综合地位指数

彩票种类	统计值			三阶段趋势	阈值标准			板块比较			
	最大值	均值	最小值		重要	居中	次要	三十七	五十九	差	标准
体育彩票	0.3058	0.1061	−0.1919	平稳	9	5	1	0+1	9+0	−8	远小于
福利彩票	0.0954	−0.0217	−0.1477	倒U型	0	12	3	0+3	0+0	3	略大于
全部彩票	0.2398	0.0611	−0.1511	倒U型	4	10	1	0+1	4+0	−3	略小于
经济水平	−0.1431	−0.1753	−0.2303	平稳	0	0	15				

综合脱钩指数

彩票种类	统计值			三阶段趋势	阈值标准			板块比较			
	最大值	均值	最小值		超出	挂钩	落后	三十七	五十九	差	标准
体育彩票	0.5148	0.2453	−0.1438	倒U型	14	0	1	0+1	14+0	−13	远小于
福利彩票	0.2589	0.1100	−0.0211	倒U型	10	5	0	0+0	10+0	−10	远小于
全部彩票	0.4045	0.1814	−0.1112	倒U型	12	2	1	0+1	12+0	−11	远小于
经济水平	−0.1431	−0.1753	−0.2303	平稳	0	0	15				

综合开发指数

彩票种类	统计值			三阶段趋势	阈值标准			板块比较			
	最大值	均值	最小值		过度	适度	不足	三十四十五	七十八十九	差	标准
体育彩票	0.3280	0.0846	−0.3121	上升	8	5	2	0+0+8	2+0+0	6	大于
福利彩票	0.2377	0.0719	−0.1887	上升	9	2	4	0+0+9	4+0+0	5	大于
全部彩票	0.3449	0.1024	−0.3440	上升	9	4	2	0+0+9	2+0+0	7	远大于
经济水平	−0.1431	−0.1753	−0.2303	平稳	0	0	15				

2 体育彩票与福利彩票的对比

表 8.6.5B 云南 2000 至 2014 年体育彩票与福利彩票各项表征指数的对比

指数种类	相关性		一致板块				相反板块		
	系数	标准	一	三	七	合计	九	五	差额
地位指数	0.3898	不相关	3	0	0	3	1	0	1
脱钩指数	0.7091	强正向	0	10	0	10	0	0	0
开发指数	0.5497	中正向	1	7	1	9	1	0	1

8.7　宁夏

8.7.1　基本数据

表 8.7.1　2000 至 2014 年宁夏各种类彩票各项表征指数情况

彩票种类	经济水平	体育彩票			福利彩票			全部彩票		
指数	地位	地位	脱钩	开发	地位	脱钩	开发	地位	脱钩	开发
大于 0.1 年份数	0	4	8	3	5	9	9	5	9	6
−0.1 至 0.1 年份数	0	8	6	8	9	5	5	8	5	6
小于 −0.1 年份数	15	3	1	4	1	1	1	2	1	3
00 至 04 年均值	−0.1838	−0.0905	−0.0184	−0.1349	0.0711	0.1641	0.0447	−0.0320	0.0520	−0.0927
05 至 09 年均值	−0.1455	0.1116	0.2606	0.0723	0.0318	0.1442	0.1449	0.0859	0.1900	0.1438
10 至 14 年均值	−0.1573	0.0007	0.1019	−0.0004	0.0841	0.1785	0.2607	0.0560	0.1293	0.1671
趋势	平稳	倒 U 型	倒 U 型	倒 U 型	平稳	平稳	上升	倒 U 型	倒 U 型	上升
00 至 14 年均值	−0.1622	0.0073	0.1147	−0.0210	0.0623	0.1622	0.1501	0.0366	0.1237	0.0727
00 至 14 年标准差	0.0241	0.1247	0.1623	0.1488	0.1109	0.1372	0.1615	0.1117	0.1310	0.1808
00 至 14 年极差	0.0725	0.4164	0.5219	0.5424	0.4935	0.5779	0.6351	0.4284	0.4946	0.7713
最大值	−0.1233	0.2113	0.3633	0.3349	0.3504	0.4758	0.4041	0.2444	0.3558	0.4665
对应年份	2009	2014	2014	2014	2002	2002	2014	2014	2014	2014
第 2 大值	−0.1296	0.1970	0.3494	0.1612	0.1614	0.3148	0.3363	0.1557	0.3239	0.2236
对应年份	2007	2008	2006	2008	2014	2014	2002	2006	2006	2006
中位值	−0.1671	−0.0101	0.1253	−0.0337	0.0656	0.1421	0.1586	0.0354	0.1068	0.0767
对应年份	2012	2010	2004	2002	2013	2001	2011	2009	2009	2009
第 2 小值	−0.1924	−0.1400	−0.0790	−0.2060	−0.0329	0.0439	−0.0079	−0.1476	−0.0409	−0.1645
对应年份	2002	2012	2000	2000	2005	2011	2004	2001	2001	2001
最小值	−0.1958	−0.2051	−0.1586	−0.2075	−0.1432	−0.1021	−0.2310	−0.1840	−0.1387	−0.3048
对应年份	2004	2001	2001	2001	2000	2000	2000	2000	2000	2000
2000	−0.1897	−0.1285	−0.0790	−0.2060	−0.1432	−0.1021	−0.2310	−0.1840	−0.1387	−0.3048
2001	−0.1668	−0.2051	−0.1586	−0.2075	0.0375	0.1421	0.0071	−0.1476	−0.0409	−0.1645
2002	−0.1924	−0.0709	−0.0060	−0.0337	0.3504	0.4758	0.3363	0.1093	0.2111	0.1155
2003	−0.1741	−0.0602	0.0261	−0.0590	0.1254	0.2288	0.1191	0.0627	0.1581	0.0146
2004	−0.1958	0.0123	0.1253	−0.1681	−0.0147	0.0759	−0.0079	−0.0001	0.0702	−0.1243

续 表

彩票种类	经济水平	体育彩票			福利彩票			全部彩票		
指数	地位	地位	脱钩	开发	地位	脱钩	开发	地位	脱钩	开发
2005	−0.1545	−0.0002	0.1490	0.0295	−0.0329	0.0851	0.0758	−0.0129	0.1020	0.0667
2006	−0.1694	0.1617	0.3494	0.1119	0.1009	0.2573	0.2358	0.1557	0.3239	0.2236
2007	−0.1296	0.1108	0.2797	0.0166	0.1096	0.2468	0.2748	0.1419	0.2453	0.2173
2008	−0.1505	0.1970	0.3160	0.1612	−0.0082	0.0680	0.0512	0.1095	0.1721	0.1346
2009	−0.1233	0.0889	0.2087	0.0424	−0.0107	0.0637	0.0867	0.0354	0.1068	0.0767
2010	−0.1298	−0.0101	0.0429	−0.0901	0.0935	0.1256	0.1991	0.0591	0.0697	0.0790
2011	−0.1354	−0.0303	0.0062	−0.0782	0.0170	0.0439	0.1586	−0.0056	0.0035	0.0583
2012	−0.1671	−0.1400	−0.0345	−0.1739	0.0831	0.1899	0.2541	−0.0411	0.0712	0.0527
2013	−0.1692	−0.0273	0.1315	0.0053	0.0656	0.2179	0.2875	0.0229	0.1461	0.1791
2014	−0.1850	0.2113	0.3633	0.3349	0.1614	0.3148	0.4041	0.2444	0.3558	0.4665

8.7.2 地位指数

1 九宫格形式

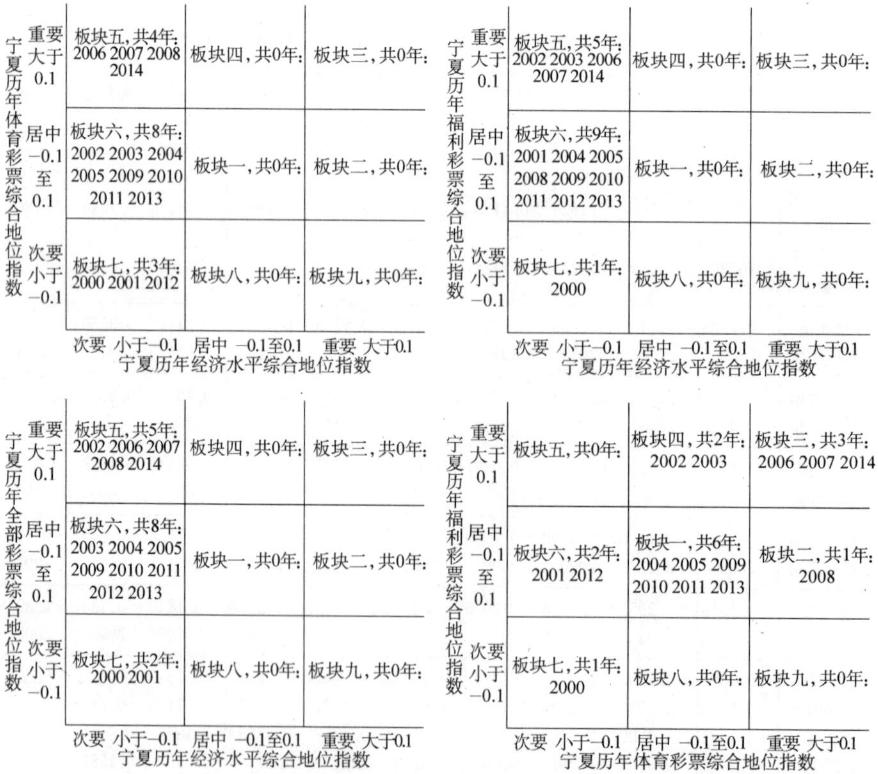

图 8.7.2A 2000 至 2014 年宁夏各种类彩票地位指数情况

2　各阶段情况

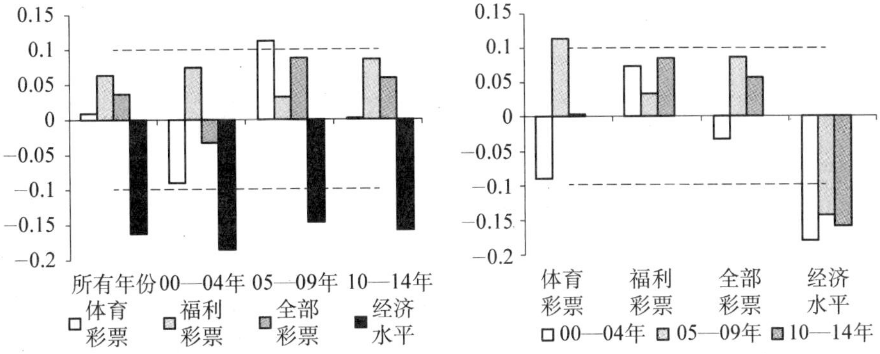

图 8.7.2B　各阶段宁夏各类彩票地位指数的均值

8.7.3　脱钩指数

1　九宫格形式

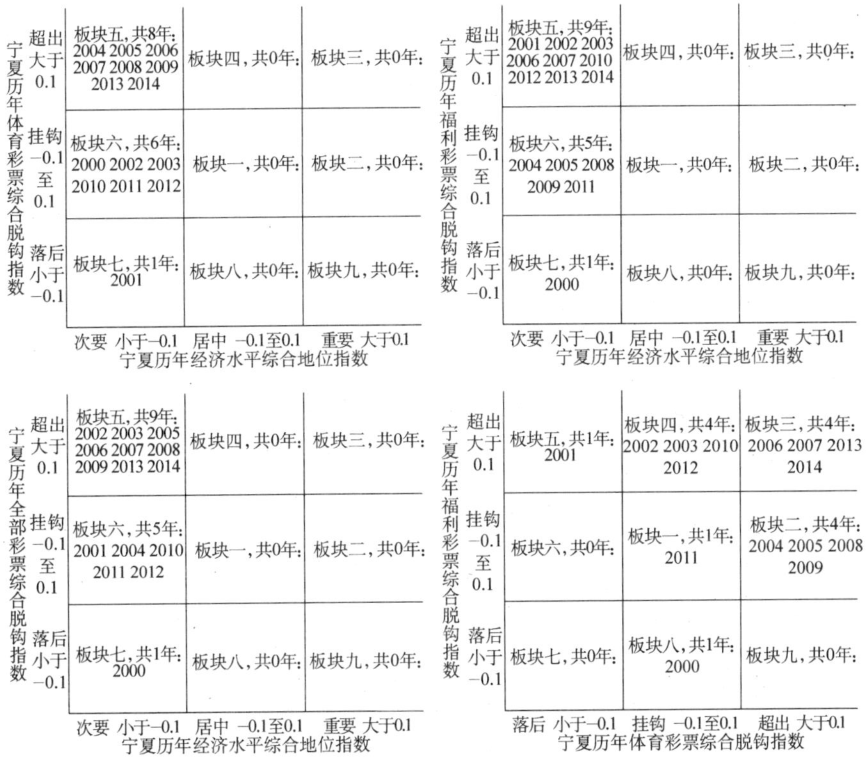

图 8.7.3A　2000 至 2014 年宁夏各种类彩票脱钩指数情况

2 各阶段情况

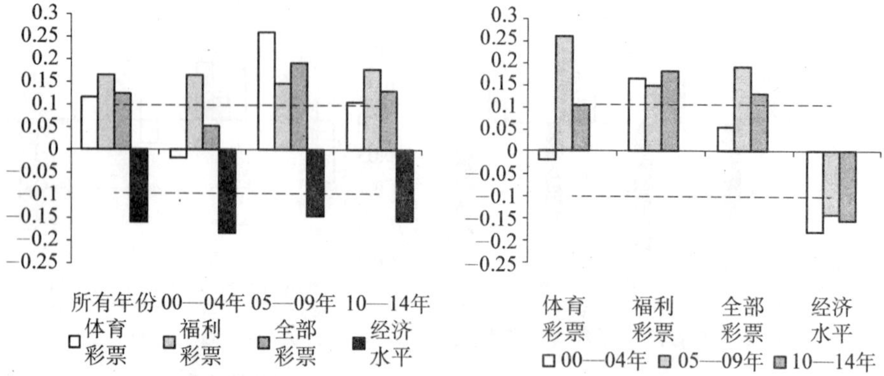

图 8.7.3B 各阶段宁夏各类彩票脱钩指数的均值

8.7.4 开发指数

1 九宫格形式

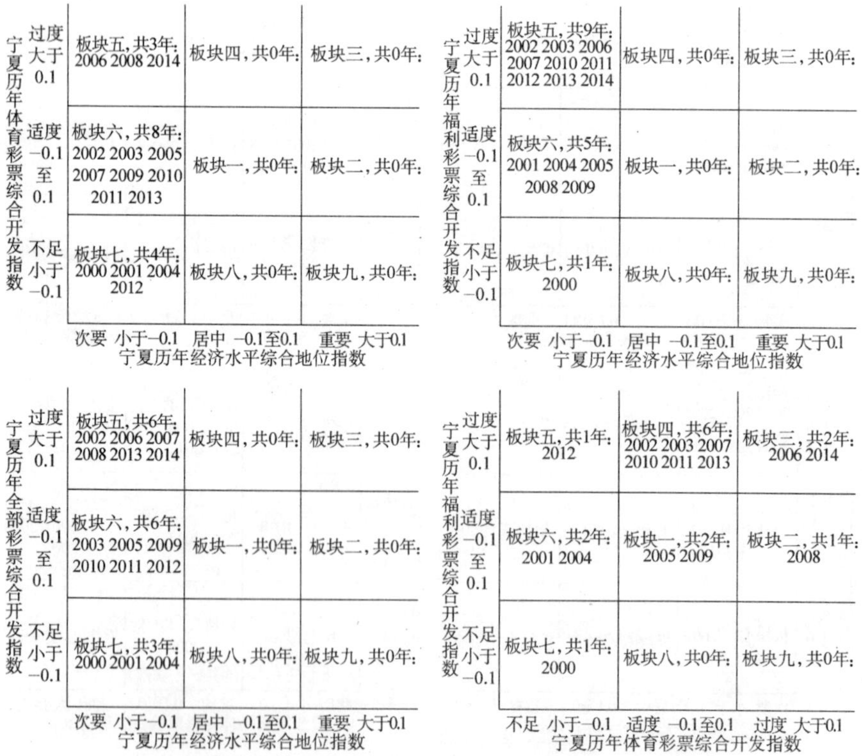

图 8.7.4A 2000 至 2014 年宁夏各种类彩票开发指数情况

2　各阶段情况

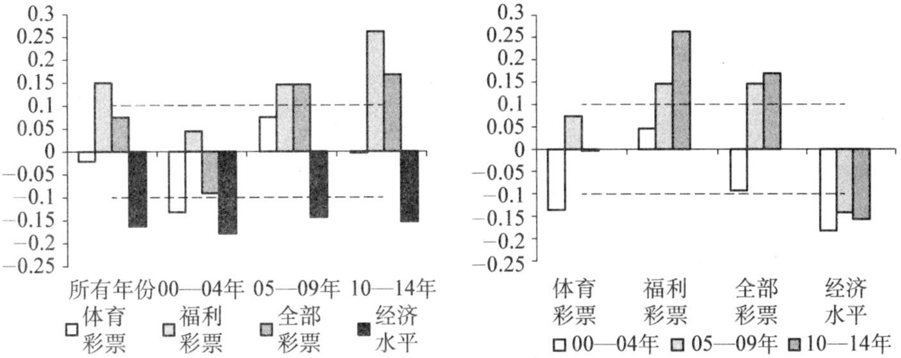

图 8.7.4B　各阶段宁夏各类彩票开发指数的均值

8.7.5　本省份小结

1　各项表征指数总结

表 8.7.5　宁夏 2000 至 2014 年各种类彩票三项表征指数总结

综合地位指数												
彩票种类	统计值			三阶段趋势	阈值标准			板块比较			
	最大值	均值	最小值		重要	居中	次要	三十七	五十九	差	标准
体育彩票	0.2113	0.0073	−0.2051	倒U型	4	8	3	0+3	4+0	−1	接近
福利彩票	0.3504	0.0623	−0.1432	平稳	5	9	1	0+1	5+0	−4	略小于
全部彩票	0.2444	0.0366	−0.1840	倒U型	5	8	2	0+2	5+0	−3	略小于
经济水平	−0.1233	−0.1622	−0.1958	平稳	0	0	15				

综合脱钩指数											
彩票种类	统计值			三阶段趋势	阈值标准			板块比较			
	最大值	均值	最小值		超出	挂钩	落后	三十七	五十九	差	标准
体育彩票	0.3633	0.1147	−0.1586	倒U型	8	6	1	0+1	8+0	−7	远小于
福利彩票	0.4758	0.1622	−0.1021	平稳	9	5	1	0+1	9+0	−8	远小于
全部彩票	0.3558	0.1237	−0.1387	倒U型	9	5	1	0+1	9+0	−8	远小于
经济水平	−0.1233	−0.1622	−0.1958	平稳	0	0	15				

续 表

彩票种类	综合开发指数 统计值			三阶段趋势	阈值标准			板块比较			
	最大值	均值	最小值		过度	适度	不足	三十四十五	七十八十九	差	标准
体育彩票	0.3349	−0.0210	−0.2075	倒U型	3	8	4	0+0+3	4+0+0	−1	接近
福利彩票	0.4041	0.1501	−0.2310	上升	9	5	1	0+0+9	1+0+0	8	远大于
全部彩票	0.4665	0.0727	−0.3048	上升	6	6	3	0+0+6	3+0+0	3	略大于
经济水平	−0.1233	−0.1622	−0.1958	平稳	0	0	15				

2 体育彩票与福利彩票的对比

表 8.7.5B 宁夏 2000 至 2014 年体育彩票与福利彩票各项表征指数的对比

指数种类	相关性		一致板块				相反板块		
	系数	标准	一	三	七	合计	九	五	差额
地位指数	0.0850	不相关	6	3	1	10	0	0	0
脱钩指数	0.2169	不相关	1	4	0	5	0	1	−1
开发指数	0.5464	中正向	2	2	1	5	0	1	−1

8.8 本章总结

由此，我们完成了 7 个代表性省份 2000 至 2014 年彩票销售情况的分析。总结起来，各省份彩票销售差异巨大，经济水平很高的北京和上海彩票销售基本落后于自身经济水平，而经济水平较低的宁夏和云南则超过自身经济水平，市场开发严重过度。虽然整体上，相对于福利彩票，体育彩票处于弱势，但在部分省份或部分时期仍处于优势，至少是共同发展。

第三篇
评　价

本篇利用前文各类指数构建结果，并结合其他相关因素，对中国彩票销售的合意性进行评价，具体分为第 9 至 11 章共三章内容。

第 9 章是对中国彩票销售合意性的初步评价，具有包括四项内容：(1)彩票销售的公平性；(2)彩票销售的适量性；(3)彩票公益金筹集的效率性；(4)结合上述三项内容对中国彩票销售合意性的初步总体评价。

第 10 章在第 9 章基础上，结合其他因素，对中国彩票销售合意性进行进一步的评价，包括四项内容：(1)城乡、年龄、教育和民族等各项人口因素的影响；(2)彩票市场开发过度与不足省份的确定。

第 11 章作为本报告的最后一章，首先总结了中国彩票业销售合意性状况，在此基础上提出一些提升中国彩票销售合意性的着力点，并对未来本报告的进一步完善、深化和拓展提出一些设想。

第9章　中国彩票销售合意性的初步评价

本章利用前文各类指数构建结果，对中国彩票销售的合意性进行初步评价，具有包括四项内容：(1)彩票销售的公平性；(2)彩票销售的适量性；(3)彩票公益金筹集的效率性；(4)结合上述三项内容对中国彩票销售合意性的初步总体评价。

9.1　销售公平性

本节从销售公平性视角，首先介绍"公平指数"的概念和意义，展示2000至2014年各维度公平指数。接下来与同期美国和中国台湾相应情况进行对比，计算了利用其他如Suits指数等评价彩票销售公平性方法的结果，进一步说明本报告方法的准确性和优势。

9.1.1　公平指数的含义

从财政学视角，彩票销售资金扣除奖金和发行费用后的公益金，相当于彩民为购买彩票所支付的特权税(Exercise Tax)，用于全体社会成员福利。因此，从资金来源角度评价彩票福利效果的一个重要标准是"**销售公平性**"。理想状态，彩票应如其他税种一样，各地区居民承担税赋即购买彩票数量应与当地收入水平相一致，即等例性(Proportion)，累进性(Progressivity)或者累退性(Regressivity)都不好，否则就有"劫富济贫"或"劫贫济富"之嫌。

如果彩票销售绝对公平，各省份彩票销售与本省经济水平完全"挂钩"，那么根据本报告所构建出的各省份彩票销售指数和经济水平指数应当完全相同，即脱钩指数为零。即使考虑到非经济和随机因素的影响，单个省份脱钩指数会不等于 0，但各省份间相互抵消，“同一年份某维度各省份各种类彩票脱钩指数与对应维度同省份经济水平指数的相关系数”也应当为 0。在现实中，不同省份的彩票销售与经济水平并不一致，由此出现了彩票销售与经济水平“脱钩”，即脱钩指数不等于 0，且与经济或随机等因素无关。

由此，我们构建出“公平指数”，作为衡量彩票销售整体公平状态的指标，其含义为“各省份某种类彩票某销售维度脱钩指数与该省份对应经济水平维度指数的相关系数”。原因如下：(1)脱钩指数作为一项相关系数，取值范围固定为－1 至 1；(2)脱钩指数结果准确。如果经济水平高的省份彩票销售超过经济水平，脱钩指数大于 0，则彩票销售呈累进性，公平指数大于 0，且越大说明累进性越强；反之，如果经济水平低的省份彩票销售超过经济水平，脱钩指数大于 0，则彩票销售呈累退性，公平指数小于 0，且越小说明累退性越强。

这里强调三个问题。

第一，若将彩票视为一个税源，则实际税收应当是公益金而非彩票销售规模，但我们发现，在考察彩票销售公平性时，国内外各文献选择的都是后者，本报告亦然。原因如下：(1)不同彩票品种公益金率不同，而销售规模准确可得；(2)本报告数据为各省份同一发行主体彩票的销售情况，未具体到每个品种；(3)与经济水平有直接因果关系的是彩票销售规模而非彩票公益金；(4)本报告不仅单纯考察公益金情况，还将其纳入到综合维度；(5)为了与其他文献口径一致，便于比较。

第二，综合公平指数有两个计算方法，一是综合脱钩指数与综合经济水平指数的相关系数；二是根据其余各维度公平指数按 4.3.2 部分确定的权重进行加权平均计算。最终我们选择第一种方法，原因一是两种方法差别不大，二是综合脱钩指数已经是其他维度的加权平均值，没有必要再次对公平指数进行加权平均计算。

第三，公平指数是一个统计性的相关系数，根据 5.5.5 的标准，在 90%置信区间情况下，我们将阈值确定为±0.3，即大于 0.3 为累进，－0.3 至 0.3 为公平，小于－0.3 为累退。

9.1.2 历年各维度公平指数

根据上述方法，我们计算了 2000 至 2014 年各种类彩票的各维度公平指数，结果见表 9.1.2A 至 9.1.2B 和图 9.1.2。

1　综合公平指数结果

表9.1.2A　2000至2014年各种类彩票的综合公平指数

年份	体育彩票	福利彩票	全部彩票	年份	体育彩票	福利彩票	全部彩票
累退年数	2	13	10	公平年数	13	2	5
累进年数	0	0	0				
00至04年均值	−0.0747	−0.3291	−0.1847	05至09年均值	−0.2553	−0.5225	−0.4513
10至14年均值	−0.1446	−0.5531	−0.4158	趋势	U型	下降	U型
00至14年均值	−0.1367	−0.4463	−0.3236	00至14年标准差	0.1165	0.1233	0.1807
00至14年极差	0.3919	0.3922	0.5589				
最大值	0.0513	−0.2487	−0.0346	最小值	−0.3405	−0.6409	−0.5935
对应年份	2002	2000	2000	对应年份	2008	2014	2014
2000	−0.0577	−0.2487	−0.0346	2001	−0.0409	−0.3365	−0.0494
2002	0.0513	−0.2573	−0.0478	2003	−0.1774	−0.3065	−0.3044
2004	−0.1486	−0.4963	−0.4875	2005	−0.2943	−0.4973	−0.4383
2006	−0.1748	−0.5235	−0.4456	2007	−0.1928	−0.4763	−0.3853
2008	−0.3405	−0.5761	−0.5425	2009	−0.2742	−0.5396	−0.4449
2010	−0.1466	−0.5117	−0.4168	2011	−0.0194	−0.4718	−0.2799
2012	−0.0584	−0.5353	−0.2994	2013	−0.1813	−0.6056	−0.4895
2014	−0.3174	−0.6409	−0.5935				

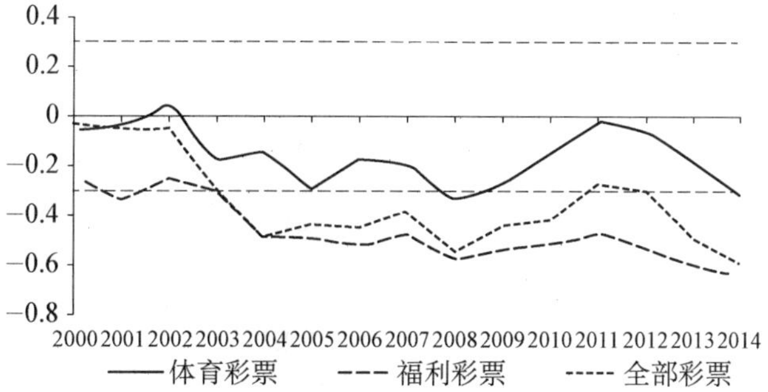

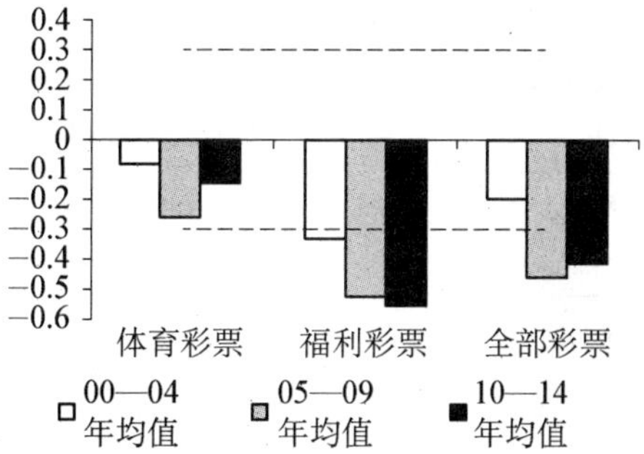

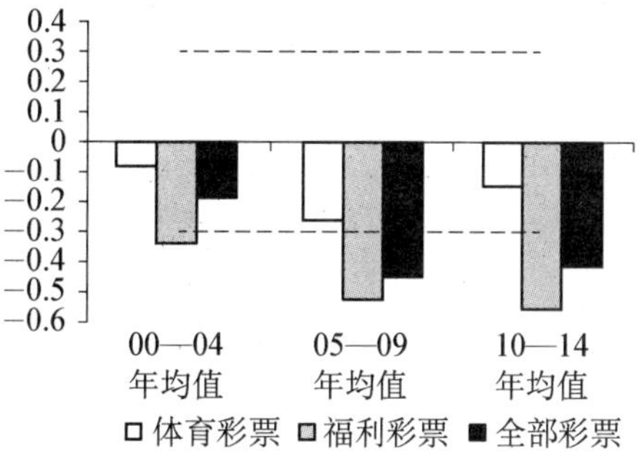

图9.1.2　2000至2014年各种类彩票的综合公平指数

2 各维度公平指数代表性结果

表 9.1.2B 2000 至 2014 年各种类彩票各维度公平指数的代表性结果

彩票种类	指标	综合	规模	年增幅	密度	公益金	深度	份额
体育彩票	累退年数	2	10	15	9	9	0	0
	公平年数	13	5	0	6	6	11	9
	累进年数	0	0	0	0	0	4	6
	00—04 年均值	−0.0747	−0.4245	−0.6544	−0.1077	−0.1077	0.3787	0.2846
	05—09 年均值	−0.2553	−0.2481	−0.7564	−0.3171	−0.3511	−0.1640	0.1487
	10—14 年均值	−0.1446	−0.3891	−0.6922	−0.4789	−0.4692	−0.0412	0.3638
	趋势	U 型	倒 U 型	U 型	下降	下降	U 型	U 型
	00—14 年均值	−0.1582	−0.3539	−0.7010	−0.3013	−0.3094	0.0578	0.2657
	00—14 年标准差	0.1417	0.1305	0.1033	0.1903	0.1888	0.2416	0.1031
	00—14 年极差	0.5267	0.4797	0.4175	0.6313	0.6474	0.7448	0.3264
	最大值	0.0513	−0.0412	−0.4156	0.0215	0.0215	0.4743	0.4309
	对应年份	2002	2005	2000	2002	2002	2002	2014
	最小值	−0.3405	−0.5209	−0.8330	−0.6098	−0.6259	−0.2705	0.1045
	对应年份	2008	2012	2008	2014	2014	2008	2008
福利彩票	累退年数	13	13	15	14	14	8	6
	公平年数	2	2	0	1	1	6	9
	累进年数	0	0	0	0	0	1	0
	00—04 年均值	−0.3291	−0.4748	−0.7791	−0.4140	−0.4140	0.0451	−0.2846
	05—09 年均值	−0.5225	−0.3434	−0.7374	−0.5646	−0.5767	−0.3319	−0.1487
	10—14 年均值	−0.5531	−0.4593	−0.6598	−0.5576	−0.5853	−0.4479	−0.3638
	趋势	下降	倒 U 型	上升	U 型	下降	下降	倒 U 型
	00—14 年均值	−0.4682	−0.4258	−0.7254	−0.5120	−0.5253	−0.2449	−0.2657
	00—14 年标准差	0.1480	0.1056	0.0723	0.1090	0.1160	0.2316	0.1031
	00—14 年极差	0.5242	0.3615	0.2831	0.4159	0.4425	0.8364	0.3264
	最大值	−0.2487	−0.1915	−0.5861	−0.2105	−0.2105	0.3228	−0.1045
	对应年份	2000	2007	2011	2002	2002	2000	2008
	最小值	−0.6409	−0.5530	−0.8692	−0.6264	−0.6530	−0.5136	−0.4309
	对应年份	2014	2013	2004	2008	2011	2013	2014
全部彩票	累退年数	10	5	15	11	11	7	
	公平年数	5	10	0	4	4	5	
	累进年数	0	0	0	0	0	3	

续　表

彩票种类	指标	综合	规模	年增幅	密度	公益金	深度	份额
全部彩票	00—04年均值	−0.1847	−0.4830	−0.7327	−0.2186	−0.2186	0.3177	
	05—09年均值	−0.4513	−0.1513	−0.7332	−0.4862	−0.4841	−0.2944	
	10—14年均值	−0.4158	−0.2755	−0.6669	−0.5217	−0.5327	−0.3155	
	趋势	U型	倒U型	平稳	下降	下降	下降	
	00—14年均值	−0.3506	−0.3032	−0.7109	−0.4088	−0.4118	−0.0974	
	00—14年标准差	0.2053	0.1921	0.0668	0.1759	0.1760	0.3045	
	00—14年极差	0.6748	0.7142	0.2625	0.6233	0.6310	0.8446	
	最大值	−0.0346	0.0435	−0.5764	0.0190	0.0190	0.4639	
	对应年份	2000	2007	2012	2002	2002	2000	
	最小值	−0.5935	−0.6707	−0.8389	−0.6043	−0.6120	−0.3807	
	对应年份	2014	2003	2004	2014	2010	2008	

9.1.3　境外情况

本报告2.3.7部分介绍了2014年中国台湾各市县和2010财年美国各州的彩票销售与经济水平情况。利用两地数据，经适当调整，以本报告方法，我们计算了两地的二级行政单位对应年份各维度的基础指数、表征指数和福利指数。

我们首先展示两地各二级行政单位综合维度经济水平地位指数和彩票销售脱钩指数，见表9.1.3A和9.1.3B，以及图9.1.3A和9.1.3B，然后将相关结果与中国大陆相关情况进行对比。

1　中国台湾

表91.3A　台湾2014年本岛19市县经济水平综合地位指数与彩票综合脱钩指数

序	市县	经济	彩票	序	市县	经济	彩票
1	嘉义县	−0.3549	−0.0791	2	南投县	−0.2350	0.1671
3	屏东县	−0.2245	0.2305	4	花莲县	−0.1729	0.3116
5	彰化县	−0.1686	0.0255	6	宜兰县	−0.1682	0.2897
7	云林县	−0.1248	−0.0523	8	苗栗县	−0.0944	0.0480
9	台东县	−0.0911	0.0900	10	基隆市	−0.0120	0.1146
11	嘉义市	−0.0048	0.1334	12	新竹县	0.0225	−0.0941
13	台南市	0.0680	−0.1154	14	桃园市	0.0840	0.4118

续 表

序	市县	经济	彩票	序	市县	经济	彩票
15	新竹市	0.1581	−0.0660	16	台中市	0.1856	0.1122
17	高雄市	0.2322	0.0605	18	新北市	0.3020	0.1790
19	台北市	0.5989	−0.1455				
平均值		0.0000	0.0853	标准差		0.2269	0.1564
最大值 对应市县		0.5989 台北市	0.4118 桃园市	最小值 对应市县		−0.3549 嘉义县	−0.1455 台北市

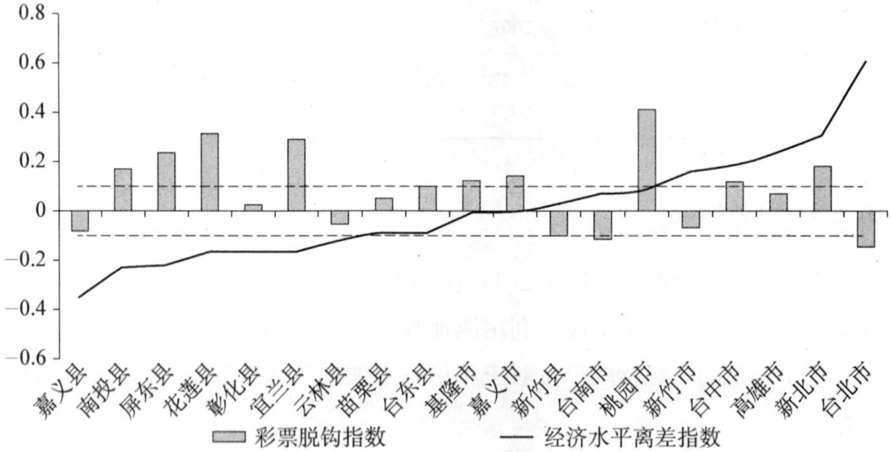

图 9.1.3A　台湾 2014 年本岛 19 市县经济水平综合地位指数与彩票综合脱钩指数

2　美国

表 9.1.3B　美国 2010 财年 42 州经济水平综合地位指数与彩票综合脱钩指数

序	州	简称	经济	彩票	序	州	简称	经济	彩票
1	爱达荷州	ID	−0.2174	−0.001	2	西佛吉尼亚州	WV	−0.2114	0.5723
3	南卡罗来纳州	SC	−0.1948	0.111	4	蒙大拿州	MT	−0.1837	−0.0515
5	新墨西哥州	NM	−0.1735	−0.0817	6	缅因州	ME	−0.1727	0.0319
7	亚利桑那州	AZ	−0.1454	−0.0101	8	肯塔基州	KY	−0.1367	−0.0163
9	俄克拉荷马州	OK	−0.1292	−0.0966	10	佛蒙特州	VT	−0.1119	−0.0558
11	田纳西州	TN	−0.1073	0.0258	12	密苏里州	MO	−0.1015	−0.0072
13	密歇根州	MI	−0.0994	0.0949	14	罗得岛	RI	−0.0693	0.4242
15	堪萨斯州	KS	−0.0652	−0.1563	16	乔治亚州	GA	−0.0612	0.2031
17	威斯康星州	WI	−0.059	−0.1325	18	爱荷华州	IA	−0.0578	−0.1242

续　表

序	州	简称	经济	彩票	序	州	简称	经济	彩票
19	新罕布什尔州	NH	−0.0534	−0.1203	20	俄亥俄州	OH	−0.0523	0.0665
21	南达科他州	SD	−0.0501	0.0416	22	佛罗里达州	FL	−0.0385	0.0944
23	印第安那州	IN	−0.0368	−0.0975	24	北卡罗来纳州	NC	0.0027	−0.0974
25	俄勒冈州	OR	0.0083	−0.0768	26	内布拉斯加州	NE	0.0167	−0.2217
27	宾夕法尼亚州	PA	0.0214	0.0339	28	科罗拉多州	CO	0.0493	−0.2117
29	明尼苏达州	MN	0.0577	−0.2137	30	华盛顿州	WA	0.0665	−0.2473
31	马里兰州	MD	0.0695	−0.0487	32	北达科他州	ND	0.0885	−0.3429
33	路易斯安那州	LA	0.1091	−0.3282	34	伊利诺伊州	IL	0.1181	−0.1334
35	弗吉尼亚州	VA	0.1257	−0.1696	36	新泽西州	NJ	0.1456	−0.0716
37	马萨诸塞州	MA	0.1795	0.1965	38	康涅狄格州	CT	0.1852	−0.2005
39	得克萨斯州	TX	0.2745	−0.2294	40	特拉华州	DE	0.2801	0.05
41	加利福利亚州	CA	0.362	−0.2953	42	纽约州	NY	0.368	−0.0091
平均值			0.0000	−0.0453	标准差			0.1505	0.1796
最大值 对应州简称			0.3680 NY	0.5723 WV	最小值 对应州简称			−0.2174 ID	−0.3429 ND

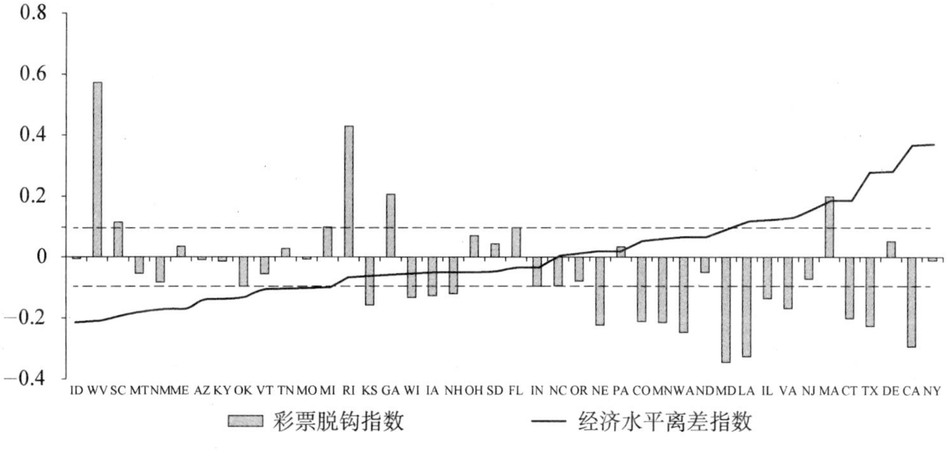

图 9.1.3B　美国 2010 财年 42 州经济水平综合地位指数与彩票综合脱钩指数

3　跨境比较

我们以 2014 年中国大陆全部彩票相应情况为例，进行彩票销售公平性的跨境比较，结果见表 9.1.3C 和图 9.1.3C 和图 9.1.3D。

表 9.1.3C 中国大陆、中国台湾和美国彩票销售公平性的比较

指数	经济水平	中国大陆	中国台湾	美国
脱钩指数	较高区域	−0.1206	0.0920	−0.1459
	中等区域	−0.0491	0.0178	−0.0571
	较低区域	0.1214	0.1576	0.0671
	趋势	上升	U 型	上升
公平指数	整个经济体	−0.5935	−0.2538	−0.4066

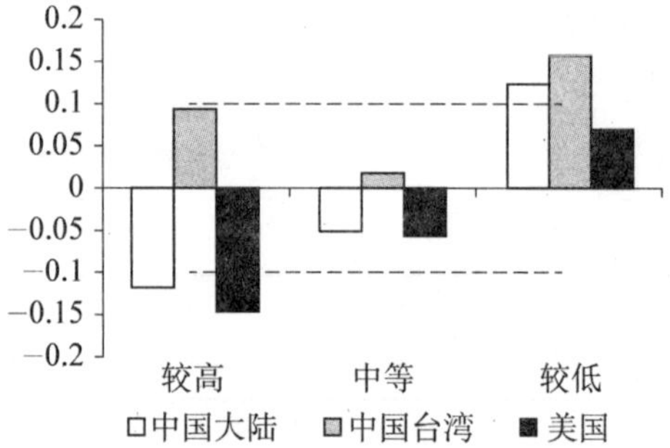

图 9.1.3C 中国大陆、中国台湾和美国彩票各经济水平区域的彩票脱钩指数

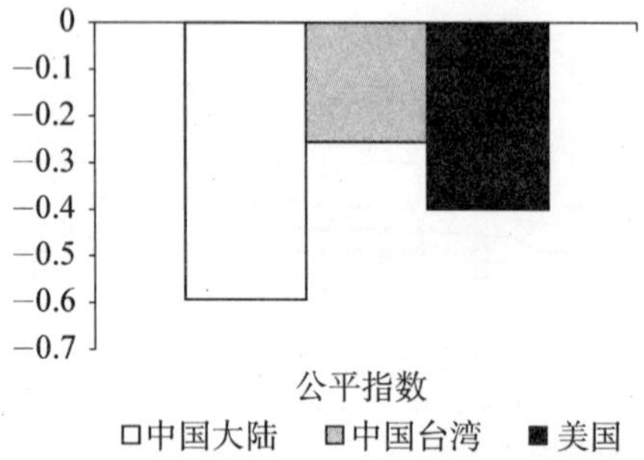

图 9.1.3D 中国大陆、中国台湾和美国彩票的彩票公平指数

9.1.4 销售公平性的其他评价方法

本小节介绍另外两个评价彩票销售公平性的方法，并将结果与公平指数对比，进一步说明本节结果的可靠性和本报告设计的公平指数方法的得当性。

1 九宫格重点板块省份数量比较

如果彩票销售绝对公平，那么历年各省份脱钩指数应当恒为0。若彩票销售超出经济水平，脱钩指数大于0，反之则小于0。因此，一个可以反映彩票销售公平的方法是，比较历年经济水平与各种类彩票脱钩指数所构成的九宫格中“板块三和七(右上和左下)”和“板块五和九(左上和右下)”等两类板块的省份数量和比例，如果前者大于后者，说明彩票脱钩指数与经济水平指数正向关系更强，即彩票销售呈累进，反之则负向关系更加，即彩票销售呈累退。结果见表9.1.4A和图9.1.4A。

表9.1.4A 2000至2014年各种类彩票综合脱钩指数两类板块省份比例情况

彩票	体育彩票			福利彩票			全部彩票		
板块	三和七	五和九	差额	三和七	五和九	差额	三和七	五和九	差额
00—04年	0.2000	0.1548	0.0452	0.1032	0.2839	−0.1806	0.1290	0.1806	−0.0516
05—09年	0.1419	0.2645	−0.1226	0.0452	0.3419	−0.2968	0.0645	0.2710	−0.2065
10—14年	0.0968	0.2129	−0.1161	0.0516	0.3290	−0.2774	0.0516	0.2516	−0.2000
趋势	下降	倒U型	U型	平稳	平稳	U型	平稳	平稳	U型
00—14年	0.1462	0.2108	−0.0645	0.0667	0.3183	−0.2516	0.0817	0.2344	−0.1527
最大值	0.2903	0.3226	0.1290	0.1613	0.4516	−0.0968	0.2581	0.3871	0.0645
对应年份	2000	2007	2000	2003	2006	2003	2000	2014	2000
最小值	0.0645	0.1290	−0.2258	0.0323	0.1935	−0.3871	0.0323	0.0968	−0.3548
对应年份	2011	2003	2007	2004	2011	2006	2004	2001	2014
2000	0.2903	0.1613	0.1290	0.1290	0.2903	−0.1613	0.2581	0.1935	0.0645
2001	0.2903	0.1613	0.1290	0.0968	0.3226	−0.2258	0.1613	0.0968	0.0645
2002	0.1935	0.1613	0.0323	0.0968	0.2581	−0.1613	0.1290	0.1613	−0.0323
2003	0.0968	0.1290	−0.0323	0.1613	0.2581	−0.0968	0.0645	0.2581	−0.1935
2004	0.1290	0.1613	−0.0323	0.0323	0.2903	−0.2581	0.0323	0.1935	−0.1613
2005	0.1613	0.2581	−0.0968	0.0323	0.3226	−0.2903	0.0323	0.2258	−0.1935
2006	0.1613	0.2581	−0.0968	0.0645	0.4516	−0.3871	0.0645	0.3226	−0.2581
2007	0.0968	0.3226	−0.2258	0.0323	0.3548	−0.3226	0.0323	0.2258	−0.1935
2008	0.1613	0.2258	−0.0645	0.0645	0.3226	−0.2581	0.1290	0.2903	−0.1613
2009	0.1290	0.2581	−0.1290	0.0323	0.2581	−0.2258	0.0645	0.2903	−0.2258
2010	0.1290	0.1935	−0.0645	0.0323	0.2581	−0.2258	0.0645	0.1290	−0.0645
2011	0.0645	0.1613	−0.0968	0.0323	0.1935	−0.1613	0.0323	0.1613	−0.1290
2012	0.0968	0.1935	−0.0968	0.0323	0.3871	−0.3548	0.0968	0.2903	−0.1935
2013	0.0968	0.2258	−0.1290	0.0968	0.3871	−0.2903	0.0323	0.2903	−0.2581
2014	0.0968	0.2903	−0.1935	0.0645	0.4194	−0.3548	0.0323	0.3871	−0.3548

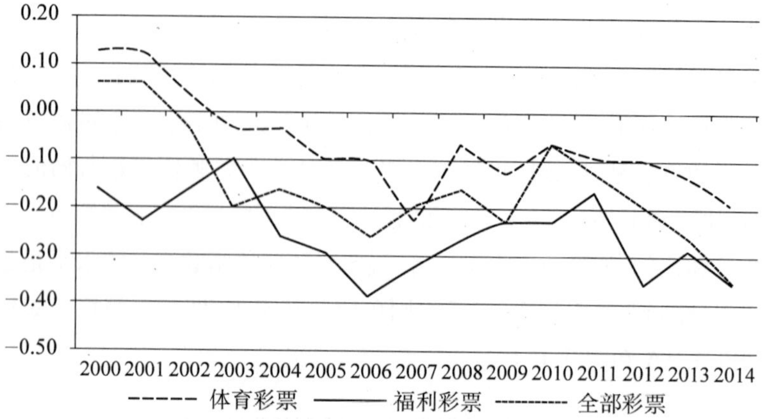

图 9.1.4A　2000 至 2014 年各种类彩票综合脱钩指数两类板块省份比例的差额

2　Suits 指数

利用 Suits(1977a)的方法，我们计算了 2000 至 2014 年中国内地各种类彩票的省际 Suits 指数，结果见表 9.3.2 以及图 9.3.2。这里强调的是，Suits 指数阈值为 0，即大于 0 为累进，小于 0 小累退，因此公平年份为 0。

表 9.1.4B　2000 至 2014 年各种类彩票的 Suits 指数

年份	体育彩票	福利彩票	全部彩票	年份	体育彩票	福利彩票	全部彩票
累退年数	5	14	8	公平年数	0	0	0
累进年数	10	1	7				
00—04 年	0.1331	0.0131	0.0742	05—09 年	−0.0344	−0.0695	−0.0554
10—14 年	0.0388	−0.0325	−0.0016	趋势	U 型	平稳	U 型
均值	0.0458	−0.0296	0.0057	标准差	0.0761	0.0461	0.0612
极差	0.2586	0.1878	0.2192	变异系数	0.6019	−0.6426	0.0934
最大值	0.1763	0.1014	0.1371	最小值	−0.0823	−0.0864	−0.0821
对应年份	2002	2000	2000	对应年份	2005	2006	2005
2000	0.1723	0.1014	0.1371	2001	0.1214	−0.0071	0.0593
2002	0.1763	−0.0065	0.0967	2003	0.1129	−0.0045	0.0548
2004	0.0824	−0.0175	0.0230	2005	−0.0823	−0.0820	−0.0821
2006	−0.0183	−0.0864	−0.0595	2007	−0.0191	−0.0700	−0.0507
2008	−0.0305	−0.0578	−0.0460	2009	−0.0218	−0.0513	−0.0386
2010	0.0270	−0.0234	−0.0023	2011	0.0610	−0.0083	0.0210
2012	0.0542	−0.0231	0.0095	2013	0.0301	−0.0444	−0.0124
2014	0.0219	−0.0634	−0.0240				

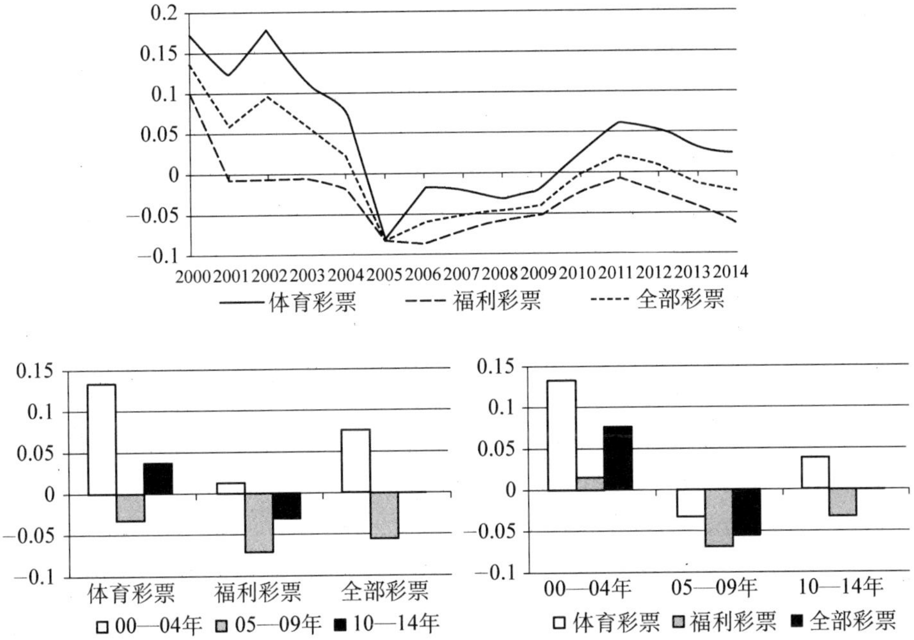

图 9.1.4B　2000 至 2014 年各种类彩票的 Suits 指数

3　各种方法结果比较

表 9.1.4A 显示，对于福利彩票的所有年份，对于体育彩票的 2003 年后，“板块三和七”中省份的数量一直大于“板块五和九”，即表示彩票销售呈累退，这与 9.1.2 中公平指数的趋势与程度上都非常一致。对比图 9.1.2 和图 9.1.4B，可以发现综合公平指数与 Suits 指数在趋势上非常一致，体育彩票、福利彩票和全部彩票的相关系数分别为 0.7837、0.7160 和 0.8179。但在数值上，两者却差别较大，以销售公平性相对不差的体育彩票为例，除 2002 年外，公平指数都小于 0，而 Suits 指数却仅在 2005 至 2009 年小于 0，显示不出这些年份彩票销售的不公平性。再对比图 9.1.4A，在数值上，公平指数与之非常一致，而 Suits 指数则差别较大。

9.1.5　本节小结

总结起来，中国彩票销售呈累退性的不公平，且有加重趋势，相对于体育彩票，福利彩票的累退性更为严重。经济水平地位指数较高省份，更多是彩票销售脱钩指数小于 0，而经济水平地位指数较低省份，更多是彩票销售脱钩指数大于0,这进一步证实了中国彩票销售的累退性。尽管中国大陆、中国台湾和美国三地的彩票销售都表现为累退性,但中国大陆的累退性最为严重。相对于Suits指数,本报告所构建的公平指数能够更准确地衡量彩票销售不公平性程度和反映其变化趋势。

9.2 销售适量性

本节从市场适量性视角,首先介绍了"适量指数"的概念和意义,展示了2000至2014年各维度适量指数,接下来与同期美国和中国台湾相应情况进行对比,最后计算了利用其他如适量率等评价彩票销售适量性方法的结果,进一步说明本报告方法的准确性和优势。

9.2.1 适量指数的含义

本报告5.4.1中,根据国际标准,结合当前中国大陆实际情况,确定了彩票各维度当量标准。我们以此标准计算了历年各省份各种类彩票各维度开发指数,一些代表性年份和省份结果已分别在第7和第8章中展示。如表9.2.1所示,历年全国31个省份各种彩票综合开发指数超过0.1(即对应彩票市场处于开发过度状态)的数量逐年上升。

表9.2.1 2000至2014年各种类彩票开发过度省份

年份	彩票			体育彩票与福利彩票同时开发过度的省份	
	体育	福利	全部	数量	省份
2000	2	2	0	0	
2001	3	2	2	0	
2002	3	3	3	0	
2003	2	3	1	0	
2004	1	2	0	0	
2005	3	8	3	2	黑龙江　湖北
2006	2	10	4	1	宁夏
2007	0	12	4	0	
2008	4	3	3	2	云南　西藏
2009	3	7	3	2	云南　西藏
2010	1	9	2	1	云南
2011	3	11	3	2	云南　西藏
2012	3	14	7	2	云南　西藏
2013	4	18	10	4	江西　云南　甘肃　青海
2014	9	20	14	7	黑龙江　江西　云南　西藏　甘肃　青海　宁夏

如果过多的省份市场开发过度，那我们也可以判断全国整体彩票市场销售过量，由此，我们构建出“适量指数”，作为衡量彩票销售整体适量水平的指标，其含义为“全国各省份某种类彩票某销售维度开发指数的简单均值”。原因如下：

（1）如5.4.2部分所示，本报告所构建出的历年各省份各维度开发指数取值基本在－1至1，因此其均值即“适量指数”取值范围亦然。

（2）如9.1.1部分所示，中国彩票销售呈累退性，经济水平偏低省份彩票销售高于自身经济水平。如果考虑各省份人口和经济规模因素进行加权平均，就会掩盖上述效应。

（3）相对于中位数，均值包括的信息量更大，可以更好地代表整体，尤其适合定比或定距数值；而中位数却不能显示极端省份的影响。

9.2.2　历年各维度适量指数

各维度适量指数结果见表9.2.2A至9.2.2B和图9.2.2。

1　综合适量指数结果

表9.2.2A　2000至2014年各种类彩票的综合适量指数

年份	体育彩票	福利彩票	全部彩票	年份	体育彩票	福利彩票	全部彩票
欠缺年数	12	5	9	适量年数	3	8	5
过量年数	0	2	1				
00至04年均值	－0.1883	－0.1655	－0.2272	05至09年均值	－0.2189	0.0030	－0.1105
10至14年均值	－0.0931	0.0896	0.0025	趋势	U型	上升	上升
00至14年均值	－0.1668	－0.0243	－0.1117	00至14年标准差	0.1074	0.1183	0.1174
00至14年极差	0.4581	0.3888	0.4398				
最大值	0.0414	0.1506	0.1209	最小值	－0.4167	－0.2383	－0.3190
对应年份	2014	2014	2014	对应年份	2004	2000	2000
2000	－0.2236	－0.2383	－0.3190	2001	－0.1211	－0.1734	－0.1896
2002	－0.0566	－0.1596	－0.1245	2003	－0.1233	－0.1330	－0.1903
2004	－0.4167	－0.1232	－0.3126	2005	－0.1669	0.0142	－0.0774
2006	－0.2455	0.0164	－0.1114	2007	－0.2757	0.0492	－0.1071
2008	－0.2213	－0.0685	－0.1607	2009	－0.1853	0.0037	－0.0957
2010	－0.1904	0.0146	－0.1012	2011	－0.1342	0.0640	－0.0341
2012	－0.1222	0.0859	－0.0173	2013	－0.0600	0.1329	0.0440
2014	0.0414	0.1506	0.1209				

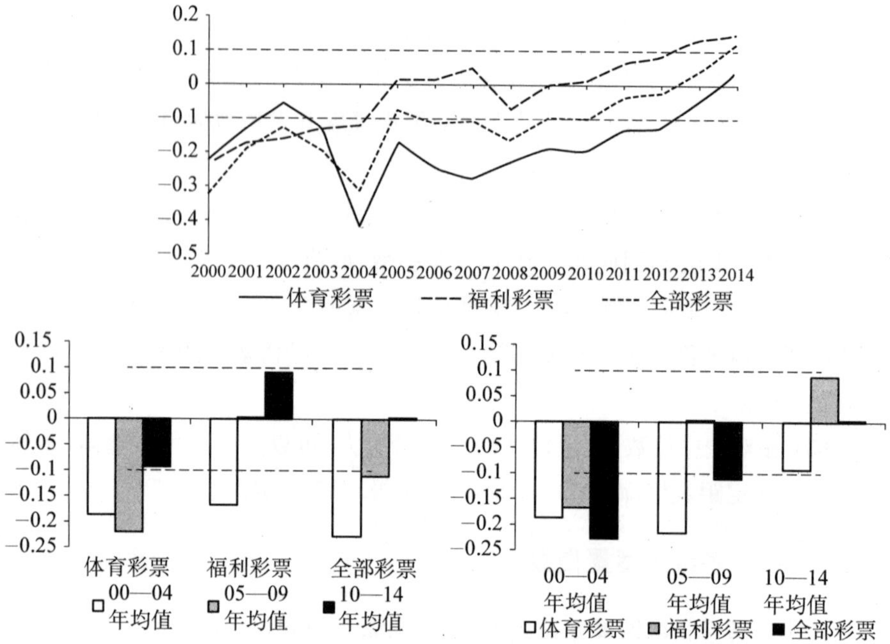

图 9.2.2　2000 至 2014 年各种类彩票的综合适量指数

2　各维度适量指数代表性结果

表 9.2.2B　2000 至 2014 年各种类彩票各维度适量指数的代表性结果

彩票种类	指标	综合	规模	年增幅	密度	公益金	深度	份额
体育彩票	欠缺年数	12	10	1	11	11	13	12
	适量年数	3	5	9	4	4	2	3
	过量年数	0	0	5	0	0	0	0
	00 至 04 年均值	−0.1883	−0.2265	−0.0070	−0.1859	−0.1294	−0.3333	−0.0688
	05 至 09 年均值	−0.2189	−0.2283	0.0746	−0.2744	−0.2420	−0.2754	−0.1916
	10 至 14 年均值	−0.0931	−0.0670	0.1493	−0.0998	−0.1803	−0.1253	−0.2157
	趋势	U 型	U 型	上升	U 型	U 型	上升	下降
	00 至 14 年均值	−0.1668	−0.1739	0.0723	−0.1867	−0.1839	−0.2447	−0.1587
	00 至 14 年标准差	0.1038	0.1090	0.1567	0.1170	0.0972	0.1521	0.0849
	00 至 14 年极差	0.4581	0.4442	0.6918	0.4553	0.2893	0.6692	0.2926
	最大值	0.0414	0.0098	0.2580	0.0453	−0.0207	0.0779	0.0073
	对应年份	2014	2014	2014	2014	2002	2014	2002
	最小值	−0.4167	−0.4343	−0.4338	−0.4101	−0.3100	−0.5913	−0.2854
	对应年份	2004	2004	2004	2004	2004	2004	2007

续　表

彩票种类	指标	综合	规模	年增幅	密度	公益金	深度	份额
福利彩票	欠缺年数	5	6	1	5	4	5	0
	适量年数	8	9	4	8	9	7	3
	过量年数	2	0	10	2	2	3	12
	00 至 04 年均值	−0.1655	−0.2145	0.0880	−0.1734	−0.1185	−0.3721	0.0688
	05 至 09 年均值	0.0030	−0.0624	0.1148	−0.0423	0.0040	−0.0143	0.1916
	10 至 14 年均值	0.0896	0.0121	0.1552	0.0695	0.0640	0.1140	0.2157
	趋势	上升	上升	平稳	上升	上升	上升	上升
	00 至 14 年均值	−0.0243	−0.0883	0.1193	−0.0487	−0.0168	−0.0908	0.1587
	00 至 14 年标准差	0.1143	0.1087	0.1026	0.1119	0.0866	0.2265	0.0849
	00 至 14 年极差	0.3888	0.4275	0.4874	0.4258	0.3159	0.8111	0.2926
	最大值	0.1506	0.0564	0.3282	0.1893	0.1564	0.1944	0.2854
	对应年份	2014	2014	2005	2014	2014	2013	2007
	最小值	−0.2383	−0.3711	−0.1592	−0.2365	−0.1595	−0.6167	−0.0073
	对应年份	2000	2000	2008	2002	2002	2000	2002
全部彩票	欠缺年数	9	10	1	11	5	10	
	适量年数	5	5	4	3	10	4	
	过量年数	1	0	10	1	0	1	
	00 至 04 年均值	−0.2272	−0.2358	0.0729	−0.1745	−0.1184	−0.4824	
	05 至 09 年均值	−0.1105	−0.1435	0.1100	−0.1354	−0.0896	−0.1459	
	10 至 14 年均值	0.0025	−0.0281	0.2010	−0.0203	−0.0515	0.0041	
	趋势	上升	上升	上升	上升	平稳	上升	
	00 至 14 年均值	−0.1117	−0.1358	0.1280	−0.1100	−0.0865	−0.2081	
	00 至 14 年标准差	0.1134	0.1074	0.1213	0.0837	0.0546	0.2297	
	00 至 14 年极差	0.4398	0.4288	0.4737	0.3380	0.2266	0.8419	
	最大值	0.1209	0.0364	0.3031	0.1049	0.0486	0.1813	
	对应年份	2014	2014	2014	2014	2014	2014	
	最小值	−0.3190	−0.3924	−0.1706	−0.2331	−0.1780	−0.6606	
	对应年份	2000	2000	2004	2000	2000	2000	

9.2.3　境外情况

我们首先展示台湾和美国两地各二级行政单位综合维度的经济水平地位指数和彩票销售开发指数，见表 9.2.3A 和 9.2.3B，以及图 9.2.3A 和图

9.2.3B。然后将相关结果与中国大陆相关情况进行对比。

1 中国台湾

表 9.2.3A 台湾 2014 年本岛 19 市县经济水平综合地位指数与彩票综合开发指数

序	市县	经济	彩票	序	市县	经济	彩票
1	嘉义县	−0.3549	0.0749	2	南投县	−0.2350	0.3724
3	屏东县	−0.2245	0.4341	4	花莲县	−0.1729	0.5511
5	彰化县	−0.1686	0.2489	6	宜兰县	−0.1682	0.5285
7	云林县	−0.1248	0.1970	8	苗栗县	−0.0944	0.3145
9	台东县	−0.0911	0.3640	10	基隆市	−0.0120	0.4264
11	嘉义市	−0.0048	0.4546	12	新竹县	0.0225	0.2344
13	台南市	0.0680	0.2043	14	桃园市	0.0840	0.7417
15	新竹市	0.1581	0.3333	16	台中市	0.1856	0.4749
17	高雄市	0.2322	0.4444	18	新北市	0.3020	0.5762
19	台北市	0.5989	0.4099				
平均值		0.0000	0.3887	标准差		0.2269	0.1575
最大值 对应市县		0.5989 台北市	0.7417 桃园市	最小值 对应市县		−0.3549 嘉义县	0.0749 嘉义县

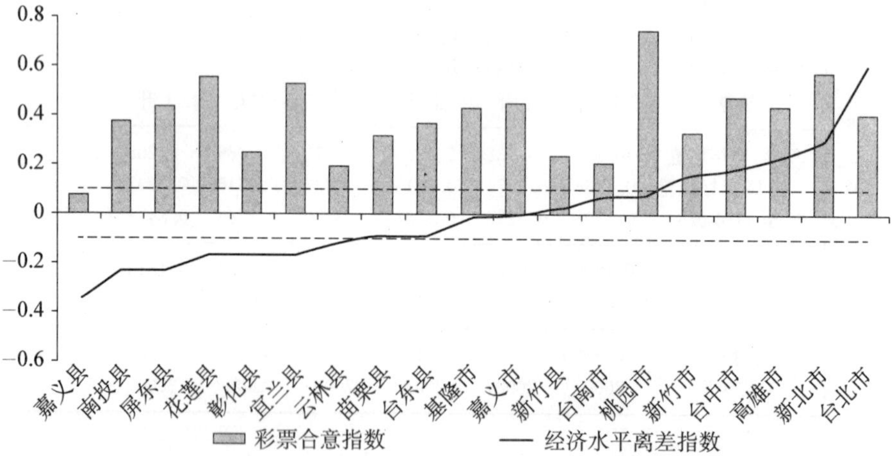

图 9.2.3A 台湾 2014 年本岛 19 市县经济水平综合地位指数与彩票综合开发指数

2　美国

表 9.2.3B　美国 2010 财年 42 州经济水平综合地位指数与彩票综合开发指数

序	州	简称	经济	彩票	序	州	简称	经济	彩票
1	爱达荷州	ID	−0.2174	−0.0802	2	西佛吉尼亚州	WV	−0.2114	0.4879
3	南卡罗来纳州	SC	−0.1948	0.0277	4	蒙大拿州	MT	−0.1837	−0.1089
5	新墨西哥州	NM	−0.1735	−0.1360	6	缅因州	ME	−0.1727	−0.0154
7	亚利桑那州	AZ	−0.1454	−0.0676	8	肯塔基州	KY	−0.1367	−0.0673
9	俄克拉荷马州	OK	−0.1292	−0.1338	10	佛蒙特州	VT	−0.1119	−0.0647
11	田纳西州	TN	−0.1073	−0.0116	12	密苏里州	MO	−0.1015	−0.0380
13	密歇根州	MI	−0.0994	0.0365	14	罗得岛	RI	−0.0693	0.4509
15	堪萨斯州	KS	−0.0652	−0.1441	16	乔治亚州	GA	−0.0612	0.1746
17	威斯康星州	WI	−0.0590	−0.1360	18	爱荷华州	IA	−0.0578	−0.1059
19	新罕布什尔州	NH	−0.0534	−0.0875	20	俄亥俄州	OH	−0.0523	0.0298
21	南达科他州	SD	−0.0501	0.0808	22	佛罗里达州	FL	−0.0385	0.0276
23	印第安那州	IN	−0.0368	−0.1006	24	北卡罗来纳州	NC	0.0027	−0.0890
25	俄勒冈州	OR	0.0083	−0.0282	26	内布拉斯加州	NE	0.0167	−0.1497
27	宾夕法尼亚州	PA	0.0214	0.0321	28	科罗拉多州	CO	0.0493	−0.1408
29	明尼苏达州	MN	0.0577	−0.1410	30	华盛顿州	WA	0.0665	−0.1777
31	马里兰州	MD	0.0695	0.0285	32	北达科他州	ND	0.0885	−0.2236
33	路易斯安那州	LA	0.1091	−0.2320	34	伊利诺伊州	IL	0.1181	−0.0795
35	弗吉尼亚州	VA	0.1257	−0.0769	36	新泽西州	NJ	0.1456	0.0313
37	马萨诸塞州	MA	0.1795	0.3358	38	康涅狄格州	CT	0.1852	−0.0230
39	得克萨斯州	TX	0.2745	−0.1818	40	特拉华州	DE	0.2801	0.3167
41	加利福利亚州	CA	0.3620	−0.2770	42	纽约州	NY	0.3680	0.1278
平均值			0.0000	−0.0221	标准差			0.1505	0.1682
最大值			0.3680	0.4879	最小值			−0.2174	−0.2770
对应州简称			NY	WV	对应州简称			ID	CA

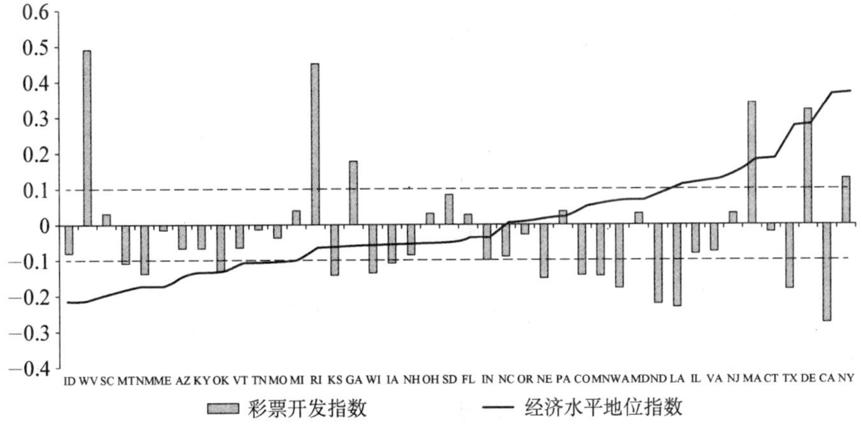

图 9.2.3B　美国 2010 财年 42 州经济水平综合地位指数与彩票综合开发指数

3　跨境比较

我们同样以 2014 年中国大陆全部彩票相应情况为例，进行彩票销售适量性的跨境比较，结果见表 9.2.3C 和图 9.2.3C 和图 9.2.3D。

表 9.2.3C　中国大陆、中国台湾和美国彩票销售适量性的比较

指数	经济水平	中国大陆	中国台湾	美国
开发指数	较高区域	0.0613	0.4967	−0.0409
	中等区域	0.0757	0.3136	−0.0455
	较低区域	0.2302	0.3683	0.0200
	趋势	上升	U 型	平稳
适量指数	整个经济体	0.1209	0.3887	−0.0221

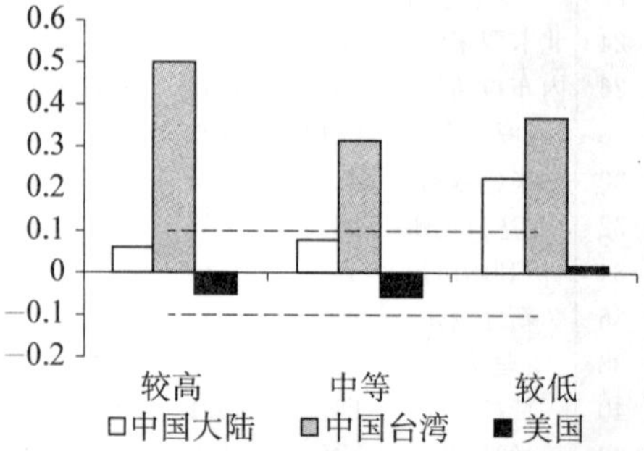

图 9.2.3C　中国大陆、中国台湾和美国彩票各经济水平区域的彩票开发指数

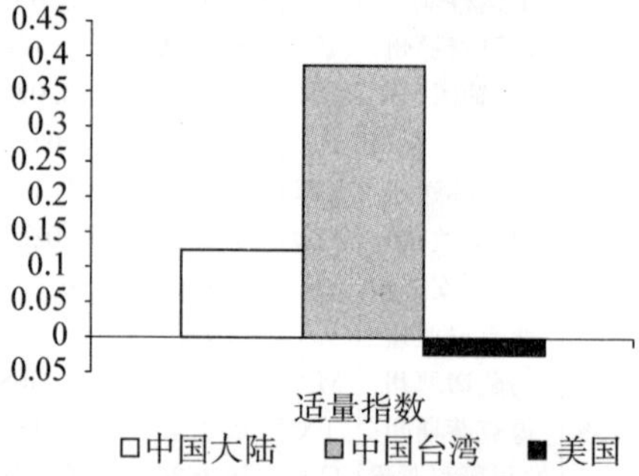

图 9.2.3D　中国大陆、中国台湾和美国彩票的彩票适量指数

9.2.4　销售适量性的其他评价方法

本小节介绍另外两个评价彩票销售适量性的方法，并将结果与适量指数对比，进一步说明本节结果的可靠性和本报告设计的适量指数方法的得当性。

1　九宫格重点板块省份数量比较

如果历年各省份彩票开发均处于适度状态，那么开发指数与经济水平所构成的九宫格中各省份就应当分布在一、二和六板块。因此，一个可以反映彩票销售适量性的方法是，比较历年经济水平与各种类开发指数所构成的九宫格中“板块三＋四＋五(即开发过度)”和“板块七＋八＋九(即开发不足)”等两类板块的省份数量和比例，如果前者大于后者，说明彩票开发过度省份更多，即全国彩票销售呈过量状态；反之则呈欠缺状态。结果见表 9.2.4A 和图 9.2.4A。

表 9.2.4A　2000 至 2014 年各种类彩票综合维度开发过度与不足省份比例情况

彩票	体育彩票			福利彩票			全部彩票		
板块	三十四十五	七十八十九	差额	三十四十五	七十八十九	差额	三十四十五	七十八十九	差额
00—04 年	0.0710	0.7161	−0.6452	0.0774	0.6710	−0.5935	0.0387	0.8258	−0.7871
05—09 年	0.0774	0.7677	−0.6903	0.2581	0.2581	0.0000	0.1097	0.5355	−0.4258
10—14 年	0.1290	0.5097	−0.3806	0.4645	0.1161	0.3484	0.2323	0.2387	−0.0065
趋势	平稳	倒 U 型	U 型	上升	下降	上升	上升	下降	上升
00—14 年	0.0925	0.6645	−0.5720	0.2667	0.3484	−0.0817	0.1269	0.5333	−0.4065
最大值	0.2903	0.9677	0.0968	0.6452	0.9032	0.5161	0.4516	0.9677	0.4516
对应年份	2014	2004	2014	2014	2000	2013	2014	2004	2014
最小值	0.0000	0.1935	−0.9355	0.0645	0.0323	−0.8387	0.0000	0.0000	−0.9677
对应年份	2007	2014	2004	2000	2011	2000	2000	2014	2004
2000	0.0645	0.8065	−0.7419	0.0645	0.9032	−0.8387	0.0000	0.9355	−0.9355
2001	0.0968	0.7419	−0.6452	0.0645	0.7097	−0.6452	0.0645	0.8065	−0.7419
2002	0.0968	0.4516	−0.3548	0.0968	0.6452	−0.5484	0.0968	0.6774	−0.5806
2003	0.0645	0.6129	−0.5484	0.0968	0.5806	−0.4839	0.0323	0.7419	−0.7097
2004	0.0323	0.9677	−0.9355	0.0645	0.5161	−0.4516	0.0000	0.9677	−0.9677
2005	0.0968	0.6452	−0.5484	0.2581	0.1935	0.0645	0.0968	0.4839	−0.3871
2006	0.0645	0.8710	−0.8065	0.3226	0.2581	0.0645	0.1290	0.5161	−0.3871
2007	0.0000	0.8065	−0.8065	0.3871	0.2258	0.1613	0.1290	0.4516	−0.3226
2008	0.1290	0.7742	−0.6452	0.0968	0.4194	−0.3226	0.0968	0.6452	−0.5484
2009	0.0968	0.7419	−0.6452	0.2258	0.1935	0.0323	0.0968	0.5806	−0.4839
2010	0.0323	0.7419	−0.7097	0.2903	0.2258	0.0645	0.0645	0.5806	−0.5161
2011	0.0968	0.6129	−0.5161	0.3548	0.0323	0.3226	0.0968	0.2903	−0.1935
2012	0.0968	0.6129	−0.5161	0.4516	0.1290	0.3226	0.2258	0.1613	0.0645
2013	0.1290	0.3871	−0.2581	0.5806	0.0645	0.5161	0.3226	0.1613	0.1613
2014	0.2903	0.1935	0.0968	0.6452	0.1290	0.5161	0.4516	0.0000	0.4516

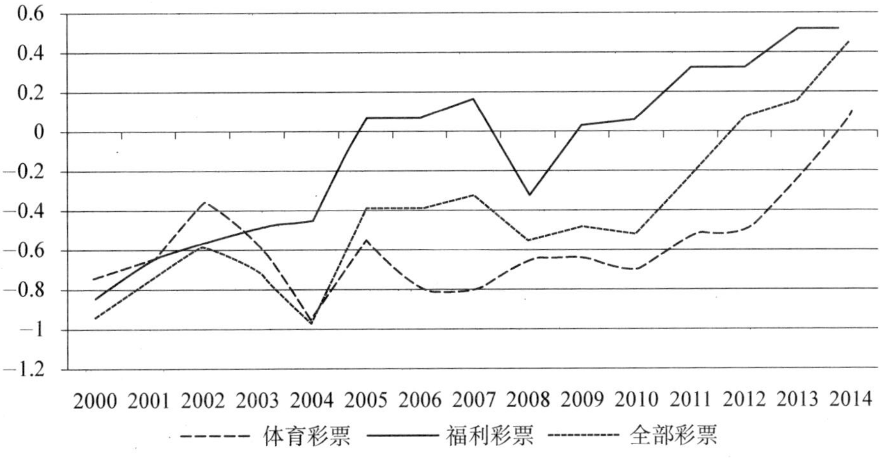

表 9.2.4A　2000 至 2014 年各种类彩票综合维度开发过度与不足省份比例的差额

2 适量率

适量率(Rate of Appropriateness,简称 RA)是指各种类彩票历年各省份各维度实际值与当量值的偏离程度,数学上 $RA=\frac{V_{t,x,y,z}-V^{*}_{t,x,y,z}}{V_{t,x,y,z}}$。

要强调两个问题:(1)适量率的分母是实际值而不是当量值,原因同5.4.2所描述,即为了避免年增幅维度数值过高的干扰;(2)各维度适量率不处在同一尺度,综合适量率不能如综合指数那样利用各维度适量率加权平均计算,替代的方法是因子分析法。

我们用两种方法计算历年各种类彩票的综合适量率。

(1) 各省份综合适量率均值。此种方法如下:首先,计算历年各省份各维度各种类彩票的适量率,然后分彩票种类分别利用因子分析法,得出历年各省份各种类彩票的适量率综合得分,再求出 31 个省份的均值。

(2) 全国综合适量率。此种方法如下:首先同样采用本报告 4.4.3 规定的标准,以全国总体销售情况实际值与当量值,计算出历年各种类彩票各维度的适量率,然后利用上文因子分析法得出权重,计算出历年全国各种类彩票的综合适量率。

结果见表 9.2.4B 和图 9.2.4B。

表 9.2.4A 两种方法得出的 2000 至 2014 年各种类彩票综合适量率

彩票	体育彩票		福利彩票		全部彩票	
项目	各省均值	全国情况	各省均值	全国情况	各省均值	全国情况
00—04 年均值	−3.7307	−0.7824	−1.6467	−0.7997	−1.8620	−0.9431
05—09 年均值	−0.8981	−0.6139	−0.1444	−0.1496	−0.3793	−0.3829
10—14 年均值	−0.4858	−0.2941	0.0762	0.0392	−0.0602	−0.1273
趋势	上升	上升	上升	上升	上升	上升
00—14 年均值	−1.7048	−0.5635	−0.5716	−0.3034	−0.7672	−0.4844
00—14 年标准差	2.2310	0.3545	0.9231	0.4257	1.0855	0.4410
00—14 年极差	7.6181	1.2850	3.3347	1.5649	4.2819	1.7041
最大值	−0.1246	−0.0308	0.1872	0.1393	0.1236	0.0651
最大年份	2014	2014	2014	2014	2014	2014
最小值	−7.7427	−1.3158	−3.1475	−1.4256	−4.1584	−1.6390
最小年份	2000	2004	2000	2000	2000	2000

续　表

彩票	体育彩票		福利彩票		全部彩票	
项目	各省均值	全国情况	各省均值	全国情况	各省均值	全国情况
2000	－7.7427	－1.2922	－3.1475	－1.4256	－4.1584	－1.6390
2001	－6.3587	－0.5894	－1.4116	－0.7577	－1.8636	－0.8140
2002	－1.4339	－0.2315	－1.4841	－0.6361	－1.1384	－0.4983
2003	－1.0602	－0.4831	－1.3146	－0.5608	－0.9381	－0.5873
2004	－2.0577	－1.3158	－0.8755	－0.6184	－1.2119	－1.1770
2005	－0.9327	－0.5125	－0.2912	－0.1330	－0.4568	－0.3615
2006	－0.9581	－0.6650	－0.0319	－0.0899	－0.3650	－0.3743
2007	－0.9469	－0.6727	－0.0169	－0.0282	－0.2850	－0.3283
2008	－0.8672	－0.6818	－0.2496	－0.3444	－0.4398	－0.4658
2009	－0.7855	－0.5377	－0.1321	－0.1525	－0.3501	－0.3848
2010	－0.7649	－0.5343	－0.0585	－0.0920	－0.3224	－0.3314
2011	－0.6295	－0.3843	0.0134	－0.0060	－0.2101	－0.2025
2012	－0.5558	－0.3125	0.0939	0.0536	0.1185	－0.1240
2013	－0.3541	－0.2086	0.1450	0.1013	－0.0104	－0.0434
2014	－0.1246	－0.0308	0.1872	0.1393	0.1236	0.0651

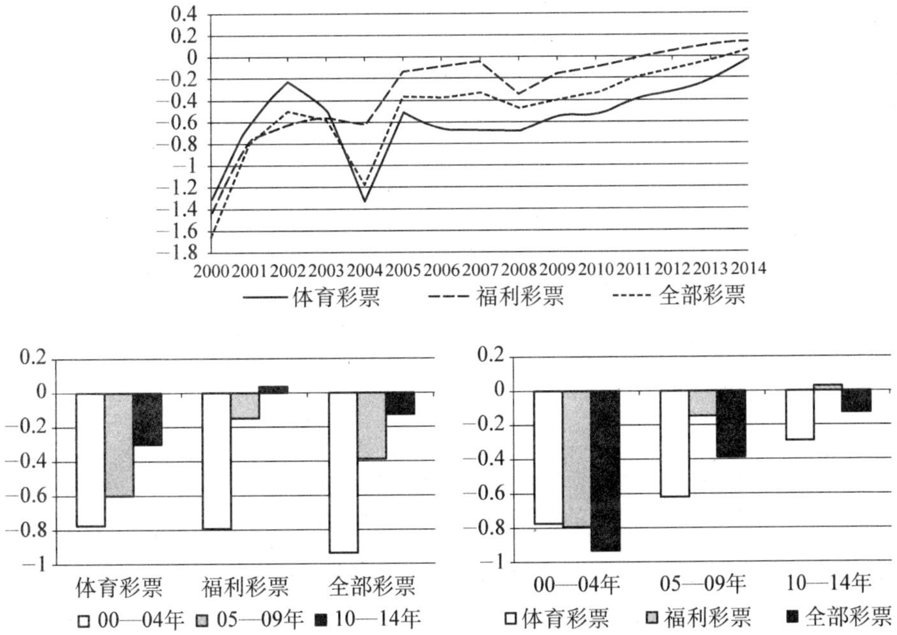

图 9.2.4B　2000 至 2014 年各种类彩票全国综合适量率

3　各种方法结果比较

表 9.2.4A 显示，福利彩票从 2005 年开始(除 2008 年)，开发过度省份数一直大于开发不足省份数；体育彩票除 2014 年以外，都是开发不足省份数大与开发过度省份数，这与 9.2.2 中“适量指数”的趋势与程度上都非常一致。

对比图 9.2.2 和图 9.2.4B，可以发现综合适量指数与综合适量率在趋势上非常一致，体育彩票、福利彩票和全部彩票的相关系数分别为 0.8615、0.9480和0.9270。但在数值上，两者差别较大。适量率的尺度过高，各省份均值自不必说，全国适量率也波动巨大，纵向可比性较差。而适量指数取值范围恒在±1 之间，与开发过度减开发不足省份的比例相一致。

9.2.5　本节小结

总结起来，福利彩票 2005 年以前，体育彩票 2013 年以前，都处于欠缺状态，但各种类彩票的适量指数上升趋势显著，到了 2014 年都已大于 0。特别是对于福利彩票，2013 和 2014 两年，都大于 0.1，处于过量水平。2014 年中国大陆和中国台湾的适量指数均大于 0.1，且台湾地区更高，为 0.3887。但如本报告 5.4.1 所示，台湾地区除彩票外，尚没有其他合法博彩品，且彩票销售历年波动巨大，因此台湾情况并不能作为大陆彩票销售还有扩展空间的佐证。而且还要强调的是，台湾地区彩票销售的公平性相对高于大陆。“开发过度省份数量”与“开发不足省份数量”之差呈显示增长趋势，特别是对于福利彩票，2005 年起(除 2008 年)，其值均大于 0，这显示了福利彩票相对体育彩票的在销售方面的优势。相对于直接考察各指标原值，本报告通过构建各类指标，能够更准确地衡量彩票销售适量性的程度和趋势。

9.3　筹资效率性

彩票发行重要目的是筹集资金用于公益事业，在筹集公益金稳定增长的同时，还应当满足公平与效率，本节探讨这一问题，具体包括三个方面内容：(1)2000 至 2014 年各种类彩票公益金的发展情况；(2)2000 至 2014 年各种类彩票公益金筹集的效率；(3)2014 年各省份公益金筹集效率的对比。

9.3.1　各种类彩票公益金的发展情况

本报告2.2.5显示了2000至2014年各种类彩票全国公益金规模相应情况，体育彩票、福利彩票和全部彩票公益金规模在2000年分别为31.90亿元、31.46亿元和63.36亿元，2014年则分别为435.89亿元、579.08亿元和1014.97亿元，增幅分别为12.66倍、17.41倍和15.02倍。本节中我们用“公益金适量指数”来进一步说明彩票公益金的增长态势。

2005年以前，各品种的彩票公益金率(公益金/销量)一直为35%，从2005年开始，部分品种彩票公益金率开始下降。不同省份各类型和品种彩票销售份额不同，导致各省份彩票公益金率也不同。例如，2014年体育彩票全国公益金率为24.71%，最高的四川为28.28%，最低的上海为21.67%，两省相差6.61%。

按照本报告9.1部分思路，我们计算了2000至2014年各种类彩票公益金的公平指数，即公益金脱钩指数与经济水平人均指数的相关系数。

各项指标见表9.3.2以及图9.3.2A、图9.3.2B和图9.3.2。

表9.3.1　2000至2014年各种类彩票全国公益金适量指数、公益金率和公益金公平指数

指标	公益金适量指数			公益金率			公益金公平指数		
年份	体彩	福彩	全彩	体彩	福彩	全彩	体彩	福彩	全彩
00至04年均值	−0.1294	−0.1185	−0.1184	0.3500	0.3500	0.3500	−0.1077	−0.4140	−0.2186
05至09年均值	−0.2420	0.0040	−0.0896	0.3149	0.3390	0.3297	−0.3511	−0.5767	−0.4841
10至14年均值	−0.1803	0.0640	−0.0515	0.2654	0.2999	0.2857	−0.4692	−0.5853	−0.5327
趋势	U型	上升	上升	下降	下降	下降	下降	下降	下降
00至14年均值	−0.1839	−0.0168	−0.0865	0.3101	0.3296	0.3218	−0.3094	−0.5253	−0.4118
00至14年标准差	0.1006	0.0897	0.0565	0.0382	0.0235	0.0296	0.1954	0.1201	0.1821
00至14年极差	0.2893	0.3159	0.2266	0.1023	0.0661	0.0829	0.6474	0.4425	0.6310
最大值	−0.0207	0.1564	0.0486	0.3500	0.3500	0.3500	0.0215	−0.2105	0.0190
对应年份	2002	2014	2014	2000	2000	2000	2002	2002	2002

续　表

指标	公益金适量指数			公益金率			公益金公平指数		
年份	体彩	福彩	全彩	体彩	福彩	全彩	体彩	福彩	全彩
最小值	−0.3100	−0.1595	−0.1780	0.2477	0.2839	0.2671	−0.6259	−0.6530	−0.6120
对应年份	2004	2002	2000	2014	2014	2014	2014	2011	2010
2000	−0.1924	−0.1252	−0.1780	0.3500	0.3500	0.3500	0.0602	0.0383	0.0551
2001	−0.0482	−0.1224	−0.0968	0.3500	0.3500	0.3500	0.0294	0.0530	0.0490
2002	−0.0207	−0.1595	−0.0714	0.3500	0.3500	0.3500	0.0387	0.0769	0.0548
2003	−0.0760	−0.1046	−0.0915	0.3500	0.3500	0.3500	0.0539	0.0593	0.0577
2004	−0.3100	−0.0809	−0.1541	0.3500	0.3500	0.3500	0.1001	0.0466	0.0638
2005	−0.1437	0.0009	−0.0577	0.3390	0.3493	0.3455	0.0682	0.0457	0.0598
2006	−0.2188	0.0197	−0.0630	0.3244	0.3468	0.3392	0.0492	0.0470	0.0519
2007	−0.2635	0.0471	−0.0631	0.3271	0.3424	0.3372	0.0582	0.0514	0.0640
2008	−0.2970	−0.0404	−0.1440	0.2944	0.3297	0.3148	−0.0008	0.0465	0.0315
2009	−0.2868	−0.0075	−0.1202	0.2893	0.3266	0.3118	−0.0125	0.0410	0.0220
2010	−0.2855	−0.0122	−0.1265	0.2765	0.3111	0.2975	−0.0837	0.0167	−0.0111
2011	−0.2334	0.0160	−0.0900	0.2700	0.3019	0.2889	−0.0802	0.0006	−0.0247
2012	−0.2045	0.0548	−0.0736	0.2670	0.3049	0.2902	−0.0754	0.0048	−0.0271
2013	−0.1404	0.1051	−0.0159	0.2659	0.2979	0.2846	−0.0803	−0.0166	−0.0369
2014	−0.0378	0.1564	0.0486	0.2477	0.2839	0.2671	−0.0830	−0.0328	−0.0563

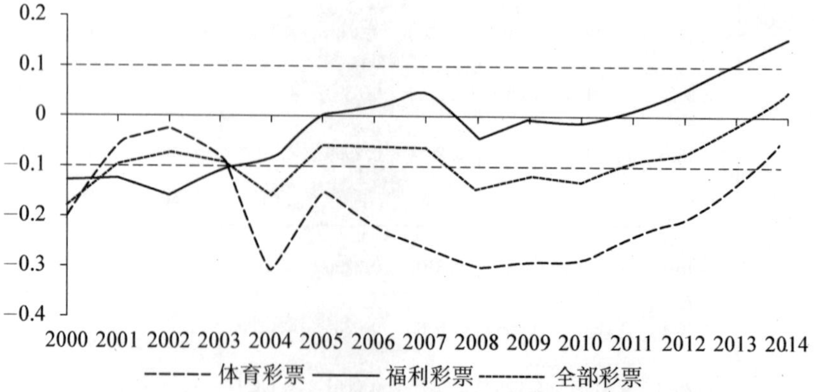

图 9.3.1A　2000 至 2014 年各种类彩票的公益金适量指数

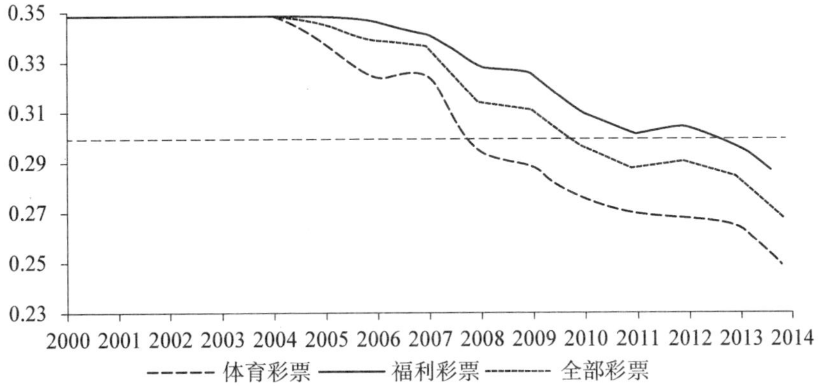

图9.3.1B　2000至2014年各种类彩票的公益金率

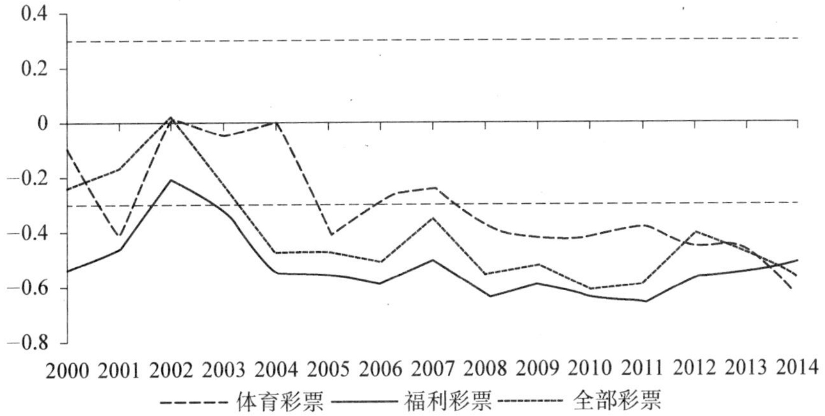

图9.3.1C　2000至2014年各种类彩票的公益金公平指数

表9.3.1和图9.3.1A显示，公益金开发指数呈上升趋势，特别是福利彩票在2013和2014年已超过0.1的阈值，达到了过量水平。与此同时，表9.3.1和图9.3.1B显示，公益金率呈下降趋势，而体育彩票下降幅度更大，从2008年起，已小于30%的当量标准，2014年更是低至24.77%。

表9.3.1和图9.3.1C显示，各种类彩票公益金在绝大部分年份尤其是2008年以后，呈“累退”的不公平性，并且有显著的加重趋势。唯有体育彩票在2007年以前基本处于公平状态。相对于体育彩票，福利彩票公益金的累退性更强烈。

9.3.2 公益金效率指数的含义

本报告构建了历年各种类彩票的密度开发指数和公益金开发指数，在此基础上，我们规定某一省份“**公益金效率指数**”为对应省份公益金开发指数与密度开发指数之差。

显然，如果其值大于 0，说明此一省份的公益金筹集效率高，小于 0 则低。如 2014 年，对于体育彩票，公益金效率指数最大值的云南为-0.0006，当年云南体育彩票密度为 121.30 元，人均公益金为 32.24 元，公益金率为 26.58%；最小值的上海为-0.2484，当年上海体育彩票密度为 352.00 元，人均公益金为 76.29 元，公益金率为 21.67%。表面上看，上海体育彩票人均公益金是云南的 2.37 倍，但密度却是云南的 2.90 倍，显然，云南的体育彩票公益金筹集效率要高于上海。

进一步，我们规定“全国公益金效率指数”为同一年度所有省份公益金效率指数的均值，结果见表 9.3.2 和图 9.3.2。

表 9.3.2 2000 至 2014 年各种类彩票全国公益金效率指数

年份	体育彩票	福利彩票	全部彩票	年份	体育彩票	福利彩票	全部彩票
00 至 04 年	0.0565	0.0548	0.0561	05 至 09 年均值	0.0324	0.0463	0.0458
10 至 14 年均值	-0.0805	-0.0055	-0.0312	趋势	下降	下降	下降
00 至 14 年均值	0.0028	0.0319	0.0236	00 至 14 年标准差	0.0665	0.0306	0.0426
00 至 14 年极差	0.1838	0.1098	0.1203				
最大值	0.1001	0.0769	0.0640	最小值	-0.0837	-0.0328	-0.0563
对应年份	2004	2002	2007	对应年份	2010	2014	2014
2000	0.0602	0.0383	0.0551	2001	0.0294	0.0530	0.0490
2002	0.0387	0.0769	0.0548	2003	0.0539	0.0593	0.0577
2004	0.1001	0.0466	0.0638	2005	0.0682	0.0457	0.0598
2006	0.0492	0.0470	0.0519	2007	0.0582	0.0514	0.0640
2008	-0.0008	0.0465	0.0315	2009	-0.0125	0.0410	0.0220
2010	-0.0837	0.0167	-0.0111	2011	-0.0802	0.0006	-0.0247
2012	-0.0754	0.0048	-0.0271	2013	-0.0803	-0.0166	-0.0369
2014	-0.0830	-0.0328	-0.0563				

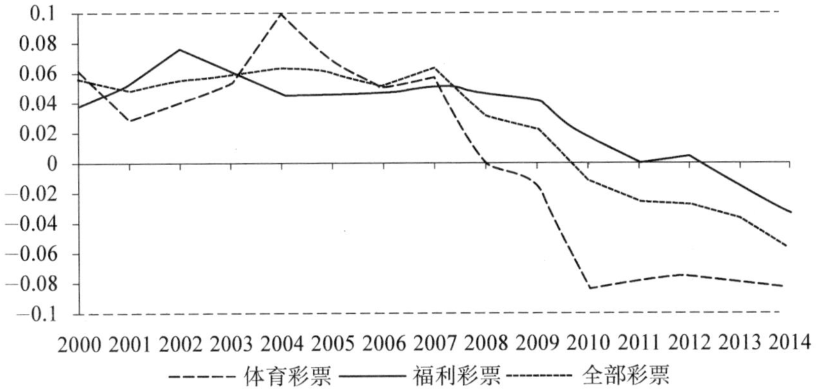

图 9.3.2　2000 至 2014 年各种类彩票全国公益金效率指数

从变化趋势来看，对比表 9.3.1 和表 9.3.2 以及图 9.3.1 和图 9.3.2，可以发现，尽管量上不同，公益金率与公益金效率指数的两对图表在趋势上非常一致，即公益金率下降的同时，公益金效率指数也在下降，并且体育彩票降幅更大。

表 9.3.2 和图 9.3.2 显示，相对福利彩票，体育彩票公益金的筹集效率更低，这背后原因应当是公益金率偏低类型彩票占体育彩票份额较高所致。例如，公益金率最低竞猜型彩票占到体育彩票 1/4 以上的份额，公益金率次低的基诺型彩票份额也在 1/3 左右，在 2014 年两者合计为 68.61%。而福利彩票公益金率低的基诺型和视频型份额分别为 34.78% 和 18.33%，合计为 53.11%，低于体育彩票对应情况。

9.3.3　公益金效率指数与公益金率的关系

理论上，彩票公益金以及其他费率相当于彩票“实际价格”，因此其他条件不变情况下，降低公益金率提高返奖率意味着彩票实际价格下降，必然将提高彩票销售规模。现实中，从 2005 年起，公益金率逐年下降的同时，各种类彩票适量指数逐年上升。

要强调的是，公益金筹集数量与公益金筹集效率是两个不同的问题，公益金筹集数量多，并不意味着筹集效率也高，甚至可能出现如下情况：公益金率已经降幅过大，如果适当提高公益金率，公益金筹集数量反而会有提升。

下面我们来探讨当前中国彩票市场是否存在上述情况，方法是计算公益金率与公益金效率指数两项指标之间的相关系数，结果见表 9.3.3 和图 9.3.3。

表 9.3.3　2005 至 2014 年各种类彩票各省份公益金效率指数与公益金率的相关系数

年份	体育彩票	福利彩票	全部彩票	年份	体育彩票	福利彩票	全部彩票
00 至 04 年 10 至 14 年均值	0.6511	0.8785	0.8161	05 至 09 年均值 趋势	0.5949 上升	0.3080 上升	0.2987 上升
05 至 14 年均值 05 至 14 年极差	0.6230 0.7198	0.5933 0.9179	0.5574 1.0074	05 至 14 年标准差	0.2126	0.3384	0.3865
最大值 对应年份	0.9077 2009	0.9089 2014	0.9067 2010	最小值 对应年份	0.1878 2005	−0.0090 2006	−0.1007 2006
2005	0.1878	0.1699	0.0434	2006	0.4824	−0.009	−0.1007
2007	0.49	0.3376	0.107	2008	0.9064	0.5466	0.6681
2009	0.9077	0.4952	0.7759	2010	0.5501	0.8189	0.9067
2011	0.6561	0.8981	0.8577	2012	0.6966	0.8904	0.8707
2013	0.6978	0.8762	0.8207	2014	0.6550	0.9089	0.6249

注：2000 至 2004 年，各省份彩票公益金率恒为 0.35，与公益金效率指数相关系数必然恒为 0，因此没有展示必要。

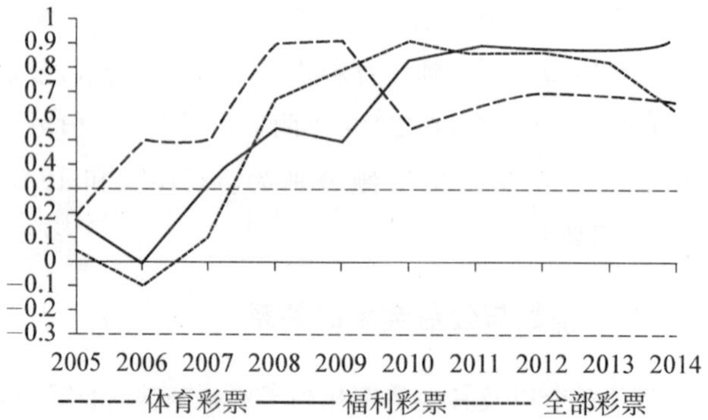

图 9.3.3　2005 至 2014 年各种类彩票各省份公益金效率指数与公益金率的相关系数

9.3.4　2014 年情况

进一步，我们考察了 2014 年各省份彩票公益金效率指数与公益金率的截面关系，结果见图 9.3.4A 和图 9.3.4B。

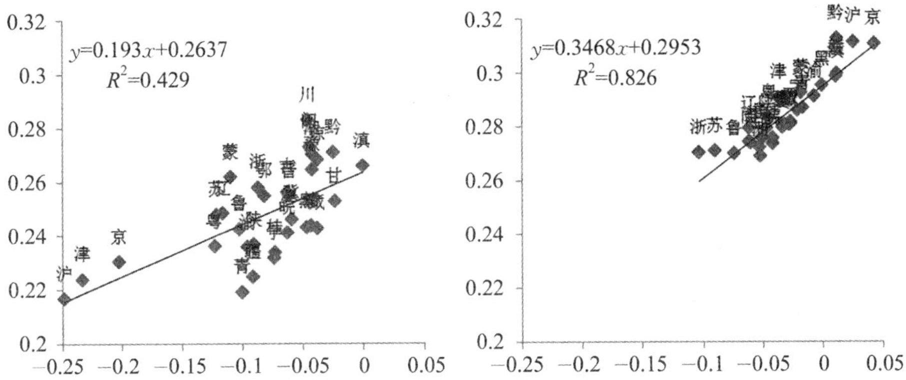

图 9.3.4A　2014 年各省份公益金效率指数与公益金率的关系

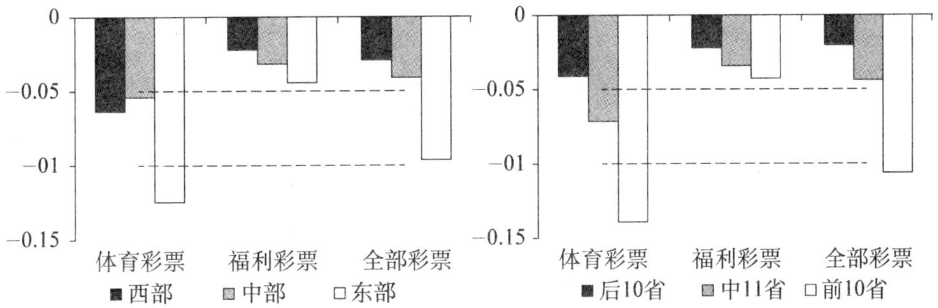

图 9.3.4B　2014 年各区域公益金效率指数

图 9.3.3 和图 9.3.3 显示，2007 年起，各省份体育彩票和福利彩票的公益金效率指数与对应彩票公益金率显著正向相关，并且相关程度不断增加。图 9.3.4A 显示，公益金率高的省份，公益金效率指数也高，反之，公益金率低的省份，公益金效率指数也低。进一步，图 9.3.4B 显示，经济水平相对偏高地区，公益金效率指数反而低于经济水平偏低省份，这一现象，体育彩票尤其明显。

9.3.4　本节小结

在其他条件不变的情况下，降低公益金率提高返奖率会提高彩票销售规模，进而的确有助于增加彩票公益资金，但目前的问题是，(1)尽管彩票公益金规模增长迅速，但相对经济水平高的省份，经济水平低的省份所筹集的公益金数量高于自身经济水平，是累退式的不公平；(2)彩票公益金率降幅过大，已经是“降低了”彩票公益金的筹集效率；(3)福利彩票公益金筹集的累退式不公平相对更强，体育彩票公益金筹集的效率相对更低。

9.4 总体评价

本节从纵向、横向和跨境等三个角度综合评价彩票销售的合意性，纵向为 2000 至 2014 年全国整体彩票销售的合意性，横向为某一年份全国 31 个省份彩票销售的合意性，跨境为对比中国台湾和美国相应情况。

9.4.1 纵向角度

从纵向角度，综合考察历年全国整体彩票销售的合意性，一个方法是构建“以横轴为公平指数、纵轴为适量指数”的九宫格。在此九宫格中，合意性最好的是“板块一”，即当年全国彩票销售整体上同时为公平和适量；合意性最差的是板块五，即同时为累退和过量。表 9.4.1 显示了 2000 至 2014 年各种类彩票公平指数和适量指数以及所在板块。

表 9.4.1 2000 至 2014 年综合维度的公平指数与适量指数

彩票种类	体育彩票			福利彩票			体育彩票减福利彩票	
全国	公平指数	适量指数	板块	公平指数	适量指数	板块	公平指数	适量指数
00 至 04 年均值	−0.0892	−0.1883	8	−0.3579	−0.1655	7	0.2687	−0.0228
05 至 09 年均值	−0.2734	−0.2189	8	−0.4507	0.0030	6	0.1773	−0.2219
10 至 14 年均值	−0.3095	−0.0931	6	−0.5096	0.0896	6	0.2001	−0.1826
趋势	下降	U 型		下降	上升		平稳	U 型
00 至 14 年均值	−0.2241	−0.1668	8	−0.4394	−0.0243	6	0.2154	−0.1424
00 至 14 年标准差	0.1102	0.1074		0.0740	0.1183		0.0579	0.1296
00 至 14 年极差	0.3163	0.4581		0.2097	0.3888		0.2175	0.4280
累退/欠缺年数	6	12		15	5			
公平/适量年数	9	3		0	8			
累进/过量年数	0	0		0	2			
最大值	−0.0289	0.0414		−0.3133	0.1506		0.3644	0.1030
对应年份	2002	2014		2002	2014		2004	2002

续　表

彩票种类	体育彩票			福利彩票			体育彩票减福利彩票	
全国	公平指数	适量指数	板块	公平指数	适量指数	板块	公平指数	适量指数
最小值 对应年份	−0.3453 2008	−0.4167 2004		−0.5230 2014	−0.2383 2000		0.1469 2009	−0.3249 2007
2000	−0.0722	−0.2236	8	−0.3281	−0.2383	7	0.2560	0.0147
2001	−0.1900	−0.1211	8	−0.3738	−0.1734	7	0.1838	0.0523
2002	**−0.0289**	**−0.0566**	**1**	−0.3133	−0.1596	7	0.2844	0.1030
2003	−0.0815	−0.1233	8	−0.3361	−0.1330	7	0.2546	0.0097
2004	−0.0737	−0.4167	8	−0.4381	−0.1232	7	0.3644	−0.2935
2005	−0.2500	−0.1669	8	−0.4493	0.0142	6	0.1992	−0.1811
2006	−0.2066	−0.2455	8	−0.4381	0.0164	6	0.2314	−0.2619
2007	−0.2380	−0.2757	8	−0.3910	0.0492	6	0.1531	−0.3249
2008	−0.3453	−0.2213	7	−0.5012	−0.0685	6	0.1559	−0.1528
2009	−0.3272	−0.1853	7	−0.4741	0.0037	6	0.1469	−0.1890
2010	−0.3443	−0.1904	7	−0.5109	0.0146	6	0.1667	−0.2049
2011	−0.2881	−0.1342	8	−0.4792	0.0640	6	0.1911	−0.1981
2012	−0.3084	−0.1222	7	−0.5138	0.0859	6	0.2053	−0.2081
2013	−0.3020	−0.0600	6	**−0.5211**	**0.1329**	**5**	0.2191	−0.1929
2014	−0.3048	0.0414	6	**−0.5230**	**0.1506**	**5**	0.2183	−0.1092

为了更加直观，我们分别采用九宫格和坐标轴形式，以公平指数为横轴，适量指数为纵轴，描绘出 2000 至 2014 年各种类彩票两项指数的变迁趋势。见图 9.4.1A 和图 9.4.1B。

图 9.4.1A　2000 至 2014 年体育彩票和福利彩票的公平指数与适量指数的九宫格

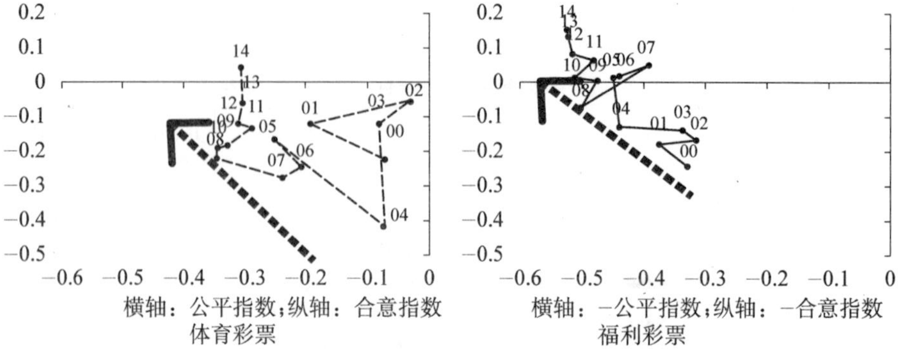

图 9.4.1B　2000 至 2014 年体育彩票和福利彩票的公平指数与适量指数的漂移图

从彩票种类来看,(1)对于体育彩票,在 2007 年以前,虽然公平指数一直小于 0,但基本为“公平”,从 2007 年开始,公平指数开始小于－0.3,即为“累退”,不过累退性并不强,最小的 2008 年也仅为－0.3543。适量指数长期小于－0.1,即为“欠缺”,唯有 2013 和 2014 两年大于－0.1,但也小于 0.1,即为“适量”。综合两项指数,“板块一”年份只有 1 年,为 2002 年,但没有“板块五”年份。(2)对于福利彩票,公平指数一直小于－0.3,即为“累退”,且呈显著下降趋势。适量指数在 2005 年以前小于－0.1,即为“欠缺”,2005 年至 2012 年在±0.1 间,即为“适量”,从 2013 年开始,大于 0.1,即为“过量”。综合两项指数,没有“板块一”年份,“板块五”有 2 年,分别是 2013 和 2014 年。

从彩票种类对比来看,体育彩票公平指数一直大于福利彩票,适量指数在 2000—2003 年,大于福利彩票,但差别不大,最大的 2002 年也仅为 0.1030,从 2004 年起,一直小于福利彩票,最小的 2007 年仅为－0.3249,从 2011 年起,两者差距有所减少,但到 2014 年仍为－0.1092。因此,如图 9.4.1B 所示,体育彩票历年漂移线基本在福利彩票右侧。

9.4.2　横向角度

从横向角度,综合考察某一年份各个省份彩票销售的合意性,一个方法是构建“以横轴为各省份脱钩指数、纵轴为开发指数”的九宫格。在此九宫格中,合意性最好的是“板块一”,此一板块内各省份彩票的市场开发适度,并且销售与自身经济水平挂钩。合意性最差的是“板块三”,此一板块内各省份彩票的市场开发过度，并且实际销售超出自身经济水平。另一个合意性较差的“板块七”，此一板块内各省份彩票的市场开发不足，并且实际销售落后自身经济水平。表 9.4.2 列出了 2000 至 2014 年各代表性板块内省份的省份数量。

表 9.4.2　2000 至 2014 年脱钩指数与开发指数九宫格中代表性省份数量

彩票	体育彩票				福利彩票				体育彩票减福利彩票			
板块	一	三	七	其他	一	三	七	其他	一	三	七	其他
最大值	14	9	15	28	18	13	15	20	10	1	8	24
对应年份	2014	2014	2000	2007	2009	2013	2000	2002	2014	2001	2011	2007
最小值	0	0	3	3	0	2	1	1	−17	−12	−4	−14
对应年份	2004	2007	2007	2014	2000	2000	2011	2009	2009	2007	2004	2002
2000	2	2	15	12	0	2	15	14	2	0	0	−2
2001	4	3	14	10	2	2	8	19	2	1	6	−9
2002	10	3	12	6	3	3	5	20	7	0	7	−14
2003	7	2	7	15	3	3	9	16	4	−1	−2	−1
2004	0	1	7	23	9	2	11	9	−9	−1	−4	14
2005	0	3	6	22	15	7	6	3	−15	−4	0	19
2006	0	2	4	25	8	10	6	7	−8	−8	−2	18
2007	0	0	3	28	10	12	5	4	−10	−12	−2	24
2008	1	4	6	20	10	3	7	11	−9	1	−1	9
2009	1	3	4	23	18	7	5	1	−17	−4	−1	22
2010	1	1	8	21	12	5	7	7	−11	−4	1	14
2011	6	3	9	13	10	4	1	16	−4	−1	8	−3
2012	6	3	7	15	10	10	4	7	−4	−7	3	8
2013	7	4	3	17	6	13	2	10	1	−9	1	7
2014	14	9	5	3	4	11	4	12	10	−2	1	−9

表 9.4.2 显示，福利彩票 2013 年板块三的省份最多，体育彩票 2014 年板块三的省份最多，图 9.4.2A 和 9.4.2B 显示了这两个年份各板块中的具体省份。

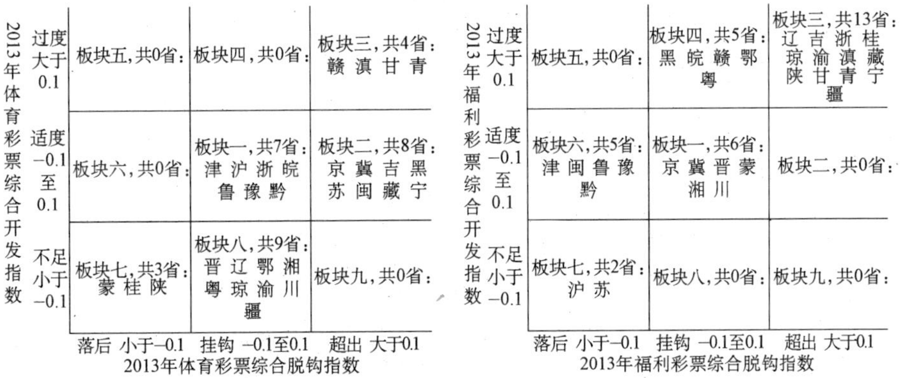

图 9.4.2A　2013 年体育彩票和福利彩票的开发指数与脱钩指数九宫格

2014年体育彩票综合开发指数 × 2014年体育彩票综合脱钩指数

	落后 小于−0.1	挂钩 −0.1至0.1	超出 大于0.1
过度 大于0.1	板块五，共0省：	板块四，共0省：	板块三，共9省：津 黑 沪 赣 滇 藏 甘 青 宁
适度 −0.1至0.1	板块六，共0省：	板块一，共14省：京 吉 苏 浙 皖 闽 鲁 豫 湘 粤 琼 渝 黔 陕	板块二，共2省：冀 疆
不足 小于−0.1	板块七，共5省：蒙 辽 鄂 桂 川	板块八，共1省：晋	板块九，共0省：

2014年福利彩票综合开发指数 × 2014年福利彩票综合脱钩指数

	落后 小于−0.1	挂钩 −0.1至0.1	超出 大于0.1
过度 大于0.1	板块五，共0省：	板块四，共9省：蒙 吉 黑 浙 皖 赣 鄂 粤 疆	板块三，共11省：晋 辽 桂 琼 渝 滇 藏 陕 甘 青 宁
适度 −0.1至0.1	板块六，共3省：京 鲁 黔	板块一，共4省：津 冀 湘 川	板块二，共0省：
不足 小于−0.1	板块七，共4省：沪 苏 闽 豫	板块八，共0省：	板块九，共0省：

图 9.4.2B　2014 年体育彩票和福利彩票的开发指数与脱钩指数九宫格

比较图 9.4.2A 和图 9.4.2B，可以发现，对于同一品种彩票，2013 和 2014 年的九宫格非常一致。如对于体育彩票，2013 年位于板块三的四个省份，在 2014 年都仍然在板块三。对于福利彩票，2014 年位于板块三的 11 个省份，有 10 省份在 2013 年也位于板块三。另一个值得注意的问题是，两个年份两种彩票，位于板块三中的省份基本都是西部，尤其是西北区域。

9.4.3　跨境比较

综合本章前两节中国台湾和美国彩票销售的公平指数与适量指数，我们做图综合对比中国大陆、中国台湾和美国等地彩票销售的公平性与适量性情况，见图 9.4.3。

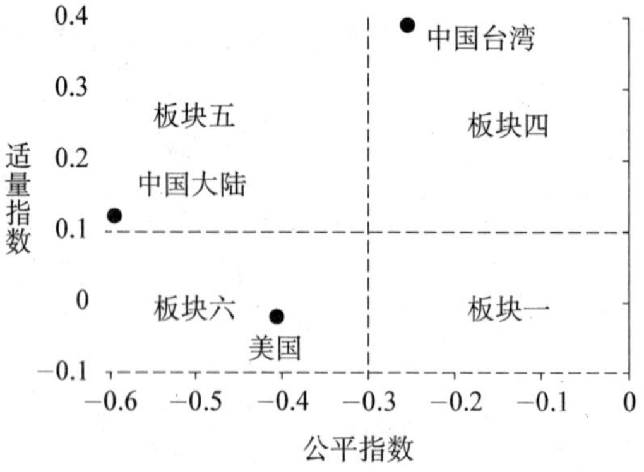

图 9.4.3　中国大陆、中国台湾和美国的彩票销售公平指数与适量指数

图 9.4.3 显示，虽然中国台湾位于板块四，适量指数偏高，为 0.3887，远大于 0.1，但公平指数却只有−0.2538，本报告只考虑台湾 19 个县市情况，其值远未到负向相关的标准，因此处于销售公平状态。美国位于板块六，公平指数为−0.4066，处于销售累退式不公平状态，但适量指数为−0.0221，处于销售适量状态。相对而言，中国大陆彩票销售的合意性最差，位于板块五，同时处于销售累退式不公平和超量状态。

9.5　本章总结

本章是以本报告所构建各项指数的初步应用，从销售公平性、适量性和筹资效率性等三个方面对中国彩票社会福利效果进行评价。随着中国彩票销售从欠缺转至适量甚至过量的同时，彩票销售的累退性不断加强。在 2013 和 2014 年同时实现彩票开发过度和销售超出自身经济水平的省份，主要集中在经济水平相对偏低的西部地区。彩票公益金率降幅过大，使得彩票公益金筹集呈累退式不公平，且公益金筹集效率偏低。相对于中国台湾和美国，中国大陆彩票销售的合意性也不尽理想。这意味着，从销售各个层面来看，中国彩票业的合意性较差，并有加重趋势。

第 10 章 中国彩票销售合意性的进一步评价

本报告第 9 章完成了中国彩票销售合意性的初步评价，在此基础上，本章结合其他因素，对中国彩票销售合意性进行进一步的评价，具体包括两项内容：(1)城乡、年龄、教育和民族等各项人口因素的影响；(2)彩票市场开发过度与不足省份的确定。

10.1 各项人口因素的影响

本报告 9.2 部分显示了中国彩票销售不断加剧的“累退性”，即经济水平相对低的省份彩票销售超过自身经济水平。如本报告 3.1 部分所示，影响彩票销售的因素除了经济水平以外，还有其他如城乡、教育、程度和年龄等因素，下面我们探讨各项人口因素对于彩票销售的影响。

10.1.1 各项人口指数的构建

农村人口、非劳动人口、低学历者和少数民族的收入水平低于对照组城镇人口、劳动人口，高学历者和汉族，为此，我们首先计算出历年各省份如下几个指标①：(1)农村率，各省份总人口中农村人口比例；(2)非劳动人口率，0 至 14 岁和 64 岁以上人口占总人口比例；(3)低学历率，文盲或小学文化人口占成年

① 前三项指数依据历年《中国统计年鉴》2000—2013 年各省份相关人口统计学数据，2014 年相关数据由均匀递延法推算。后一项指标根据 2000 年和 2010 年两次人口普查数据，其余年份用均匀递延法推算。

人口的比例;(4)少数民族率,少数民族人口占总人口比例。

接下来,按照 4.3.2 部分的阈值法,对 2000 至 2014 年各省份四项指标进行指数化处理,构建出这四项指标的基础指数;进一步,同样以 4.4 部分中脱钩指数的方法,构建出这四项指标的脱钩指数,即各指标基础指数减去同省份经济水平人均指数。

我们计算出四项人口指数与经济水平人均指数的 2000 至 2014 年相关系数,见表 10.1.1 和图 10.1.1。

表 10.1.1　2000 至 2014 年各项人口指数与经济水平人均指数的相关系数

年份	农村率	非劳动人口率	低学历率	少数民族率
00 至 04 年均值	−0.9192	−0.5421	−0.6544	−0.3435
05 至 09 年均值	−0.9311	−0.7370	−0.6778	−0.3633
10 至 14 年均值	−0.9272	−0.7570	−0.6479	−0.3893
趋势	平稳	下降	平稳	平稳
00 至 14 年均值	−0.9258	−0.6787	−0.6600	−0.3654
00 至 14 年标准差	0.0078	0.1267	0.0471	0.0220
00 至 14 年极差	0.0262	0.3927	0.1945	0.0651
正向相关年数	0	0	0	0
不相关年数	0	0	0	0
负向相关年数	15	15	15	15
最大值	−0.9140	−0.4153	−0.5518	−0.3314
对应年份	2000	2001	2014	2001
最小值	−0.9402	−0.8080	−0.7463	−0.3966
对应年份	2010	2010	2000	2011

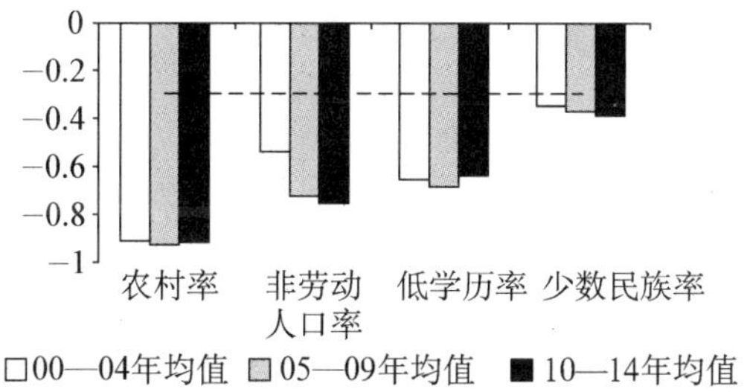

图 10.1.1　2000 至 2014 年各项人口指数与经济水平人均指数的相关系数

结果显示，在所有的 15 个年份，各项相关系数均显著为负。本报告 6.1 部分显示，密度指数与经济水平人均指数高度正相关，因此即使实际上这些人口指标与彩票密度指数没有关系，表面上也会显示出“伪负相关”。

为剔除经济水平的影响，在考察人口因素对彩票销售的影响时，我们使用的是四项人口指标脱钩指数，而非基础指数。

10.1.2 人口因素对彩票销售脱钩指数的影响

我们计算了上述四项人口指标的脱钩指数与各种类彩票的脱钩密度指数的相关系数，见表 10.1.2A 至 10.1.2B 和图 10.1.2A 至 10.1.2B。结果显示，各项相关系数大于 0 且统计性显著，这意味着在相同经济水平情况下，农民、非劳动人口、低学历者以及少数民族等经济水平弱势人群，相对其他经济水平强势人群，购买彩票数量过多。

表 10.1.2A 2000 至 2014 年农村率脱钩指数和非劳动人口率对彩票密度脱钩指数的影响

年份	农村率			非劳动人口率		
年份	体育彩票	福利彩票	全部彩票	体育彩票	福利彩票	全部彩票
00 至 04 年均值	0.0782	0.3854	0.1817	0.0970	0.3901	0.2247
05 至 09 年均值	0.3137	0.5279	0.4588	0.2307	0.4294	0.3482
10 至 14 年均值	0.4988	0.5459	0.5271	0.4630	0.4685	0.4611
趋势	上升	上升	上升	上升	平稳	上升
00 至 14 年均值	0.2969	0.4864	0.3892	0.2636	0.4293	0.3447
00 至 14 年标准差	0.2131	0.1254	0.1934	0.1882	0.1181	0.1563
00 至 14 年极差	0.6394	0.4284	0.6500	0.5623	0.4503	0.5912
正向相关年数	9	13	10	8	13	10
不相关年数	6	2	5	7	2	5
负向相关年数	0	0	0	0	0	0
最大值	0.5947	0.5988	0.6030	0.5576	0.6261	0.5844
对应年份	2014	2011	2014	2014	2000	2010
最小值	−0.0447	0.1704	−0.0470	−0.0047	0.1758	−0.0069
对应年份	2004	2002	2002	2004	2002	2002

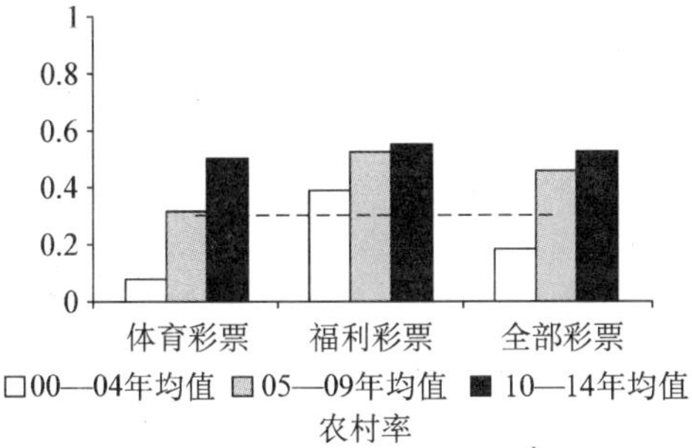

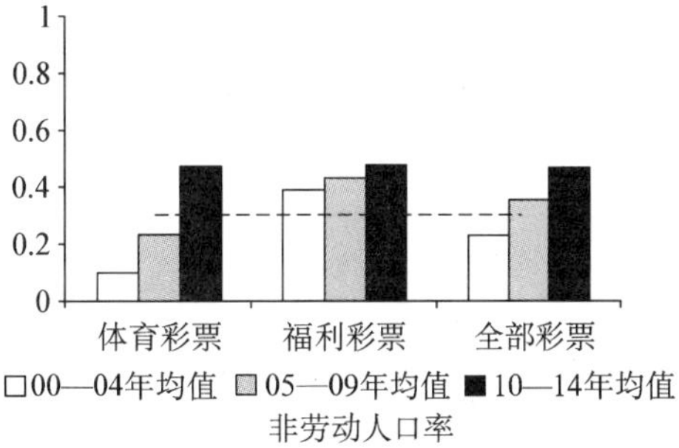

图 10.1.2A　2000 至 2014 年农村率脱钩指数和非劳动人口率对彩票密度脱钩指数的影响

表 10.1.2B　2000 至 2014 年低学历率脱钩指数和少数民族率对彩票密度脱钩指数的影响

年份	低学历率			少数民族率		
年份	体育彩票	福利彩票	全部彩票	体育彩票	福利彩票	全部彩票
00 至 04 年均值	0.1220	0.3491	0.2036	0.0385	0.3932	0.1922
05 至 09 年均值	0.3635	0.5188	0.4818	0.3106	0.6300	0.5486
10 至 14 年均值	0.5583	0.5823	0.5931	0.5044	0.6501	0.6165
趋势	上升	上升	上升	上升	上升	上升
00 至 14 年均值	0.3479	0.4834	0.4262	0.2845	0.5578	0.4524
00 至 14 年标准差	0.2177	0.1635	0.2187	0.2362	0.1566	0.2440
00 至 14 年极差	0.6114	0.5449	0.7117	0.7198	0.5333	0.7875
正向相关年数	9	13	12	7	14	11
不相关年数	6	2	3	8	1	4
负向相关年数	0	0	0	0	0	0
最大值	0.6230	0.6464	0.6771	0.6311	0.7532	0.7341
对应年份	2014	2009	2010	2014	2009	2009
最小值	0.0116	0.1015	−0.0346	−0.0887	0.2200	−0.0534
对应年份	2002	2002	2002	2002	2002	2002

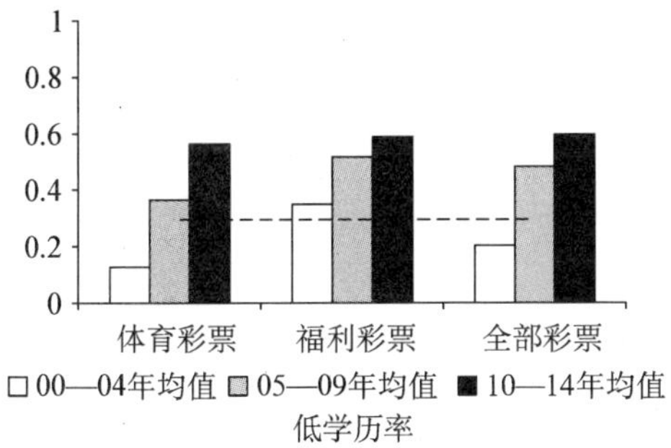

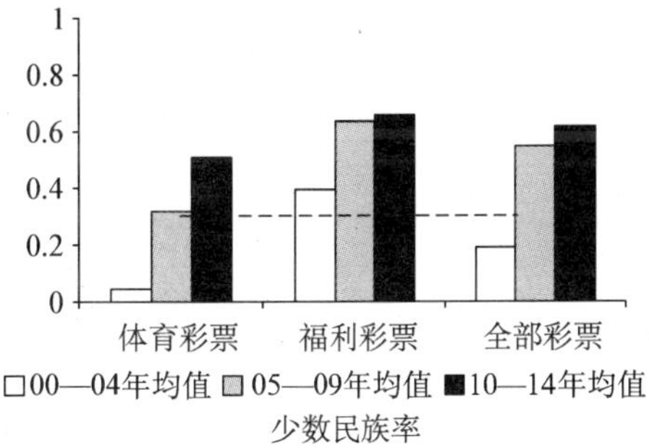

图 10.1.2B　2000 至 2014 年低学历率脱钩指数和少数民族率对彩票密度脱钩指数的影响

10.1.3 人口因素对彩票销售开发指数的影响

我们计算了上述四项人口指标的脱钩指数与各种类彩票的开发密度指数的相关系数，见表 10. 1. 3A 至 10. 1. 3B 和图 10. 1. 3A 至 10. 1. 3B。结果显示，各项相关系数大于 0 且统计性显著。这意味着在相同经济水平情况下，农村人口、非劳动人口、低学历者以及少数民族等人群，相比城镇人口、劳动力人口、高学历者以及汉族等对应人群，购买彩票数量过多。

表 10. 1. 3A 2000 至 2014 年农村率脱钩指数和非劳动人口率对彩票密度开发指数的影响

年份	农村率			非劳动人口率		
年份	体育彩票	福利彩票	全部彩票	体育彩票	福利彩票	全部彩票
00 至 04 年均值	0. 1703	0. 4818	0. 4042	0. 1813	0. 4693	0. 1813
05 至 09 年均值	0. 7480	0. 4862	0. 7033	0. 6621	0. 3884	0. 6621
10 至 14 年均值	0. 2232	0. 4585	0. 4188	0. 2019	0. 3824	0. 2019
趋势	倒 U 型	平稳	倒 U 型	倒 U 型	平稳	倒 U 型
00 至 14 年均值	0. 3805	0. 4755	0. 5088	0. 3484	0. 4134	0. 3484
00 至 14 年标准差	0. 3825	0. 1030	0. 2140	0. 3386	0. 1026	0. 3386
00 至 14 年极差	1. 0733	0. 3159	0. 6878	0. 9812	0. 3038	0. 9812
正向相关年数	10	15	12	9	13	9
不相关年数	5	0	3	6	2	6
负向相关年数	0	0	0	0	0	0
最大值	0. 7913	0. 6409	0. 7908	0. 7275	0. 5916	0. 7275
对应年份	2008	2001	2008	2008	2001	2008
最小值	−0. 2820	0. 3251	0. 1031	−0. 2537	0. 2878	−0. 2537
对应年份	2002	2000	2014	2014	2005	2014

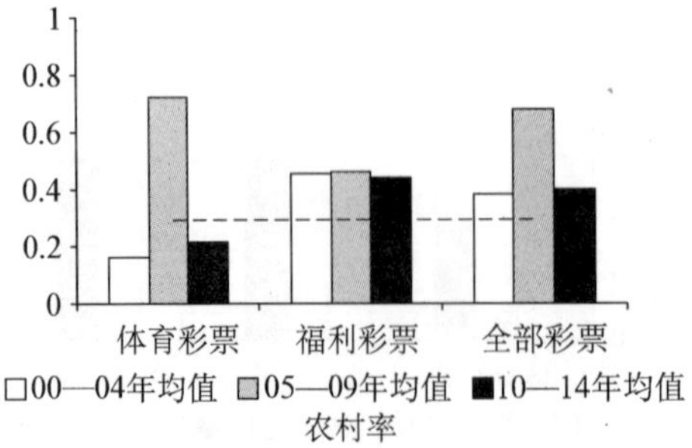

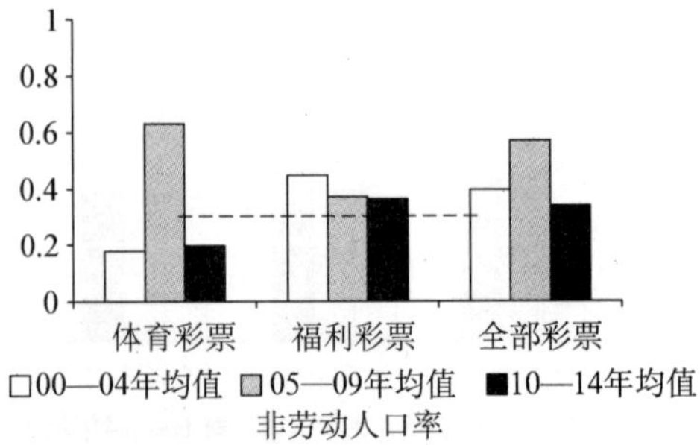

图 10. 1. 3A 2000 至 2014 年农村率脱钩指数和非劳动人口率对彩票密度开发指数的影响

表 10.1.3B　2000 至 2014 年低学历率脱钩指数和少数民族率对彩票密度开发指数的影响

年份	低学历率			少数民族率		
年份	体育彩票	福利彩票	全部彩票	体育彩票	福利彩票	全部彩票
00 至 04 年均值	0.2023	0.4444	0.4082	0.1173	0.4708	0.3670
05 至 09 年均值	0.7550	0.4776	0.7014	0.6682	0.5981	0.7212
10 至 14 年均值	0.3024	0.5031	0.4954	0.2691	0.5850	0.5311
趋势	倒 U 型	平稳	倒 U 型	倒 U 型	倒 U 型	倒 U 型
00 至 14 年均值	0.4199	0.4751	0.5350	0.3515	0.5513	0.5398
00 至 14 年标准差	0.3625	0.1108	0.2134	0.3350	0.1132	0.2206
00 至 14 年极差	1.0654	0.3459	0.6995	1.0698	0.4315	0.7639
正向相关年数	10	15	12	9	15	13
不相关年数	5	0	3	6	0	2
负向相关年数	0	0	0	0	0	0
最大值	0.8422	0.6515	0.8425	0.7794	0.7483	0.8665
对应年份	2008	2008	2009	2009	2008	2009
最小值	−0.2231	0.3055	0.1431	−0.2904	0.3168	0.1026
对应年份	2002	2005	2002	2002	2000	2002

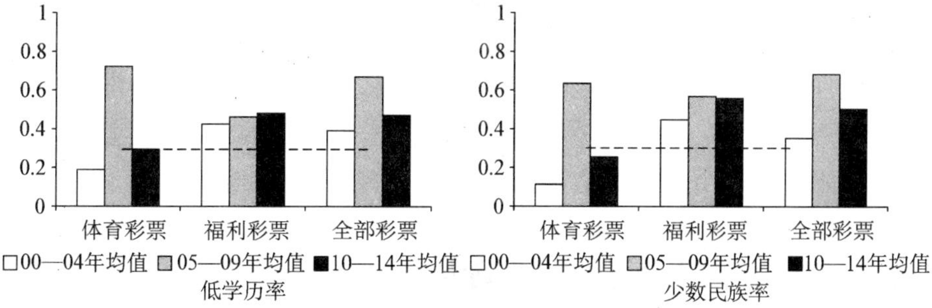

图 10.1.3B　2000 至 2014 年低学历率脱钩指数和少数民族率对彩票密度开发指数的影响

10.1.4　本节小结

1　城乡因素

进入 21 世纪以来，彩票更多是以热线型(on-line)销售，这需要有网络等基础设施支撑，显然在这一方面，农村地区相对城镇地区较差，但总体上也在发展。另外，农村居民收入远小于城镇地区，2014 年全国城镇居民人均可支配收入 28844 元,农村居民人均可支配收入 10489 元,前者是后者的 2.75 倍。对于各种类彩票,从 2005 年起,农村率与两项密度表征指数呈显著的正向关系,并且有加重趋势。相对于体育彩票,福利彩票尤为强烈。这应当是随着彩票业的发展,农村居民的彩票参与率与购买量不断提高所致。

2　年龄因素

非劳动人口率与福利彩票两项密度表征指数长期显著正向相关,与体育彩票在 2007 年以前没有显著关系,但从 2008 年起,亦呈显著正向相关。这应当是未成年人和老年人等非劳动人口的彩票参与率与购买量不断提高所致。

3　教育因素

低学历率脱钩指数与两项密度表征指数在 2000 至 2004 年基本不相向相关,但此后正向相关,并且上升趋势明显。这应当是教育程度相对较低人群的彩票参与率与购买量不断提高所致。

4　民族因素

少数民族率脱钩指数与福利彩票两项密度表征指数基本正向相关,且上升趋势明显,对体育彩票在 2007 年以前不相关,但从 2008 年起,显著正向相关,且同样有上升趋势。这应当是少数民族人群的彩票参与率与购买量不断提高所致。

综上所述,尽管可能存在数据问题,但整体上不难发现,彩票销售逐渐向经济水平相对偏低的弱势群体扩展,并且有加重趋势,这在一定程度上加剧了彩票销售的累退性,并助推了彩票销售从欠缺转向适量甚至过量。

10.2　开发过度与不足省份的确定

本报告此前内容证明,尽管经济因素是决定各省份彩票销售的主要因素,但彩票发行机构具有很强的主观能动性,结果使得各省份彩票实际销售情况与当量标准差别很大,本节确定彩票市场开发过度与不足的省份。

10.2.1　基本思路

2015 年 3 月开始的网络售彩及其整顿对各省份彩票销售带来很大影响。如图 10.2.1 所示,尽管 2014 至 2015 年每年 3 至 5 月间的经济水平综合地位指数基本没有变化,但无论是体育彩票还是福利彩票,各省份彩票开发指数发生较大的变化。

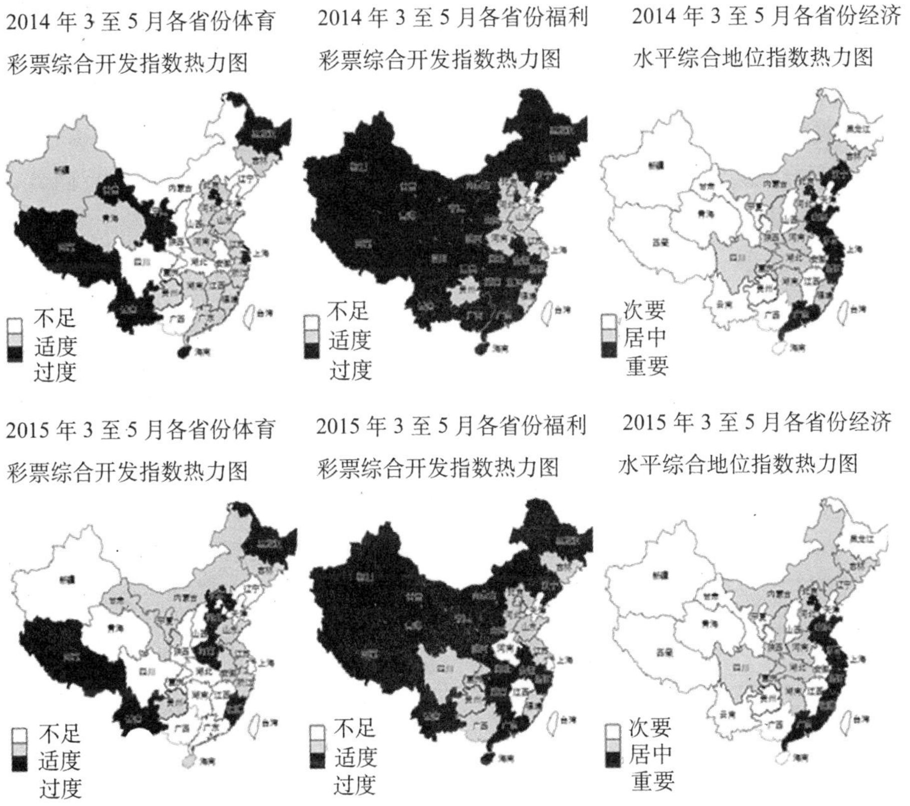

图 10.2.1　2014 和 2015 年彩票销售与经济水平热力图的对比

要强调的是，2010 至 2014 年间，网络售彩对各省份的彩票销售有很大影响。这样，2014 年某一省份开发指数较高，可能是对省内彩票市场开发过度所致，也可能是向外省“倾销”过多彩票所致；同样，某一省份开发指数较低，可能是对本省彩票市场开发不足所致，也可能是被外省“倾销”过多彩票所致。

网络售彩整顿后，本省份彩票资金的流出或外省份彩票资金的流入，都基本消失，各省份彩票开发指数，真正体现了本省彩票市场的开发程度。这样，可以按表 10.2.1 的方法，将各省份彩票市场开发程度分三大类。

1　开发过度省份

如果整顿后某一省份的开发指数较高，说明该省份彩票市场开发过度。根据整顿前的开发指数情况，又可细分为三小类，整顿前也高，说明该省份彩票市场开发“极”过度；如果整顿前居中，说明“较”过度；如果整顿前反而低，说明“稍”过度。

2 开发不足省份

如果整顿后某一省份的开发指数较低，说明该省份彩票市场开发不足。根据整顿前的开发指数情况，又可细分为三小类，整顿前也不足，说明该省份彩票市场开发“极”不足；如果整顿前居中，说明“较”不足；如果整顿前反而高，说明“稍”不足。

3 开发适中省份

如果整顿后某一省份的开发指数接近 0，说明该省份彩票市场开发适中。本节重点是找出开发过度和不足的省份，因此对于适中省份，没有必要再细分为小类。

表 10.2.1 各省份彩票市场开发程度

整顿前 / 整顿后		开发指数		
		低	中	高
开发指数	高	稍过度	较过度	极过度
	中	适度	适度	适度
	低	极不足	较不足	稍不足

10.2.2 各开发程度的省份

我们分别计算了 2014 年 3 至 5 月和 2015 年 3 至 5 月体育彩票和福利彩票的开发指数，并按上小节标准，对各省份各种彩票开发程度进行了分类，结果见表 10.2.2。

表 10.2.2 各彩票市场开发程度的省份

标准	体育彩票		福利彩票		两彩交集	
程度	数量	省份	数量	省份	数量	省份
极过度	3	黑龙江 云南 西藏	17	山西 内蒙古 辽宁 黑龙江 浙江 安徽 湖北 湖南 广东 海南 云南 西藏 陕西 甘肃 青海 宁夏 新疆	3	黑龙江 云南 西藏
较过度	3	河北 福建 河南	0		0	
稍过度	0		0		0	

续　表

标准	体育彩票		福利彩票		两彩交集	
程度	数量	省份	数量	省份	数量	省份
适度	10	内蒙古　吉林　江苏　浙江　安徽　山东　海南　贵州　甘肃　宁夏	11	北京　天津　河北　吉林　江苏　福建　山东　广西　重庆　四川　贵州	4	吉林　江苏　山东　贵州
稍不足	3	北京　天津　上海	1	江西	0	
较不足	5	江西　湖南　广东　青海　新疆	2	上海　河南	0	
极不足	7	山西　辽宁　湖北　广西　重庆　四川　陕西	0		0	

10.2.3　各开发程度省份的维度差异

表 10.2.2 显示，黑龙江、云南和西藏三个省份无论是体育彩票和福利彩票，均为市场开发极为过度；而山西、辽宁、湖北等七个省份体育彩票市场开发极为不足。进一步我们计算了上述若干代表性省份两个时期各维度开发指数，见图 10.2.3A 和图 10.2.3B。

1　体育彩票与福利彩票同时开发极为过度的省份

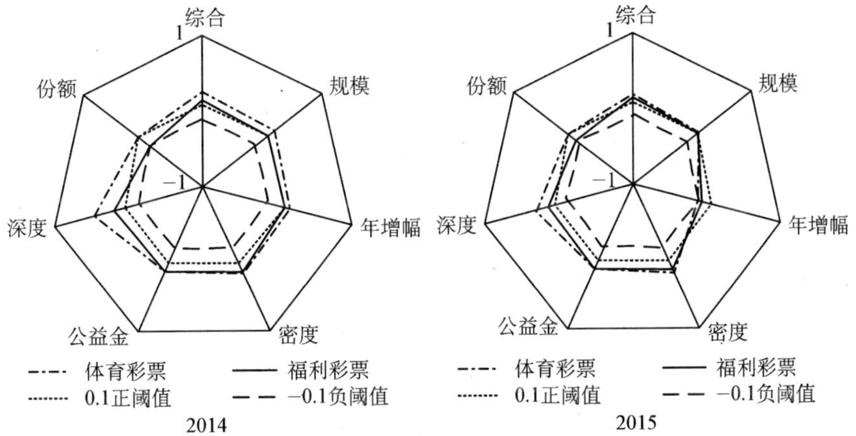

黑龙江

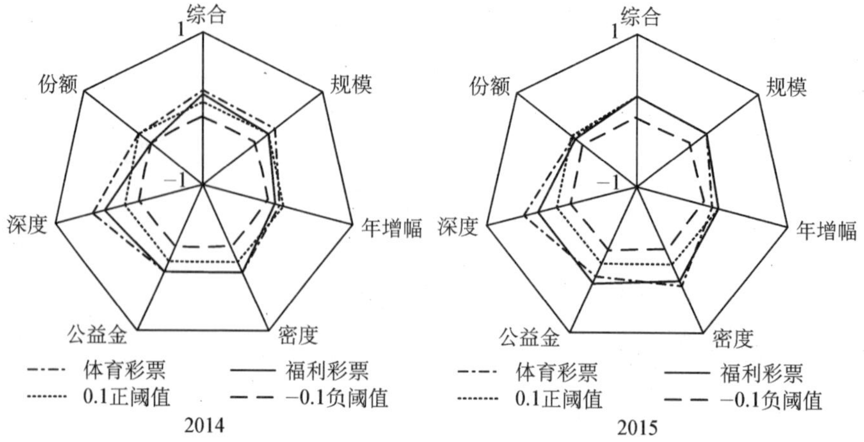

云南

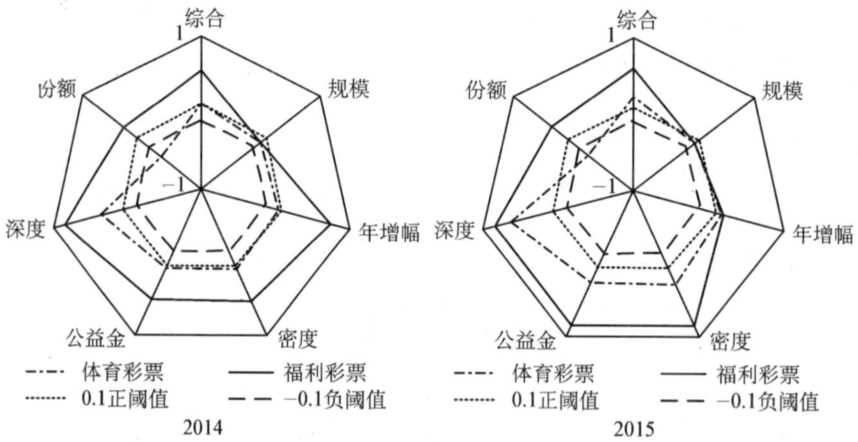

西藏

图 10.2.3A　体育彩票和福利彩票同时开发极为过度省份两个时期各维度开发指数

2　体育彩票市场开发极为不足的若干省份

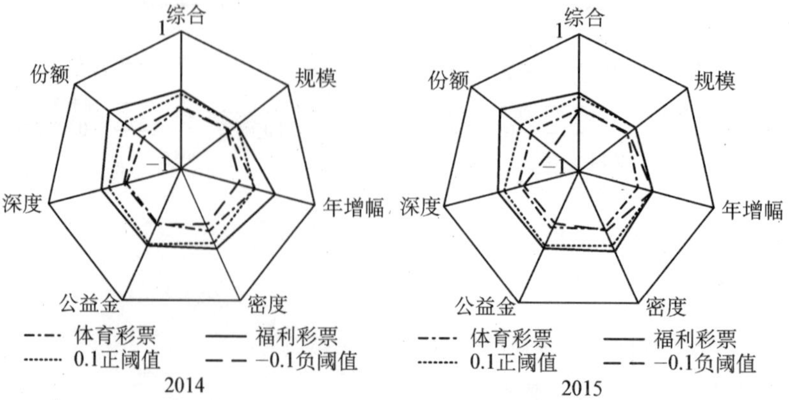

山西

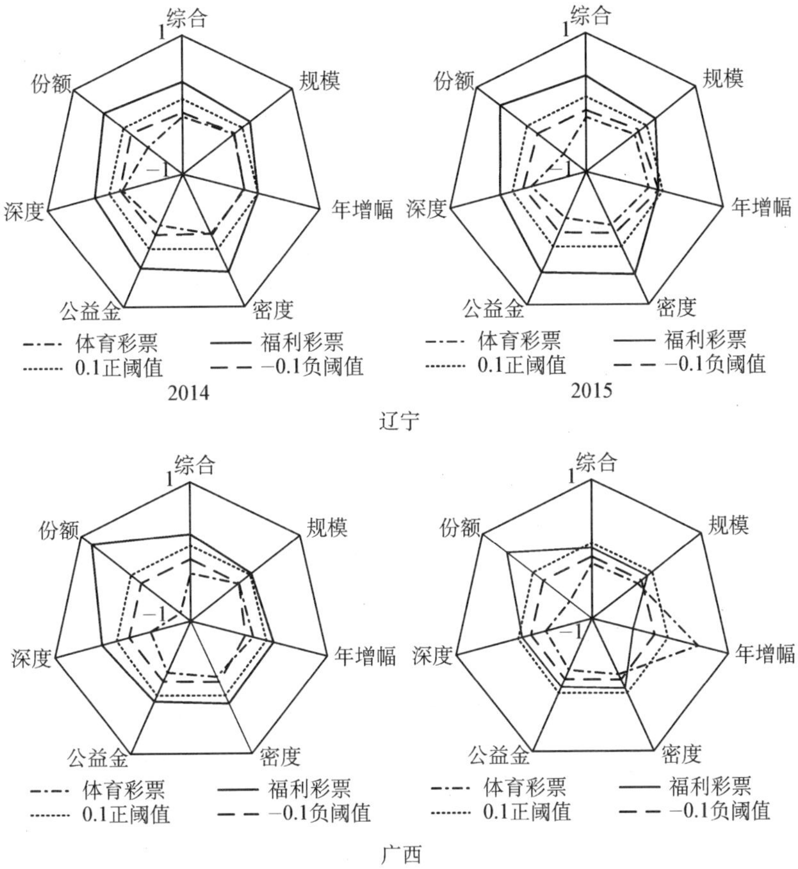

图 10.2.3B　体育彩票市场开发极为不足若干省份两个时期各维度开发指数

图 10.2.3A 和图 10.2.3B 显示，两个时期各省份各维度销售情况基本稳定，同一省份同种类彩票的各维度处于同向关系，很少存在某一维度极高(极低)而其他维度相对较低(较高)的情况。特别是，体育彩票市场开发不足的省份，基本上各维度指标都小于同一省份福利彩票相同维度指标，即被完全“套圈”。

唯一例外是广西体育彩票 2015 年的年增幅维度，大大超出了同期广西福利彩票对应维度。

10.2.4　市场开发程度不同省份各类型彩票份额的差异

本节探讨各类型彩票份额是会影响各省份彩票市场开发程度。不过目前我们尚未拥有 2015 年上半年各省份“**各类型**”彩票销售数据，因此以 2014 年各类型彩票销售数据为依托。

1　体育彩票

对于体育彩票，我们比较市场开发程度极高(3 个)、适中(10 个)和极低(7 个)等三类省份不同类型彩票份额的均值。结果见图 10.2.4A。

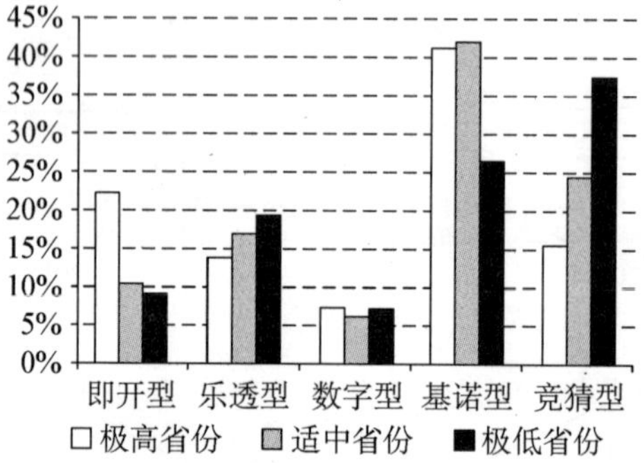

图 10.2.4A　体育彩票不同市场开发程度省份的各类型彩票份额

2　福利彩票

鉴于福利彩票市场开发极过度省份数量较多，有 17 个，因此我们主要对比这些省份与其他省份(14 个)的各类型彩票份额情况。结果见图 10.2.4B。

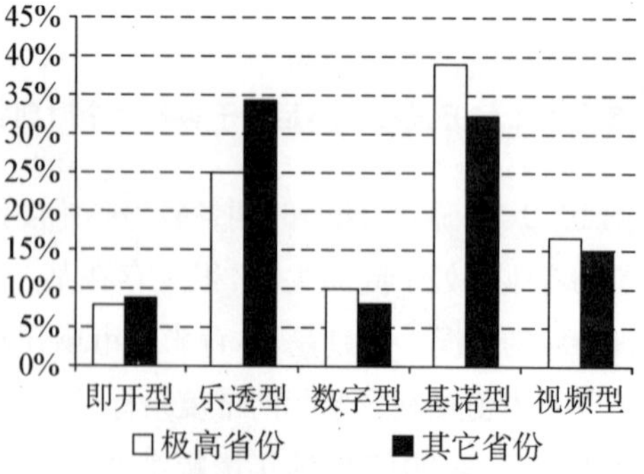

图 10.2.4B　福利彩票不同市场开发程度省份的各类型彩票份额

图 10.2.4A 显示，对于体育彩票，开发程度高的省份，即开型彩票份额显著偏高，竞猜型彩票份额显著偏低。图 10.2.4B 显示，对于福利彩票，不同开发程度的省份，即开型彩票和视频型彩票的份额基本一致。

图 10.2.4A 和图 10.2.4B 均显示，无论是对于体育彩票还是福利彩票，

市场开发程度高的省份，基诺型彩票份额显著偏高，乐透型彩票份额显著偏低，而数字型彩票份额基本一致。

3　黑龙江、云南和西藏的具体情况

为考察黑龙江、云南和西藏等三个省份市场开发过度的情况，我们进一步计算了这三个省份 2013 年和 2014 年各类型彩票的份额，见图 10.2.4C。

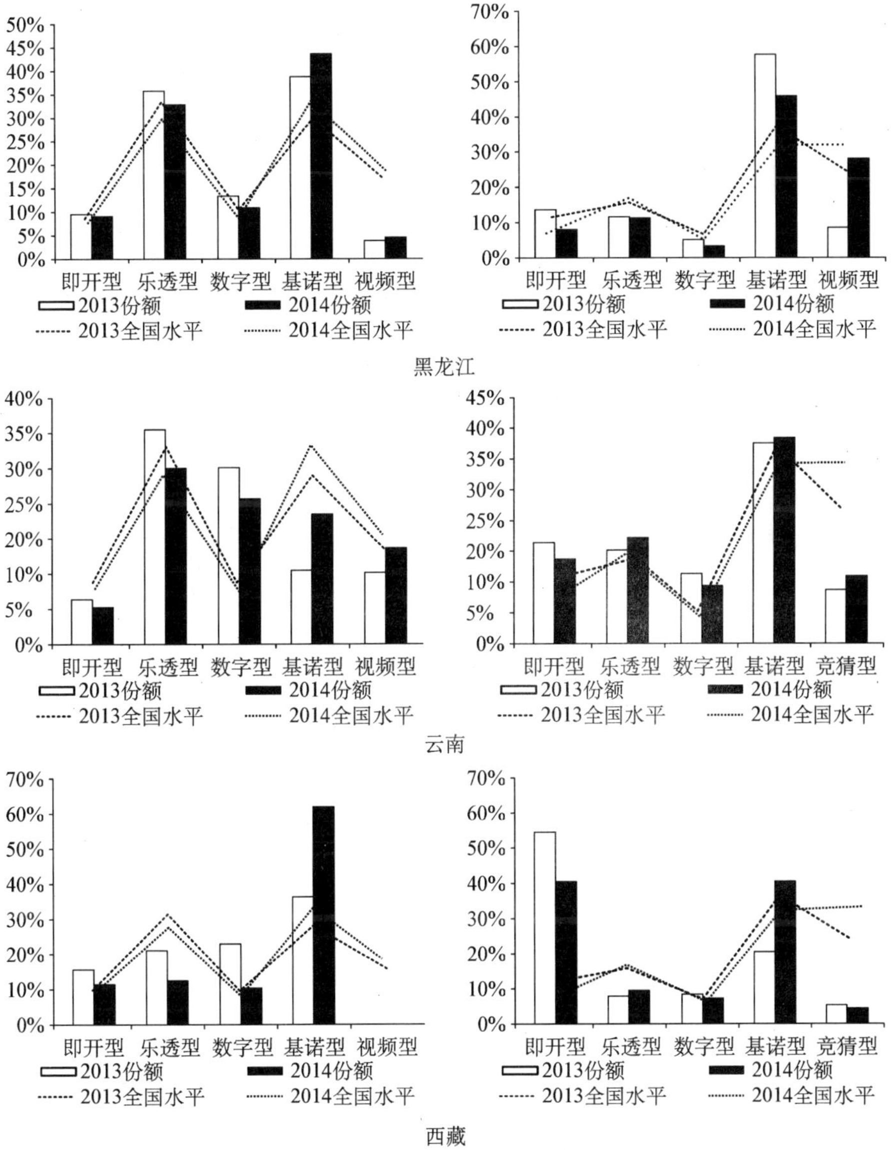

图 10.2.4C　黑龙江、云南和西藏 2013 和 2014 年各类型彩票份额

10.2.5 本节小结

不同种类和不同省份彩票的市场开发程度差别巨大，绝大部分省份的福利彩票市场开发过度，而没有处于开发不足的省份。

体育彩票只有黑龙江、云南和西藏等三个省份市场开发极过度，对应省份福利彩票发行机构也同时处于极高程度。山西、辽宁、湖北、广西、重庆、四川和陕西等7个省份市场开发程度极低，这些省份各维度指标几乎都小于同一省份福利彩票相同维度指标情况。

总体上，市场开发程过度的省份，基诺型彩票份额显著偏高，乐透型彩票份额显著偏低，而数字型彩票份额基本一致。

10.3 本章总结

剔除经济水平影响，无论是相对于强势人群还是相对于自身经济水平，农民、非劳动力人口、低学历者和少数民族等经济水平弱势人群，购买彩票数量相对偏高，并且有加重趋势。这在一定程度上导致并加剧了彩票销售的累退性，并助推了彩票销售从欠缺转向适量甚至过量。

不同种类和不同省份彩票的市场开发程度差别巨大，福利彩票大部分省份尤其是中西部省份的市场开发过度，而体育彩票各省份市场开发程度差别巨大，总体上落后于相同省份福利彩票。彩票市场开发程度高的各省份，基诺型彩票份额显著偏高，乐透型彩票份额显著偏低，而数字型彩票份额基本一致。

第 11 章　结　　论

由此我们完成了中国彩票销售指数的构建，对中国彩票销售合意性进行了评价，本章作为结语部分，包括三项内容：(1)总结本报告基础结论；(2)在此基础上提出一些提升中国彩票销售合意性的着力点；(3)对未来本报告的进一步完善、深化和拓展提出一些设想。

11.1　基本结论

随着中国政府意识到彩票巨大而快速的筹资功能，通过建立和完善发行和经营制度，引进并扩展新彩种，依靠各种媒体宣传以及采用各种高新技术销售手段等，进入 21 世纪以来，中国大陆彩票销售相对同期全球以及其他国家或地区，增长迅速，地位越来越重要，对于维持全球彩票销售与经济增速同步以及全球彩票深度长年保持稳定起到了中流砥柱的作用。但我们认为，这只是一个表面的繁荣，背后问题比较严重。

11.1.1　中国彩票销售合意性较差且呈加剧趋势

各省份经济水平是影响所在省份彩票销售的重要因素，特别是与彩票销售规模、人均购买量和公益金数量有着非常强的正向关系。但各省份彩票发行机构具有很大的自主性和能动性，剔除经济水平因素的影响，体育彩票与福利彩票这两家彩票垄断发行机构并未呈现“此消彼涨”的竞争关系，甚至在某些年份某些维度呈现“同进同退”的互补关系。短期内，彩票销售具有一定的惯性，但这一惯性是脆弱的。

随着中国彩票业的发展，销售从欠缺转到适量甚至过量的同时，彩票销售累退式的不公平也不断加强。在 2013 和 2014 年同时实现彩票开发过度和销售超出自身经济水平的省份，主要集中在经济水平相对偏低的西部地区。彩票公益金率降幅过大，使得彩票公益金筹集累退式不公平，且公益金筹集效率偏低。相对于中国台湾和美国，中国大陆彩票销售的合意性也不尽理想。

这意味着，从销售各个层面来看，中国彩票业的合意性较差，并有加重趋势。相对于体育彩票，这一现象在福利彩票尤其突出。

11.1.2 未来中国彩票销售或将不能持续高速增长

各新的类型、品种和玩法彩票的不断推出和发展，是中国彩票销售过去长期均保持超过经济水平同期增幅的重要原因。如本世纪初推广的在线销售(On-line)的乐透型彩票，2004 年推广的数字型彩票，2010 年后推广的高频快开型彩票，都使彩票销售在短期内取得爆发式增长。

我们不排除推出时间尚短的各类实时型(包括竞猜型、体育彩快开和福彩高频等玩法)彩票未来几年仍有一定的发展空间，但要指出的是，中国各类彩票和品种彩票生命周期一般在 3 至 5 年，若没有及时改变玩法或推出新品种，这些彩票增速难以持久，甚至连销售规模保持稳定都有难度。

因此，在现在体制未发行重大改变的情况下，未来中国彩票销售或将不能持续高速增长。

11.1.3 未来中国彩票销售不应持续高速增长

彩票将民众私欲与社会公益相结合，提高整体福利水平，这是世界各国政府垄断发行彩票的合法性基石。中国体育彩票“公益体彩，乐善人生”和福利彩票“扶老、助残、救孤、济困”的发行宗旨，都体现了这一点。但这只是一个应然目标，是否“实然”，还要看现实结果。

2014 年，中国彩票总销售规模达到了历史新高的 3824 亿元，其中体育彩票和福利彩票分别为 1764 和 2060 亿元，按照本报告根据国际标准并结合中国特色所确定的当量标准，2014 年中国彩票销售规模当量标准为 3421 亿元，体育彩票和福利彩票各为 1711 亿元。中国彩票销售总体规模已经达到甚至超出“当量”标准，与此同时，中国彩票销售呈累退式的不公平，公益金筹集效率也不高，并且两者都有加剧趋势。在这种情况下，单纯追求彩票销售的过高规模和增速，结果只能是加剧彩票销售的“过量性”和“累退性”，降低公益金筹集的“效率性”，进而进一步强化彩票销售的“非合意性”。

因此，未来中国彩票销售也不应持续高速增长，而是应当维持在与经济增长同步的水平上。

11.2 提升中国彩票销售合意性的着力点

中国彩票销量迅猛增加，要求政府从经济各个层面发挥彩票积极作用，抵制其消极作用。彩票公益金作为社保基金重要来源，也需要可持续性和稳定性。我们无意彻底否定中国彩票业，只是希望它能实现销售“合意”，至少是“非合意性”能够有所缓解。

本报告属于先验式分析，会有错估或漏估问题，另外，中国彩票相关主体众多，相互之间利益并非一致，甚至彼此冲突。因此，我们只是从销售层面，基于本报告分析结果，提出一些旨在提高中国彩票业合意性的着力点，不成熟之处，在所难免。

11.2.1 重点关注开发指数

中国彩票业在各方面都存在问题，如彩票公益金使用效率不高且不透明，彩票销售累退式的不公平，部分省份彩票市场开发过度等，但这些问题的解决需要进行合理排序。如本报告 5.4.4 所示，我们认为，排序第一的是“市场开发过度”问题，它起到“纲举目张”的**杠杆**作用。如果各省份彩票市场均处于适度或欠缺状态，必然的结果就是各省份间彩票销售公平，其他问题再严重，也只是局限在一个范围内，毕竟茶杯里掀不起风暴；反之，若部分省份市场开发过度，必然的结果就是各省份间彩票销售不公平，并对其他问题起到了“放大”作用。

作个比喻，其他问题相当于“癣疥之疾”，至多导致“遍体鳞伤”，但“筋骨无恙”；销售不公平问题相当于“心腹之患”，将会导致“元气大伤”；而市场开发过度问题则相当于“膏肓之疾”，最严重后果，将会导致“回天乏术”，将彻底葬送中国彩票业整体市场。

本报告已经构建出了衡量各省份彩票市场开发程度的标准——开发指数，它应当成为重点关注指标。

11.2.2 进行弱势群体健康投注教育

本报告 10.1 部分显示，即使经济水平相同，农村人口、非劳动人口、低学历者以及少数民族等人群，相比城镇人口、劳动力人口、高学历者以及汉族等对应人群，购买彩票数量过多，这在一定程度上加剧了彩票销售的累退性，并助推了彩票销售从欠缺转向适量甚至过量。因此，进行彩票购买者，尤其是其中的弱势群体健康投注的教育，十分必要。

我们提出两点思路：(1)向民众普及基本概率常识，使民众认识到，彩票只是一种机会性游戏，而不是获取收益的正常途径。中大奖概率极低，中奖号码也没有任何规律。(2)相比对应人群，弱势群体当中宗教信众比例较高，而各类宗教都明确地反对博彩行为。因此，在宗教活动中进行反不健康博彩的教育，无疑会取得较高收效。

11.2.3 限制与培育部分省份

当前，从全国范围来看，体育彩票销售处于适量水平，福利彩票处于略超量水平，但各省份间的市场开发程度差别很大。因此，在维持全国体育彩票销售稳定、适当降低福利彩票销售的前提下，应当调整各省份间的彩票销售。

要指出的是，数字型、乐透型、竞猜型和视频型的各品种彩票基本属于全国联网销售，而即开型和基诺型各品种彩票的推出和销售各省份具有很强自主性。

本报告 10.2 部分确定了各种类彩票市场开发过度和不足的省份，以此标准，对于体育彩票和福利彩票同时开发极为过度的黑龙江、云南和西藏等三个省份，应当对这些省份彩票销售严格限制。其中，对于黑龙江，应重点限制基诺型；对于云南，应重点限制数字型本省独特玩法；对于西藏，福利彩票应重点限制基诺型，体育彩票应重点限制即开型。

对于体育彩票，市场开发不足的山西、辽宁、湖北、广西、重庆、四川和陕西等 7 个省份，可以适当培育这些省份即开型的市场开发。

对于福利彩票，绝大部分省份都应当受到限制，重点限制“高频”品种彩票。

11.2.4 创新乐透型彩票品种和玩法

在这种情况下，在“战略”上有必要创新乐透型彩票品种和玩法。不过需要指出一些“战术”上的问题。一是鉴于如本报告9.3所指出的当前我国彩票公益金筹集效率不高，不应当对彩票返奖率有过大提高。二是大奖500万封顶的限制，是上世纪末制订的。现在看来，这一标准明显过低，远低于同期物价上涨程度，另外还导致了彩票购买者“倍投”的不健康行为。因此，大奖封顶限制可以考虑取消，至少是大幅提高，如果以同期房价涨幅作为标尺，则建议提至5000万。三是为增强大奖吸引力，可以考虑选择号码组的增加。以超级大乐透为例，在中奖规则不变的情况，按照现在35选5加12选2的玩法，取消大奖封顶限制，头等奖金期望值也仅为860万。若前区号码从35增至37个，则头等奖金期望值增至1258万元；增至39为1774万元；增至41为2432万元。

11.3 后续研究设想

构建一套完整科学的综合评价指数体系，并不能一朝一夕间完成。在写作本报告过程中，我们也深感自己在各种理论基础方面的匮乏。本报告作为第一部中国彩票销售指数报告，只是初步尝试。因此，我们在未来将继续致力于中国彩票业相关领域的研究，对中国彩票指数的构建进行不断更新与完善，计划每年发布一部《中国彩票销售指数》年度报告。在此谨提出一些后续研究设想。

11.3.1 完善

衡量彩票销售的合意性可分成适量性、公平性和效率性三个方面。本报告通过构建适量指数和公平指数比较深入地重点分析了前两方面。虽然我们也尝试设计衡量彩票资金筹集效率的指标“公益金效率指数”，但这一指标处于草创阶段，对相当问题的分析并不深入。例如，三项指数取值一致，都是±1之间，但阈值并不相同。目前我们尚未对效率指数确定出更为合理的阈值。

11.3.2 深化

本报告展示的是中国彩票业省际年度销售指数，但待相关数据获得，即可利用已经有方法和程序，在彩票品种、类型甚至单个彩种等更具体层面，在地市级、县区级甚至彩票购买者个体等更细致层面，在月度、周度甚至日度等更高频层面，构建出相应的销售指数。

我们计划在明年出版 2015 年的月度至少是季度的各类型彩票销售指数报告。目前想到两个困难：(1)春节期间彩票基本停售，但每年农历春节时间并不固定，因此需要找到对 1 和 2 月或者是第一季度数据处理的合理方法。(2)各省份不同类型彩票销售份额差别很大，地位指数和脱钩指数构建方法可以直接复制本报告，但开发指数涉及"当量"标准，需要找出不同类型彩票份额的合理当量标准。

11.3.3 拓展

彩票业所包括的内容广范复杂，彩票销售指数只是整体彩票业指数大系数中的一个子系统。构建彩票指数也可以从多个视角进行。在构建层面上，可以从销售情况、彩票购买者心态与行为和彩票公益金使用的效果等。彩票发行的福利后果的衡量可以有多个角度：如彩票购买者心理整体上是否正常；彩票公益金的使用是否公平有效；彩票是否促进了经济发展和新增就业岗位等。因此，我们在研究过程中预设了其他层面的接口，以便在未来构建更广和更深层面的中国彩票业**"产业"**指数。

参考文献

彩票领域

[1] 陈海平，郎丹宁，程可. 博彩成瘾的若干行为机制[J]. 首都体育学院学报，2013，25(6)：484—488.

[2] 范琦. 福利彩票收入的经济分析[D]. 上海财经大学，2009.

[3] 范琦. 福利彩票收入的经济分析[M]，中国财政经济出版社，2009.

[4] 李刚. 关于中国足球彩票发展的对策研究[J]. 体育科学，2006，26(1)：8—30.

[5] 李刚. 海南私彩的考察报告[N]. 人民日报，2006-3-17.

[6] 李刚，丁杰科. 地下六合彩之大迷失[N]. 经济学消息报，2006-4-7.

[7] 李刚. 关于人们购买彩票原因经济学解释的文献综述[J]. 世界经济情况，2006，18：30—33.

[8] 李刚. 彩票人均销量的决定因素和我国彩票市场发展趋势的预测[J]. 体育科学，2006，26(12)：30—35.

[9] 李刚. 欧美各国彩票业的发展历程以及对中国的启示[J]. 武汉体育学院学报，2007，41(3)：18—22.

[10] 李刚. 我国乐透型彩票销量决定因素的定量研究[J]. 体育科学，2007，27(3)：26—31.

[11] 李刚. 关于足球单场竞猜型彩票发行目的及玩法设计的研究[J]. 首都体育学院学报，2007，19(2)：1—5.

[12] 李刚. 20岁中国彩票成年了吗？[N]. 中国青年报，2007-7-11

[13] 李刚. 乐透型彩票购买者心态的定量研究——兼论我国彩票的可投资性[J]. 体育科学，2007，27(9)：40—48.

[14] 李刚. 对当前我国体育彩票业社会福利效应的评价[J]. 体育科学，2008，28(10)：32—40.

[15] 李刚. 数字型彩票购买者心理健康程度中国省际比较及其影响因素的定量研究[J]. 体育科学，2009，29(10)：9—16，60.

[16] 李刚，汤景泰. 关于当前我国彩票发行机构不当宣传表现形式及其改进措施的研究[J]. 首都体育学院学报，2010，22(1)：1—5.

[17] 李刚. 中国彩票业繁荣状态背后的隐忧及其对策研究[J]. 体育科学，2010，30(5)：

3—14.
[18] 李刚,邓志超.非金融行业洗钱问题研究——以博彩业为例[J].上海师范大学学报,2010,39(5):42—54.
[19] 李刚.传播学视角下中国彩票购买者心理不健康成因及对策的研究[J].体育科学,2011,31(2):26—35.
[20] 李刚.在数字型彩票中体彩排列三销量提升的策略[J].首都体育学院学报,2012,24(6):483—491.
[21] 李刚.购买者心理等因素对于数字型彩票销量的影响[J].南大商学评论,2013,9(4):83—102.
[22] 李刚.足球彩票胜负彩销量影响因素的定量研究[J].体育科研,2013,34(5):31—34.
[23] 李刚,李珂.美国新泽西州排列三彩票"绿球促销"策略及效果简介[N].中国体育报,2014-6-3.
[24] 李刚.中国彩票业的销售公平性研究[J].上海师范大学学报,2014,43(4):33—45.
[25] 李智,李勇.北京市电脑体育彩票购买者现状的分析与研究[J].北京体育大学学报,2002,25(2):163—164.
[26] 刘嫚.我国彩票消费与收入关联度分析[D].扬州大学,2011.
[27] 罗诗婷.我国乐透彩券的需求与归宿研究[D].台湾逢甲大学,2004.
[28] 孟伟丽."税负公平"视角下中国彩票业的发展[D].扬州大学,2013.
[29] 王爱丰,王正伦,陈勇军,等.影响南京体育彩民彩票消费行为若干因素的研究[J].山东体育学院学报,2004,20(2):27—30.
[30] 王斌等.体育彩民购彩意向与购彩金额的关系:购彩满意度的调节作用[J].上海体育学院学报,2013,37(6):28—33.
[31] 王五一.博彩经济学[M],人民出版社,2011.
[32] 吴殷,李海.基于 ARIMA 模型的体育彩票销量预测——以上海为例[J].体育科研:2013,34(5),23—27.
[33] 杨亚莉等.体育彩票销量的计量模型及促销策略研究——以四川省为例.成都体育学院学报[J].2012,38(9):1—7.
[34] 詹志斌.政府彩票融资对居民收入影响的公平性分析——基于中国的实证分析[J].南方金融,2011,10:26—29.
[35] 张建明王进.基于全截面数据的我国彩票业与宏观经济关系实证研究[J].特区经济.2012,9:269—271.
[36] 张建明,史安娜,陈理飞.基于 logistic 模型的中国彩票市场实证分析[J].统计观察.2010,21:82—85.
[37] 张增帆.我国彩票销售收入的实证分析[J],产经评论,2013,3:86—92.
[38] 曾忠禄,翟群,游旭群.国内彩票购买者的有限理性行为研究[J].心理科学,2009(5):1248—1251.
[39] Beckert, Jens & Mark Lutter. The Inequality of Fair Play: Lottery Gambling and Social Stratification in Germany [J]. European Sociological Review, 2009,25(4):

475 - 488.

[40] Blalock, Garrick et al. Hitting the Jackpot or Hitting the Skids: Entertainment, Poverty, and the Demand for State Lotteries [J]. American Journal of Economics and Sociology, 2007,66(3):545 - 570.

[41] Blaszczynski, A. et al. Problem Gambling Within a Chinese Speaking Community [J]. Journal of Gambling Studies, 1998,14(4):359 - 380.

[42] Bore, Mary . O & Paul. Mason . M. The Budgetary Incidence of a Lottery to Support Education [J]. National Tax Journal, 1988,41(1):75 - 85.

[43] Borg, Mary O. & Paul M. Mason. The Budgetary Incidence of a Lottery to Support Education [J]. National Tax Journal, 1988,41(1):75 - 85.

[44] Borge, Lars-Erik. State Lotteries in Norway: Progressive or Regressive Taxation? [W]. 2003, Department of Economics, Norwegian University of Science and Technology.

[45] Calcagno et al. Determinants of the probability and timing of commercial casino legalization in the United States [J]. Public Choice, 142(1):69 - 90,2010.

[46] Chen, Vincent Chin-Hung et al. Weekly Lottery Sales Volume and Suicide Numbers[J]. Soc Psychiatry , 2012,47:1055 - 1059.

[47] Cheng, Zhiming et al. Participation and Expenditure of Rural-Urban Migrants in the Illegal Lottery in China [W]. 2013, www. buseco. monash. edu. au/eco/research/papers/2013/index. html.

[48] Chou Mabel. C et al. Benford's Law and Number Selection in Fixed-Odds Numbers Game [J]. Journal of Gambling Study, 2009,25:503 - 521.

[49] Clotfelter, Charles T. On the Regressivity of State-Operated "Numbers" Games [J]. National Tax Journal, 1979,32(4):543 - 548.

[50] Clotfelter, Charles T. & Philip J. Cook. Implicit Taxation in Lottery Finance [J]. National Tax Journal, 1987,40 (4):533 - 546.

[51] Clotfelter, Charles T. , and Philip J. Cook, Selling Hope [M]. 1989, Harvard University Press.

[52] Combsa Kathryn L. et. al. The Relative Regressivity of Seven Lottery Games [J]. Applied Economics, 2008,40(1):35 - 39.

[53] Cook, Philip . J & Clotfelter, Charles. T. The peculiar Scale Economies of Lotto [J]. American Economic Review, 1993,83(3):634 - 643.

[54] Creigh-Tyte, S. . Building a National Lottery. Reviewing the British Experience [J]. Journal of Gambling Studies, 1996,13:321 - 341.

[55] Daberkow, Kevin S. & Wei Lin. Constructing a Model of Lottery Tax Incidence Measurement [J]. Journal of Education Finance, 2012,37(3): 267 - 286.

[56] Forrest D, Pérez L. Just Like the Lottery? Player Behaviour and Anomalies in the Market for Football Pools [J]. Journal of Gambling Studies, 2013, 31 (2): 471 -482.

[57] Forrest, David et al. Buying a Dream: Alternative Models of Demand for Lotto [J]. Economic Inquiry, 2002,40(3):485 - 496.

[58] Forrest, David et al. The Relationship Between Betting and Lottery Play [J], Economic Inquiry , 2010,48(1):26 - 38.

[59] Forrest, et al. Substitution between Games in the UK National Lottery [J]. Applied Economics, 2004,36(7):645 - 651.

[60] Frank Crowley et al. Participation, Expenditure and Regressivity in the Irish Lottery: Evidence from Irish Household [J]. The Economic and Social Review, 2012,43(2):199 - 225.

[61] Garrett, Thomas A. & Natalia A. Kolesnikova Local Cost of Living and Demand Estimation: An Application to State Lotteries [W]. Federal Reserve Bank of St. Louis Working Paper Series. 2012.

[62] Garvia, Roberto. Taxing Social Ties: The Fiscal Incidence of Lottery Syndicates [W]. 2005, http://citation. allacademic. com/meta/p18706_index. html.

[63] Ghen, Linda S & Alan P Grant. The Demand for Lottery Products and Their Distributional Consequences [J]. National Tax Journal, 2010,63(2),253 - 268.

[64] Ghent, Linda S & Alan P Grant. The Demand for Lottery Products and Their Distributional Consequences [J]. National Tax Journal, 2010,63(2):253 - 268.

[65] Giacopassi, David et al. An Analysis of the Relationship of Alcohol to Casino Gambling Among College Students [J]. Journal of Gambling studies, 1998,14(2):135 - 149.

[66] Gramm, Marshall. What Do Bettors Want? Determinants of Pari-Mutuel Betting Preference [J]. American Journal of Economics and Sociology, 2007,66(3):465 - 492.

[67] Griffiths, Mark & Richard T. A. Wood. Risk Factors in Adolescence: The Case of Gambling, Videogame Playing, and the Internet [J]. Journal of Gambling Studies, 2000,16(2):199 - 225.

[68] Griffiths, Mark. & Parke, J. Adolescent gambling on the Internet: A review [J]. International Journal of Adolescent Medicine and Health, 2010,22(1):59 - 75.

[69] Gulley, David. O & Scott , Frank. A. The Demand for Wagering on State Operated Lotto Games [J]. National Tax Journal, 1993,46(1):13 - 22.

[70] Guryan, Jonathan & Melissa S. Kearney. Gambling at Lucky Stores: Empirical Evidence from State Lottery Sales [J]. American Economic Review, 2008,98(1):458 - 473.

[71] Hansen, Ann. The tax incidence of the Colorado state lottery instant game [J]. Public Finance Quarterly, 1995,23(3):385 - 398.

[72] Hausch, Donald B. & W. T. Ziemba. Handbook of Sports and Lottery Markets [M]. North-holland Press, 2008.

[73] Horvath, Csilla & Richard Rapp. The effect of recessions on gambling expenditures [J]. Journal of Gambling Study, 2012,28:703 - 717.

[74] Humphreys, Brad R. & Levi Perez. Network externalities in consumer spending on lottery games: Evidence from Spain. Empirical Economics, 2012,42:929 - 945.

[75] Jia Yuan & Jason Z. Gao. Is Lottery Demand Driven by Effective Price? Evidence from the China Lottery Industry [W]. 2013, papers. ssrn. com/sol3/papers. cfm? abstract_id=2151664.

[76] Kahneman D, Tversky A. Prospect theory: An Analysis of Decision under Risk [J]. Econometrica: Journal of the Econometric Society, 1979:263 - 291.

[77] Kaizeler M J, Faustino H. Lottery sales and per-capita GDP: An inverted U relationship [J]. Lisbon, Portugal: Technical University of Lisbon, School of Economics and Management. Working Paper No. WP, 2008,41:2008.

[78] Kaizeler M J, Faustino H C, Marques R. The determinants of lottery sales in Portugal [J]. Journal of Gambling Studies, 2014,30(3):729 - 736.

[89] Kaizeler M J, Faustino H C. Is the Lottery Product an Inferior Good in Higher Income Countries? [J]. International Journal of Economics and Finance, 2011,3(4):54 - 59.

[80] Kearney, Melissa Schettini. The Economic Winners And Losers Of Legalized Gambling [J], National Tax Journal, 2005,58(2):281 - 302.

[81] Kitchen, Harry & Scott Powells. Lottery Expenditures in Canada: a Regional Analysis of Determinants and Incidence [J]. 1991, Applied Economics, 23:1845 - 1852.

[82] Kramer, Brent. The New York State Lottery: A Regressive Tax [N], 2010, State Tax Notes, March-29-2010,961 - 966.

[83] Langer E J. The Illusion of Control [J]. Journal of personality and social psychology, 1975,32(2):311 - 328.

[84] Laurence S. Moss. Perspectives on Gambling, Lotteries, Wagers, and Casinos [M]. Black Well, 2008.

[85] Lin, Kung-Cheng & Lin, Cho-Min. The Demand for Lottery Expenditure in Taiwan: a Quantile Regression Approach [J]. Applied Economics, 2007,39(17): 2241 - 2251.

[86] Maria De Paola, Vincenzo Scoppa. Media Exposure and Individual Choices: Evidence from Lotto Players. 2011, Università Della Calabria, Working Paper n. 02 - 2011.

[87] Matheson, Victor A. & Kent R. Grote. Lotto Fever. Do Lottery Players Act Rationally around Large Jackpots? [J]. Economics Letters, 2004,83:233 - 237.

[88] McHale, I. G. & D. A. Peel. Habit and Long Memory in UK Lottery Sales. Economics Letters, 2010,109:7 - 10.

[89] Miyazaki, Anthony D. et al. A Longitudinal Analysis of Income-Based Tax Regressivity of State-Sponsored Lotteries [J]. Journal of Public Policy & Marketing, 1998,17(2):161 - 172.

[90] Moss, Laurence S. Perspectives on Gambling, Lotteries, Wagers, and Casinos

[M]. Black Well, 2008.

[91] Oliveira, Maria Paula et al. A Comparison of Horse-Race, Bingo, and Video Poker Gamblers in Brazilian Gambling Settings [J]. Journal of Gambling Studies, 2011, 17(2):137-149.

[92] Peel, D A. On Lottery Sales, Jackpot Sizes and Irrationality: A Cautionary Note. Economics Letters, 2010,109:161-163.

[93] Perez, Levi & Brad Humphreys. Lottery Participants and Revenues [W]. 2011, http://www. economics. ualberta. ca/~/media/economics/FacultyAndStaff/WPs/WP2011-17-Humphreys. pdf.

[94] Perez, Levi & Brad Humphreys. The "Who and Why" of Lottery: Empirical Highlights from the Seminal Economic Literature [J]. Journal of Economic Surveys , 2012,1:1-26.

[95] Price Donald I. & E. Shawn Novak. The Tax Incidence of Three Texas Lottery Games; Regressivity, Race, and Education [J]. Nation Tax Journal, 1999,52(4): 741-752.

[96] Price, Donald I. & E. Shawn Novak. The Income Redistribution Effects of Texas State Lottery Games [J]. Public Finance Review, 2000,28 (1):82-92.

[97] Price, Donald. & Novak, Shawn . The Tax Incidence of Three Texas Lottery Games [J]. National Tax Journal, 1999,4(52):741-752.

[98] Rubenstein, Ross & Benjamin Scafidi. Who Pays and Who Benefits? Examining the Distributional Consequences of the Georgia Lottery for Education [J]. National Tax Journal, 2002,55(2):223-238.

[99] Rubenstein, Ross. & Benjamin P. Scafidi. Who Pays and Who Benefits? Examining the Distributional Consequences of the Georgia Lottery for Education [J]. National Tax Journal, 2000,53(2):223-238.

[100] Scoggins, John. F. The Lotto and Expected Net Revenue [J]. National Journal, 1995,48(1):51-70.

[101] Scott, Frank A & Gulley O. David. Testing for efficiency in lotto Markets [J]. Economic Inquiry, 1995,4:175-188.

[102] Scott, John L. & Paul S. Nelson. Voting with a Hand on the Bible and Not on the Wallet: The 1996 Video Poker Referendum in Louisiana [J]. American Journal of Economics and Sociology, 2007,66(3):571-592.

[103] Siegel, Donald & Gary Anders. The Impact of Indian Casinos on State Lotteries: A Case Study of Arizona [J]. Public Finance Review, 2001,29(2):139-147.

[104] Spry, John A. & Jocelyn E. Crowley. The Effects of Lottery Promotions, Credit Constraints, and the Stock Market on Daily New Jersey Lottery Sales [W]. 2010, St. Cloud State University Economics Seminar Series.

[105] Spry, John A. The Determinants of Indiana Lottery Sales [J]. Annual Conference on Taxation and Minutes of the Annual Meeting of the National Tax

Association, 2003,96:198－205.

[106] Stranahan, Harriet A.; Mary O. Borg. Some Futures are Brighter than Others. the Net Benefits Received by Florida Bright Futures Scholarship Recipients [J]. Public Finance Review, 2004,31(1):105－126.

[107] Suits, Daniel B. Gambling Taxes: Regressivity and Revenue Potential [J]. National Tax Journal, 1977,30(1):19－35.

[108] Suits, Daniel B., Measurement of Tax Progressivity [J]. American Economic Review, 1977,67(4):747－752.

[109] Tsitsika, Artemis et al. Association Between Internet Gambling and Problematic Internet Use Among Adolescents [J]. Journal of Gambling Studies, 2011,27(3):389－400.

[110] Vasche, Jon David. The Net Revenue Effect of California's Lottery [J]. Journal of Policy Analysis and Management, 1990,9(4):561－565.

[111] Walker, D. M. & John, D. Jackson. Do U. S. Gambling Industries Cannibalize Each Other? [J]. Public Finance Review, 2008,36(3):308－333.

[112] Walker, D. M. & John, D. Jackson. The effect of Legalized Gambling on State Government Revenue [J]. Contemporary Economic Policy, 2011,29(1):101－114.

[113] Walker, D. M. Overview of the Economics and Social Impacts of Gambling in the United States [M], Oxford University Press, 2013.

[114] Walker, Douglas M. The Economics of Casino Gambling [M]. Springer-Verlag, 2007.

[115] Walker, Ian & Juliet Young. An Economist Guide to Lottery Design [J]. Economic Journal, 2001,111:700－722.

[116] Whitaker, Richard B. State Lotteries and Agency Costs: Hidden Costs to Nonparticipants [J]. American Journal of Economics and Sociology, 2007,66(3):533－544.

其他领域

[1] 北京师范大学“中国民生发展报告”课题组.中国民生发展指数总体设计框架[J].改革,2011,9:5—11.

[2] 边雅静,吴遥,孟学海.人力资源发展指数及其在地区比较中的应用[J].经济与管理,2012,26(4):68—73.

[3] 陈林华,曾理,王跃,等.我国体育城市发展指数研究——以35个大中城市为例[J].武汉体育学院学报,2014,48(9):29—33,43.

[4] 陈旸,马葛生.社区体育服务居民满意度指数模型实证研究[J].中国体育科技,2009(4):133—137.

[5] 樊纲,王小鲁,朱恒鹏.中国市场化指数——各省区市场化相对进程2006年度报告(2001,2002,2003,2004,2005指数)[D].北京:经济科学出版社,2006.

[6] 封婷,郑真真.老年人养老负担和家庭承载力指数研究[J].人口研究,2015,39(1):50—62.

[7] 胡谍,王元地.企业专利质量综合指数研究——以创业板上市公司为例[J].情报杂

志,2015,34(1):77--82.
[8] 黄海燕,杨丽丽.我国体育产业结构的综合定量与优化分析[J].体育科学,2011,31(11):3—11.
[9] 蒋远胜,蒋和平,黄德林.中国农村全面小康社会建设的综合评价研究[J].农业经济问题,2005(S1).61—69.
[10] 李勇刚,高波,任保全.分税制改革,土地财政与公共品供给[J].山西财经大学学报,2013,35(11):13—24.
[11] 林钟高,郑军,王书珍.内部控制与企业价值研究——来自沪深两市A股的经验分析[J].财经研究,2007,33(4):132—143.
[12] 刘伟.我国体育可持续发展状态的评定研究[J].中国体育科技,2009(5):83—89.
[13] 刘文娟,崔建强,杨红英,等.我国体育学领域机构学术影响力研究——基于四大数据库统计分析[J].北京体育大学学报,2013,35(11):27—32.
[14] 孙光国,莫冬燕.内部控制对财务报告可靠性起到保证作用了吗?——来自我国上市公司的经验证据[J].财经问题研究,2012(3):96—103.
[15] 王寿兵,柏红霞,王祥荣,等.中国工业系统各行业综合污染度评价方法与实例[J].中国人口资源与环境,2009,18(6):127—133.
[16] 王智慧.大型体育赛事举办后对承办地区居民幸福指数影响的实证研究[J].体育科学,2012,32(3):28—38.
[17] 许涤龙,汤智斌,薛美荣.和谐社会指数的构建与实证研究[J].经济问题,2013,7:4—8,13.
[18] 杨万平.中国省际环境污染的动态综合评价及影响因素[J].经济管理,2010,8:159—165.
[19] 袁卫,彭非.中国发展指数的编制研究[J].中国人民大学学报,2007,2:1—12.
[20] 张凤彪.基于结构方程模型的竞技体育公共支出绩效评价研究——25个省,自治区,直辖市的实证分析[J].体育科学,2015,35(2):31—40.
[21] 张军涛,刘建国.辽宁区域发展差异的多层次模糊综合评价研究[J].财经问题研究,2009(8):117—124.
[22] 张立超,翟印礼.我国循环农业综合评价研究[J].统计与决策,2010(10):73—74.
[23] 张赟.中国工业化发展水平与环境质量的关系[J].财经科学,2006(2):47—54.
[24] 张兆国,靳小翠,李庚秦.企业社会责任与财务绩效之间交互跨期影响实证研究[J][J].会计研究,2013,8:32—39.
[25] 赵乙萤,龙海明,唐怡,等.经济实力外化与文化软实力增长的综合测评[J].统计与决策,2011(14):89—92.
[26] 周四军,庄成杰.基于距离综合评价法的我国国民幸福指数NHI测评[J].财经理论与实践,2009,29(5):112—115.
[27] 朱洪军.我国职业体育俱乐部主场观众服务质量指数理论模型建构[J].体育科学,2010(11):34—41.
[28] Nardo M, Saisana M, Saltelli A, et al. Handbook on constructing composite indicators [M]. 2005, OECD Public.

图书在版编目(CIP)数据

中国彩票销售指数报告2000～2015:合意性评价与提升着力点/李刚,茆训诚著.—上海:上海三联书店,2015.12
ISBN 978-7-5426-5407-6

Ⅰ.①中…　Ⅱ.①李…②茆…　Ⅲ.①彩票—服务业—研究报告—中国—2000～2015　Ⅳ.①F832.5

中国版本图书馆CIP数据核字(2015)第281747号

中国彩票销售指数报告2000—2015——合意性评价与提升着力点

著　　者/李　刚　茆训诚

责任编辑/黄　韬
装帧设计/鲁继德
监　　制/李　敏
责任校对/张大伟

出版发行/上海三联书店
(201199)中国上海市都市路4855号2座10楼
网　　址/www.sjpc1932.com
邮购电话/24175971
印　　刷/上海肖华印务有限公司

版　　次/2015年12月第1版
印　　次/2015年12月第1次印刷
开　　本/710×1000　1/16
字　　数/300千字
印　　张/18.25
书　　号/ISBN 978-7-5426-5407-6/F·729
定　　价/45.00元